SENECA ALS PHILOSOPH

WEGE DER FORSCHUNG

BAND CDXIV

WISSENSCHAFTLICHE BUCHGESELLSCHAFT

DARMSTADT

SENECA ALS PHILOSOPH

Herausgegeben von
GREGOR MAURACH

2., mit neuer Einleitung und Bibliographie
versehene Auflage

WISSENSCHAFTLICHE BUCHGESELLSCHAFT
DARMSTADT

Die 1. Auflage erschien 1975

CIP-Kurztitelaufnahme der Deutschen Bibliothek

Seneca als Philosoph / hrsg. von Gregor Maurach. –
2., mit neuer Einl. u. Bibliogr. vers. Aufl. –
Darmstadt: Wissenschaftliche Buchgesellschaft,
1987.
  (Wege der Forschung; Bd. 414)
  ISBN 3-534-06374-0
NE: Maurach, Gregor [Hrsg.]; GT

1 2 3 4 5

ⓦ Bestellnummer 06374-0

Das Werk ist in allen seinen Teilen urheberrechtlich geschützt.
Jede Verwertung ist ohne Zustimmung des Verlages unzulässig.
Das gilt insbesondere für Vervielfältigungen,
Übersetzungen, Mikroverfilmungen und die Einspeicherung
und Verarbeitung in elektronische Systeme.

2., mit neuer Einleitung und Bibliographie versehene Auflage
© 1987 by Wissenschaftliche Buchgesellschaft, Darmstadt
Satz: Maschinensetzerei Janß, Pfungstadt
Druck und Einband: Wissenschaftliche Buchgesellschaft, Darmstadt
Printed in Germany
Schrift: Linotype Garamond, 9/11

ISSN 0509-9609
ISBN 3-534-06374-0

INHALT

Einleitung (1986). Von Gregor Maurach   7

Seneca der Jüngere unter Caligula (1965). Von Graeme Wilber Clarke 27

Die Stoa in Rom. Seneca (1963). Von Pierre Boyancé . . . 39

Fortunae resistere in der Moral des Philosophen Seneca (1961). Von Gerda Busch 53

Der Philosoph Seneca (1900). Von Ludwig Friedländer . . . 95

Der Gedanke der Freundschaft in Senecas Briefen an Lucilius (1954). Von Ulrich Knoche 149

Epikureisches bei Seneca. Ein Ringen um den Sinn von Freude und Freundschaft (1955). Von Rudolf Schottlaender . . 167

Selbsterziehung und Fremderziehung nach Seneca (1930). Von David Ernst Oppenheim 185

Harena sine calce (zu Sueton. Calig. 35,2) (1950). Von Egon Braun 200

Der Stil des jüngeren Seneca: Einige Beobachtungen (1966). Von H. Mac L. Currie 203

Das siebente Buch der Naturales Quaestiones des Seneca und die Kometentheorie des Poseidonios (1921). Von Albert Rehm 228

Die ›Naturales Quaestiones‹ Senecas. Ein Beitrag zum Spiritualisierungsprozeß der römischen Stoa (1964). Von Gisela Stahl 264

Zur Eigenart und Herkunft von Senecas Methode in den ›Naturales Quaestiones‹ (1965). Von Gregor Maurach 305

Rezension von: Alfred Stückelberger, Senecas 88. Brief. Über Wert und Unwert der freien Künste (1966). Von Karlhans Abel 323

Über ein Kapitel aus Senecas Epistelcorpus (Originalbeitrag 1972). Von Gregor Maurach 339

Seneca im Mittelalter (1940/41). Von Claude W. Barlow . . 361

Literaturauswahl 365

Register 371

Zur Person von Herausgeber und Autoren 375

EINLEITUNG (1986)

Von Gregor Maurach

Es hat in der Geschichte Persönlichkeiten von so ungewöhnlichem Rang gegeben, daß sie, zumeist schon in ihren eigenen Tagen umstritten, bis heute die Gemüter nicht ruhen lassen. Zu ihnen gehört auch Seneca. Zeugnis hierfür ist die Tatsache, daß in den letzten dreißig Jahren nicht weniger als sechs[1] Gesamtdarstellungen erschienen sind. Sie sind voller Kontroversen und nur schwach gesicherter Annahmen, und sie müssen es sein; denn Seneca ist in seinen Werken mit Erwähnungen von Persönlichem so zurückhaltend, seine antiken Biographen, Tacitus und Dio Cassius,[2] wußten über ihn so wenige Details, daß nur zu vieles im Felde der Vermutungen bleibt. Immerhin bezeugt diese Tatsache, daß Seneca sein Leben und Wirken, lauter Publizität abgeneigt, im Hintergrunde ließ. Im folgenden wird in Kürze dargestellt, zu welchen Ergebnissen die bisherigen Wege der Erforschung der wichtigeren Teile aus Senecas Leben und Werk geführt haben.

A. Senecas Leben

Fest steht, daß der Philosoph L. Annaeus Seneca (der Name: de benef. 4, 8, 3) der zweite Sohn des wohl gleichnamigen Ritters aus Corduba in Spanien (ca. 55 vor Chr. bis ca. 39 nach Chr.) ist.[3] Früh schon (contr. 1, praef. 11) begeisterte dieser sich in Rom für die großen Redner

---

[1] Vgl. im Literaturverzeichnis am Ende des Bandes Nr. 4 ff. – Die hinter den Autorennamen stehende Zahlenangabe „Nr. ..." ist ein Hinweis auf die Nummern des durchzählenden Literaturverzeichnisses.

[2] Zur Quellenlage Grimal, Nr. 2, 28 ff., 336, A. 1; Griffin, Nr. 6, 427 ff.; K. Abel, Rhein. Mus. 128, 1985, 76–90; Abel, Nr. 3, 672 f.; W. H. Alexander, The Tacitean "non liquet" on Seneca, Berkeley 1952.

[3] Über ihn M. Griffin, The Elder Seneca and Spain, JRS 62, 1972, 1–19; L. A. Sussman, The Elder Seneca, Leiden 1978, 18–33. Der Vorname ist nicht gesichert (Griffin 4, A. 42; Sussman 19, A. 6).

der ausgehenden Republik, er reiste auch später immer wieder und für lange Zeit dorthin, um Deklamationen beizuwohnen. Er kannte noch im hohen Alter viele auswendig. Als Gereifter heiratete er Helvia, eine geistig vielseitig interessierte und auch im praktischen Leben intelligente[4] junge Frau; vielleicht war sie italischer und nicht spanischer Abkunft (wie man bisher glaubte, da dieser Familienname für Spanien bezeugt ist).[5] Der zweite Sohn wurde, etwa ein Jahr alt,[6] zum Vater nach Rom gebracht, wo dieser seinen ständigen Wohnsitz genommen hatte, wohl um seine Söhne dort unter seiner Aufsicht erziehen und ausbilden zu lassen. Der Sohn hat es ihm gedankt,[7] auch wenn er dann mehr Philosophie als Rhetorik trieb. Er war und blieb kränklich,[8] vielleicht war dies der Grund, warum er sich der ruhigeren Philosophie zuwandte und keinen politischen Ehrgeiz zeigte. Er lernte die stoische Philosophie des Attalos[9] und die mit pythagoreisierender Askese vermischte des Sextier-Kreises (Abel, Nr. 3, 661); die Fleischenthaltung gab er auf, weil der Vater sich schämte,[10] den Sohn in der Nähe fremdländischer Riten zu sehen. Seneca hat die Sextii zeit seines Lebens treu geschätzt (ep. 59, 7ff.; 64, 2ff.), asketische Gewohnheiten bewahrte er sich bis ans Ende (Griffin, Nr. 6, 41; ep. 83, 1).

Ernstlich an Atemwegen und Lunge erkrankt, sucht Seneca im trokkenen Ägypten Genesung[11] (vor 31: Griffin, Nr. 6, 43) und kehrt 31

---

[4] Grimal, Nr. 2, 32; vgl. ad Helv. 17, 4; Abel, RE Suppl. 12, 1970, 431 ff.

[5] E. J. Weinrib, The Spaniards in Rome from Marius to Domitian, Diss. Harvard, Cambridge/Mass. 1968, 153 ff.; Sussman 21.

[6] Senecas Geburtsdatum ist unsicher; F. Préchac (REL 12, 1934, 360ff.): 1 vor Chr.; Grimal, Nr. 2, 38 ebenso; Griffin, Nr. 6, 36: zwischen 4 und 1 vor Chr.; K. Abel, Nr. 3, 656, A. 8: 1 nach Chr.

[7] Abel, Nr. 3, 657; Seneca bewunderte den *antiquus rigor*, kaum ohne Beimischung von Bedauern; doch er war ihm *virorum optimus* (Helv. 17, 4). Die Mutter hat des Sohnes Neigungen eher geschätzt. Grimal, Nr. 2, 32; Helv. 15, 1; 17, 3.

[8] Ep. 78, 1ff.; Dio Cass. 59, 19, 8; Griffin, Nr. 6, 42.

[9] Abel, Nr. 3, 662; Grimal, Nr. 2, 175 ff.

[10] Ep. 108, 17ff.; ungenau Grimal, Nr. 2, 39, Griffin, Nr. 6, 39.

[11] Wenn Grimal, Nr. 2, 44f. aus der Angabe des „Servius" (Aen. 6, 154), schließt, Seneca habe über die Insel Abaton und den mit ihr verbundenen Isis-Kult geschrieben, er sei dorthin gereist (45), sei mit ägyptischen Gotteslehren (46f.), ja vielleicht mit Philo von Alexandria (47f.) bekannt geworden, so beruht dies auf nichts weiter als seiner vorgefaßten Ansicht, Seneca habe ein „Verlangen, den Dingen auf den Grund zu gehen" (47) besessen; zu Recht läßt

Einleitung (1986)

zurück, um seine Karriere zu beginnen; im Politischen ging sie nur sehr langsam voran (Griffin, Nr. 6, 45; Abel, Nr. 3, 665f.), als forensischer Redner feierte er (gefährliche [12]) Triumphe. Die Kämpfe am Hofe um Macht und Einfluß nach Caligulas Ermordung zogen auch Seneca in ihren verderblichen Umkreis; eine mißlungene Verschwörung gegen den Kaiser, in die auch dessen Schwestern Julia Agrippina und Julia Livilla verstrickt waren, zu denen Seneca in irgendeinem engeren Verhältnis [13] stand, bewirkte seine Verbannung auf dem wüsten Korsika [14]. Als Claudius, der Bruder des Germanicus, Kaiser wurde, hoffte Seneca auf Begnadigung, doch Claudius' damalige Frau, Valeria Messalina, beherrschte ihn so, daß sie ihren Haß gegen die Germanicus-Tochter Agrippina (Livilla war vorher getötet worden: RE 10, 939, 20ff.) auch auf deren Vertrauten [15] ausdehnen durfte und ihn ließ, wo er war.

Seneca mußte nun das, was er bei den Philosophen über die Ruhe des Gemüts gehört hatte, anwenden. Wenn ›Ad Marciam‹ noch in die Zeit

Griffins sehr kurze Erwähnung des Ägypten-Aufenthaltes sich auf keine solche Spekulation ein, die zwar nicht Unmögliches, aber nichts Gewisses, also Förderliches enthält. Grimal konnte ferner die Meinung, Seneca sei durch Lektüre (41) des Apollonius von Tyana von der „Woge des Mystizismus oder platonisch-pythagoreischen Religiosität" (40) erfaßt und zu einem Glauben an ein Fortleben geführt worden (ep. 90, 28), nicht beweisen; sie scheint wenig wahrscheinlich.

[12] S. in diesem Bande S. 27ff.
Die Anekdote bei Cassius Dio 59, 19, 7, der zufolge der schon wahnsinnige Kaiser Gaius Caligula (der einzige noch lebende Sohn des Germanicus) Seneca aus Neid auf eine Glanzrede mit dem Tode bedroht, eine Kurtisane ihn gerettet habe, ist nach wie vor umstritten (Grimal, Nr. 2, 55 zweifelt; Griffin, Nr. 6, 55, Abel, . 3, 667 halten sie für authentisch).

[13] Cassius Dio 60, 8, 5 spricht von Ehebruch (Seneca war wohl selber schon verheiratet: Abel, Nr. 3, 667, A. 127), was – wenn dies wirklich der Anklagepunkt war – ein Vorwand dafür war (Grimal, Nr. 2, 63), einen engen Vertrauten der Germanicus-Familie auszuschalten. Daher wird man diese Vorgänge eher in die Wochen nach Kaiser Gaius' Ermordung (Jan. 41) setzen als in die letzten Monate seiner, des Bruders der Livilla, Herrschaft (so H. Bengtson, Röm. Geschichte ²1970, 283; dagegen Grimal, Nr. 2, 55, s. 343, A. 128; Griffin, Nr. 6, 60; Abel, Nr. 3, 668).

[14] Die Strafe war vergleichsweise milde, Meinel, Nr. 43, 1–12 hierzu (s. aber Abel, Nr. 3, 669, A. 139) und zur Lage auf der Insel.

[15] Daß er dieses war, zeigt seine Rückberufung durch Agrippina, sobald *sie* Claudius' Frau geworden war.

vor der Verbannung fällt,[16] würde ›Ad Polybium‹[17] einen Zustand klagender, zur Unterwürfigkeit bereiter Haltungslosigkeit,[18] die Trostschrift ›Ad Helviam‹ einen gefestigten Sinn zeigen, müßte also später verfaßt sein – aber die Interpreten halten ›Ad Polybium‹ für später,[19] dazu für eine ins Politische zielende Schrift, die „sich die Umstände dienstbar macht" (Grimal, Nr. 2, 198), eine berechnende, über Senecas wirkliche Haltung nichts aussagende Aktion: eine Entscheidung in dieser Frage scheint unmöglich.

Noch vor Claudius' Tod (13. 10. 54) rief Agrippina Seneca aus der Verbannung zurück (Tac. ann. 12, 8, 2), und zwar als einen ihr und ihrem Ehrgeiz treu ergebenen Erzieher ihres Sohnes L. Domitius Ahenobarbus Nero (Abel, Nr. 3, 670).[20] Zunächst handelte es sich darum, den Kronprinzen in der Rhetorik zu schulen,[21] Reden für ihn zu schreiben (Tac. ann. 13, 3) und für schickliches Sprechen und Gebaren bei öffentlichem Auftreten zu sorgen (Tac. ann. 14, 55, 3f.); als Nero für volljährig und zum Kaiser erklärt wird (Okt. 54), hat Seneca als kaiserlicher Rat *(amicus principis)*[22] überall dort mitzuwirken, wo der Kaiser zu entscheiden hatte (Ernennungen[23], Beratung mit ausländischen Gesandtschaften, also in der Innen- und Außenpolitik). Wir hören, daß Seneca Neros Grabrede für den toten Kaiser schrieb, die zum Fiasko wurde,[24] und lesen Senecas grausame Verspottung des toten Herrschers, der ihn nicht begnadigte.[25] Und wir dürfen anneh-

---

[16] So Grimal, Nr. 2, 190; Griffin, Nr. 6, 397; Abel, Nr. 3, 705.
[17] Aus dem J. 43/44: Grimal, Nr. 2, 195, 197; Griffin, Nr. 6, 396; Abel, Nr. 3, 707.
[18] Es fehlt nicht an Stimmen, die ›Ad Polybium‹ für Ironie und Gedankenspiel halten: J. E. Atkinson, Nr. 41, 878f.
[19] Grimal, Nr. 2, 197; Abel, Nr. 3, 707, 717; umgekehrt Griffin, Nr. 6, 396f.
[20] Der Juvenal-Scholiast zu 5, 109 berichtet, Seneca habe auf der Heimfahrt zuerst Athen besuchen wollen; Grimal, Nr. 2, 72, Griffin, Nr. 6, 62 dachten an einen Widerwillen gegen eine derart gefährdende politische Aufgabe. Man kann auch die Vermutung wagen, daß Seneca die Heimat der Philosophen sehen wollte, mit denen er so lange Umgang gepflogen.
[21] Tac. ann. 13, 2; Abel, Nr. 3, 670.
[22] Vgl. bes. Griffin, Nr. 6, 76ff. Der Ausdruck „Freund des Kaisers" geht auf Tacitus zurück, z. B. ann. 14, 54, 1.
[23] Tac. ann. 13, 6; Griffin, Nr. 6, 80ff.; Abel, Nr. 3, 676ff.
[24] Die üblichen und erwartbaren Topoi (Weisheit, usw.) gerieten zur unfreiwilligen Farce (Tac. ann. 13, 3; Grimal, Nr. 2, 74).
[25] ›Apocolocyntosis‹; Grimal, Nr. 2, 75f.; Abel, Nr. 3, 671; 726f.; Griffin,

men, daß Seneca wesentlichen Anteil daran hatte, daß diese Jahre zu den glücklichsten gehörten, die das Reich je erlebt hat[26]: mit dem Prätorianer-Präfekten Burrus[27] zusammen konnte Seneca segensreich wirken.[28]

Seneca schrieb für den Kaiser (und die Öffentlichkeit) zunächst ›De clementia‹, einen „Fürstenspiegel", der nicht ganz fertig wurde (Abel, Nr. 3, 731), dann aber auch für Freunde und Verwandte eine Reihe kleinerer Traktate über Einzelprobleme[29] des Lebens:

›De brevitate vitae‹ (Frühjahr 49: Grimal, Nr. 2, 198/200; Abel, Nr. 3, 707; 55: Griffin, Nr. 6, 398)

›De tranquillitate animi‹ (53: Grimal, Nr. 2, 203; 47–62: Griffin, Nr. 6, 316f., Abel, Nr. 3, 706 ebenso vorsichtig)

›De constantia sapientis‹ (55: Grimal, Nr. 2, 209; 47–62 Griffin, Nr. 6, 316f.; bald nach 47: Abel, Nr. 3, 704)

›De vita beata‹ (58: Grimal, Nr. 2, 207; 54–62: Abel, Nr. 3, 706; Griffin, Nr. 6, 309: unklar)

›De otio‹ (62 oder kurz vorher: Grimal, Nr. 2, 209; später: Maurach, Nr. 16, 119, A. 162; früher: Griffin, Nr. 6, 316, "undatable" 399; Abel, Nr. 3, 706: vielleicht um 62)

Das allen diesen Schriften aus Senecas „Regierungszeit", aus der Zeit „auf dem Gipfel des Glücks" (Grimal, Nr. 2, 101), gemeinsame Thema ist die Distanz zum politisch-tätigen Leben,[30] die (nach Grimals schöner Deutung[31]) in ›De otio‹ ihre Kulmination erreicht.

Offenbar ließ dieser Mann, auch als er „an der Macht" war (Grimal, Nr. 2, 103), sich von ihr weder fesseln noch verführen. Den Anschul-

---

Nr. 6, 129. Zum politischen Hintergrund: U. Knoche, Die röm. Satire, Göttingen [4]1982, 64.

[26] Bengtson 286; O. Murray, Historia 14, 1965, 41ff.; Grimal, Nr. 2, 79; Griffin, Nr. 6, 132.

[27] Clem. 2, 1, 2; Griffin, Nr. 6, 82.

[28] So Kaiser Trajan (Aurel. Victor. Caes. 5, 2; Epit. 5, 2); Tac. ann. 13, 2, 1; Cass. Dio 61, 4, 1. „Eines der leuchtendsten Verdienste ist sein bedingungsloses Eintreten für die Menschenrechte der Sklaven", Abel, Nr. 3, 690.

[29] ›De ira‹ gehört wohl in die Monate vor der Verbannung: Grimal, Nr. 2, 194, Abel, Nr. 3, 705; dagegen Griffin, Nr. 6, 304, 398: nahe 52. – Werkanalysen aller Dialoge bei Abel, Nr. 3, 711ff.

[30] Grimal, Nr. 2, 99f.; Griffin, Nr. 6, 327; tranq. an., bes. Kap. 6; vit. beat. 28; brev. vit. 1, 2.

[31] Grimal, Nr. 2, 209; skeptisch Abel, Nr. 3, 704, 706.

digungen, er habe nicht gelebt, wie er gelehrt,[32] habe nur posiert,[33] über alle Maßen reich[34] und ständig sich bereichernd,[35] ist nicht nur entgegenzuhalten, daß sie zumeist auf Anklagen eines notorischen Verleumders in einem Prozeß[36] zurückgehen, sondern auch dies: in seiner Stellung hätte Seneca ein rauschhaftes Genußleben führen *können* (wie Sejan vor, Tigellin nach ihm), er hat es nicht getan; man kann ihn auch daran messen, was er *nicht* tat.[37]

Seine politische Tätigkeit wurde durch den Ehrgeiz der Kaiserinmutter erschwert;[38] dann war ihm das Kompromißschließen mit dem Gewissen, besonders nach Neros Ermordung der Mutter, nicht mehr möglich, es hatte ihn „müde" gemacht (Tac. ann. 14, 54, 2; vgl. tranq. an. 2, 9 und 11). *Otium* wurde zur Notwendigkeit.[39] Er zog sich zurück, nach Burrus' Tod (Anf. 62) sah er keine Möglichkeit mehr, der Katastrophe entgegenzuwirken. Er blieb in Italien, zuweilen reiste er nach Campanien (z. B. ep. 49), die meiste Zeit verbrachte er in Rom, in der Nähe des Herrschers, der den Mann, der ihn durchschaute, gewiß ungern am Leben wußte; Seneca wahrte die Formen (Abel, Nr. 3, 695f.), aber er wußte, daß er in Todesgefahr lebte. Dennoch fand er die Kraft, nun die lange geplanten Werke zu schreiben. – Im folgenden wird der jeweilige „Weg der Forschung" skizziert.

---

[32] Cass. Dio 61, 10ff.; August. civ. dei 6, 10; Petrarca, fam. 34, 5; E. Zeller, Philos. d. Griechen³ 3, 1; 718, A. 2; vgl. Trillitzsch, Nr. 31, 1, 33, A. 127; Cancik, Nr. 68, 107ff.; A. C. Andrews, Cl. Journ. 25, 1930, 611ff.

[33] U. v. Wilamowitz-Moellendorff, Glaube der Hellenen 2, 446; R. Hirzel, Der Selbstmord, ARW 11, 1908, 75.

[34] Griffin, Nr. 6, 288ff. Man bedenke, daß der Kaiser auch über das Vermögen von Privatleuten wenn nicht Recht, so doch Macht hatte (Griffin, Nr. 6, 313).

[35] Zu seinen Weinbergen Griffin, Nr. 6, 303; zu seinem Kaufgebaren Plin. nat. hist. 14, 50ff.; zu Senecas Darlehen R. Syme, Tacitus, Oxford 1958, 2, 762ff.; C. M. Bulst, Historia 10, 1961, 496ff.; Griffin, Nr. 6, 232f., 289f.

[36] Zu Suillius RE 4 A, 719ff.; Griffin, Nr. 6, 288ff.

[37] Erwähnung verdient, daß Seneca als freigebig galt: Tac. ann. 14, 54, 3f.; 15, 48, 3; Juv. 5, 108f.; Griffin, Nr. 6, 292, A. 3.

[38] Bengtson (s. A. 13) 286; Grimal, Nr. 2, 134f.; Griffin, Nr. 6, 77f., 136; Abel, Nr. 3, 683.

[39] Diese Folgerung zog Griffin, Nr. 6, 332 aus ›De otio‹ (kurz vor seiner Abdankung): Seneca war sich über das Ende der Kompromißmöglichkeit klar (Grimal, Nr. 2, 209).

Einleitung (1986) 13

1. ›Naturales quaestiones‹

Nach der langen Zeit, in der die Philologen sich um die Konstitution des Textes bemühten[40] (bes. F. Haase 1853, A. Gercke 1907 legten die Ausgaben vor, auf denen weitere Forschung aufbauen konnte), folgte die Phase, welche von dem Bestreben beherrscht war, durch Kompositionskritik Verlorenes zurückzuerhalten. Da untersuchte man die erhaltenen Texte auf ihre Vorlagen hin, und manches führte auch zum Ziel (unten S. 228 ff.), aber nur zu oft blieb es beim Zerschneiden, und für den Autor selbst kam wenig heraus. Das trifft nicht minder auf Cicero und die römische Komödie zu. Nun erschien das senecanische Werk als notdürftiges Gemengsel von Angelesenem, als Blendwerk eines Dilettanten gar, und es hieß, man glaubt es kaum: Seneca habe sich mit dem Lustgefühl eines Märtyrers auf die ihm so fremde Materie gestürzt (A. Gercke, Seneca-Studien, Jahrb. für Class. Philol., Suppl. 22, 1896, 312). Als *K. Reinhardt* dann den „neuen Posidonius" (RE 22, 1953, 613, 32 ff.) entdeckte (Poseidonios, München 1921), war seinem genialen Gespür für Formen nicht entgangen, welche Eigenart des lateinischen Barock unter dem bisher so arg zerstückelten Texte verborgen lag, und so haben wir die beste Charakteristik des senecanischen Stils von dem Manne, der als Quellenforscher seiner Enttäuschung mit Ausdrücken wie „Antithesenfänger" Luft machen mußte (das Urteil über den Stil S. 136 ff.). Seneca enttäuschte die, welche da geglaubt hatten, große Stücke des posidonischen Werks aus ihm herauslösen zu können, indem sie Lücken, Sprünge und Nahtstellen hofften aufdecken zu können. So wurde es ruhig um dies Werk, bis dann die Zeit durch diejenigen, welche inzwischen von der Werkanalyse (zum Zwecke der Fragmentauffindung) zur Werkbeobachtung (zum Zwecke der Persönlichkeitsinterpretation) übergegangen waren, reif gemacht worden war. Im Jahre 1960 wurde in Kiel die Dissertation von *Gisela Stahl* abgeschlossen (Nr. 62), die ein neues Licht auf dies Werk warf; seine Kompositionsgedanken wurden herausgearbeitet, die Einheit des Stils gezeigt, der Sinn erhellt, und nun ist das Werk erst lesbar geworden. Die Ergänzung von G. Stahls Hand selbst (Nr. 62a) und die aus Nr. 64 zeigen, daß hier ein Mann sich Naturkunde kritisch aus Büchern aneignet, um so das Leben des Kosmos als eines lebendigen Geschöpfes kennenzulernen und damit zugleich die Geschehnisse auf der Erde als ge-

---

[40] Forschungsübersichten bei Stahl (Nr. 62) und Maurach, Nr. 64, 305 f.

lenkt und wunderbar sinnvoll zu begreifen. Ihn trug zuweilen das Interesse am Detail mit sich fort wie in De beneficiis 5–7, dennoch verlor er das letzte Ziel nicht aus den Augen: den Geist, der die Natur lenkt, zu erspüren, um inmitten der Unsicherheit und der Beängstigungen sich in einem gottgelenkten Universum heimisch zu fühlen.

Eine andere, aufs Künstlerische achtende Betrachtungsweise ist die von F. P. Waiblinger (Nr. 65); er entdeckte als „allgemeinstes Gestaltungsprinzip ... die Gegenüberstellung von schönen, harmlosen, erhabenen und schrecklichen, gewaltsamen, furchterregenden Naturerscheinungen" (99f.), also ästhetische Kontraste, deren Aufgabe das *movere* und *delectare* sei (100). Das philosophische Ziel ist damit gegen den Wortlaut der Proömien zu Buch 1 und 3 beiseite gerückt, auch wenn S. 111f. auf das Beweisziel hingewiesen wird, den Kosmos „als ein geordnetes, wohl-ponderiertes Ganzes" erkennbar zu machen. Es fehlt die Antwort auf die Frage, wie dieses Werk in Senecas *ethisches* System passe (s. dazu Grimal, Nr. 2, 213). Abel, Nr. 3, 741 nennt da die „Verachtung alles Menschlichen" als Erkenntnisziel, also eine „erbauende Wirkung" (ebd.) deswegen, weil Physik Gotteserkenntnis sei und ein „Anteil gewinnen an seinem Wesen". Hiermit ist Wesentlicheres erkannt; nicht zu vergessen ist dabei Senecas Versuch, durch die moralisierenden Exkurse den Luxus und die Perversion (als Abwendung von der Natur) im hellen Licht der Naturerkenntnis um so widerwärtiger werden zu lassen, weil derlei zerstörerisch ist und der Stellung des Menschen im Kosmos zuwiderläuft.

Hier findet nun auch die vom Verfasser (Nr. 64) aufgezeigte Methode Senecas ihren Ort, mittels derer er sich der Einsicht in die vernunftgelenkten Vorgänge um, auf und in der Erde nähert: durch allmähliches Herausschälen des Wahrscheinlichen aus der Vielfalt physikalischer Lehren zur Erkenntnis der Welt-Ratio zu gelangen,[41] zu der Einsicht also, daß hier nichts zufällig und willkürlich geschieht, daß der Mensch in einem Sinnganzen steht, dem er sich anheimgeben kann und soll.

---

[41] Diese Methode, die man eine „kritische Doxographie" nennen könnte, ist nichts spezifisch Senecanisches, sie ist m. E. auch die des Lukrez, und sie wird Gültigkeit bis zur Entdeckung des Experiments im 17. Jahrhundert behalten.

2. ›Epistulae morales‹

Seit der Editio Princeps vom Jahre 1475 (zur Überlieferung und zu dieser Ausgabe vgl. Reynolds Nr. 40, 1–16) galt die Forschung dem Herstellen des genuinen Texts. Erasmus (^{2}1529), Lipsius (^{1}1605), J. Schweighäuser (1809), K. R. Fickert (1842), O. Hense (^{2}1914) ebneten den Weg, der jüngst zu der meisterhaften Ausgabe L. D. Reynolds' geführt hat (OCT ^{2}1966, vgl. meine Rez. Gnomon 40, 1968, 790 ff.). Zunächst arbeitete man ausschließlich an der Wiederherstellung des Wortlauts, dann griff man weiter: H. Hilgenfeld[42] versuchte, das Briefcorpus als Sammlung wirklicher Briefe verstehend, ihm biographische und chronologische Details zu entlocken, und noch 1935 tat L. Delatte das gleiche (Lucilius, Namur 1935), auf dessen Irrweg nun auch F. Préchac (Budé-Ausgabe der Briefe, Bd. 1, ^{3}1959, p. III) weiterging. Etwas von dem Bedauern, hier nicht wie im Falle der ciceronischen Briefe leicht biographisch auswertbare Privatbriefe vor sich zu haben, hört man auch bei E. Albertini[43] heraus: «Il est impossible de voir dans cette collection de lettres un plan méthodique d'ensemble.» Natürlich, als echte Korrespondenz gelesen, sieht man auch nicht allzu viel Methodisches in den Briefen. Aber gerade diese Art zu lesen war falsch, und falsch war es, von der positivistischen Lebenserforschung und von der Quellensuche her zu Urteilen über Senecas Schriftstellerei insgesamt kommen zu wollen. Die Suche nach Fragmenten verlorener hellenistischer Philosophie in den Briefen hatte ganz folgerichtig zu der Ansicht geführt, Seneca zerreiße alle übernommenen Vorlagen und verfälsche das überkommene Gedankengut. Die oberflächliche Analyse der Werke durch *Albertini* verstärkte diesen Eindruck, und der Kardinalfehler dieser Betrachtungsweise war, Fragen an die Schriften heranzutragen, anstatt sie zunächst so zu lesen wie sie gelesen werden wollten. Diese Forschungsrichtung, antike Werke zunächst ganz aus sich selbst zu verstehen, setzte um das Jahr 1920 ein, nachdem *R. Heinze* in seiner Antrittsvorlesung (Leipzig 1909) sie theoretisch gefordert und dann in seinem Buch über ›Vergils epische Technik‹ selber vorangetrieben hatte. Es war das Verdienst *O. Regenbogens* (Nr. 9) und dann für die Prosaschriften das von *U. Knoche* (Nr. 8), eine solche

---

[42] L. Annaei Seneca epistulae morales quo ordine et quo tempore sint ... editae, Jb. f. Phil. Suppl. 17, 1890, 599–684.
[43] La composition dans les ouvrages philosophiques de Sénèque, Paris 1923.

„monographische", werkimmanente Betrachtungsweise eingeführt zu haben, die ausgezeichnete Ergebnisse brachte.

Diese Betrachtungsart konzentrierte sich nicht allein auf die Absichten und Eigenarten der jeweiligen Autoren, sie widmete ihr Augenmerk auch der angestrebten *Form* der Werke, wie dies besonders K. Reinhardts Poseidonios-Buch zeigt. Nun erst durfte man hoffen, etwas von der Struktur senecanischer Bücher zu begreifen. *P. Grimals* (Nr. 13) Ansätze waren noch zu sehr von der Auffassung beherrscht, daß rhetorische Schemata überall das Baugerüst ausmachten (31), doch sein energischer Widerspruch gegen *Albertinis* Ansichten (s. A. 43; vgl. z. B. 249) war doch ein Neubeginn. Der Weg zum Kern der Briefe gelang erst *Hildegard Cancik* (Nr. 68), und, soweit die Kritiken zu erkennen geben, meiner gleichzeitig angefertigten Arbeit (Nr. 16). Das Ergebnis dieser analytischen Arbeiten ist etwa dies: nach ep. 84 sah Seneca seine originale Leistung in den Briefen darin, eine neue *dispositio* gefunden zu haben. Damit war gemeint, daß Seneca ein Werk schreiben wollte, das den Lernenden, der nicht nur einsehen wollte, sondern leben lernen, einen Weg führen will, der aus der Unwesentlichkeit, Angst und Leere hinausführt, und den er selber gehe. Dieser Weg ist nicht allein der einer rationalen Besinnung, sondern er verlangt das Einprägen von Regeln, Einsichten und Maximen, bis sie „ins Blut gehen", ganz in sich aufgenommen werden und so zur Stütze gegenüber den Anfechtungen werden können. Das bedeutet: nicht allein Einsicht, sondern ganz besonders die „Willensbildung" *(Pohlenz)* ist erforderlich. Dazu gehört das oft bekrittelte Einhämmern, dazu gehört die oft etwas belächelte Selbstprüfung und Selbstanklage, dazu gehören dann auch Lob und Tadel.

Es war daher falsch, wenn P. Grimal, Nr. 2, 315 ff. zu Albertinis Position zurückkehrte: er hat zwar „chronologische Beziehungen zwischen den Briefen" (315) aufgedeckt (323 ff.), aber damit ist die Tatsache, „die Briefsammlung sei ... eine künstlich in Teileinheiten zerlegte und in Briefform gebrachte Abhandlung" (315), keineswegs „ins Reich der Unmöglichkeit verwiesen" (ebd.), wie neuerdings K. Abel (Hermes 109, 1981, 472/99) gezeigt hat (bes. 485: „... daß die Briefe von vornherein in Buchform publiziert", „der Brief für Seneca nichts weiter als eine literarische Kunstform"; 490: „fiktive Charakter der Briefform").

3. ›De providentia‹

Heute ist man zu Recht[44] der Ansicht, es handele sich um ein spätes Werk (Grimal, Nr. 2, 212; Abel, Nr. 3, 704). Der Editor aus d. J. 1927 (⁴1959, S. 7), R. Waltz, hielt die Schrift für eine der schlechtestkomponierten Senecas; Grimal, Nr. 13, 238 ff. glaubte, eine rhetorische Ordnung zu sehen. Erst K. Abel, Nr. 15, 106 ff. gelang eine überzeugende Analyse, insbes. die Klärung dessen, warum das Bild des Todes die Schrift krönt (120): die Todesverachtung sei „die eigentliche Mitte des Adiaphoriegebotes,[45] das seinerseits die unverrückbare Basis sinnerfüllter Lebensgestaltung ist".

Blickt man jetzt auf die rund 26 Jahre philosophierender Schriftstellerei zurück, erkennt man eine gewisse Gruppierung: drei Trostschriften sind erhalten, drei Schriften allgemeinerer Geltung, wenn auch in Ethischem begründet (›De ira‹, ›De clementia‹, ›De beneficiis‹),[46] dann die frühere Gruppe von Traktaten über Lebensformung und die Trias der Spätwerke. Zwischen den letzten beiden Gruppen besteht ein deutlicher Unterschied: die letzte Triade richtet sich kaum mehr[47] nach der Eigenart des Adressaten, sondern spricht das als wahr Erkannte (ep. 8) unverwandelt aus; der Blick richtet sich nicht mehr auf Einzelnes und auf bestimmte Lebenslagen, er hat sich geweitet auf das Leben als Ganzes und erhoben zur Kosmos-Schau, d. h., er hat Universalität gewonnen. Zugleich ist aus Einzeltraktaten ein ethisches System geworden, das (unaufdringlich nahegelegt) alles Gesagte trägt.

Alles dies gelang einem Manne, der in ständiger Lebensgefährdung

---

[44] Auf zeitliche Nähe zu den Episteln weisen Anklänge: 2, 11 *sui vindex* ähnelt ep. 1, 1 *vindica te tibi*; anders Giancotti, Nr. 30, 308 f.

[45] Zu diesem Begriff vgl. M. Forschner, Die stoische Ethik, Stuttgart 1981, 165 ff.; B. Inwood, Ethics and Human Action in Early Stoicism, Oxford 1985, 197 ff.; M. Hossenfelder, Die Philosophie der Antike, in: Geschichte der Philosophie, Bd. 3, München 1985, 58 ff.

[46] Zum politischen Hintergrund der Schrift ›De ira‹ s. Grimal, Nr. 2, 98, Griffin, Nr. 6, 168; von ›De clementia‹ s. Grimal, Nr. 2, 82 ff.; Griffin, Nr. 6, 168 f.; von ›De beneficiis‹ s. Grimal, Nr. 2, 137; Griffin, Nr. 6, 301.

[47] Die Briefe sind nicht voraussetzungslos; sie richten sich an einen Mann, der bereits begonnen hat, auf dem rechten Weg zu gehen (*ita fac* in ep. 1, 1 setzt einen Anfang voraus); ähnlich hatte auch Aristoteles seine ›Nikomachische Ethik‹ für bereits Gereifte geschrieben, die ein rechtschaffenes Leben führen, nicht für „jedermann" (ihnen galten die ›Protreptikoi‹). S. unten S. 152, A. 10.

lebte. Sein vom Kaiser befohlener Tod ist oft beschrieben worden (Tac. ann. 15, 60/4), er ist auch in neuer Zeit oft behandelt (Grimal, Nr. 2, 169f.; Griffin, Nr. 6, 367f.; I. Opelt in: Der Mensch in Grenzsituationen, Stuttgart 1984, 29ff.). Besonders aufschlußreich ist – neben der immer wieder zu Recht geäußerten Bewunderung –, daß Seneca sterben wollte wie Sokrates (man beachte Cancik, Nr. 68, 61), durch Schierling (der dann, wohl nicht mehr frisch, zu schwach war) und unter Opfern an Jupiter Liberator (Griffin, Nr. 6, 369; Abel, Nr. 3, 698, A. 402); zudem sagte er den Freunden, Sokrates ähnlich (Hadot, Nr. 11, 26), er vermache ihnen „das Bild seines Lebens" (Tac. ann. 15, 62, 1): er muß es als rein und lauter empfunden haben. Diese Verwandtschaft beider Philosophen hielt der Künstler fest, der jene Doppelherme verfertigte (Lit.-Verz. H), die auf der einen Seite Sokrates, auf der anderen Seneca zeigt.

B. Senecas Lehre

Im folgenden soll, in Anlehnung an den noch immer unübertroffenen Aufsatz U. Knoches (Nr. 8), Senecas Art und Ziel philosophischer Belehrung dargestellt werden.[48]

Da wäre zunächst das Großstadtmilieu zu nennen, das nur allzu leicht die Besinnung verhindert und einen Sog ausübt, der aller philosophischer Bemühung entgegengesetzt ist:

Immer wieder setzt er sich mit der Gegebenheit der Großstadt Rom auseinander, in der er lebt; und es scheint, daß er auf diese beunruhigende Gegebenheit keine theoretische, sondern im besten Fall nur eine praktisch brauchbare Antwort gefunden hat. Er sieht es, wie entscheidend ein Mensch durch die wägbaren und unwägbaren Eingriffe der Gesellschaft geformt wird, in der er steht – durch Eltern und Erzieher, durch Freunde und Schmeichler, durch Feinde, durch seinen Beruf und die gesellschaftlichen Institutionen; anders gesagt: der Mensch, so meint er, wird wesentlich durch die Atmosphäre bestimmt, in der er atmet. „Jegliche Art von Menschen", sagt er einmal, „strömt in die Hauptstadt, wo Gut und Böse seinen hohen Lohn findet. Erscheint uns doch vieles nur groß aus der Perspektive unserer Kleinheit." Dies muß man sich gegenwär-

---

[48] Ungleich umfassender ist die Arbeit von I. Hadot (Nr. 11); eine in sich systematisch geschlossene Darstellung der philosophischen Grundgedanken Senecas fehlt; den Rahmen zeigt H. Boeder, Topologie der Metaphysik, Freiburg 1980, 167ff.

tig halten, um zu verstehen, auf welchen Fundamenten sich Senecas Umwertung der Philosophie zur aktuellen Lehre des richtigen Lebens aufbaut: betrachtet man den Kanon der älteren römischen Wertgedanken, so zeigt es sich, daß die entscheidenden Ideale an Urteile der Sozietät gebunden sind, weniger an die Qualität des Einzelnen schlechthin, etwa *honos, gloria, auctoritas, dignitas*. Wie aber sieht Seneca die societas seiner Zeit? „Die Leute", so sagt er, „haben die Vergangenheit vergessen, die Gegenwart nehmen sie nicht ernst, vor der Zukunft haben sie Angst." Die Gesellschaft hat also nach seinem Urteil die Fähigkeit und damit das Recht zur Wertsetzung verloren. Was sie als Werte zu setzen versucht, befriedigt lediglich die Sensationslust, und kann dem Leben keinen Sinn geben. Hier tritt Seneca auf und fragt nach dem wahrhaft Notwendigen (Knoche, Nr. 8, 9f.).

Das Leben mit der gewöhnlichen Großstadtgesellschaft führt notwendig in die Leere und Sinnlosigkeit, wie De tranq. animi 2, 6ff. sie beschreibt. Somit gerät Senecas Zeitkritik in die „Spannung zwischen Gegenwartsbewußtsein und idealem Bewußtsein" (Knoche 12). Dies eingesehen, ergibt sich der Wille, „der Menschheit gleichermaßen wie der Epoche zu helfen. Zugleich aber folgt aus der Begrenzung der Philosophie eine enorme Erweiterung: durch die Einbeziehung der Geschichte, der Kulturgeschichte, außerdem der erzieherischen und eigentlich ethischen Werte."

Senecas Auffassung führt zu zwei Konsequenzen: Die Wendung zum Praktischen bedingt das Zurücktreten der formalen Diskussion hinter der von ethischen Fragen.[49] Zweitens: Seneca spricht immer zu *bestimmten* Menschen, zu Menschen einer *bestimmten* Artung, deren helfende Belehrung er als seine Aufgabe betrachtete.

Wir konstatierten bisher nur die wichtigste Bedingung, die Seneca zur einseitigen, und in der Einseitigkeit unglaublich reichen Umprägung der philosophischen Aufgabe veranlaßte. Wir werden nun nach seiner Berechtigung dazu fragen, genauer gesprochen, nach der Quelle, aus der er selbst sein eigentliches Ethos speisen konnte. Die Berechtigung zur Kritik, zur Idealsetzung und Umwertung entnimmt Seneca seinem Beruf, dem Beruf des Philosophen, wie er ihn auffaßte. Schon dies ist bemerkenswert, daß er, ein römischer Adliger, Philosophie überhaupt als einen Beruf proklamiert. Dabei ist nun wieder eine Polarität zu beachten: sein Ethos fußt auf der eigenen Würde der Philosophie, insofern er sie als die Kunst begreift, Ordnung in die Unordnung des Lebens zu bringen, als das Gesetz des Lebens. Hiermit aber noch nicht genug: auch das Ethos des

---

[49] Die späteren Briefe (nach ep. 66, bzw. 90) werden sich dann wieder stärker der systematischen Diskussion zuwenden; vielleicht entsprang diesem Interesse der Plan, eine „Moralis philosophia" (dazu Abel, Nr. 3, 710) zu verfassen.

Philosophierenden selbst erfährt durch Seneca eine neue, jedenfalls für die Römer neue, Prägung, und dies ist eine seiner erheblichen historischen Leistungen: der Philosoph darf nicht zufällig zu seinem Beruf stehn. Denn Philosophie ist die Bemühung um die Virtus durch die Virtus. Damit bindet er die Wertung der Philosophie an den selbständigen sittlichen und menschlichen Wert des Philosophierenden, vor allem also des Lehrers der Philosophie (Knoche, Nr. 8, 14).

Hier tut sich nun das Hauptproblem der senecanischen Philosophie auf: Wie läßt sich Kritik wirksam vermitteln? – Bezeichnend ist es, daß alle Schriften Senecas an einzelne, ihm irgendwie nahestehende Menschen gerichtet sind. Trotzdem wünschte er eine Wirkung derselben weit über den Kreis der Verwandten und näheren Freunde hinaus, denn er *veröffentlichte* diese Schriften. Er sagt es offen: seine Philosophie richtet sich an wenige Menschen, mögen sie jetzt oder mögen sie später leben: der Philosoph soll der Erzieher des Menschengeschlechtes sein (ep. 89, 13). Diese Absicht, auf die wenigen jeglicher Zeit zu wirken, hat ihren Grund in der Bestimmung der Philosophie als einer Kunst des Lebens. Jeder Künstler nun, wenn er sein Größtes vollbringen will, wählt das beste und dauerhafteste Material. Und wie die Philosophie eine Kunst[50] ist, erhabener als alle anderen Künste, so soll auch der Philosoph nur im kostbarsten Material arbeiten: er soll nicht wie ein Marktschreier seine Lehre auf dem Forum ausbieten, sondern bilden soll er nur den begabten, gewissenhaften Menschen, der das Gute wahrhaft empfindet und durch seine Artung es zu verwirklichen verbürgt. Der Philosoph mag deshalb gewissenhaft prüfen, zu wem er spricht: aber er soll auch um der Würde der Philosophie willen ablehnen. – Die Forderung an den Philosophen erfährt dadurch eine weitere Steigerung: wie der Mensch durch die Feinheit seines Geistes – der ja nichts ist als göttliches Pneuma – schon von Natur zur Unruhe, Beweglichkeit, Ablenkung und Empfindlichkeit bestimmt ist, so ist der Geist des höchststehenden Menschen besonders exponiert, besonders gefährdet und besonders verletzlich. Die Formung eines solchen Gei-

---

[50] *Ars* (τέχνη: Handwerk) ist sie, weil sie aus dem Material des täglich Herandringenden nach vorgegebenen Mustern „Einzelnes herstellt", d. h. einzelne Taten und Entscheidungen gelingen läßt, nüchtern die Anreize am Göttlichen „messend" (ep. 31, 6 und 8; vgl. 95, 7; weitere Belege zur τέχνη bei Pohlenz, Die Stoa 2, 19); dies will sagen: ein philosophisches Leben muß dem gewöhnlich-natürlichen Leben als ein Gegen-Leben abgerungen sein, es ist ein künstlich gestaltetes Kunstwerk.

stes erfordert also größere Zartheit, wissendere Zielbewußtheit, sie erfordert vor allem den Takt, der sich an vielfältiger Erfahrung in den Dingen des Lebens, der Seele, der Gesellschaft, der Geschichte, gebildet und bewährt hat: wiederum ist erfahrene Reife wichtiger als der konstruktive Verstand, Erfahrenheit vor allem in all den Irrationalia, die das Leben des entwickelten Menschen so entscheidend bestimmen (nach Knoche, Nr. 8, 16).

Seneca lehrt also weniger durch den Traktat als durch die in ihm dargestellte eigene Person, was sehr deutlich von H. Cancik (Nr. 68, 78) ausgesprochen worden ist bei der Behandlung der auffallenden biotischen Einzelheiten:

Das Selbstzeugnis als Exemplum gehört in die Mitte des senecanischen Philosophierens; in ihm wird die Einheit von Leben und Lehre unmittelbar bezeugt.

Seneca hat, wie andere vor ihm, erkannt, vielmehr: erlebt, daß der Mensch, nachdem er aus dem Stande der Unschuld herausgefallen (ep. 95), durch sein Werten in Gegensatz geraten ist zur Natur, sowohl der kosmischen als auch seiner ureigenen. Daher ergibt sich, daß man erst dann, wenn man sich als Glied des Kosmos begreift, wenn man Gesellschaft und Milieu als Abweichung von der natürlichen Norm begriffen hat, in der Lage ist, sich über Milieu und Gesellschaft zu erheben und so zur inneren Harmonie und daher inneren Ruhe zu kommen.

Die erstrebte innere Ruhe wird nun nicht allein durch Trieb und Luststreben gefährdet; auch von außen brechen Geschehnisse über den Menschen herein, die ihn in Kummer und körperlichen Schmerz bringen (Krankheit, Naturereignisse). Die alte Stoa hatte hier gelehrt, daß man das, was aus der Natur des Körpers und der Welt an Unbilden den Menschen trifft, hinnehmen, daß man „im Einklang mit der Natur leben" solle, und zwar „deswegen, weil alles Naturgeschehen wegen seiner Unverfügbarkeit uns gleichgültig sein muß und weil das heißt, daß wir nicht wertend in es eingreifen und ihm zuwiderhandeln, sondern es ohne Anteilnahme hinnehmen und, sofern wir Teil von ihm sind, uns ihm gemäß verhalten" sollen (Hossenfelder, s. A. 45, 61). „Wir verhalten uns dann richtig", fährt Hossenfelder fort, „wenn wir das natürliche Wirken, so wie wir es in uns und außer uns erleben, zustimmend geschehen lassen." Hierher gehört der berühmte Satz: *ducunt volentem fata, nolentem trahunt* (ep. 107, 11; s. Meinel, Nr. 43, 227 ff.). Dieser Grundsatz bedeutet nicht, daß da eine Gottheit Unheil stiftet, sondern daß *non potest artifex mutare materiam* (De prov. 5, 9), daß die Welt unvollkommen ist, aber daß die Gottheit helfend dem Strebenden Kraft gibt. Zwar ist auch die „Seele" des Menschen unvollkommen, *hoc durum ac laboriosum ingenium nobis datum scias licet: imus per obstantia* (ep. 52, 7), daß man mit seiner eigenen *difficilior materia* (ebd. 4) zu kämpfen hat, daß dieser Kampf aber nicht aussichtslos ist: wie die Welt nur durch die göttliche *ratio* am Leben erhalten wird, so kann der Mensch seinen geistigen Untergang nur durch *seine* rationale Kraft aufhalten (ep. 31), denn sie durchschaut das Leben, erkennt die Gefahren und weiß den Weg zu finden, sie erkennt auch die Kraft des *animus*. Aber mit der Erkenntnis ist noch nichts getan; um vom Erkennen des Wegs zum Beschreiten des Weges zu kommen, bedarf es des *Willens*, wie ep. 80, 4 sagt.

Diese Erkenntnis tritt erst in den letzten Schriften zutage. *Pohlenz*, Nr. 24, 113: „Seneca konzentriert sich in dieser letzten Zeit immer mehr auf das Problem der Selbsterziehung. Da bricht bei ihm die Erkenntnis durch, daß alles auf die Willensbildung ankommt" (S. 117).[51] Man hat beharrlich eine Entwicklung Senecas geleugnet, und daran ist so viel richtig, daß an eine Meinungsänderung und Standpunktverschiebung, wie man sie bei *Thukydides, Polybius, Aristoteles* angenommen hat, nicht zu denken ist. Wohl aber hat die biographische Skizze ergeben, daß um 55 die Distanzierung von der Umwelt bei Seneca einsetzte und daß in diesen Jahren ihm sein eigenes politisches Leben suspekt wurde. Der Gipfel dieser Distanzierung ist dann das, was Pohlenz mit den eben zitierten Sätzen umschrieb.

Der Wille, der da „gebildet" werden soll, ist nicht ein Leistungswille wie der eines Handwerkers, Künstlers, Sportlers; diese bleiben „im Leben", ihr Leistungsziel richtet sich auf ein Tun innerhalb von Gesellschaft und täglicher Umgebung. Der Philosoph senecanischer Prägung will aus der Umwelt entkommen. All das, was die alltägliche Gesellschaft als Unglück ansieht: Armut, Entbehrung des zivilisatorischen Luxus, Tod – das begreift der Philosoph als Notwendigkeit und als Gegebenheiten, die ihm zur Stählung seines Willens dienen, und zu noch mehr: erst, wenn man Not und Tod[52] ins Leben hineinnimmt, sie akzeptiert, kann man die Furcht vor ihnen und die Angst überhaupt

---

[51] Vgl. ep. 116, 8; dazu K. Abel, Vom geschichtlichen Ursprung des Moralitätsprinzips, Festschrift E. Manni, Rom 1979, 7.
[52] R. Tillich, Nr. 10, 22 (Einzelausg. Stuttgart ⁴1962, 14).

überwinden.⁵³ Die Abschüttelung des Lustprinzips bedingt die Umwertung der gängigen Wertungen, vernichtet den Individuationstrieb im Sinne der Egoistik. Dies ist das Ziel, es ist paradox, und nun sieht man den innersten Zusammenhang von Philosophie und Aussageform bei Seneca. Sein Ziel ist eines, das dem landläufigen Meinen entgegenstrebt, seine Erkenntnis ist eine Bekehrung, eine Um-Kehrung, und jede dieser Umwendungen⁵⁴ bedingt die Abschüttelung eines der üblichen Werte. Darum ist alles, was er sagt, auf das Paradox gerichtet: jeder Gedanke führt, für den gewöhnlichen Verstand, letztlich in die Paradoxie, und darum ist das Paradoxon in seinen Texten nicht stilistische Manier allein. Und doch ist jeder Gedanke an sich einfach und klar, das Überraschende liegt nur darin, daß sich herausstellt, daß das Meinen des Lesers sich als falsch erweist. Darum ist die schlagende Pointe Ausdruck einer philosophischen Erkenntnis und nicht stilistische Figur: oft genügt nur ein Satz, um die Wahrheit zu zeigen, oft auch ein einziges Wort. Aber Seneca hat selbst oft gesehen, daß es zu derlei blitzartigen Einsichten der Aufrüttelung bedarf, des Aufschwunges und der Ansammlung aller Energie. Darum sind seine Schriften nicht in den sanften Wellenbewegungen ciceronischer Darlegungen abgefaßt, sondern reißen den Leser zuweilen steil empor aus der Ebene des Traktats zum Aufruf. Seneca nannte das *surgere ex intervallo* (ep. 46).⁵⁵

Dies alles legt nun die Einsicht nahe, daß Senecas Schreiben nicht nur Einsicht vermitteln will, sondern – nennen wir es ruhig so: – Glauben, unbedingtes Vertrauen auf die Wahrheit. Allerdings ist dies ein Glaube, der sowohl die Hilfe der Gottheit voraussetzt (De prov. 5f.; ep. 41, 2 und 5) als auch die eigene Kraft (*fac te ipse felicem*, ep. 31, 5). Mittler ist hier der *animus* (De prov. 6, 6): er ist das göttliche Gnadengeschenk, das der Mensch auszubilden hat. Daß Seneca so dachte, geht aus so vielen Stellen hervor, ja aus so vielen Nebenbemerkungen und fast unabsichtlichen Wendungen, daß an eine Pose nicht mehr gedacht werden kann, das war sein echtes Erleben und wirklich geglaubtes

---

⁵³ Philosophieren als Kampf: De prov. 2, 2; als Fortschritt: O. Luschnat, Philol. 102, 1958, 178–214; Grimal, Nr. 2, 280 m. A. 510; Pohlenz, Die Stoa 1, 309.
⁵⁴ Vgl. ep. 6, 1; E. Bickel, Rhein. Mus. 100, 1957, 98ff.; Maurach, Nr. 16, 50.
⁵⁵ Maurach, Nr. 16, 19; vgl. Sen. pat., controv. 1, praef. 15; Sen. const. sap. 1, 2; H. L. F. Drijepondt, Die antike Theorie der *varietas*, Spudasm. 37, 1979 (vom Verf. angeregte D. Litt.-Dissert.).

Credo. Immer auf dem Weg sein, das war sein Leben, und daher sind die Selbstzeugnisse, die von seinem Ringen berichten, gewiß im Kern wahr. Denn die Umkehr, der Metaschematismos,[56] ist nicht garantiert krisenfest, er muß befestigt werden (ep. 16, 1), und darum die manchem Leser peinliche Technik der Rückerinnerung, des Einhämmerns, der pausenlosen Wiederholung des Wiederholten.[57]

Die „Umkehr" hat zwei Ziele: einmal die Abkehr von den bisherigen Wertvorstellungen, zum anderen die Hinwendung zu neuen, und da insbesondere zum Richtmaß aller Werte, der *natura*, d. h. zum *vivere secundum naturam*.[58] Natur meint zweierlei: die körperliche Natur im Sinne von Umwelt, Erde, Kosmos; und *unsere* eigenste, d. h. die Vernunft. Will der Mensch körperlich überleben und geistig sein eigenes Leben führen und erhalten, darf er nichts gegen die Natur unternehmen; er muß sich an das halten, was die Natur ihm zum Lebenserhalt gegeben hat: zum einen Nahrung und Schutz des Körpers, zum anderen die *ratio*, das geistige Berechnungsvermögen, das Menschliches am Göttlichen zu messen lernen kann (ep. 31, 5f.), das Göttliches aber dadurch erkennen kann, daß es wesensmäßig von der göttlichen All-Ratio herstammt (ep. 41, 5; 65, 16 ff.). Die *ratio* ist daher jedem gegeben, jedem (je nach Veranlagung: ep. 52, 3 ff.) ausbildbar. Wenn er daher diese *ratio* ausbildet, die ihn sich der Schickung anheimzugeben und alles Irdisch-Körperliche geringachten lehrt, gelangt er zum höchstmöglichen Zustand, dem der dauernden Freude (ep. 23; 59, 16 ff.) an der Ruhe und Überlegenheit seines Gemütes, die er durch Angleichung an die zwiefach-eine Natur und somit: an Gott (ep. 31, 9: *par deo surges*) erringt.[59]

Dies führt zu der Frage nach Senecas Gottesbild. Fraglos erhob ihn der Anblick des gestirnten Himmels, in dessen Bewegungen göttliche Vernunft sichtbar wird (Grimal, Nr. 2, 280), erfüllte ihn der Aufblick (ep. 79, 11 ff.) mit hoher Freude und ließ ihn so[60] das Klein-Mensch-

---

[56] Zu diesem Begriff s. A. 54.
[57] Zu Senecas Seelenführung s. P. Rabbow, Seelenführung, München 1964; Hadot, Nr. 11, 97 ff.
[58] Cic. fin. 3, 31; 4, 14; Sen. ep. 16, 5; 66, 6; prov. 5, 8; Grimal, Nr. 2, 279; Pohlenz, Die Stoa 1, 117 f.
[59] SVF 2, 305 ff.; Sen. benef. 4, 7. M. Hossenfelder [A. 45] 61 ff.
[60] In ep. 65, 15 heißt es dagegen, *me prius scrutor, deinde hunc mundum;* diese Abfolge scheint zunächst die zwei Hauptschritte philosophischer Belehrung zu meinen, die das Bauprinzip der ›Epistulae morales‹ sind: nach der

liche verachten (Abel, Nr. 3, 741); doch ebenso fraglos mußte ihn dieser Blick hinab in unsere verworrene, widernatürliche Welt mit Verzweiflung erfüllen; Ausdruck dieses Gefühls ist der Satz: „Die Götter sind machtlos" (De prov. 5, 8f.). Ihre Macht beschränkt sich auf die Gabe des *animus*, der Leid erträgt, weil wenigstens dieser Teil unseres Wesens unbesiegt bleiben soll; der die Lust im Zaum hält (ep. 23), die uns ebenfalls versklaven kann. Diese Nüchternheit unterscheidet sich nicht mehr grundsätzlich von der des Lukrez. Die Bilder, die Seneca von der Gottheit malt (z. B. einer unserem Ringen wie ein Gladiatorentrainer zuschauenden: De prov. 2, 9) sind nicht persönliche, väterliche; zumeist spricht Seneca davon, daß man „dem Gotte folgen" müsse so wie der Natur;[61] eine „Erwartung der Parusie", wie Grimal, Nr. 2, 51 sie ihm zuschrieb, läßt sich bei ihm nicht nachweisen. Sein Gottesbegriff war kein Glaube an eine Allmacht, wie wir sahen; und darum glaubte P. L. Donini[62] zu spüren, daß er «non crede che sia bene dire apertamente la verità», nämlich die Beschränktheit des Gottes. Vielleicht ist dies auch der Grund, warum Seneca in den ›Naturales quaestiones‹ vom „Himmlischen", der Sternenwelt, nicht spricht[63]: die Zeit, die Stimme des Gottes zu vernehmen, war noch nicht gekommen.[64]

Auffindung der Ursache unseres Unbehagens am Leben (vgl. die Einleitung zu ›De tranquillitate animi‹) in uns selber der Aufblick zum Ewigen als das Maßstab setzende Heilmittel. Dies aber impliziert dann auch eine Wertstufung (s. Cic. resp. 6, 16; Maurach, Hermes 92, 1964, 305 mit A. 1). Die Textverderbnis in 65, 15 könnte man vielleicht durch *ego quidem non periuro* heilen, wobei die Form *peiero* mitgespielt haben könnte.

[61] Dazu Grimal, Nr. 2, 280 mit A. 508 a; ep. 16, 5.

[62] L'eclettismo di impossibile, in: Modelli filosofici e letterari, Bologna 1979, 262 f.

[63] Abel, Nr. 3, 741, 743 glaubte an Textverlust.

[64] Philosophiegeschichtlich interessant ist, daß bei Seneca das Du noch eine vergleichsweise bedeutende Rolle spielt, obschon es bei ihm nicht unumgänglich ist (*satis est unus, satis est nullus*: ep. 7, 11); bei Marc Aurel wird auch das Du unnötig, der philosophierende Mensch ist auf sich allein angewiesen und zurückgeworfen. Erst zu Augustin spricht das Unbedingte, spricht Gott (P. Courcelle, Hermes 80, 1952, 31 ff.). Zu Seneca und dem Christentum J. N. Sevenster, Paul and Seneca, Leiden 1961.

C. Senecas Sterben

Senecas letzte Stunde ist von Tacitus (ann. 15, 60, 2–64, 4) ausführlich beschrieben und in neuerer Zeit mehrfach behandelt worden.[65] Er scheint so tapfer und aufrecht gestorben zu sein, wie er es in seinen Schriften gefordert hatte (s. Tac. a. O. 62, 2); insbesondere der schöne Ausspruch, er vermache den Freunden das „Bild seines Lebens" (a. O. 62, 1), zeugt von seiner Auffassung, daß sein Lebensbild lauter und klar gewesen sei. Dieses „Bild" *(imago)* läßt sich nun aber auch auf seinen Tod anwenden: auch dieser sollte ein Bild sein, gemalt gleichsam mit sokratischen Farben: er ließ sich Schierling reichen (a. O. 64, 3), und zwar den seit langem vorbereiteten *(provisum pridem)*; und er opferte dem *Iuppiter Liberator*, wie Sokrates dem Asklepios geopfert hatte; zudem sprach er lange vor seinem Ende, so wie Sokrates es getan hatte (vgl. Platons ›Phaidon‹).[66] Er muß Sokrates als einen Aufrüttler und, bei aller Indirektheit, doch als Belehrenden verstanden haben, als Lehrer der Ethik; er muß ihn als sein Vorbild angesehen haben, dessen verbindliches Leben und Sterben er nachvollziehen und erneuern wollte.

---

[65] I. Opelt, Senecas Tod, in: Der Mensch in Grenzsituationen, Stuttgart 1984, 29 ff.

[66] Man hat diese innere Verwandtschaft auch späterhin gespürt; das bezeugt nicht nur die Doppelherme (s. Literaturverzeichnis 'H'), sondern auch eine Schrift wie: Gian. Manetti, Vitae Socratis et Senecae (hrsg. von A. de Petris, Florenz 1979) aus der Humanistenzeit. – Anzumerken ist zur taciteischen Darstellung allerdings, daß es seltsam anmutet, wenn Seneca sich den Schierling (der seit langem vorbereitet war, weil er wie Sokrates zu sterben seit langem vorhatte) *nach* Öffnung der Adern reichen läßt – Vertauschung der Phasen, vielleicht schon in Tacitus' Quelle?

SENECA DER JÜNGERE UNTER CALIGULA

Von Graeme Wilber Clarke

At Agrippina ne malis tantum facinoribus notesceret veniam exilii pro Annaeo Seneca, simul praeturam impetrat, laetum in publicum rata ob claritudinem studiorum eius, utque Domitii pueritia tali magistro adolesceret et consiliis eiusdem ad spem dominationis uterentur, quia Seneca fidus in Agrippinam memoria beneficii et infensus Claudio dolore iniuriae credebatur.

Die Debatten und Spekulationen über den Charakter des jüngeren Seneca werden nie ein Ende nehmen*. Die Kontroverse entsteht zum Teil daraus, daß die Zeugnisse über Seneca, die sich – von dem Bericht des Tacitus einmal abgesehen – aus der Antike herübergerettet haben, nicht nur bedauernswert kümmerlich[1] sind, sondern auch notorisch widerspruchsvoll[2]; ja, die Quel-

---

* Dieser gewissenhaft dokumentierte Aufsatz Clarkes wurde deswegen in diesen Band aufgenommen, weil er beispielhaft zeigt, welch verschlungene Wege die Forschung genommen hat und angesichts der spärlichen Zeugnisse gewiß auch nehmen mußte. Auch wer aus Grundsatz gegen die Vermutung als Mittel, das Dunkel aufzuhellen, eingestellt sein mag, wird dennoch die Berechtigung von Clarkes Frage und die Intensität seiner Nachforschung nicht leugnen, dankbar das gesammelte Material verwenden und im übrigen erneut erkennen, auf wie schwankem Boden jedes Gesamturteil über Seneca stehen muß. [Anm. des Herausgebers.]

[1] PIR² A 617. Sueton mag als Beispiel genügen; in den Kaiserbiographien finden sich nur vier Notizen (Cal. 53, 2; Ner. 7, 1; 35, 5; 52) und eine davon ist offenkundig maliziös – Ner. 52: *a cognitione veterum oratorum Seneca praeceptor* (scil. *Neronem avertit*), *quo diutius in admiratione sui detineret*.

[2] Offenbar war er schon in der Antike eine umstrittene Persönlichkeit: Quintilian (10, 1, 125—131) bietet eine Diskussion für und gegen Seneca (zumeist über ihn als Schriftsteller); sein Ergebnis: *multa enim, ut dixi,*

len selbst unterliegen einander widersprechenden Auslegungen seitens der modernen Kommentatoren[3]. Man muß also zur Vermutung Zuflucht nehmen, weil so viel von Senecas Leben jeglicher Dokumentation entbehrt. So besitzen wir auch aus seinen jüngeren Jahren nur wenige Daten[4]; und in seinem späteren Leben waren sein politischer Einfluß und Wirkungskreis auf τὸ κρυπτὸν τῆς πολιτείας, auf die „Geheimpolitik" gerichtet, und darum bleiben sie zum größten Teil unerwähnt[5].

probanda in eo, multa enim admiranda sunt, eligere modo curae sit (131). Die Diskussion setzt sich fort bei Gell. 12, 2; Fronto, Ad Marc. Ant. de orat. p. 155, Nab.

[3] Syme z. B. (Tacitus, 1958, 581 f.) meint, daß des Tacitus Seneca-Portrait ‚wohlwollendes Verständnis' zeige und daß es ‚ein wenig mehr als nur Unparteilichkeit' erkennen lasse; andererseits glaubt B. Walker (The Annals of Tacitus, 1952, 222 ff.), daß in Buch 13 und 14 ‚Seneca jedesmal, wenn er auftritt, Gegenstand unfreundlicher Bemerkungen' ist; eine Mittelstellung hält W. H. Alexander, The Tacitean ‚Non Liquet' on Seneca, in: Univ. of California Publications in Class. Philol. 14, 1950/2, 269–377.

[4] Eine Literaturübersicht und einige phantasiereiche prosopographische Untersuchungen über die Kreise, in welchen Seneca sich vor seiner Verbannung bewegte, gibt Z. Stewart, Sejanus, Gaetulicus and Seneca, AJP 74, 1953, 70 ff.

[5] Trotz seines Rednertalentes ist sein Name in keiner der von Tacitus aufgezeichneten Senatsdebatten zu finden, vgl. Syme, a. O. 550, Anm. 2. Hinter die Kulissen zu schauen versucht J. Crook, Consilium Principis, 1954, 119–122. Seine Untersuchung ist angreifbar und erntete Tadel, z. B. bei A. N. Sherwin-White, JRS 47, 1957, 252: „Sogar in der Zeit, welche die Annalen des Tacitus überspannen, ist es bemerkenswert schwierig herauszufinden, welchen Einfluß Gestalten wie Sejan, Seneca und Burrus nahmen und welche Politik sie verfolgten, ausgenommen die gesellschaftlichen Skandale, weshalb Crook der Versuchung erlag etwas zu wagen, was man nur als eitle Spekulation bezeichnen kann." Ungeachtet dieser Zurechtweisung gibt Syme in einer Analyse von Konsulaten und Armeekommandos (Tacitus 591, Colonial Elites, 1958, 20) ein plausibles Bild von den Bündnern und Trabanten Senecas (und des Burrus). Offenkundig beruht es auf der Annahme, daß wer aus den Kolonien stammte die begünstigt, die ebendaher kommen – eine gefährliche Annahme (gewiß gab es auch andere Bestallungen, so z. B. die von

Es ist möglich, diesem Abschnitt des Tacitus (ann. XII 8, 3) einen Hinweis auf ein Geschehnis aus Senecas jüngeren Jahren zu entnehmen, auf ein Geschehnis vor 49 n. Chr.

Des Tacitus Bericht über Senecas Rolle unter Caligula und im ersten Jahr von Claudius' Prinzipat ist bekanntlich nicht mehr vorhanden. Er wird sicherlich erklärt haben, warum Agrippina so kurz nach ihrer Hochzeit mit Claudius mit solcher Zielstrebigkeit und Raschheit Senecas Rückberufung durchsetzte, dazu seine Bestallung als Erzieher Neros und seine nunmehr bereits überfällige Beförderung zum Prätor. Sie muß gewichtige Gründe gehabt haben für ihre Annahme, er würde seine Talente und Ratschläge jener „Hoffnung auf Herrschaft" zur Verfügung stellen.

Tacitus erklärt dies. Man glaubte, so behauptet er, daß Seneca den Claudius haßte „aus Wut über eine Kränkung" und daß er sich der Agrippina gegenüber (wer weiß, ob ehrlich) verpflichtet fühlte „aus Erinnerung an eine Wohltat". „Kränkung" – das bezieht sich doch wohl auf den Bericht aus dem Jahre 41 und Senecas Prozeß und Verbannung nach Korsika; man wird annehmen dürfen, daß dies dort hinreichend betont worden war, so daß die Anspielung hier deutlich genug war[6]. Worauf bezieht sich aber die „Wohltat"? Auf Agrippinas spontane Hilfe? Das könnte sein[7], doch der Wortlaut, zumal der Singular „Wohltat" („man war der Ansicht, er sei Agrippina aus Erinnerung an eine Wohltat treu ergeben"), läßt es als möglich erscheinen, daß auch hierin eine Anspielung auf ein Geschehnis steckt, das in den verlorenen Büchern über Caligula und Claudius stand.

Annaeus Serenus als *praefectus Neronis vigilum,* er war ein *familiaris* Senecas, PIR² A 618; Otho verdankte Seneca seine Stellung als Gouverneur von Lusitania, Plut. Galb. 20). Seneca zeigte seinen Rücktritt an durch Aufgabe seines *coetus salutantium,* Ann. 14, 56 (im Falle Agrippinas geschah Ähnliches, Ann. 13, 18).

[6] E. W. Mendell, Tacitus, The Man and his Work, 1957, 147 macht es deutlich, daß die Art und Weise, in der Seneca in 12, 8 eingeführt wird, darauf deutet, daß schon vorher erklärt worden war, wer und was er war. Zu dem Ereignis vgl. Dio 60, 8, 5; 61, 10, 1; Schol. Juv. 5, 109.

[7] Besonders deswegen, weil Seneca seine Verbannung als so leidvoll empfand, Dio 61, 10, 2; Sen. Ad Pol., passim.

Doch kann man eine solche ‚Wohltat' nachweisen? *Eine* Möglichkeit gibt es: im Dio Cassius findet sich ein Vorkommnis, das einer Untersuchung bedarf. Dios Abneigung gegen Philosophen im Allgemeinen ist recht ausgeprägt; und er schreibt eine Fülle von herkömmlichen Vorwürfen gegen die berufsmäßigen Philosophen auf Senecas Schuldkonto im Besonderen, und dies ganz im Gegensatz zu einem Großteil des taciteischen Berichtes[8]. Dies Vorkommnis dagegen (59, 19, 7) wird in einem ungewöhnlich anerkennenden, ja aufrichtig lobenden Ton[9] berichtet.

[8] Einzelheiten über Dios Voreingenommenheit und über die Parteilichkeit seiner Darstellung Senecas vgl. Syme, Tacitus, 550 ff. Angesichts dieser Vorurteile ist es gewiß sehr unwahrscheinlich, daß Dio zu Julia Domnas philosophischem Zirkel gehört hat, wie M. G. Williams in AJA (2. Reihe) 6, 1902, 274 vermutete. Vgl. Dio 71, 35, 1–2; 77, 19, 1–2.

[9] Dieser Abschnitt hat daher auch Zweifel erregt. Faider z. B., Études sur Sénèque, 1921, 166 und Anm. 3 bemerkt, daß „Dio eine Anekdote erzähle, vermutlich eine nicht sehr authentische..."; Balsdon, The Emperor Gaius, 1934, 55–6 schiebt das Berichtete beiseite als Senecas eigene Geschichte, die sein Überleben erklären sollte; ähnlich Stewart (a. O. [s. Anm. 4] 81) mit der Begründung, jemand habe Suet. Cal. 53, 2 und Seneca, ep. mor. 78, 6 zusammengemengt. Dennoch klingt die Geschichte erstens wahr genug, wenn man das danebenhält, was man über Caligula und seine Rivalen auf dem Gebiet der Redekunst weiß, und zweitens ist Senecas schwache Gesundheit hinreichend gut belegt: ad Helv. 19, 2: *per longum tempus aeger*; ferner ep. mor. 54, 1–3; 65, 1–2; 78, 1–2 (geschrieben während der letzten Jahre seines Vaters, d. h. vor seiner Verbannung); 104, 1–2; man beachte auch sein lebhaftes Interesse für Medizinisches, vgl. ep. mor. 74, 33; 75, 12; 78, passim; drittens mag ep. mor. 78, 6 (welche Stelle alle seine Kritiker anführen), vom Kontext her gesehen, unrichtig ausgelegt worden sein; der Gedankengang von 78, 5–6 ist dieser: Seneca gibt eine ausführliche Darstellung der Kur, welche Ärzte im Falle ernsthafter Krankheit verordnen. Doch die beste Kur, so fährt Seneca fort, ist eine geistige: lerne, die Furcht vor dem Tode zu überwinden. Diese Furcht kommt aus unserer Natur, nicht von der Krankheit her. Krankheiten heilen ja sogar zuweilen, die Natur aber bestimmt uns auch nach einer Kur. *Multorum mortem distulit et saluti illius fuit videri perire* scheint daher zu meinen, ‚Menschen sind des öfteren gesünder geworden, wenn sie überwunden haben, was sie für eine gefährliche Krankheit angesehen hatten' (so auch

ὁ δὲ δὴ Ξενέκας ὁ Ἀνναῖος ὁ Λούκιος, ὁ πάντας μὲν τοὺς καθ' ἑαυτὸν Ῥωμαίους πολλοὺς δὲ καὶ ἄλλους σοφίᾳ ὑπεράρας, διεφθάρη παρ' ὀλίγον μήτ' ἀδικήσας τι μήτε δόξας, ὅτι δίκην τινὰ ἐν τῷ συνεδρίῳ παρόντος αὐτοῦ καλῶς εἶπε. τοῦτον μὲν οὖν ἀποθανεῖν κελεύσας ἀφῆκε, γυναικί τινι ὧν ἐχρῆτο πιστεύσας ὅτι φθόῃ τε ἔχοιτο κακῶς καὶ οὐκ ἐς μακρὰν τελευτήσοι.

Wer war die ungenannte Dame des Hofes? Man ist versucht, so sehr dies auch Vermutung bleibt, an Agrippina zu denken. Chronologisch gesehen ist dies auch möglich. Wir stehen im Jahre 39; wenn man sich wenigstens auf die Reihenfolge der Ereignisse in Dios Text verlassen kann – doch besteht Anlaß zu Zweifeln[10] –, so hatte die Verschwörung des Gaetulicus, die eilige Reise nach Germanien, die Verbannung der beiden Schwestern Caligulas, Agrippinas und Julia Livillas, noch nicht stattgefunden[11]. Und es ist hinreichend bekannt, daß die beiden Schwestern einen starken

R. M. Gummere, Loeb-Übersetzung, Bd. 1, 184). Er bezieht sich also auf eine medizinische Erfahrungstatsache, und nicht notwendig auf ein biographisches Faktum.

[10] Wann Senecas Leben bedroht war, ist (und das wird nicht immer beachtet) ungewiß; es ist durchaus möglich, daß dies Ereignis nicht chronologisch genau eingeordnet wurde, sondern nur zum Zwecke der Kontrastierung mit jenem Geschehen erzählt ist, das Domitius Afer betraf (Dio 59, 19, 1–7): Domitius wurde (im Jahre 39) nicht länger als geschickter Redner gewertet und – entkam; Seneca wurde (nicht unbedingt eingeschränkt auf eine bestimmte Zeit) als ein geschickter Redner betrachtet und – kam um, d. h. beinahe.

[11] CAH 10, 659, Balsdon, a. O. 71 ff. Agrippina und Livilla werden mit M. Aemilius Lepidus zusammengebracht, dem in Aussicht genommenen Erben Caligulas und zugleich seinem Schwager – daher die *drei* Schwerter, die Mars Ultor dargeboten wurden (Sut. Cal. 24; Dio 59, 22). Sueton scheint jedoch diese Angelegenheit mit der Verschwörung des Gaetulicus (Claud. 9: *Lepidi et Gaetulici conicuratio*) zu verknüpfen; Gaetulicus kam um die Mitte des Oktober 39 um (CIL 6, 32346 h, 17–19, Rom: *a. d. vi k. Novem... ob detecta nefaria con[silia in C. Germanic]um Cn. Lentuli Gae[tulici...]*. Wenn man wirklich die beiden Ereignisse kombinieren muß, dann ist beachtenswert, daß der Gatte der Agrippina, Cn. Domitius, an jenem Tage den Zeremonien der Arvalbrüder beiwohnte, s. Z. 7, 15).

Einfluß auf den Bruder ausübten[12]. Akzeptiert man einmal die Identifizierung, wird es klar, warum Agrippina im Jahre 49 sich auf Senecas Ergebenheit verlassen konnte: Seneca hatte die Dankbarkeit für ihre „Wohltat" über zehn Jahre hin freilich bewahrt. Und in der Tat, Seneca war damals aus einer zweifellos gefährlichen Lage befreit worden. Caligula war bis zum Wahnsinn auf Nebenbuhler auf dem Gebiet der Redekunst eifersüchtig[13]; Domitius Afer war in eine ähnliche Lage geraten und beinahe umgekommen; ja sogar eine rhetorische Stilübung über das Thema der Tyrannei brachte dem Verfasser die Verbannung seitens des mißtrauischen und eifersüchtigen Kaisers ein[14]. Tacitus wird die Episode in den nunmehr verlorenen, früheren Büchern ausgemalt haben, und zwar in einer Weise, daß die Anspielung auf diese „Wohltat" Agrippinas für den Leser hinreichend deutlich war[15].

Choronologisch gesehen ist die Identifizierung also möglich; doch ist man auch historisch berechtigt, eine so enge Beziehung zwischen Agrippina und Seneca anzunehmen?

Augenscheinlich hat Tacitus uns nicht alles aus dem Jahre 49 berichtet. Agrippina muß nicht nur Senecas populär gewordene literarische Leistung genau gekannt haben, dazu seine Ergebenheit und seinen Haß gegen Claudius; sie muß auch sehr genau über Senecas geschickt genährten Ehrgeiz informiert gewesen sein und über seine Diplomatie. Dies alles wird ihn für ihre Pläne des Jahres 49 empfohlen haben, für ihre ‚Hoffnung auf Herrschaft'. Glaubt man Tacitus, so war Agrippina schon vordem der ‚Hoffnung auf Herrschaft' erlegen, und zwar unter Caligula im Jahre

---

[12] Suet. Cal. 15, 3, dazu die inschriftliche Bezeugung CIL 11, 5998 a.

[13] Dio 59, 19,3 (Caligula) ἄλλως τε γὰρ προέχειν ἁπάντων τῶν ῥητόρων ἠξίου, vgl. Suet. Cal. 53.

[14] Domitius Afer, Dio 59, 19, 1–7. Carrinas Secundus, Dio 59, 20, 6; er verhungerte in Athen, Juv. 7, 105.

[15] Vielleicht stellte er Senecas Erweis seiner Dankbarkeit Caligula gegenüber dar, mit maliziöser Vorausdeutung, indem er wörtlich Senecas Dank an Nero (ann. 14, 56) voranklingen ließ. Man beachte die ausführliche Beschreibung der Danksagung des Pompeius Poenus an Caligula für seine Gnade, de benef. 2, 12, 1–2 (dazu dial. 4, 33, 2).

39. Er wiederholt diese Phrase wie zur Kennzeichnung[16]. Hatte Seneca an dieser ‚Hoffnung auf Herrschaft' aus dem Jahre 39 einen verborgenen Anteil genommen, ohne von Caligula entdeckt worden zu sein?
Daß er es getan, ist nicht unglaubwürdig. Im Jahre 39 war er mit Kreisen des Hofes gut bekannt[17]; er hatte möglicherweise bereits seine illustre Heirat bewerkstelligt[18]; er war gegen 40 Jahre alt[19]; er hatte aufgrund seiner literarischen und Anwaltstätigkeit Popularität und Prominenz gewonnen[20]; zudem wird sein raffinierter und pointierter Konversationsstil seinen Aufstieg in der Umgebung des Kaisers unterstützt haben[21]. Doch nicht nur das; hinter ihm stand eine prominente Sippe aus der Kolonie, die für ihren Reichtum[22], ihr schriftstellerisches Talent[23] und ihren Einfluß bei Hofe[24] wohlbekannt war. Die letztgenannten Vorzüge waren allerdings eher dazu angetan, die Raffgier, die Eifersucht und das Mißtrauen eines Kaisers wie Caligula anzustacheln. Daher dann die Wahrscheinlichkeit, daß Seneca es mit den Verschwörern des Jahres 39 hielt, wenn er nicht sogar Mitverschwörer war. Einer der Mitverschwörer war Agrippina, ein

---

[16] Ann. 14, 2. *Dominatio* ist ein Ausdruck, den Tacitus oft mit Agrippina zusammenbringt: 12, 7; 12, 8; 13, 2; 14, 2; 14, 11. Er verwendet ihn im Zusammenhang auch mit anderen weiblichen Intriganten, mit der älteren Agrippina in 4, 12, mit Livia 4, 57, mit Ennia 6, 45.

[17] Z. Stewart a. O. [s. oben Anm. 4].

[18] Dio 61, 10, 3 γάμον ... ἐπιφανέστατον.

[19] De tranq. 17, 7, dazu Tac. dial. 17, 10.

[20] Suet. Cal. 53, 2; Tac. ann. 12, 8, 3.

[21] Z. B. Tac. ann. 13, 2 *(comitas honesta)*, ann. 13, 3 *(ingenium amoenum)*; Gell. 12, 2, 1 *(levi et causidicali argutia)*, dazu die scharfgewürzten Späße der ›Apocolocyntosis‹.

[22] Seneca wurde das Vermögen des Pallas übertragen: 300 Millionen Sesterzen, Dio 61, 10, 3.

[23] Gedacht ist an seinen Vater, den *rhetor* und an seinen Neffen Lucan.

[24] Seine Tante war die Gattin des C. Galerius, PIR² G 25, anscheinend Präfekt von Ägypten nach Sejans Vater – eine Stellung, die kaiserliche Gunst voraussetzte. Ihre Unterstützung brachte ihm seine ersten Ehrenstellen ein, ad Helv. 5, 4; 19, 2.

anderer war anscheinend Senecas Freund und der ‚Adressat' seiner Briefe, Lucilius Junior, Prokurator der Graischen Alpen[25]. Es ist bezeichnend, daß Seneca in späteren Schriften ausgesprochen feindlich gegen Caligula eingestellt ist (an mindestens 60 Stellen[26]) und geradezu ein *Faible* für Menschen hat, die unter diesem Kaiser in Gefahr geraten waren (zehn Namen)[27].

Seneca war indessen gewitzt genug, um sich verhältnismäßig unangefochten in die Prinzipatszeit des Claudius hinüberzuretten. Diese Sicherheit währte indes nicht lange. Noch vor dem Ende des ersten Jahres dieses neuen Prinzipats wurde er unsittlicher Beziehungen zu Agrippinas Schwester, Julia Livilla (die erst kürzlich aus der Verbannung zurückgerufen worden war) angeklagt, woraufhin er sich selber in die Verbannung begab[28]: ‚Die Anklage mag im einzelnen unbegründet gewesen sein, aber sie entbehrte gewiß nicht einer allgemeinen Wahrscheinlichkeit'[29]. Dies

---

[25] Sen. Nat. quaest. 4 a, praef. 15 ff. Über seine Prokuratur im besonderen s. Sen. ep. mor. 31, 9 und Hirschfeld, CIL 12, S. 13, col. 2. [Clarke deutet durch die Anführungsstriche „correspondent" an, daß auch er die Korrespondenz zwischen Seneca und Lucilius für fiktiv hält; s. hierzu zuletzt G. Maurach, Der Bau von Senecas Epistulae Morales, Heidelberg 1970].

[26] Zusätzlich zu den in Anm. 27 angeführten Stellen vgl. de benef. 4, 31, 2; dial. 2, 18, 1; 3, 20, 8–9; 5, 21, 5; 9, 11, 12; 10, 18, 5; 11, 3, 1–4; 11, 17, 4–5; 12, 10, 4.

[27] Dial. 9, 14, 4 ff. (Canus); de benef. 2, 21, 5 (Graecinus); de benef. 7, 11, 1–2 (Demetrius); dial. 4, 33, 3–4 (Pastor und sein Sohn); dial. 2, 18, 1–4 (Cassius Chaerea); dial. 5, 18, 3 ff. (Papinius und Bassus *aliosque et senatores et equites Romanos*); dial. 9, 9, 10 (ein Pompeius); dial. 2, 12, 1–2 (Pompeius Poenus) und Lucillius (s. Anm. 25). Man beachte zudem Senecas Albtraum bei Suet. Nero 7, 1: ihm träumte, er sei der Erzieher Caligulas.

[28] Livilla wurden auch andere Dinge als Ehebruch zur Last gelegt, Dio 60, 8, 5: ἐγκλήματα... ἄλλα τε καὶ μοιχείας (Suet. Claud. 29 sagt *crimine incerto*). Ehebruch scheint die einzige Anklage gegen Seneca gewesen zu sein, Dio 61, 10, 1; Schol. Juv. 509, vgl. ann. 13, 42, 3.

[29] Syme, Tacitus 536. Tacitus scheint seinen Glauben an Senecas Unschuld durch ‚*i n i u r i a e dolore*' andeuten zu wollen, ann. 12, 8, 3 und Furneaux zur Stelle.

liefert ein weiteres Argument für die Annahme, Seneca habe eine Verbindung zum Hofe unterhalten.

Jene ersten Herrschaftsjahre des Claudius waren voller Unsicherheit, sie waren vergiftet durch Intrige, Verschwörung und Hinrichtung; es gab eine nicht unbeträchtliche Anzahl von enttäuschten Befürwortern einer republikanischen ‚Freiheit' oder einer kaiserlichen Alleinherrschaft. Ungeachtet der Amnestie folgte Prozeß auf Prozeß[30]. Während des Interregnums im Jahre 41 suchte M. Vinicius sich des Thrones zu bemächtigen[31]; er war der Gatte der Julia Livilla; seine Freunde waren die Rädelsführer der Verschwörung, die Caligula stürzte. Unter Claudius war diese Gruppe naturgemäß der Gegenstand von Mißtrauen und der Anlaß zu Unruhen. Nach der ausführlichen Berichterstattung des Josephus über diese Verschwörung blieb Seneca unentdeckt im zweiten Glied; nur ein einziger Hinweis existiert – Aemilius Regulus war einer der Hauptverschwörer, und er war aus Corduba[32], Senecas Heimatstadt. Immerhin deutet das sofortige Verhör von Vinicius' Frau zusammen mit Seneca darauf, daß man argwöhnte, er gehörte dazu. Seneca und Livilla verschwinden, der Gatte bleibt, doch nur um fünf Jahre später umzukommen[33]. –

Es kommt bei all dem nur darauf an festzustellen, daß es, historisch gesehen, möglich war, daß Agrippina, die Schwester

---

[30] Eine ausführliche Analyse gibt D. McAlindon, Senatorial Opposition to Claudius and Nero, AJP 77, 1956, 113 ff.; Claudius und the Senators, AJP 78, 1957, 279 ff. Allerdings wird bei ihm nicht deutlich, wie rasch die Amnestie in Vergessenheit geriet, vgl. etwa AJP 78, 1957, 280: „Die einzige bedenkliche Handlung des Claudius bisher [bis zur Revolte des Vinicianus und Scribonius] war die Hinrichtung des Appius Silanus." Das läßt den Fall Senecas und Livillas außer acht.

[31] PIR[1] V 445. Annius Vinicianus (Senecas Verwandter?, PIR[2] A 677), der frühere Freund von A. Aemilius Lepidus, war eine der Führerpersönlichkeiten in der Verschwörung von 41 und wollte das *imperium* auf M. Vinicius übertragen sehen (PIR[2] A 701).

[32] PIR[2] A 397.

[33] Dio 60, 27, 4.

Livillas, sich unter Caligula für Senecas Leben eingesetzt hatte, und daß sie sich auf diese Weise die Dankbarkeit Senecas gewann. Diese Hypothese muß sich allerdings gegen ein gewichtiges und sich aufdrängendes Gegenargument verteidigen: wenn Tacitus dies Vorkommnis berichtete und dabei Agrippinas Namen wörtlich anführte, warum ließ sich dann Dio dies kompromittierende Stückchen Skandalgeschichte entgehen, wo er doch später die beiden mit Eifer in ein ehebrecherisches Verhältnis bringt?[34]

Man ist sich allgemein darüber einig, daß Dio keine Gelegenheit ausließ, Seneca anzuschwärzen. Und doch kann man zweifelsfrei nachweisen, daß er es wenigstens *ein* Mal unterließ. Als Nero nach Agrippinas Tode ein Schreiben an den Senat richtete, meinte (so berichtet Tacitus[35]) die Öffentlichkeit, Seneca habe das Communiqué verfaßt und er habe dafür Tadel geerntet. Quintilian[36] zitiert sogar einen Satz dieses Sendschreibens als von Seneca verfaßt. Dio erwähnt nun zwar diesen Brief Neros an den Senat, – doch Seneca erwähnt er mit keinem Wort. Ganz gewiß konnte Dio Quellen benutzen, die gegen Seneca eingestellt waren, doch trotz der langen Jahre, die er auf Forschung und Niederschrift verwandte[37], hat er sie nicht ständig benutzt[38]. *Ein* Fall, wo er ein Ereignis, das Senecas Ruf hätte schädigen können, zu erwähnen unterließ, liegt also vor; eine zweite Unterlassung ist daher durchaus möglich[39].

Ebenso ist man sich allgemein darüber einig, daß Dio für einen Großteil seines Berichts über die julisch-claudische Zeit – für einen *wie* großen Teil, ist umstritten – nicht immer Tacitus als seine Hauptquelle benutzte[40]. Beim Niederschreiben dieses Ereig-

---

[34] Dio 61, 10, 1; 12, 1.
[35] Ann. 14, 11, 4. Hierüber W. H. Alexander, The Communiqué to the Senate on Agrippina's death, CP 49, 1954, 94–7.
[36] 8, 5, 18 *salvum me esse adhuc nec credo nec gaudeo.*
[37] 61, 14, 3.
[38] 72, 23, 5 (zehn Jahre Materialsammeln, zwölf Jahre Niederschrift).
[39] Vgl. die Absicherung in fr. 1, 2: [ἀνέγνων] μὲν πάντα ὡς εἰπεῖν τὰ περὶ αὐτῶν τισι γεγραμμένα, συνέγραψα δὲ οὐ πάντα ἀλλ' ὅσα ἐξέκρινα.
[40] Man kann nicht zweifelsfrei behaupten, daß Dio seine Bücher zu Dekaden anordnete und auch so publizierte. Kurz geht auf diese An-

nisses könnte er eine Quelle verwendet haben, die Seneca günstig gesinnt war; daher denn auch der ungewöhnlich freundliche Ton des Berichts und die Vertuschung von Agrippinas Gefälligkeitsdienst: in einer Quelle, die Seneca begünstigte, würde das nicht gut ausgesehen haben, wenn man die späteren Streitigkeiten dieser beiden dagegenhielte, nämlich die vom Jahre 54 und aus den folgenden Jahren. Eine solche Quelle könnte das Werk des Fabius Rusticus, eines *amicus* Senecas, gewesen sein, das nach des Tacitus Worten die Tendenz verfolgte, Seneca hochzuloben[41]. Seine Geschichtsschreibung könnte (braucht aber natürlich nicht) zurückgegangen sein bis zur Herrschaft Caligulas[42]; ging sie nicht soweit zurück, mag das Ereignis berichtet sein als eine Rückblende – als Erklärung etwa, warum Senecas Karriere unter Caligula so spät begann.

Tacitus war im Unterschied zu Dio kritisch; er könnte den hier angenommenen Gewährsmann, Fabius Rusticus, noch persönlich gekannt haben. Tacitus, der jüngere Plinius und ein Fabius Rusticus erscheinen als die Begünstigten in einem Testament eines vermögenden Spaniers, L. Dasumius aus Corduba[43]. Das hört

---

sicht ein E. Cary, Loeb-Übersetzung, Bd. 1, XII. Wäre sie gesichert, könnte man sich vorstellen, daß Dio erst nach Fertigstellung der Dekade, die das Buch 59 enthielt, eine Quelle zu benutzen begann, die Seneca ungünstig gesinnt war und ihn in Harnisch brachte; s. auch F. Millar, A Study of Cassius Dio, 1964, 38 ff.

[41] Die Frage ist vielfach behandelt worden, s. E. Schwartz, RE 3, 1716 ff. und Syme, a. O., Appendix 36 (wo allerdings die Unabhängigkeit der beiden Autoren womöglich allzu stark betont ist).

[42] Tac. ann. 13, 20, 3: *Sane Fabius inclinat ad laudes Senecae, cuius amicitia floruit.* Syme (a. O. 290) vermutet, daß Fabius Rusticus vorher noch nicht erwähnt war, weil er in ann. 13, 20, 2 die Kurznamen ‚Cluvius' und ‚Plinius' verwendet, Fabius jedoch formell ‚Fabius Rusticus' nennt. Doch ist das nicht zwingend; Tacitus zitiert ihn späterhin, in 14, 2, 3 und 15, 61, 10 ebenfalls als ‚Fabius Rusticus'.

[43] Wo des Fabius Geschichtsschreibung einsetzte (und wo sie einhielt), ist eine offene Frage; er wird zum ersten Male in der erhaltenen Partie des Tacitustexts zum Jahre 55 zitiert (ann. 13, 20, 3), ferner hatte er gelegentlich die Form der Insel Britannien beschrieben (Agr. 10, 3). Er

sich denn doch sehr nach dem Historiker an, eines *amicus* Senecas aus Corduba[44]. Tacitus könnte ihn auf diese Weise nach der Unbestimmtheit und Vieldeutigkeit[45] in dem Bericht über jenes Ereignis gefragt haben, als er die Materialien für die Annalen sammelte. Dann hätte er die Hauptperson in diesem Geschehen bei Namen genannt (was als verhüllter Vorwurf gegen die Parteilichkeit des Rusticus zu werten wäre); daher konnte er dann fürs Jahr 49 unter Anspielung auf dies Ereignis schreiben: ‚man war der Ansicht, er sei Agrippina aus Erinnerung an eine Wohltat treu ergeben'.[46]

---

wird nicht gemeinhin als Autorität für die Herrschaftszeit Caligulas bemüht, doch kann er sehr gut die Geschichtsschreibung des älteren Plinius fortgeführt haben (dieser starb vor der Verbannung seines Sohnes, PIR² A 616). Aus der reichen Literatur hierüber vgl. Balsdon, The Emperor Gaius, 1934, 233; A. Momigliano, Osservazioni sulle fonti per la storia di Claudio, Nerone, in: Rendiconti della Accademia dei Lincei⁶, VIII, 1932, 293 ff.; C. Questa, Studi sulle fonti degli Annales di Tacito, 1960.

[44] CIL VI, 1022 II 17, 24.

[45] Über die Fabii Rustici in Spanien s. Syme, a. O. 179, Anm. 6. Plinius schreibt an einen gewissen Rusticus über literarische Gegenstände (ep. 9, 29). Das kann der Historiker sein, man kann noch erwähnen, daß Plinius Verbindungen nach Spanien hatte, z. B. über Voconius Romanus, ep. 2, 13, 4 ff., und zwar vermutlich durch seinen Onkel, den Prokurator von Terraconensis.

[46] Die Vieldeutigkeit von Dios griechischem Ausdruck γυναικί τινι ὦν ἐχρῆτο könnte daher auf eine beabsichtigte Ungenauigkeit seines Gewährmannes zurückgehen. Über Caligulas Verhältnis zu seinen Schwestern vgl. Dio 59, 22, 6; Suet. Cal. 24.

Pierre Boyancé, Le stoicisme à Rome (Actes du VIIième congres de l'Association Budé. Aix-en-Provence 1963, p. 253—262). Aus dem Französischen übersetzt von Berth Schalow.

DIE STOA IN ROM

Seneca

Von Pierre Boyancé

Der Stoa der Kaiserzeit kann ich bei weitem nicht soviel Raum widmen, wie eigentlich erforderlich wäre. Die sozialen und politischen Grundlagen ihrer Entwicklung hat ein vor kurzem erschienener Artikel von R. Chevallier in nützlicher Weise noch einmal zusammengefaßt; das geistige und geistliche Leben der Zeit erfaßt er jedoch nur oberflächlich, vor allem, was Seneca angeht[1].

Die beträchtliche Zahl der in den letzten Jahren erschienenen Seneca gewidmeten Veröffentlichungen ist erstaunlich[2]. Er erregt

---

[1] R. Chevallier, Le milieu stoïcien à Rome au Ier siècle ap. J.-C., ou l'âge héroïque du stoïcisme romain, Bulletin de l'Association Guillaume Budé, 1960, 4 (Lettres d'humanité, XIX), pp. 534 et suiv. — Es ist sicher hilfreich, hier einige verschiedenen Autoren gewidmete Arbeiten aufzuführen:

Ovid: L. Alfonsi, Ovidio e Posidonio, Aevum, XXVIII, 1954, pp. 376 sqq.; vom selben Verfasser, L'inquadramento filosofico delle Metamorfose ovidiane, Ovidiana, Paris, 1958, 265 ff.

Lukan: G. Pfligersdorffer, Lucan als Dichter des geistigen Widerstandes, Hermes, LXXXVI, 1959, 344; W. Rutz, Amor mortis bei Lucan, Hermes, LXXXVIII, 1960, 461 ff.

Cf. J. Gagé, La propagande sérapiste et la lutte des empereurs flaviens avec les philosophes (Stoïciens et cyniques), Revue philosophique, CXLIX, 1959, pp. 73.

[2] C.-W. Mendell, Our Seneca, New York, 1941; L. Gutu, Lucius Annaeus Seneca. Viata timpul si opera morale, Bucarest, 1944; J.-F. Yela, Séneca, Barcelone, 1947; A. de Bovis, La sagesse de Sénèque (Coll. „Théologie", XIII), Paris, 1948; J. Artigas, Séneca. La filosofia come formacion del hombre, Madrid, 1952; J. C. Garcia-Borron Moral, Séneca y los estoicos. Una contribution al estudio del senequismo, Madrid, 1956.

eben Aufmerksamkeit ebenso durch sein Werk, seine Persönlichkeit und unser Interesse für sein wechselvolles Leben wie wegen seiner psychologischen und moralischen Analysen. In einem derartigen Rahmen ist es jedoch nicht immer leicht, die Probleme von immer neuen Seiten genau zu beleuchten und sich über das Niveau einer ehrenwerten Darstellung für ein breiteres Publikum zu erheben. Bücher indessen wie die von Martinazzoli[3] und Lana[4] bemühen sich glücklicherweise darum, die Vielfalt und die Einheitlichkeit seiner Persönlichkeit zu zeigen, nämlich seine rhetorische Bildung, seine politische Karriere, sein dramatisches Werk, schließlich seine Bildung und seine philosophischen Schriften, wobei Martinazzoli tiefergehende Aufschlüsse gibt über die geistige Seite seines Wesens, und Lana über seine Lebensgeschichte[5].

In diesen Gesamtdarstellungen räumt man seinen Bühnenwerken einen stetig wachsenden und ihnen durchaus gebührenden Raum ein. Bezeichnenderweise haben ihnen in den letzten Jahren Untersuchungen gegolten, die ihre stoische Grundtendenz nicht außer acht lassen. Noch vor den Spuren dieser Lehre, die sich im Charakter der Personen, in den Dialogen und in den Chören finden, verdient gerade der Grundgedanke einer tragischen Weltsicht in Verbindung mit der Metaphysik der philosophischen Richtung unsere Aufmerksamkeit. Goldschmidt hat dazu einige bedeutungsvolle Reflexionen Mark Aurels hervorgehoben[6]. Die Tragödie Senecas wird beherrscht von einer Auffassung vom Schicksal und den Leidenschaften, wo die Toren und die Frevler naturgemäß den Sieg über die Weisen und die Helden davontragen, wie es der tragischen Weltsicht entspricht. Wahrscheinlich wollte Seneca mit diesen Beispielen als Moralist verkünden, daß die Irrtümer der Toren die Menschheit in Verbrechen und Unglück stürzen. Dabei

---

[3] R. Martinazzoli, Seneca. Studio sulla morale ellenica nell'esperienza romana, Florence, 1945.

[4] I. Lana, Lucio Annaeo Seneca, Turin, 1955.

[5] Es brauchen hier nicht alle Aufsätze biographischen Charakters aufgezählt zu werden, die über Seneca erschienen sind (vor allem von F. Giancotti).

[6] Op. laud., 52 ff.; 178 ff.

hat diese Unterweisung im Gegensatz zu allem, was uns seine Prosawerke von seinem schriftstellerischen Temperament erkennen lassen, nicht die dogmatische Form eines Gesamtplans aller Tragödien, wie ihn B. Marti glaubte annehmen zu können, und der dann seine Krönung im ›Ödipus von Öta‹ fände, dessen oft bestrittene Echtheit auf diese Art äußerst einfallsreich gesichert wäre[7]. Seneca mag auch, neben der Menschheit ganz allgemein, einen bestimmten Menschen im Auge haben, was ich persönlich gern, wie früher schon Marchesi, für möglich halten möchte. Man kann dabei nur an Nero denken, wenn man sieht, welchen Raum

[7] Vgl. F. Egermann, Seneca als Dichterphilosoph, Neue Jahrb. 1940, S. 18 ff. Von B. Marti stammen die folgenden Aufsätze: Seneca's tragedies. A new interpretation, Trans. of Amer. philol. Ass., 1945, pp 216 sqq. (Die Reihenfolge des Etruscus ist vom Verfasser); The prototypes of Seneca's tragedies, Class. Philol., 1947, pp. 1–16; Place de l'Hercule de l'Œta dans le corpus des tragédies de Sénèque, Rev. ét. lat., 1949, pp. 189 sqq. Eher allgemeinen Charakter hat auch N.-T. Pratt, The Stoic base of Senecas drama, Trans. of Amer. Philol. Ass., 1948, pp. 1 sqq. Über die Hauptthemen der Bühnenwerke: R. A. Pack, On guilt and error in Senecan tragedy, Trans. of Amer. Philol. Ass., 1940, pp. 360 sqq.; J. Opelt, Der Tyrann als Unmensch in der Tragödie des L. Annaeus Seneca, Freiburg i. Br., Diss. masch.; W. Lesowsky, Götter und göttliche Wesen in Senecas Tragödien im Lichte seiner Philosophie, Diss., Wien, 1950; E.-C. Evans, A stoic aspect of Senecan drama, portraiture, Trans. of Amer. Philol. Ass., 1950, pp. 169 sqq.; W. Bruder, Der Kalkül der Vernunft in den Tragödien des L. Annaeus Seneca, 1954; A. Cattin, L'âme humaine et la vie future dans les textes lyriques des tragédies de Sénèque, Latomus, XV, 1956, pp. 359 ff., pp. 554 ff.; J.-C. Garcia-Borron, El senequismo en el teatro de Lucio Annea Séneca, Riv. Fil., XVII, 1958, pp. 65 ff.; Ch. Garton, The background to character portrayal in Seneca, Class. Philol., LIV, 1959, pp. 1 ff.; A.-M. Marcosignori, Il concetto di virtus tragica nel teatro di Seneca, Aevum, XXXIV, 1960, pp. 217 ff. Über ein einzelnes Stück: U. Knoche, Senecas Atreus, ein Beispiel, Die Antike, 1941, pp. 60 ff; G. Mueller, Seneca (Œdipus als Drama, Hermes, LXXXI, 1953, pp. 447 ff. Die umfangreichste Zusammenfassung bleibt die von F. Giancotti, Saggio sulle tragedie di Seneca, Rom 1953 (vgl. meine Rezension in Rev. ét. anc., 1955, p. 421 sqq.).

der Autor der Schilderung der Tyrannen und den Gefahren und Versuchungen einräumt, denen die Großen dieser Welt ausgesetzt sind.

Senecas Originalität als Philosoph[8] innerhalb der Geschichte der Stoa liegt zunächst, und sicher in ihrem wesentlichen Teil, in seiner Haltung gegenüber dem Leben[9]. Sie läßt sich kaum in ein begriffliches Lehrgebäude bringen, als Fortschritt etwa in der Ausarbeitung des Systems, und fügt sich daher schlecht ein in die Perspektive beispielsweise der alten oder mittleren Stoa. Seneca hat gewiß ebensowenig wie Cicero den Ehrgeiz gehabt, einen vom Standpunkt der Theorie aus neuen Gedanken beizusteuern. Aber ebenso wie Cicero, wenn auch auf andere Weise, war er nichtsdestoweniger der Meinung, daß es seine Aufgabe sei, eine ganz persönliche und unabhängige Stellungnahme abzugeben über alles, was ihn an der Lehre interessierte, sowohl über das, was er an ihr billigte als auch über das, war er verwarf oder beiseite ließ.

Dieses persönliche Urteil entsteht, zum zweiten, vor allem aus der Erfahrung seines Lebens. An dieser Lehre ist das stark und wahr, dessen Wert er in den schmerzlichen oder schwierigen Umständen dieser Erfahrung überprüft hat, der Erfahrung eines unaufhörlich nach innen gekehrten Menschen, der aber dessenungeachtet auch weiterhin ein eindringlicher Beobachter seiner Mitwelt bleibt. Diese Erfahrung, darin der des Panaitios und vor allem Ciceros verwandt, und verschieden von derjenigen der alten Stoiker, ist die eines Menschen, der am politischen Leben teilgenommen hat, handeln wollte, an das Handeln geglaubt hat und auf immer unüberwindlicher werdende Schranken gestoßen ist, der sich vor allem an der Notwendigkeit gestoßen hat, zum Teil auf eben die Werte, in deren Dienst man ihn stellen wollte, verzichten zu müssen, um das Instrument der Macht behalten zu können. Dies ist eine bittere Erfahrung, in der man Gefahr läuft, alles zu verlieren, wo man doch alles gewinnen wollte: *propter*

---

[8] Vgl. die von P. Grimal aufgeworfene Frage Sénèque est-il un philosophe? in L'information litt., V, 1953, pp. 60 sqq.

[9] A. Fitzek, Philosophie und Leben bei Seneca. Diss. masch. Greifswald 1937.

vitam vitai perdere causas! Alle in letzter Zeit in recht großer Zahl erschienenen Aufsätze über ›De clementia‹ kreisen um dieses Drama, scheinen seinen Sinn jedoch nicht enträtselt zu haben.

Diese kurzen Vorerwägungen verdanken vieles der Lektüre der besten Aufsätze, die ich über Senecas Persönlichkeit kenne, nämlich denen von Regenbogen[10] und von Pohlenz[11].

Wie groß war Senecas Kenntnis von dem Lehrgebäude der Stoa? Auch über ihn müßte eine Vorbemerkung vorausgeschickt werden, ähnlich der, die ich über Cicero und Diodotos gemacht habe: Man darf die beträchtliche Bedeutung der mündlichen Unterweisung und der Unterhaltungen nicht unterschätzen, sehen wir doch Seneca noch hochbetagt in Neapel unter den Zuhörern eines Philosophen. Mehr als wir zehrten die Alten so von den Erinnerungen an diese Unterweisungen, dank eines besser trainierten Gedächtnisses. Bei der Weitergabe philosophischer Lehren muß man sicherlich diese Medien in Betracht ziehen, und bei den Sextiern oder bei Sotion oder Attalos beschränkte sich gewiß nicht alles auf ihre Ansprache oder Vorträge.

Das stoische Ideal Senecas bleibt das des Weisen. Es war nie aufgegeben worden, wie wir oben sahen, selbst nicht von einem Panaitios. Nun aber zeigt es sich in einer Stärke und einer besonderen Anziehungskraft gerade in seiner Absolutheit, und die berühmten Paradoxa stellen sich, was sie auch sind, als ein Mittel dar, den äußerst logischen Wert dieses Ideals verblüffend klar hervortreten zu lassen und fähig zu machen, sich auf Kosten der weitverbreiteten Vorstellung von ihm durchzusetzen. Diese Wertvorstellung hat die Stoiker aufrecht erhalten in den ihnen vom Leben auferlegten Prüfungen[12].

Aber der Weise erscheint nicht mehr lediglich als ein unnahbares Idealziel, und die Römer brauchen sich nicht mehr mit den unge-

---

[10] O. Regenbogen, Seneca als Denker römischer Willenshaltung, Die Antike, XII, 1936, 107 ff.

[11] M. Pohlenz, Philosophie und Erlebnis in Senecas Dialogen, Nachr. d. Götting. Gesellsch., Akad. d. Wiss., phil.-hist. Kl., 1941, 55 ff.

[12] G. R. Holsinger Jr., Seneca's use of stoic themes, with an index of ideas to books I-VII of the Epistulae morales, diss., Ohio State Univ., 1952.

bildeten Helden ihrer nationalen Tradition zu begnügen, denn der alte Cato bietet ihnen ein ganz nahes Beispiel, das Seneca viele Male preist; er zeigt ihnen, wie man selbst in Zeiten allgemeinen Niedergangs ein aufrechter Mann bleiben kann[13].

Das τέλος, die Definition des höchsten Gutes bei Seneca, stamme von Poseidonios, hat man kürzlich gemeint[14], und es gibt tatsächlich eine unleugbare Ähnlichkeit zwischen den beiden Formeln, die man nebeneinander gestellt hat. Sie verbindet die Betrachtung der Weltordnung und unsere Anstrengung, sie in unserem Leben zu verwirklichen. Es erschien der Kritik indessen richtig, nicht zu sehr zu vereinfachen und festzustellen, daß man bei Seneca Änderungen und eine Entwicklung nachweisen müsse[15].

Bei Seneca nimmt der Begriff der moralischen Anstrengung einen neuen Rang ein. Er greift die klassische Theorie der *proficientes* wieder auf, die, wie Luschnat nützlicherweise in Erinnerung ruft, schon der alten Stoa angehörte[16] und deren Paradoxa über den radikalen Gegensatz zwischen Weisen und Toren nicht aufhebt. Seneca für seine Person betont aber nicht, daß die *proficientes*, solange sie solche sind, in Wirklichkeit immer noch Toren sind. Er sah ihre Erfahrung in seinem eigenen Leben und in dem seiner Freunde, an denen er Anteil nimmt; von seiner eigenen Schwäche überzeugt, schätzt er jeden noch so unvollkommenen Fortschritt, in einer Sprache, die an christliche Demut erinnert.

Von den Theoretikern der mittleren Stoa tritt Panaitios am meisten zurück[17]. Das Philosophieren über das Gemeinwesen, das seine Eigenart war und dessen Einfluß sich bei Cicero noch mehr in ›De officiis‹ ausprägte (unseres Erachtens mit Gewißheit sehr viel weniger in ›De re publica‹) wird bei Seneca durch den

---

[13] W.-H. Alexander, Cato of Utica in the words of Seneca Philosopher, Trans. of the Roy. Soc. of Canada, 3ᵉ série, 2ᵉ sect., XI, 1946, 59 ff.

[14] A. Ganss, Das Bild des Weisen bei Seneca, Diss. Freiburg (Schweiz) 1952, die sich hauptsächlich auf den 66. Brief stützt.

[15] A.-D. Leeman, Gnomon, 1954, 486.

[16] O. Luschnat, Das Problem des ethischen Fortschritts in der alten Stoa, Philologus, CII, 1958, 178 ff.

[17] Der gegenteiligen Ansicht ist A. Grilli, Vita contemplativa, 217 ff.

Zwang der Verhältnisse und die Not der Zeiten in den Hintergrund gedrängt. Die Politik, die Seneca verfolgte, als er Zugang zur Macht hatte, ist vollständig in ›De clementia‹ enthalten, wo er eine Theorie der Monarchie skizziert, die zwar aus stoischen Bestandteilen aufgebaut ist, aber sicher nicht als orthodoxer Stoizismus gelten kann, ebensowenig wie die kosmische Apotheose Neros am Anfang der ›Pharsalia‹ Lukans (daß sie die Kosmologie verwendet, die damals gemeinsames Lehrgut der Schulen war, genügt dazu gewiß nicht).

Man ist ziemlich überrascht bei der Feststellung, daß Seneca nicht einmal Cicero gut kennt. Im 94. Brief, wo er die Frage der theoretischen und praktischen Moral anschneidet und sich über ihren Wert und den der *praecepta* Gedanken macht, setzt er sie zwar sehr wohl in Beziehung zur Person (*persona*, Kp.1), unterläßt aber jede Anspielung auf ›De officiis‹, wo darüber ausführlich eine Theorie aufgestellt wird; und dies tut er, obwohl er das Buch des Brutus über dasselbe Thema erwähnt (Brief 95, 45). Es ist bezeichnend, was er von diesem aufgreift, nämlich die Pflichten der Eltern, der Kinder und der Brüder, kurz die Pflichten des Privatlebens und der familiären Beziehungen, die in ›De officiis‹ nur eine sehr untergeordnete Rolle neben denen des öffentlichen Lebens spielen.

Ferner führte Panaitios zu einem Humanismus hin, in dem weniger stark ausgeprägt ist, was den Menschen an den Kosmos und die göttliche Natur der Dinge bindet. Mit Seneca aber zehrt das Seelenleben in seinem innersten Wesen vom Gefühl des Göttlichen, welches ein jedes Ding durchdringt.

Weit eher ist die Nähe des Poseidonios spürbar, besonders aber, wie Leeman sehr richtig bemerkt[18], von dem Moment an, wo man annehmen kann, daß Seneca an den ›Quaestiones naturales‹ arbeitet. Hier muß man ihn zuerst suchen, hier haben wir Poseidonios als Gelehrten, Meteorologen, Geographen und Kosmographen vor uns. Sein Einfluß beschränkt sich aber nicht nur auf die äußere Form von Senecas Werk, und da im wesentlichen auf die Naturlehre, sondern läßt sich auch in seinen moralischen

---

[18] Gnomon, 1954, 486.

und sogar religiösen Bestrebungen nachweisen (Religion des Kosmos), und da vor allem in seinen Vorworten. Diese Vermutungen erscheinen ganz natürlich und dürften ihre Bestätigung finden durch die Vergleiche, die Neuenschwander in großer Zahl mit Mark Aurel anstellt[19]. Unbestreitbar findet Seneca Geschmack an diesem Teil der Wissenschaft, im Gegensatz zu seinem sonstigen ausgeprägten Mißtrauen gegenüber den Fachwissenschaften. Diese seine Vorliebe rührt aber eben zum Teil daher, daß ihm diese Wissenschaft Gelegenheit zu geistlicher Erbauung und zu mystischen Ergüssen gibt.

Man hat Geschmack daran gefunden, auf den Einfluß des Poseidonios in mehr als nur einem der ›Briefe an Lucilius‹ hinzuweisen, dabei ist es aber jedesmal angebracht, die sehr persönlichen Reaktionen Senecas nicht außer acht zu lassen. Von großer Bedeutung ist der *88. Brief*, der, wie W. Richter festgestellt hat[20], grundlegend ist für die Bestimmung dessen, was für Seneca die intellektuelle Bildung des Menschen ausmacht. Sie besteht in einem Wissen, aber einem Wissen, das kein unbedingtes Bedürfnis nach diesen „enzyklischen" Wissenschaften hat, die Poseidonios die liberalen nannte. Die einzige liberale Wissenschaft ist für ihn die, welche befreit, d. h. die Philosophie. Wie Richter bemerkt, gelangt man daher zu dieser extremen Auffassung, die uns unter Zenos Namen überliefert ist und welche die nach ihm kommenden Stoiker unverzüglich aufgegeben hatten. Es ist eigenartig, daß so

---

[19] H.-R. Neuenschwander, Mark Aurels Beziehungen zu Poseidonios, Noctes Romanae, III, Bern, 1951, passim. – Ein anderer Zusammenhang zwischen Seneca und Mark Aurel (›De otio‹, und M. A., IV, 3) geht, nach E. Bignone, auf den ›Protreptikos‹ von Aristoteles zurück (Seneca, Marco Aurelio e il Protrettico d'Aristotele, Ann. Scuol. Norm. Super. di Pisa, Cl. lett. stor. e phil.), 1940, 241 ff.

[20] Will Richter, Lucius Annaeus Seneca. Das Problem der Bildung in seiner Philosophie, mit einer Beilage: Die Lücke in Senecas Briefen und in De beneficiis I, Diss. München, 1940 (Rez. v. R. Helm in Berliner philol. Woch., 1941, 396 ff. Über Seneca und die freien Künste, siehe ferner auch J.-M. André, Recherches sur l'otium romain, Annales de l'Université de Besancon, vol. 52, 1962) 66 ff., sich beziehend auf Pire, Stoïcisme et pédagogie, 79 ff.

etwas bei Seneca möglich ist, dessen Bildung doch offensichtlich umfassend und fein ausgebildet ist. Aber diese Geringschätzung ähnelt ein wenig der seiner Reichtümer, sie nötigt ihn nämlich nicht zu einem totalen Verzicht, in seinen Augen ist nur eine innere Loslösung der Seele von diesen Dingen nötig.

Neben den *88. Brief* muß der *90. Brief* über die Geschichte der Kultur gestellt werden, der ebenfalls von Poseidonios seinen Ausgang nimmt und ihn ebenfalls verbessert. Ihn haben vor allem Blankert[21] und K. Reinhardt[22] näher untersucht. Seneca kann nicht zugeben, daß der Weise die Künste erfunden haben soll. Auch dies hat seinen Grund offensichtlich darin, daß in seinen Augen das moralische Gewissen nichts zu tun hat mit den verschiedenen Formen des rein intellektuellen Wissens oder intellektueller Fähigkeiten, sondern vollkommen ohne sie auskommt.

Seneca scheint sich auch da wenig aus Poseidonios zu machen, wo dieser die schöpferische Erfindungsgabe des menschlichen Geistes verherrlichte, er scheint eher, wie oben erwähnt, für die naturwissenschaftliche Seite dieses Denkers aufgeschlossen. Er will diese in noch höherem Grade in den Dienst der Theologie stellen, sie zu einer wahren *ancilla theologiae* machen, und er hat Augen nur für das Wesentliche, nämlich das Seelenheil. Dies ist die Lehre aus seinen ›Quaestiones naturales‹. Es wäre in diesem Zusammenhang aufschlußreich, seine Haltung eingehend mit der des Philo von Alexandrien zu vergleichen. Emile Bréhier hält zwar die Einstellungen der beiden Denker für identisch[23], mir jedoch scheint Philo mehr Wert auf die einzelnen Fachwissenschaften zu legen, wobei auch er freilich vor allem an das Heil der Seele denkt. Diese ausschließliche Konzentration auf das Wesentliche ist echt römisch. Die Geringschätzung des Zynikers für die Παιδεία nehmen die Römer auf ihre Weise wieder auf mit ihrer Verachtung für die Künste und das Fachwissen der Spezialisten.

---

[21] S. Blankert, Seneca (Epist. 90) over natuur en cultuur en Posidonius als zijn Bron, Amsterdam, 1941.
[22] Artikel „Poseidonios" in P. W., col. 305 ff.
[23] Les idées philosophiques et religieuses de Philon d'Alexandrie, Paris, 1907, 281 ff.

Diese Konzentration auf das Wesentliche findet sich im Innern der Philosophie selbst wieder. Ihr erster Teil, die Logik, findet bei Seneca wenig Beifall, es geschieht sogar, daß er sich mit mehr Ironie und Feuer noch als Cicero über die schulmäßigen Syllogismen lustig macht. Er tut dies vor allem deshalb, weil sie es nicht vermögen, uns wirklich zu ergreifen und eine Umkehr des Herzens herbeizuführen. Es läßt sich indessen sagen, und ist auch erst kürzlich wieder gesagt worden, daß Seneca in dem Maße dazu neigt, einen anderen Standpunkt einzunehmen, wie seine Kenntnis der Lehre wächst, besonders in jenem zweiten Teil der Briefe an Lucilius, wo lange Sendschreiben über die wahre Lehre abwechseln mit Briefen über die rechte Lebensführung und psychologischen Analysen. A.-D. Leeman hat auf diesen Wechsel in Senecas Haltung hingewiesen und in einem anderen Aufsatz für die *Briefe 106 und 108* den völlig verkannten Einfluß von Poseidonios als Dialektiker unterstrichen[24].

Aus dieser Konzentration auf das Wesentliche ergibt sich eine gewisse Geringschätzung für die erkünstelten Schulbeispiele und die Ablehnung, die Enge ihrer vorgefaßten Meinungen zu teilen. Senecas Haltung zum Epikureismus oder besser gesagt zu Epikur ist bezeichnend, besonders in den *Briefen*. Indessen hat Pohlenz im Gegensatz zu einigen Kritikern richtig betont, daß es hier nicht angebracht ist, von Eklektizismus zu sprechen[25]. Seneca bleibt der Stoa vollkommen treu und was ihn für diese oder jene Äußerung des Gartenphilosophen einnimmt, läßt sich im Grunde mit der Stoa vereinbaren, indem es so besser den Charakter allgemeiner Menschlichkeit hervortreten läßt. Ein sehr gedankenreicher, soeben erschienener Aufsatz[26] weist darauf hin, daß Lucilius wohl

---

[24] Seneca's plans for a work Moralis philosophia and their influence on his later Epistles, Mnemos, 4ᵉ sér., VI, 1953, 307 ff. Vgl. auch vom selben Verfasser: Seneca and Posidonius. A philosophical commentary on Sen. Ep. CII, 3–19; ibid., V, 1952, 57 ff.

[25] Die Stoa I, 306.

[26] R. Schottlaender, Epikureisches bei Seneca. Ein Ringen um den Sinn von Freude und Freundschaft, Philologus, XCIX, 1955, 133 ff. in diesem Band S. 167 ff.

eine Neigung zum Epikureismus gehabt zu haben scheine und daß Seneca, anstatt ihn frontal anzugreifen, die Taktik vorgezogen habe, Epikur als Kronzeugen für die Stoa anzuführen oder, wenn man diese Metapher bevorzugt, seine Stellung lieber zu umgehen als sie zu bestürmen[27].

Eine der großen Besonderheiten von Senecas Stoizismus ist der Raum, den in ihm die *Freunde* einnehmen[28] (diese Bezeichnung paßt besser als *Schüler,* denn Seneca weist es bescheiden zurück, sich anders als ein Gleicher oder Ähnlicher mit denen zu fühlen, denen er einen Rat gibt)[29]. Die Bezeichnung *dialogi*, verwandt für die kleinen Abhandlungen, findet darin ihre am wenigsten oberflächliche Rechtfertigung, und man begreift, daß Seneca gerade in den *Briefen* die ihm am ehesten gemäße Form gefunden hat. Seit dem klassischen Buch von E. Albertini[30] haben wir ein Gefühl dafür, daß das Studium der Struktur seiner Werke sehr viel mehr als nur ein Problem des literarischen Stils ist, daß es nämlich eng mit dem Fluß seines Denkens verbunden ist. P. Grimal hat im rechten Moment darauf aufmerksam gemacht[31], bei der Betrachtung von ›De constantia sapientis‹ und anderer Schriften, daß Seneca eine umfassende rhetorische Ausbildung erhalten hatte und daß seine gesamte Zeit von dieser Disziplin geprägt ist. Ich bin indessen nicht sicher, ob es nicht etwas weit hergeholt ist, in

---

[27] Was Grilli dagegen S. 263 von einem Einfluß des Epikur auf die Auffassung des kontemplativen Lebens bei Seneca sagt, beruht auf dem oben dargelegten Irrtum und scheint mir absolut irrig.

[28] U. Knoche, Der Gedanke der Freundschaft in Senecas Briefen an Lucilius, Commentationes Linkomies (Acta Philol. Fennica, N. S., I), 1954, 83 ff. In diesem Band S. 149 ff.

[29] A.-M. Guillemin, Sénèque, directeur d'âmes, I: L'idéal, dans la Rev. ét. lat., 80, 1952, 102 ff.; II: Son activité pratique, ibid., 81, 1953, 215 ff.; III: Les théories littéraires, ibid., 32, 1954, 250 ff.

[30] La composition dans les ouvrages philosophiques de Sénèque, Paris, 1923.

[31] Kommentar zu ›De constantia sapientis‹, Paris 1953; Der Aufbau von Senecas philosophischen Schriften, I: Das Werk ›De constantia sapientis‹, Rev. et. anc., LI, 1949, 246 ff., II: Das Werk ›De providentia‹, ibid. LII, 1950, 238 ff.

dem oben genannten Dialog den Aufbau einer Gerichtsrede zu suchen, mit *divisio, narratio, confirmatio* usw., der nicht einmal in der Rhetorik selbst alles ausmacht und der hier eigenartig und eher ungeschickt verwandt wäre. Der Einfluß der Rheotrik könnte sich anders auswirken. Die Lehrmeister, die Seneca gehabt hatte, ein Attalos, ein Demetrius, unterrichteten gerne in der Redeform, und Seneca unterliegt eher ihrem Einfluß als dem der Rhetorenschule im eigentlichen Sinne.

In dem so gezogenen Rahmen des Aufbaus und des moralischen Handelns bleibt noch – und das ist sicher das Wichtigste – der in psychologischer und moralischer Hinsicht von Seneca ausgehende Einfluß zu würdigen. Er zog hier die Aufmerksamkeit auf sich mit Begriffen wie Gewissen, Bekehrung, nach innen gerichtete Einsamkeit. Mit ersterem hatte Epikur einen recht unglücklich zu nennenden Versuch gemacht[32]. Es handelt sich für ihn, getreu seiner utilitaristischen Psychologie, um jene Furcht vor den Folgen einer Handlung, die den Schuldigen niemals vor Strafe sicher sein läßt. Für Seneca handelt es sich natürlich um ein von der Kenntnis des Guten diktiertes Urteil. Es wäre gewiß fruchtbarer, bei Philo von Alexandrien zu suchen, bei dem dieser Begriff nachgewiesen wurde, namentlich von Pohlenz[33].

Die Belehrung im Sinne der Stoa, die ohne Übergang von der Torheit zur Weisheit gelangen läßt, wird in bestimmten *Briefen* (VI, 2; XLIV) durch den bemerkenswerten Begriff *transfigurari* bezeichnet. Diese Bezeichnung stammte, nach E. Bickel, aus Platos ›Gesetzen‹ (903–906), mit Poseidonios als Zwischenglied[34]. Seneca unterscheidet die Kenntnis von Gut und Böse von dem *habi-*

---

[32] Zucker, Syneidesis-Conscientia, Jenaer Rekoratsrede 1928. Zur Kritik von M. Pohlenz siehe die von diesem gegebenen Hinweise in Die Stoa II, p. 158; vgl. auch Grilli, p. 238. Es ist immerhin sicher (Epist. 97, 15), daß Seneca eine teilweise Übereinstimmung mit Epikur hervorhebt.

[33] Pohlenz, ibid., p. 183, mit der Bibliographie.

[34] E. Bickel, Μετασχηματίζεσθαι. Ein übersehener Grundbegriff des Poseidonios, Rheinisches Museum, C, 1957, pp. 98 sqq. (das Wort *transfigurari* findet sich Ep. VI, 2 und XCIV, 48). Vgl. auch Martinazzoli, op. laud., p. 164.

tus animi, her, der derart umgewandelt werden muß, daß die Kenntnis der *decreta* vervollständigt wird durch die Veränderung des *habitus*. Vielleicht muß man Bickel recht geben, der den Ursprung dieser Auffassung bei Poseidonios sucht, die dann in Verbindung gebracht werden muß mit dem Entwurf einer Theorie des Willens[35].

Schließlich hebt Seneca auf ganz besondere Weise die auf sich gestellte Abgeschlossenheit des moralischen Lebens hervor, das den Ausdruck eines geistlichen Lebens annimmt[36]. Es ist ein Ding, mit der alten Stoa zu behaupten, das Wesen des Menschen liege in seiner Seele oder in seiner Vernunft, und ein anderes, diese abstrakte Definition metaphysischen Charakters in die praktische Moral des Alltags umzusetzen. Außerdem erscheint sie bei Seneca als Kenntnis des in uns wohnenden Gottes und tendiert dazu, den Götzenkult der Tempel und Opfer durch die Verehrung dieses zugleich immanenten und transzendenten göttlichen Prinzips zu ersetzen[37]. Die innerliche Abgeschlossenheit erschließt sich so einer Art mystischer Erfahrung. So kann Seneca eines Tages vom Autor der *imitatio* zitiert werden mit dem Satz, der Weise habe der Menge nicht aus dem Weg zu gehen, die wahre Einsamkeit sei überall möglich, selbst im Schoß der Menge, denn die Einsamkeit sei innerlich[38]. Den Reichtum muß man nicht fliehen, denn die wahre Armut ist, wie das Evangelium sagt, im Geiste; auch sie ist innerlich[39]. Die auf sich gestellte Innerlichkeit wird auf die orthodoxeste stoische Lehre aufgepropft, denn was für diese zählt, ist nicht so sehr der Stoff des *officium* als die Fähigkeit der Seele,

---

[35] Pohlenz, Die Stoa, I, p. 319; II, p. 159; ein wichtiger Text ist ... Epist. 95, 57: *Actio recta non erit nisi recta fuerit voluntas: ab hac enim est actio. Rursus voluntas non erit recta nisi habitus animi rectus fuerit: ab hac enim est uoluntas.*

[36] P. Thévenaz, L'intériorité chez Sénèque, Hommages à Max Niedermann (coll. Latomus, 23), Bruxelles, 1956, 189 ff.

[37] Neuenschwander, 54 ff., glaubt an den Einfluß des Poseidonios.

[38] Grilli, Vita contemplativa, zieht mit Recht (p. 268, n. 1) heran: Epist. 7, 1 und 3, von Philon, De Abrah., 4, 22.

[39] Dies ist die These in ›De vita beata‹.

und die Übereinstimmung der in uns wohnenden Vernunft mit der außer uns. Senecas Originalität besteht darin, in seiner Definition diese abstrakte Innerlichkeit einbezogen zu haben in das konkrete Alltagsleben[40].

---

[40] Von den anderen bei Seneca näher untersuchten Themen wollen wir hinweisen auf seine Haltung zur Sklavenfrage: W. Richter, Seneca und die Sklaven, Gymnasium LXV, 1958, 196 ff., und zum Selbstmord: N. Eckert, Weltanschauung und Selbstmord bei Seneca und den Stoikern, in antiker Mystik und im Christentum, masch. Diss. Tübingen 1951.

FORTUNAE RESISTERE IN DER MORAL DES PHILOSOPHEN SENECA*

Von Gerda Busch

Wie der Mensch sich dem Schicksal gegenüber verhalten kann und soll, hat kein anderer antiker Denker so intensiv als Problem empfunden und in so vielen Wendungen des Gedankens und Ausdrucks zur Sprache gebracht wie der Philosoph Seneca. Die Frage selbst ist natürlich älter, und sie hat in dem Zeitraum antiker Geistesgeschichte, der zwischen dem Heldengedicht der Ilias und den Reflexionen Senecas liegt, nicht immer die gleiche Antwort gefunden; aber es läßt sich doch feststellen, daß die Situation des Menschen, der ein Schicksal erfährt, in wesentlichen Zügen überall die gleiche ist.

Vielfältig sind schon die Namen, mit denen die griechische und die lateinische Sprache das umschreiben, was wir „Schicksal" nennen; aber auch sie haben, bei aller durchaus beachtenswerten Verschiedenheit, vieles Gemeinsame. Sie können hier nicht erörtert werden[1], und es ist auch nicht beabsichtigt, die zwischen

---

* Der vorliegende Aufsatz fand sich als abgeschlossenes Manuskript in den Papieren der 1959 verstorbenen Verfasserin. An seiner Eigenart wurde nichts geändert. Kürzungen wurden vorgenommen in protreptischen Ausführungen, die sich in der Senecaparaphrase gelegentlich häuften. Diese und andere redaktionelle Kleinigkeiten besorgte Ilona Opelt, die auch die Korrekturen mitlas. Für den Abdruck in dieser Reihe wurde von Ulrich Fleischer die im Manuskript mit Tilgungszeichen vorgefundene Einleitung unter Hervorhebung des methodischen Ansatzes erweitert, außerdem die Gestaltung der Anmerkungen redigiert.

[1] Es darf wohl kurz daran erinnert werden, daß in den ältesten Schicksalsbezeichnungen der Griechen zum Ausdruck kommt, daß der Mensch ‚sein Teil' erhält; Schicksal – oft ist damit speziell der Tod gemeint – wird also als von den Göttern ‚zugeteilt' verstanden. Im

Griechischem und Römischem, zwischen Homer und Seneca sich erstreckende Spannweite der geistigen Entwicklung im Hinblick auf die Schicksalsvorstellung mit historischen Untersuchungen auszumessen. Vieles davon kann als bekannt vorausgesetzt werden; aber es fragt sich auch, ob historische Abhängigkeit und Differenzierung, die man feststellen könnte, überhaupt geeignet ist, das Wesentliche und Gemeinsame im Verhältnis des Menschen zum Schicksal sichtbar zu machen: setzt doch die historische Betrachtungsweise selbst voraus, daß man weiß, um was es geht; und daß der Mensch im Wesentlichen, in seiner „Natur", überall und zu allen Zeiten derselbe ist, war schon ein Grundaxiom der Geschichtsschreibung des Thukydides. Nur auf Grund einer vorausgesetzten Identität des Menschlichen lassen sich historische Gegebenheiten in ihrer veränderlichen Besonderheit erkennen; und verstehen können wir nur, wofür wir selbst ein Organ haben.

Das Verhalten des Individuums dem Schicksal gegenüber ist ein allgemeines menschliches Phänomen, und damit ist zugleich gesagt, daß es auch uns angeht. Nur einleitend sollen daher im Folgenden einige charakteristische Äußerungen von Griechen und Römern aus der Zeit vor Seneca besprochen werden, um das Verständnis dessen vorzubereiten, was Seneca uns über das Verhältnis des Menschen zum Schicksal zu sagen hat. Nicht eine historisch-kritische Betrachtung aus der Distanz, sondern unmittelbare Auseinandersetzung mit den Fragen, um die es hier geht, so schwierig sie sein mag, soll dieses Verständnis erschließen[2].

Lateinischen verrät *fatum,* der ‚Spruch‘, einen ursprünglichen religiösen Sinn. Daneben gibt es in beiden Sprachen, ähnlich wie im Deutschen, den ‚Zufall‘ im Bedeutungsfeld ‚Schicksal‘. Für unser Thema interessieren besonders τύχη und *fortuna,* die vieles gemeinsam haben. Weitere Hinweise dazu in der in den Anmerkungen genannten Literatur.

[2] Die Darstellung selbst ist auf die Vergegenwärtigung des Motivs *fortunae resistere* abgestellt. Hinweise auf die ihr zugrunde liegende umfassendere Untersuchung wurden in die Anmerkungen verwiesen. Für Belegstellen aus der griechischen Literatur vor Aristoteles, auf die hier nicht eingegangen werden konnte, sei wenigstens hingewiesen auf die Stichworte ‚Schicksal‘, ‚Glück‘, ‚Gott‘ in dem Büchlein von G. T. Schwarz, Philosophisches Lexikon zur griechischen Literatur, München und Bern

I

La liberté est un mystère
(Motto, nach Malebranche, vor
Schopenhauers Preisschrift über
die Freiheit des Willens.)

Daß das Schicksal starr ist[3], erfährt wohl jeder. Der bildliche Ausdruck bezeichnet als Eigenschaft des Schicksals selbst, was der Mensch als eigene Ohnmacht im Lebenskampf erfährt. Enthebt diese Erfahrung uns der Verantwortung oder läßt sich Freiheit des Willens mit der Notwendigkeit verbinden[4]? Philosophen und Dichter haben von alters her dazu angehalten, daß der Mensch selbst einstehen müsse für sein Tun, anstatt des Mißlingens Ursache bei übermenschlichen Mächten zu suchen. ἦθος ἀνθρώπῳ δαί-

---

1956 (Dalp-Taschenbücher Bd. 330). Für Homer vgl. das Stichwort ‚Schicksal‘ bei M. Schneidewin, Homerisches Vocabularium sachlich geordnet, Paderborn 1883.

[3] σκληρός, z. B. Eur. fr. 684, 3 (συμφοραί); Ar. Nub. 1246, Theocr. 4, 40 (δαίμων), vgl. σκληρότης δαίμονος Antiph. 3, 3, 4. Allgemein Simon. fr. 4 Diehl², besonders vs. 20 f. mit den Testimonia. Verg. georg. II 491 *inexorabile fatum,* Verg. Aen. VII 334 *ineluctabile fatum.* Schopenhauer, Parerga und Paralip. I im 5. Bd. der Ausgabe von Hübscher 1946, 221, 11 ff. und S. 498 ff. (bes. 506 f.). Zum Problem auch R. W. Emerson, The conduct of life, London 1860, 4 (= ed. Tauchnitz, 1918, 8). E. Gegenschatz, Die Freiheit der Entscheidung in der Consolatio philosophiae des Boethius, Mus. Helv. 15, 1958, 110 ff.

[4] Vgl. etwa Hom. Il. 3, 162 (Priamos zu Helena) und 6, 349, 357 (Helena); dagegen Plat. resp. X 617 E (im Spruch der Lachesis) αἰτία ἑλομένου· θεὸς ἀναίτιος. Die übliche Auffassung der Menschen bei Polyb. 10, 5; 8. Vgl. auch den Abschnitt über Tyche bei F. W. Walbank, A historical commentary on Polybius, Vol. I, Oxford 1957, 16–26 oder J. Kroymann, Fatum, fors, fortuna im Geschichtsdenken des Tacitus in: Satura (Festschrift Weinreich) Baden-Baden 1952, besonders 102. Auf das philosophische und theologische Problem der „Willensfreiheit" braucht hier nicht eingegangen zu werden; denn die persönliche Erfahrung des Schicksals ist unabhängig vom Determinismus und vom Glauben an die Naturgesetze oder die Prädestination.

μων lautet ein Spruch Heraklits (fr. B 119 Diels⁷-Kranz)⁵. Demokrit meinte sogar: ἄνθρωποι τύχης εἴδωλον ἐπλάσαντο πρόφασιν ἰδίης ἀβουλίης (fr. B 119 Diels⁷-Kranz)⁶. Wenn aber Tyche nur eine „Erfindung" ist zu dem Zweck, menschliche Unberatenheit zu verdecken, so muß es doch auch – eben um der moralischen Zurechnung willen – etwas geben, was der Mensch aus eigener Kraft gegen das Schicksal einzusetzen hat. So geht die Sophokleische Antigone αὐτόνομος⁷ in den Hades. Was kann das aber sein, da der Mensch doch von eben diesem Schicksal unabdingbar bestimmt wird? Ist der Begriff der ἡμιδουλεία, den der Kyniker Oinomaos dem Chrysipp (fr. 978 Arnim II) als unklar vorwarf, wirklich nur „lächerlich"⁸, eine Ausflucht, um das ἐφ' ἡμῖν zu retten⁹?

---

⁵ Vgl. Demokr. fr. B 170. 171. Epich. fr. B 17 Diels⁷-Kranz. B. Snell, Die Sprache Heraklits, Hermes 61, 1926, 363 f. F. Brecht, Heraklit, Heidelberg 1936, 84 f. H. Fränkel, Dichtung u. Philos. des fr. Griechentums, New York 1951, 498. – Inscr. Oen. nr. 28, BCH 21, 1897, 374.

⁶ Dagegen αὐθαίρετος ... εὐβουλία Thuk. 1, 78, 4. Vgl. Plut. moral. 97 c-f. Zum Problem H. Strohm, Tyche, Stuttgart 1944, 98 f. G. Herzog-Hauser, Tyche und Fortuna, Wien. St. 63, 1948, 157. A. Buriks, Περὶ Τύχης, Diss. Leiden 1948, 73. 96 f. Zu αὐθαίρετος vgl. noch Soph. OR 1231 (πημοναί). Ps. Pyth. carm. aur. 54 Diehl³ (πήματα). Men. fr. 537 Koerte-Thierfelder (λῦπαι). Arr. Epikt. 4, 1, 27 neben αὐτεξούσιος. Derselbe Gedanke bei Juv. sat. 10, 365 (vgl. Eur. Tro. 886. Publil. E 7. H 16): *Nullum numen habes, si sit prudentia. Nos te, nos facimus, Fortuna, deam caeloque locamus.* Vgl. auch Plin. n. h. 2, 22. Boeth. cons. 2, 1, 15 Weinberger.

⁷ v. 821. schol. 820. Vgl. M. Pohlenz, Gestalten aus Hellas, München 1951, 374: „Die ganze griechische Ethik ist autonom." ders., Der hellen. Mensch, Göttingen 1947, z. B. 16. 25. 28 ff. 300 f. 337. Griech. Freiheit, Heidelberg 1955, 57. 60. 136. 140 f. 152. 156 f. W. Ch. Greene: Moira, Fate, Good, and Evil in Greek thought, Cambridge (Mass.) 1948, 91.

⁸ = Oinom. γοήτ. φώρα 23 p. 74 Vallette (Paris 1908): ἐκεῖνο γὰρ ... τὸ καταγελαστότατον ἁπάντων, τὸ μίγμα ... τοῦ καὶ ἐπὶ τοῖς ἀνθρώποις τι εἶναι καὶ εἱρμὸν οὐδὲν ἧττον εἶναι. Vgl. p. 127 (adnot.). fr. 1002 Arnim II. Gerettet werden sollen ἐπαινετά und ψεκτά fr. 1003. 1005, 18 ff. Vgl. Epik. ad Men. 133 f.

⁹ Vgl. Epik. sent. p. 16. Diano (p. 74 f. Usener) βραχέα (– εἶα v. l.) σοφῷ τύχη παρεμπίπτει usw. (Sen. const. sap. 15, 4. Cic. fin. 1, 63

Βαιᾷ γὰρ φρονήσει τύχη μάχεται fährt Demokrit fort, τὰ δὲ πλεῖστα ἐν βίῳ εὐξυνέτος ὀξυδερκείη κατιθύνει[10]. Also *Verstand* braucht nicht notwendig dem Geschick zu unterliegen. Demgegenüber lehrt aber die Tragödie, wie wenig der planende Sterbliche gegen das Schicksal oder die Götter ausrichten kann: πῶς οὖν μάχωμαι θνητὸς ὢν θείᾳ τύχῃ[11]; (Soph. fr. 196, vgl. Ant. 1106 und Trach. 492), und weit öfter wird hier jemand ermahnt, dem Unabwendbaren zu weichen, als ermutigt, dagegen zu kämpfen, so Eur. fr. 716: σὺ δ' εἶκ' ἀνάγκῃ καὶ θεοῖσι μὴ μάχου (vgl. fr. 965 und u. Anm. 72).

Dann wäre es also nichts als die Überheblichkeit unreligiösen Denkens, wenn Zenons Schüler Persaios als stoische Lehre verkündete: ὅτι ὁ σοφὸς ὑπὸ τῆς τύχης ἀήττητός ἐστιν ... καὶ ἀπαθής (fr. 449 Arnim)? Tatsächlich wurde – so berichtet an dieser Stelle Themistios – solcher Stolz von dem König Antigonos als Prahlerei (zum Ausdruck vgl. auch κόμπος bei Plut. Sulla 6, 7) entlarvt, denn mit dieser unerschütterlichen Haltung ist es „natürlicherweise"[12] zu Ende, sobald sie durch Unglücksbotschaften auf

---

[Reid]. 2, 89. Tusc. 5, 26. 3, 49. Vitr. 6 pr. 3). Vgl. auch Polystr. fr. 3 II a 13 ff. p. 78 Vogliano (Epicuri... scripta, Berlin 1928, 7 p. 21 Diano [Metrod. fr. 48 Koerte]).

[10] Men. fr. 486 Koerte-Thierfelder ἄνοια θνητοῖς δυστύχημ' αὐθαίρετον· τί σαυτὸν ἀδικῶν τὴν Τύχην καταιτιᾷ; Gegenüberstellung τύχη – φύσις αὐτάρκης Demokr. fr. B 176.

[11] Vgl. Herzog-Hauser, Tyche RE VII A 2 (1948), 1556, 54 ff. Von Pentheus sagt Dionysos Eur. Bakch. 635 f.: πρὸς θεὸν γὰρ ὢν ἀνὴρ / ἐς μάχην ἐλθεῖν ἐτόλμησε. Vgl. auch v. 45 und Iph. Aul. 1408. Iph. T. 1478 f. Homer Il. 6, 129. 141, dazu M. Treu, Von Hom. zur Lyrik, Zetemata 12, 1955, 19 ff. Eur. H F 1357 νῦν ... τῇ τύχῃ δουλευτέον. – Aisch. Prom. 936. – Dagegen Sen. vit. b. 15. 3. ep. 98, 14.

[12] Vgl. Cic. Tusc. 2, 46. Sen. ad Pol. 18, 5 *excussisset illis fortuna superbam sapientiam.* ep. 71, 29. Tac. ann. XIV, 57, 3 *assumpta... Stoicorum arrogantia.* Zur Kritik an den römischen Stoikern Furneaux, The Ann. of Tac. II², Oxford 1907, 83 ff. Abwägende Beurteilung bei W. Lecky, Sittengeschichte Europas... I, dt. von Jolowicz, 1870, 176 ff.; Verteidigung bei J. Favre, La morale des Stoïciens, préf.; vgl. dagegen P. Montée, Le Stoïcisme à Rome, Paris 1865, 176. Über die Milderung

die Probe gestellt wird. Offenbar kommt die Auffassung vom dem Schicksal überlegenen Menschen nicht aus ursprünglicher griechischer Religiosität, die fest gegründet war auf die Ehrfurcht vor den Schicksalsmächten; doch was meinte Persaios eigentlich, als er behauptete, man könne „von der Tyche unbesiegt" bleiben? Von einer tatsächlichen Wehr gegen das unbezwingliche Schicksal kann ja, zumal nach der stoischen Lehre von der *Heimarmene,* niemals die Rede sein: wir sind eben nicht frei, sondern – dies lehrten Zenon und Chrysipp (fr. 975 Arnim II) – an das Schicksal angebunden[13] wie ein Hund an einen Wagen: sträubt er sich, so wird er geschleift; mitgehen muß er in jedem Falle.

Hier kommt etwas hinzu, was dann im bekannten Hymnus des Kleanthes (fr. 527 Arnim; in der Wiedergabe bei Seneca ep. 107, 11: *ducunt volentem fata, nolentem trahunt*[14]) ausgeführt wird: zwar muß sich der Mensch dem Schicksal völlig unterwerfen, aber der ἀνὴρ ἀγαθός darf wenigstens von sich sagen: ὡς ἕψομαι ... ἄοκνος *(nulla parendi mora est. adsum impiger*[15]*),* wenn die Not-

---

altstoischer Strenge C. C. Grollios, Seneca's ad Marciam. Tradition and Originality, Athens 1956, 72 ff., bes. Sen. ep. 71, 27. 85, 3. 29. Plin. ep. 8, 16, 3 und 4 *(hominis est enim affici dolore, ... resitere tamen ...).*

[13] Sen. tranq. an. 10, 3 *omnes cum fortuna copulati sumus.*

[14] *comitar* und *sequi* § 9. Vgl. prov. 5, 4 f. vit. b. 8, 6. 15, 5 f. ep. 74, 30–32. 96, 2 u. Anm. 37. *ducere* anders ep. 77, 15. Verg. Aen. 8, 133 *volentem.*

[15] Vgl. Arr. Epikt. 3, 22, 57. 2, 16, 42. 1, 12, 8. 4, 10, 14. M. Ant. 10, 11, 4. 7, 31, 3. Epic. ad Men. 3 p. 64, 5 Usener (p. 9 Diano). Plut. Pel. 3. – Sen. ep. 82, 7 *pigre et cunctanter.* E. Arnold, Roman Stoicism, Cambridge 1911, 390 f. *pigritia:* ep. 66, 16. *impiger* 107, 10. 12; mit *iners* verbunden 70, 16. Dazu u. S. 60; s. auch E. Köstermann, *Statio principis.* Die Rolle der *statio* in d. stoischen Religionsphilos. u. Ethik, Philol. 87, 1932, 430 ff. Über religiöse *militia* F. Cumont, Oriental. Rel. im röm. Heidentum², Leipzig Berlin 1914, XI. W. Capelle, Die Schrift von der Welt, N. Jahrb. 15, 1905, 558 Anm. 6. – Vgl. u. S. 68. W. Siegfried, Stoische Haltung nach Marc Aurel, in: Herneneia (Festschr. O. Regenbogen), Heidelberg 1952, 155 f. 158. E. Grumach, Physis und Agathon in der alten Stoa, Problemata 6, 1932, 39. 76 ff. W. Theiler, Tacitus und die antike Schicksalslehre, in: Phyllobolia f. P. Von der Mühll, Basel 1946, 53 ff. und 85–87.

wendigkeit ihn ruft. Es kommt also durchaus etwas darauf an, wie er sich ihr gegenüber verhält, und einzig dadurch, daß er ihr willig folgt (M. Ant. 10, 28, 2), kann er sie besänftigen (vgl. Plat. leg. 4, 716 a. Sen. ep. 85, 41. Apul. mund. 38) und göttlicher Hilfe würdig werden: M. Ant. 12, 4, 2 f. εἰ μὲν οὖν ἀπαράβατος ἀνάγκῃ, τί ἀντιτείνεις[16]; εἰ δὲ πρόνοια ἐπιδεχομένη τὸ ἱλάσκεσθαι, ἄξιον σαυτὸν ποίησον τῆς ἐκ τοῦ θείου βοηθείας (vgl. auch 12, 11).

Ist nun dieser Gehorsam ein bloßes Erleiden oder auch ein tätiges[17] Verhalten? Kann man gleichzeitig sich dem Schicksal fügen und ungebeugt bleiben? Dieser „Widerspruch" von der Wehr gegen das unbezwingliche Schicksal läßt sich nur aus sich selbst rechtfertigen, allein durch die Erfahrung, daß beides nicht nur möglich, sondern notwendig sei[18] (vgl. hier Thuk. 2, 87, 3. 5, 75, 3).

Nachdem diese Überzeugung in griechischer Philosophie und Dichtung gefunden ist, betrachten wir römische Anschauungen. Auch in Rom fragte man danach, „wie sich Verdienst und Glück verketten". Glaubten dort Philosophen und Dichter, daß der

[16] Arr. Epikt. 4, 1, 101. Dagegen τύχῃ ... ἀντιτάξεσθαι (– ασθαι v. l.) in der vita Epic. bei Diog. Laert. 10, 120 (a) = p. 85 Diano (p. XXIX Usener), ebenso παρατετάχθαι (– πεπράχθαι v. l.) fr. 26 p. 52 Diano = fr. 489 p. 306 f. Usener (vgl. N. W. De Witt, Epicurus and his philosophy, Minneapolis 1954, 173. 177 f.) und διερείδεσθαι Plut. mor. 341 e positiv, aber ἀμύνεσθαι τὴν τύχην 600 b (Com. fr. adesp. 118 Kock) ist vielleicht nicht ernst gemeint und bezeichnend mit φιλοσόφως verbunden. Doch Plot. 1, 4, 8 δεῖ ... οἷον ἀθλητὴν ... διακεῖσθαι τὰς τῆς τύχης πληγὰς ἀμυνόμενον. παρεσκευάσθαι Diog. Laert. 6, 2, 63 (vgl. Stob. ecl. 2, 348); vgl. Epic. ad Men. 3 p. 9 Diano (p. 64, 7 Us.). Thuk 5, 104 ἀγωνίζεσθαι.

[17] Von der Aktivität des Weisen Sen. ep. 85, 38; vgl. 20, 2. *Pati-facere* im übersetzten Hymnus des Kleanthes bei Sen. ep. 107, 11; vgl. 66, 21. 76, 23. Liv. 2, 12, 9 (Mucius Scaevola:) *et facere et pati fortia Romanum est*. – Über die Harmonie des *vir bonus* mit dem Schicksal E. Köstermann, Unters. zu den Dialogschr. Senecas, Sitz-Ber. d. Preuß. Akad. d. Wiss. 22, 1934, 24 f. Vgl. hier auch R. Eucken, Die Lebensansch. der großen Denker 13. 14, 1919, 87 f. H. Gomperz, Die Lebensauffassung der griech. Philosophen ...³, Jena 1927, bes. S. 209.

[18] Vgl. H. Erkell, Augustus, Felicitas, Fortuna, Göteborg 1952, 153.

Mensch irgend etwas nur ihm Eigenes besitze, was er dem übermächtigen Geschick entgegenhalten könne? Und welches wäre denn jenes *motus / principium quoddam, quod fati foedera rumpat*[19]?

II

valentior enim omni fortuna animus est
(Sen. ep. 98, 2. Vgl. Cic. off. 3, 56)

1.

Weder der Zufallsglaube noch der Begriff von einem Schicksal, das den Menschen der Mühe des Handelns enthebt, kann dem altrömischen Charakter entsprechen. Cicero lehnt mit Worten, die in der römischen Moral Laster bezeichnen, den sogenannten (schon im Altertum parodierten) ἀργὸς λόγος eines Stoikers (Chrys. fr. 975 Arnim II) ab, daß dem vorbestimmten *fatum* gegenüber alles Tun und Lassen gleichgültig sei (fat. 28 f., vgl. Tusc. 5, 25. Arist. int. 18 b, 31 ff. Minio-Paluello): „*si fatum tibi est ex hoc morbo convalescere, sive tu medicum adhibueris sive non adhibueris, convalesces.*" item „*si fatum tibi est ex hoc morbo non convalescere, sive tu medicum adhibueris sive non adhibueris, non convalesces; et alterutrum fatum est: medicum ergo adhibere nihil attinet*". *recte hoc genus interrrogationis i g n a v u m atque i n e r s* [20] *nominatum est, quod eadem ratione omnis e vita tolletur actio*[21].

---

[19] Lucr. 2, 254 (vgl. 292 *exiguum clinamen principiorum*). Verg. Aen. 6, 882 *si qua fata aspera rumpas*! Sen. nat. 2, 36. Vgl. K. Büchner, Titus Lucretius Carus. Welt aus Atomen. Lateinisch und Deutsch, Zürich 1956, 21.

[20] Vgl. V. Pöschl, Grundwerte röm. Staatsgesinnung in den Geschichtsw. des Sall., Berlin 1940, 16 Anm. I. s. o. Anm. 15.

[21] Ähnlich Sen. nat. 2, 37, 3 über die Notwendigkeit und Wirkung der Gebete: ... *falsa est ista interrogatio, quia illam mediam inter ista exceptionem praeteris* ... (vgl. 2, 38).

Fortuna als bloßer Zufall hat in Rom ihre große Bedeutung erst spät erlangt[22], weil die Zufallsideologie schon Auflösung einer ursprünglichen, kraftvollen Religiosität bedeutet[23]: denn der unverläßliche Zufall verlangt vom Menschen nicht mehr dieselbe Aktivität, wie ein streng begrenztes Schicksal, das erfüllt werden muß, etwa das *fatum* in Virgils ›Aeneis‹. Welche von den beiden Möglichkeiten — sich dem Schicksal stellen oder versuchen, ihm auszuweichen — wird der *vir vere Romanus* wählen? Nur die erstere[24]. Mehr noch: die römische Moral umfaßt durchaus die Überzeugung, man könne durch tapferes und tätiges Verhalten Einfluß auf das Schicksal nehmen. So sagt Caesar in einer Rede an seine Soldaten (bell. civ. 3, 73, 4): *si non omnia caderent secunda,*

[22] Vgl. etwa Otto, Fortuna, RE VII I, 1910, 12 ff. und Fatum, RE VI 2, 1909, 2048, 50. H. Canter, Fortuna in Lat. poetry, Stud. North Carol. 19, 1922, 64 f. W. Fowler, The rel. experience of the Rom. people, London 1933, 396 f.

[23] Vgl. Fowler in: Encycl. of Rel. and Eth. ed. by J. Hastings, 6, Edinburgh 1913, 99: „There is thus in the early history of the worship of Fortune nothing to suggest that the virile and persistent Roman ever believed himself or his state to be at the mercy of chance" (doch s. Cic. rep. 2, 30). Ebd. über den Zufallsbegriff der späten Zeit: „ ... this poisonous notion of Chance was weakening the fibre of the Roman. Erkell a. O. 132. 152. Vgl. auch H. Dahlmann, Seneca und Rom, in: Das neue Bild der Antike, hrsg. von H. Berve, 2, 1942, 304. — Nur hingewiesen sei auf Hamlet 3, 2, 13 ff. (v.) „for thou hast been ... " sowie auf Madame de Staël, De l'Allemagne 3, 1, in dem zu erwartenden 4. Band der Ausgabe der Comtesse Jean de Pange S. 15–17, wo der antike Fatalismus, der die freie Willensentscheidung zuließ, vom modernen unterschieden wird, der den Glauben an einen freien Willen zerstört. Über indogerm. Schicksalsglauben, der dem Menschen die Möglichkeit des Tuns beläßt, und orientalischen (unbedingten) Fatalismus etwa J. Hauer, Glaubensgesch. der Idg., I, 1937, 18 f. (leider ohne Belege). Anders H. Groos, Willensfreiheit oder Schicksal?, 1939, 122 ff. — Auf den tätigen Fatalismus etwa bei Camus (La peste) und Sartre (z. B. Les jeux sont faits) kann hier natürlich nicht eingegangen werden.

[24] Charakteristisch ist die große Zahl der lexikographischen Opposita, die der Thesaurusartikel *fortuna* im Schlußabschnitt anführt.

fortunam esse industria[25] *sublevandam*. Gerade der Mann, von dem bekannt ist, daß er auf sein *Glück* vertraute[26], wußte, daß das Glück nur dem Tapferen (und Verständigen) hilft[27]. Im gleichen Sinne berichtet Sallust von Sulla (Jug. 95, 3): *atqui illi numquam super industriam fortuna fuit*[28]. Ja, Sallust geht im

[25] Eine römische Tugend (Pöschl a. O. 23, Anm. 2. 36); darauf:... *ut acceptum incommodum virtute sarciretur*. Je weniger *fortuna*, desto mehr *virtus* (bell. Gall. 5, 34, 2). Vgl. Plut. Mar. 45, 5. Hor. sat. II, 8, 84 f. *arte emendaturus fortunam*. – Zu *industria* Cic. ad fam. 10, 3, 2. Liv. 23, 14, 1.

[26] E. Burck, Altröm. Werte in der augusteischen Literatur, in: Probleme der augusteischen Erneuerung, Auf dem Wege zum nationalpolit. Gymnasium, Heft 6, Frankfurt 1938, 52 hebt hervor, daß dies erst spät erzählt wurde. H. Ericsson, Cäsar und sein Glück, Eranos 42, 1944, 57 ff. Vgl. auch H. Fuchs, Der geistige Widerstand gegen Rom, Berlin 1938, etwa S. 2. H. Werner, Untergang Roms, Stuttgart 1939, 72 ff. 99. R. Heinze, Vom Geist des Römertums, Leipzig u. Berlin 1938, 272 f. C. Brutscher, Cäsar und sein Glück, Mus. Helv. 15, 1958, 75 ff. Montesquieu, Considérations sur les causes de la grandeur des Rom., ch. 18 (Œuvres compl. éd. par Masson, I 3, Paris 1950, 482).

[27] Vgl. z. B. W. W. Fowler, Caesar's conception of Fortuna, CR 17, 1903, 154 f. Th. Feller, Zur Charakteristik Caesars aus seinen Schriften, Gymn. 49, 1938, 9 f. W. H. Friedrich, Caesar und sein Glück, in: Thesaurismata (Festschr. Ida Kapp), München 1954, 4. E. Bolaffi, Religione, fortuna e patria in Sallustio e negli scrittori anteriori, Riv. ind.-gr.-ital. 21, 2 (1937), 22, 28 f.

[28] Es folgt: *multique dubitavere, fortior an felicior esset*. Vgl. allgemein H. Ericsson, Sulla Felix, Eranos 41, 1943, 77 ff. Die Frage, was durch *virtus* (ἀρετή), was durch *fortuna* (τύχη) erreicht wurde, spielt in der Biographie berühmter Männer (z. B. bei Cornelius Nepos) eine Rolle und ist auch sonst oft behandelt worden, vgl. W. Jaeger, Horaz C. I 34, Hermes 48, 1913, 446. Fuchs a. O. 40. Pöschl a. O. 12 f. 25 Anm. I. J.P.V.D. Balsdon, Sulla Felix, JRS 41, 1951, 3. Erkell a. O. 72 ff. – Machiavelli, Discorsi ... 2, I. – Publil. V 12 *virtuti melius quam fortunae creditur* (vgl. M 12). Der Anteil der Tüchtigkeit hervorgehoben Plut. mor. 341 e (vgl. J. Stroux, Die stoische Beurteilung Alexanders d. Gr., Philol. 88, 1933, 238). Zu dieser Alternative z. B. Cic. Marcell. 19. rep. 2, 30. imp. Cn. Pomp. 10. ad fam. 5, 18, 1. 10, 5, 3. Tusc. 5, 2. Hor. carm. III 29, 49 ff. Liv. I, 25, 2. Luc. 9, 593 ff. Lact. div.

Jugurtha-Prooemium so weit, zu leugnen, daß, wer Mut und Tatkraft[29] besitzt, der *fortuna* überhaupt bedürfe (1, 1): *falso queritur de natura sua genus humanum ...; sed dux atque imperator ... a n i m u s est, qui, ubi ad gloriam virtutis via grassatur, abunde pollens ... est neque fortuna eget*[30]. Hat sich Sallust an anderer Stelle, wo er nur als Betrachter wechselvoller historischer Ereignisse, nicht als Philosoph, spricht, weniger kühn über menschliches Vermögen ausgesprochen (Catil. 8, 1 *profecto fortuna in omni re dominatur*), und haben andere unsere Ohnmacht[31] vor dem Schicksal beklagt oder warnend geschildert, so läßt sich doch

inst. 3, 28, 6. Anm. Marcell. 14, 6, 3. W. Fowler Rom. ideas of deity, London 1914, 61. R. Preiswerk, *Fato et vi Armini*, Bemerkungen zu den Doppelausdrücken ‚Gott und Mensch', ‚Glück und Tüchtigkeit', ‚Übernatürliche und natürliche Ursache' bei griech. u. röm. Dichtern, in: Antidoron (Festschr. J. Wackernagel), Göttingen 1923, 61. W. Gernentz, Laudes Romae. Diss. Rostock 1918, 91 ff. O. Rieth, Grundbegr. der stoischen Ethik, Problemata 9, 1933, 156 ff. H. Haas, Virtus Tacitea, Gymn. 49, 1938, 166. Lipsius, Admiranda ... 4, 1 (op., Antv. 1605, 5, 172). Vgl. auch R. v. Pöhlmann, Die Weltanschauung des Tacitus², München 1913, 14 ff. 71. B. Walker, The Ann. of Tac., Manchester 1952, 245 ff. K. Büchner, Tacitus. Die histor. Versuche, Stuttgart 1955, 39 ff. – Sen. vit. b. 25, 6 *virtus ... fortunam subigit* (doch vgl. tranq. an. 4, 1 f.). *fatum – animus* ep. 93, 2. *fortuna – magnitudo animi* u. ä.: Cic. ad fam. 9, 14, 7. 11, 23, 1.

[29] Juv. sat. 10, 365 (o. Anm. 6) steht außer *virtus* die *prudentia* entgegen (13, 20 *victrix fortunae sapientia*). Wie Einfluß des Schicksals und menschliches Tun tatsächlich nie ganz zu trennen sind, so wechseln auch die Meinungen über beides. Neben „pessimistischen" Äußerungen stehen zuversichtliche wie Liv. 22, 25, 14 (Fabius): *bono imperatore haud magni fortunam momenti esse, mentem rationemque dominari*. – Vgl. noch Pind. fr. 38 (16) Snell².

[30] Das ganze erste Kap. wäre hier heranzuziehen. Vgl. Sen. brev. vit. 1. 2, 1. ad Helv. 5, 1. – prov. 6, 5 *non egere felicitate felicitas vestra est* (vgl. ad Helv. 17, 4. *egere* vom Toren ep. 9, 14 nach Chrys. fr. 674 Arnim III). Vgl. ep. 18, 7. 16, 2. const. sap. 5, 4 (dazu W. Klei, Seneca, De constantia sapientis, text with introd. and comm., Diss. Utrecht 1950, 98). Cic. Tusc. 5, 25.

[31] Auffallend die Mahnung des sterbenden Germanicus an seine Gattin (Tac. ann. II 72, 1): *exueret ferociam, saevienti fortunae (saevi*

deutlich erkennen, daß der charakteristische römische Wille einen Anteil am Geschehen und Gelingen unbedingt beansprucht: *est autem aliquid in nostra potestate*[32].

Ἀνέχου· ἀπέχου
(Epikt. fr. 10, 34 Schenkl.
Vgl. Buddeus, M. Ant., 1729, 97).

2.

Unter denen, die seit Lukrez (2, 251 ff.) gefragt haben, was die lückenlose Gliederkette des *fatum* durchbrechen kann, hat Cicero nicht nur als Philosoph, in de divinatione und de fato, die menschliche Willensfreiheit gegenüber dem Glauben an das fatum verteidigt; die Frage nach dem Verhalten dem Schicksal gegenüber mußte ihn in seinem Leben auch persönlich nahe angehen. In der *consolatio*, die er nach dem Tode der Tullia für sich selbst geschrieben hat, heißt es (fr. 13 Müller, aus Lact. div. inst. 3, 28, 9): *pugnasse se semper contra fortunam eamque a se esse superatam, cum fortiter inimicorum impetus retudisset, ne tum quidem se ab ea fractum* (de or. 2, 346), *cum domo pulsus patria caruerit: tum autem, cum amiserat filiam, victum se a fortuna turpiter confitetur: c e d o* (s. Anm. 72), *inquit, et manum tollo*. Während

... *fati* Sen. Thy. 934) *summitteret animum*. Vgl. hist. III, 31, 1 *cedere fortunae*. Hier scheint *fortuna* das *fatum* zu vertreten (umgekehrt Thy. 618 [*deus* wie *fortuna* v. 621 f.]). s. u. Anm. 72 ad Helv. 7, 10. Das Verhältnis von *fortuna* und *fatum* kann hier nicht erörtert werden. Was R. Giomini (ed. Sen. Phaedr., Rom 1955) zu Sen. Phaedr. 982 ff. (das Zitat ep. 16, 5 ist durch Auslassen des *sive* verfälscht) und (ed. Sen. Agam., Rom 1956) zu Ag. 28 bemerkt, genügt nicht.

[32] Cic. fat. 31 nach Karneades. Vgl. nat. deor. 1, 69. Luc. 39. fat. fr. 1 Ax. Tac. ann. IV, 20, 5. Theiler a. O. bes. S. 35–40. Lucr. 2, 286 *nobis innata potestas* (257 *fatis avolsa voluntas*, dazu: K. Büchner, Präludien zu einer Lukrezausgabe, Hermes 84, 1956, 228. R. Waltz, Lucrèce, De la nature (trad.), Paris 1954, z. St.). Sen. ep. 14, 16 Apul. dogm. 1, 12. W. Dilthey, Ges. Schr. 2⁵, Göttingen 1957, 8 ff. – Sen. nat. 2, 38, 3 ... *dicam, quem ad modum manente fato aliquid sit in hominis arbitrio*, vgl. ep. 16, 5. Liv. 24, 14, 8. 25, 28, 6.

Cicero offenbar sagen will, der Verlust seiner Tochter sei von
allen Schlägen der schwerste gewesen, sieht Laktanz, für den als
Christen der Fortuna-Glaube schlechthin Aberglaube sein muß
(3, 28, 6 ff.), darin eine Überheblichkeit[33], derselbe Vorwurf, der
schon einen Persaios traf, der „unbesiegt von der Tyche" sein
wollte. Kann Laktanz nur überhaupt nicht die Macht der *fortuna*
anerkennen, oder zeugen Ciceros Worte tatsächlich von Ruhmredigkeit? Denn er kann ja nicht wirklich gegen sein Unglück
„gekämpft" haben. Hier hilft uns ein Brief des S. Sulpicius
Rufus, der (ad fam. 4, 5, 6) an Cicero schreibt, er dürfe nicht
warten, bis der Schmerz über Tullias Tod von selbst gelindert
werde: *hoc te exspectare tempus tibi turpe est ac non ei rei sapientia tua o c c u r r e r e* (vgl. u. Anm. 45). Also nicht Gewalt,
sondern Weisheit ist das Kampfmittel, welches der Mensch gegen
das Schicksal einzusetzen hat. Sobald nämlich Cicero ganz durchdrungen ist von der tröstlichen Einsicht, daß Tullia nur wie alles
Vergängliche vergangen ist und der frühe Tod ihr viele Leiden
erspart hat, muß der Vater Herr werden über die Trauer. Vollends
klar wird dieser Gedankengang aus einer Ermahnung, die Cicero
selbst an P. Sittius richtet (ad fam. 5, 17, 3): ... *ut et hominem*
(5, 16, 2) *te et virum*[34] *esse meminisses, id est ... ut sapienter
ferres et dolori fortiter ac f o r t u n a e r e s i s t e r e s*. Als
Mensch muß der Betroffene bedenken, daß weder Leichtes noch
Schweres absoluten Wert hat, als Mann muß er tapfer aushalten,
was ihm auferlegt wird. Einsicht und Kraft[35] müssen sich ver-

---

[33] Über den Dualismus von Schwäche und Stolz E. Bréhier, Ét. de
philos. antique, Paris 1955, 25 ff. Cic. Tusc. 5, 3.

[34] Zur Gegenüberstellung *homo – vir* Sen. nat. 3 pr. 15. ad Helv.
17, 2. Cic. Tusc. 2, 53 (vgl. auch 5, 3 f. 17). M. Ant. 4, 3, 4 ὡς ἀνήρ, ὡς
ἄνθρωπος (vgl. auch 2, 5, dazu A. S. L. Farquharson, The meditations
of the emperor Marcus Antonius, ed. with transl. and comm., Oxford
1944, 2, 507); s. etwa P. Grimal, Seneca. De const. sap. (comm.), Paris
1953, zu const. sap. 6, 8 (S. 58 f.).

[35] γνώμην ⟨καὶ ῥώμην⟩ Gorg. epitaph fr. 6 Diels⁷-Kranz 2. S. 286, 2.
Vgl. auch Thuk. I, 144, 4. V, 75, 3. I, 84, 3. IV, 18, 5. Weiteres bei H.
Fuchs, Zur Verherrlichung Roms und der Römer in d. Gedichte des Rutilius Namatianus, Basler Zeitschr. f. Gesch. u. Altertumsk. 42, 1943, 49.

binden, wenn der Mensch widrigem Schicksal standhalten will: weise sein kann nur, wer auch Stärke besitzt, „kräftig sich zeigen" kann man nicht ohne Weisheit[36]. Deshalb bedeutet *fortunae resistere:* sich mit den Waffen vernünftiger Einsicht gegen Angriffe des Schicksals verteidigen. Von dieser gewöhnlich als „stoisch" verstandenen Haltung – Gehorsam gegen die Bestimmung und ihre Überwindung durch Ertragen – spricht auch Virgil, Aen. V 709 f.:

... quo fata trahunt retrahuntque sequamur;
quidquid erit, superanda omnis fortuna ferendo est[37].

III

1.

Was sich zuerst nicht ineinander fügen wollte, Kämpfertum und Weisheit, schließt sich nun zu einem Bild zusammen, das freilich Staunen erregt: der kämpfende Weise, der philosophierende Kämpfer. Wenn die griechische Ethik, obgleich die Mündigkeit des Menschen lehrend, den „Kampf" gegen göttliche Schickung als Hybris auffassen mußte, so liegt in dem Widerstand des Römers

---

[36] Zum Weisen gehört die Tapferkeit. Cic. Tusc. 3, 14 *nemo sapiens nisi fortis.* Arist. rhet, 2, 14, 1390 b καὶ σώφρονες μετὰ ἀνδρείας καὶ ἀνδρεῖοι μετὰ σωφροσύνης. Plut. Romul. 28, 3 (p. 35 c). Die Einheit von Weisheit und Tüchtigkeit scheint besonders Musonius Rufus gelehrt zu haben (Zeller, Philos. der Gr. III I⁴, 1909, 759 f.). Vgl. hier auch E. R. Curtius, Europ. Lit. und lat. Mittelalt., Bern 1948, 180–185. 178 f. K. Jaspers, Von der Wahrheit, 1947, 982.

[37] Campbell z. St.; C. Bailey, Rel. in Verg., Oxford 1935, 237. V. Pöschl, Die Dichtkunst Virgils, Innsbruck 1950, 92. W. H. Friedrich, Cato, Caesar und Fortuna bei Lucan, Hermes 73, 1938, 408. P. Boyancé, in: Mél. offerts à P. Laumonier, Paris 1935, 16. T. Frank, Vergil, New York 1922, 186 verkennt offensichtlich das Problem. – *trahere* hier also anders als im Hymnus des Kleanthes (o. S. 58), *sequi* wie Aen. 2, 388. 5, 22. 10, 49. 12, 677; *superare* dort von den *fata,* 5, 22 von *fortuna.* Nicht zugänglich war mir J. Zeidler, Die Schicksalsauffassung Vergils und ihre Beziehungen zur Stoa, Diss. (masch.), Berlin F. U. 1954.

gegen das Schicksal doch nicht Anmaßung, sondern die Erkenntnis, daß der Mensch sich den Schicksalsmächten beugen muß. So sagt Seneca (ep. 41, 2), nur Gottes Hilfe könnte Überlegenheit über das Schicksal verleihen: *bonus ... vir sine deo nemo est; an potest aliquis supra fortunam nisi ab illo adiutus exsurgere?* (u. S. 90). Nur trotz der menschlichen Ohnmacht kann der Weise die höchste Sicherheit erringen (ep. 53, 12): *ecce res magna, habere imbecillitatem* (ad Marc. 11, 3. brev. vit. 14, 1) *hominis securitatem dei*[38]. Nur die Möglichkeit aber, sich handelnd zu verhalten, sogar dem Schicksal gegenüber, vermag, wie wir gesehen haben, Römer zu locken. Die „Heldenschule" der Stoiker hat in Rom ihre beste Stätte gefunden, und das Wort von dem, der dem Schicksal in den Rachen greift, ist von Männern wie Mucius Scaevola bewahrheitet worden. Während in der griechischen Ethik die Erkenntnis von der Nichtigkeit alles Menschlichen zur Resignation führt (θνητὰ φρονεῖν[39]) und der Trost der Weisheit darin überwiegt, verweilt die römische Art nicht lange auf der Stufe reiner Einsicht und packt an, was ihren eigenen alten Idealen am nächsten liegt: die Aufforderung zu Tüchtigkeit und Tat, die schon in dem alten Sprichwort *faber est suae quisque fortunae* ausgesprochen ist (Sen. nat. 3 pr. 13 *fortunam non exspectare, sed facere,* ep. 85, 40, 98, 2. 118, 4).

Der Römer, der nach dem Wesen der *fortuna* tiefer geforscht hat als die anderen vor ihm, ist Seneca. Was er dabei findet, hat wohl noch keiner so offen aufzudecken und so eindringlich auszusprechen gewagt wie er: daß nämlich der *fortuna* Macht eine

---

[38] Aus diesem doppelten Aspekt des unwürdigen und doch würdigen Menschen ergibt sich, daß *homo* nicht nur das in allem Unzulängliche, sondern auch das Wesentlich-Gute am Menschen bezeichnet: clem. I, 1, 3 *nemo non, cui alia desunt, hominis nomine apud me gratiosus est* (dazu P. Faider, Sen., De la clémence, II [comm.], Brugge 1950, 24.) ep, 45, 9. Beide Seiten berührt nat. I pr. 5 *o quam contempta res est homo, nisi supra humana surrexerit!*) Vgl. nat. 6, 32, 4. const. sap. 8, 3 *qui ... per humanos casus divino incedit animo ...* benef. 6, 3, 1 f. brev. vit. 14, 2 *licet ... hominis naturam cum Stoicis vincere.* Jaspers a. O. S. 933.

[39] Epich fr. B 20 Diels⁷-Kranz. Soph. Trach. 473.

Scheinherrschaft sei und sie deshalb durch Vernunft und Kraft besiegt werden könne. Diese Überzeugung will Seneca auch durch die Tat erhärten (ep. 26, 5): *non timide ... componor ad illum diem, quo ... de me iudicaturus sum ..., numquid simulatio fuerit et mimus*[40], *quicquid contra fortunam iactavi verborum contumacium*[41]. Wenn andere (wie Plutarch περὶ τύχης und Dio Chrysostomos or. 64. 65) sich bestrebten nachzuweisen, daß wir uns oft zu Unrecht über Wankelmut und Härte der Tyche beklagen, läßt Seneca es nicht bei einer solchen „Rettung" der *fortuna* bewenden, sondern er sucht sie ihrer Macht ganz zu entkleiden (ep. 70, 7). Wie kann dies geschehen, da wir doch täglich ihren vielfältigen Einfluß spüren? Wie kann sich die τύχα δυσπάλαιστος (Eur. Alk. 889, vgl. auch h. Orph. 72, 4) zur *victa fortuna*[43] wandeln? Erst Seneca antwortet hierauf vollständig[44].

[40] Hier klingt in *componor* an, daß man eine Haltung auch annimmt, um eine vorgesetzte Rolle zu spielen, vgl. Sen. dial. 9, 17, 1 *si te anxie componas nec ullis simpliciter ostendas,* dial. 11, 17, 1 *compositum fidumque vultum,* Tac. Agr. 42 *in arrogantiam compositus,* ann. IV, I *compositus pudor.* Die Metapher vom *mimus vitae* auch in den letzten Worten des Augustus bei Suet. Aug. 99.

[41] ep. 108, 7 *si quid (dictum est) contra fortunam contumaciter* (vgl. prov. 3, 4). 100, 10 *superbe,* dagegen *superba sapienta* negativ ad. Pol. 18, 5 (s. o. Anm. 12). Cic. Tusc. 5, 26 *contra fortunam gloriari.* Vgl. auch Tac. Agr. 42, 3. Cic. Tusc. 1, 71.

[42] Auch Selbstverteidigungen der Tyche finden sich, von Aesops Fabel 316 Halm (174 Perry) und 101 Halm (61 Hausrath, Perry) oder Babr. 49 (Crusius) bis zu Ulrich von Huttens *altercatio* mit der Fortuna (op. ed. Böcking, 4, 1860, 75 ff. §§ 23 f. 35). Vgl. auch Boeth. cons. II 2, 1 ff. Über solche und ähnliche Apologien Grollios a. O. S. 55–57.

[43] ad Helv. 1, 1 (Ch. Favez, Sen. Dial. ..., Lausanne 1918, z. St. faßt diesen Sieg über die *fortuna* allzu wörtlich auf), vgl. const. sap. 19, 4. ep. 68, 11, *debellata* ep. 78, 16. Dem steht das *regnum fortunae et quidem durum atque invictum* (ad Marc. 10, 6) gegenüber.

[44] Vgl. Zeller a. O. 747 mit Anm. 1. Diese Tatsache ist zwar nicht unbemerkt geblieben, scheint aber noch nicht Gegenstand einer ausführlichen Darstellung gewesen zu sein. Nicht zugänglich waren mir: C. Corsi, Lo stoicismo romano in Seneca, Prato 1888. F. Orlando, Lo stoicismo a Roma, Rom 1904. Ch. Burnier, La morale de Sénèque et le

Zunächst erwartet man, vornehmlich in seinen Tragödien Aufschluß zu finden über das Verhältnis von Glück (Unglück), Zufall und Mensch, doch ist deren Material über *fortuna* gering; hier ist *fatum* der angemessene Begriff. Trotzdem spielt auch da die Frage, ob Mensch oder Schicksal weichen müsse, eine Rolle. Wie der Chor mahnt Oed. 980 „*cedite fatis*"[45], bezweifelt auch Oedipus Phoen. 81 f., daß Fortuna (das Verderben seines Hauses) durch Antigones Mut und Größe bezwungen sei:

> Unde ista generi virgo dissimilis suo?
> Fortuna, cedis[46]? Aliquis est ex me pius?

---

néo-stoïcisme, Thèse de Fribourg 1907 (Lausanne 1908). C. Pascal, Seneca, Catania 1906. J. van Wageningen, Senecas leven en moraal, Groningen 1917. F. Holland, Seneca, London 1920. F. Russo, Seneca, Catania 1921. A. Bailly, La vie de Sénèque, Paris 1929. G. Marchiano, La vitalità dell' ideale etico-educativo nello stoicismo di Seneca, Napoli 1934. G. Calogiro, Seneca, Palermo 1951. C. Grollios, Τέχνη ἀλυπίας: κοινοὶ τόποι τοῦ πρὸς Πολύβιον τοῦ Σενέκα καὶ πηγαὶ αὐτῶν, Thessalonike 1956. Nur im Auszug (Diss. Abstr. Ann. Arbor, 16, 1956, 972 f.) konnte ich einsehen: Th. P. Hardeman, The philosophy of L. A. Sen., Diss. Illinois 1956. – Vgl. noch V. Cioffari, Fortune and Fate from Democritus to St. Thomas Aquinas, New York 1935, 50 f. I. Lana, L. A. Seneca, Torino 1955, 134 ff. R. Martinazzoli, Seneca. Studio sulla morale ellenica nella esperanza romana, Firenze 1945, bes. S. 259.

[45] Dagegen untragisch (rein philosophierend) der Chor Thy. 367 f. *(rex est qui) occurrit ... suo libens / fato*. Vgl. o. S. 65.

[46] So Hermann (doch ohne Komma und ohne das Fragezeichen, das den bitteren Zweifel anzeigt), Winterfeld, Stuart; die Hss. bieten *credis* (Leo, Peiper-Richter u. a.). Der Sinn ist offenbar: „Weichst du wirklich, Fortuna? Kann von mir ein reiner Mensch abstammen"? Ein Ausrufezeichen nach *pius* (Hermann) würde Stolz oder Hohn ausdrücken, die folgenden Verse lehren aber, daß hier Hoffnungslosigkeit spricht. Schon deshalb befriedigt Hermanns Übersetzung „Fortuna, tu es vaincue" nicht (Mignon setzt das Fragezeichen nur im lat. Text). Häufung der Fragen ist Stilmittel in den Reden der mit Gram Beladenen (H. Canter, Rhetor. elements in the trag. of Sen., [Illinois St. 10, 1], 1925, 141 mit weiteren Beispielen). Unverständlich scheint Millers Übersetzung „is it fortune, thinkst thou?" A. Paul, Unters. zur Eigenart von Sen. Phoen.,

Aber wäre er eben nicht Oedipus, so müßte Antigone die *fortuna* besiegen; denn Antigones Worte (77 ff.), auf die Oedipus mit diesen verzweifelten Fragen antwortet, zeugen gerade von der Haltung, vor der Fortuna sich sonst geschlagen gibt:

> sed flecte mentem, pectus antiquum advoca
> victasque magno robore aerumnas doma;
> *r e s i s t e* ...[47]

(v. 192 *obstare*). *Flecte mentem:* „ändere deinen Sinn" (d. h. „wolle nicht sterben")! *pectus antiquum advoca:* „rufe deinen alten Mut auf"! dann: „bezähme durch deine große Kraft die Kümmernisse, bis sie besiegt sind"! Aus dieser Haltung kommt das resistere, das wiederum nur „standhalten"[48] bedeuten kann.

Diss. Frankfurt 1953, 33 spricht nicht ganz klar von einem Anruf der Fortuna. – Vgl. u. S. 77 u. Anm. 71, 72.

[47] Vgl. vit. b. 11, 1 (aber ep. 8, 4 *deinde ne resistere quidem licet, cum coepit transversos agere felicitas*). Cic. Tusc. 2, 33. Verg. Aen. 7, 586: Latinus hält wie ein Felsen stand (dazu M. Ant. 4, 49, 1. P. Grimal, Sen., De const. sap. [comm.], Paris 1953, zu const. sap. 3, 5 [p 43 n. 2]), dagegen v. 594 *frangimur ... fatis.* Ov. Pont. 2, 3, 51 *quo fortuna magis saevit, magis ipse resistis.* Apul. met. 4, 16, 17 *Demochares ... celebratus, quod ... quoquo modo fortunae resisteret.* CIL VI 1, 1527, 59 *resistam fortunae.* Vgl. auch B. Lier, Topica carminum sepulcralium latin., Philol. 62, 1903, 569 ff. § 22. Umgekehrt *resistere* von der *fortuna,* die Widerstand findet, Sen. ep. 65, 21. *Obsistere:* Sen. ep. 104, 29. const. sap. 15, 3 ad Pol. 12, 2; vgl. Cic. fin. 4, 17. *obstare:* ad Pol. 5, 5. ep. 66, 37. *stare contra fortunam* ep. 92, 2. *repugnare:* ep. 22, 4. 92, 5. Übertragene Bedeutung: *retundere* clem. 1, 5, 3. *reverberabit et ante se franget* 2, 2, 5. – *Fortunae ... responsare superbae* Hor. ep. I, 1, 68 (dazu Kießling⁴-Heinze). *Militare* Sen. ep. 48, 10. *conflictari* Nep. 16, 5, 1. *rixari* u. Anm. 86. Machiavelli, Il principe 25, bes. § 9. Vgl. u. S. 77.

[48] O. Regenbogen, Schmerz und Tod in den Trag. Sen., 1930, 214: „... und *resistere* ‚Widerstehen, Standhalten' ist die Losung mehr als Angreifen, Andringen" (anders K. Deissner, Das Idealbild des stoischen Weisen, Greifsw. Univ.-Reden 24, 1930, 5. Vgl. auch E. Howald, Die Weltanschauung Senecas, Jahrb. f. d. klass. Altert. 35, 1915, 353 ff.).

Durchaus mit den Worten eines Soldaten spricht Iokaste aus, wie der Unglückliche standhalten solle (Oed. 82):

> regium hoc ipsum reor:
> adversa capere, quoque sit dubius magis
> status et cadentis imperi moles labet,
> hoc stare certo pressius fortem gradu[49];
> haud est virile terga Fortunae dare[50].

2.

> ... cui ex quacumque condicione supra
> fortunam licet surgere
> (ep. 44, 5. Vgl. 63, 1. brev. vit. 5,3.
> ben. 5, 3, 2. nat. 3 pr. 11. 6, 32, 5).

Das Bild vom kämpfenden Mann und Weisen (ep. 71, 30 *sapiens... vincit virtute fortunam*) trifft also auch auf den Helden einer Tragödie zu, geradezu leitend aber ist es in Senecas philosophischen Werken. „In diesem Bilde gehen... ineinander der Denker und der Römer, der vir sapiens, der vir bonus und der vir magnus. In seinem (Senecas) Werke verschmilzt die stoische Philosophentugend zur echten Einheit mit der volksmäßig gewachsenen... Römertugend[51]." Was einzig nottut, ist: durch

---

[49] Vgl. Thy. 928. ad Marc. 5, 6 *figere stabilem gradum.* ad Pol. 6, 2 *in gradu stare.*

[50] *Vertere terga* ep. 22, 8. *tergiversari:* 77, 11. 82, 17. 104, 22. tranq. an. 11, 3. *retro dare* Phoen. 192. Über die militärischen Bilder Ch. Favez, Sen. ad Marc. de cons. (ed.), Paris 1928, zu ad Marc. 1, 5 D. Steyns. Ét. sur les métaph...., Gand 1906, 22 ff. C. C. Grollios, Seneca's ad Marciam. Tradition and Originality, Athens 1956, 46–48. – const. sap. 1, 1 *Stoici virilem ingressi viam ... curae habent, ... ut ... nos ... in illum editum verticem educat, qui adeo extra omnem teli iactum surrexit, ut supra fortunam emineat.* – Stat. silv. 4, 2, 42 f. ... *summittentemque modeste fortunae vexilla suae.*

[51] O. Regenbogen, Seneca als Denker römischer Willenshaltung, Die Antike 12, 1936, 124. Vgl. W. Schumacher, Seneca. Mächtiger als das Schicksal. Ein Brevier, Wiesbaden 1949, XXXVII. Th. Birt, Pr. Jahrb.

Erkenntnis Kraft zu gewinnen. Seneca will uns das Wissen lehren, welches zum Leben befähigt[52]: *ratio ... stat contra fortunam* (ep. 92, 2). Sobald jemand weiß, daß Fortuna ihm nicht wirklich etwas anhaben kann, ist er unabhängig von ihr (ep. 51, 9): *quo die illa me intellexero plus posse, nil poterit*. Und er vermag mehr als sie, wenn er ihre Tücken für nichts achtet (ep. 107, 3):

144, 1911, 287. U. Knoche, Der Philos. Sen., Frankfurt 1933, 23 f. P. Oltramare, Origines de la diatr., Lausanne 1924, etwa 157. C. Marchesi, Seneca[2], Messina 1934 (die 3. Aufl. 1944 stand mir nicht zur Verfügung), S. 332 Anm. 1 und 391 ff. S. 247 (vgl. 399) heißt es: „... la nostra protezione è nella filosofia: essa ci esorterà a sottomettersi volentieri ai decreti di Dio o a resistere ostinatamente alla fortuna." Das „oder" sollte durch „und" ersetzt werden. - V. Pöschl, Grundwerte römischer Staatsgesinnung in den Geschichtswerken des Sallust, Berlin 1940, S. 24 f. 51 Anm. 2. M. Pohlenz, Die Stoa, Geschichte einer geistigen Bewegung, Göttingen 1948, 1, S. 315 und 257 ff. W. Ganss, Das Bild des Weisen bei Sen., Diss. Freiburg (Schw.) 1952, 46 f. Zeller a. O. S. 746 ff. - ep. 95, 10 *philosophia ... et contemplativa est et activa: spectat simul agitque* (dazu 94, 45. M. Ant. 6, 30, 3 ἀγώνισαι, ἵνα τοιοῦτος συμμείνῃς, οἷόν σε ἠθέλεσε ποιῆσαι φιλοσοφία. Über die „Denkhandlung" Eucken a. O. S. 87 f.). Vgl. ot. 6, 2 f.; besonders kennzeichnend ep. 74, 19 ff. 89, 8. 108, 7. 113, 27 f. nat. 6, 32, 1. Daß *„fortunae violentiam tolerare"* zu den Römertugenden gehört, zeigt Sall. Catil. 53, 1 vgl. auch or. Cott. 11. 13. Liv. 25, 38, 10. - Thuk. II, 64, 3).

[52] ep. 66, 33 *virtus non aliud quam recta ratio*. vit. b. 5, 3 *pura mens ... statura semper ubi constitit ac sedem suam etiam irata et infestante fortuna vindicatura*. ep. 98, 3 *ferendi scientia*. Über den sokratischen Tugendbegriff Senecas P. Barth - A. Gödeckemeyer, Die Stoa[6], Stuttgart 1946, 69. ep. 71, 16. 76, 15. Vgl. auch A. Fouillée, La philos. de Socrate, Paris 1874, 2, 493. Erkenntnis und Schicksalsbewältigung bei Verg. Georg. 2, 490 ff. *felix qui potuit rerum cognoscere causas ...* Regenbogen a. O. S. 120. Fowler in Hasting's Encycl. of Rel. and Eth. 6, Edinburgh 1913, 102. H. Patch, The trad. of the goddess Fortuna (Smith Coll. Stud. III 3), Northampton 1922, 147 ff. 150. Arnold a. O. S. 285. 308. W. Davidson, Stoic creed, Edinb. 1907, 93. - W. Richter, Lucius Annaeus Seneca. Das Problem der Bildung in seiner Philosophie, Diss. München 1939, 60 sagt zu Unrecht, von der geistigen Bezwingung der Welt sei nirgends die Rede.

*effugere ista non potes, contemnere*⁵³ *potes* (vgl. 37, 3. 67, 10. 85, 26). *Contemnere* heißt: sich über die Dinge erheben, indem man ihnen nur den ihnen zukommenden Wert beimißt (vgl. 66, 6. 70, 37). Der Weise sucht die wirklichen Güter nur in sich selbst (ep. 72, 4): *non enim ex alieno pendet* (vgl. ep. 15, 19) *nec favorem fortunae aut hominis exspectat*. Was aber von der *fortuna* kommt, sei es Peinigung oder Wonne, liegt für ihn nur außen (ep. 9, 15): *summum bonum ... domi colitur ...; incipit fortunae esse subiectum, si partem sui foris quaerit*. Ihr will er nichts zu verdanken haben (ep. 92, 2): *quis autem vult constare fortuna?*⁵⁴ (vgl. 8, 9 f. und u. S. 79); in ihren Macht- und Rechtsbereich wird er sich niemals begeben (ep. 36, 6): *in mores fortuna ius non habet* (vgl. 39, 3. 57, 3. 70, 7; 13. tranq. an. 13, 2. const. sap. 8, 3). Getrost konnte deshalb Diogenes sie ihr Geschäft betreiben lassen, als ihm sein Sklave entlief (tranq. an. 8, 7): *age tuum negotium, Fortuna, nihil apud Diogenem*⁵⁵ *iam tui est*. Die *fortuna* braucht man nicht, um sicher zu sein (ep. 18, 7): ... *et intelleges*⁵⁶ *ad securitatem non opus esse fortuna*.

Nur die Philosophie (Cic. ac. 1, 11) aber – hier ist Seneca ein

---

⁵³ prov. 5, 6 *contemnite fortunam*; vgl. ep. 71, 37. 76, 21. Cic. Tusc. 2, 66 *(fulmina fortunae)*. 5, 73. rep. 6, 19. – ep. 93, 4 *contemptorem fortunae* (vgl. Tac. hist. I, 18¹). vit. b. 4, 5 *fortunae neglegentia*. Cic. parad. 27 *animus contemptione fortunae saeptus. despicere:* Sen. vit. b. 25, 5. nat. 6, 32, 5. ep. 9, 13. καταφρονεῖν: Arr. Epikt. 4, 1, 70 f. Vett. Val. 3, 9 p. 220, 21 f. Kroll. καταφρονοῦσι ... τῆς τύχης. – Der Gegenbegriff ist *fortunae credere:* ep. 76, 34 (vgl. S. 74). const. sap. 5, 4 (dazu Klei a. O. S. 97). brev. vit. 17, 4. Val. Max. 6, 9 ext. 6. – Vgl. auch brev. vit. 11, 2. nat. 3 pr. 7. Thuk. V, 16, 1. VI, 23, 3.

⁵⁴ Auch nach allem hier Gesagten ist Büchelers Änderung „*fortunam*" (von Hense aufgenommen) ohne Sinn: Beltrami. B. Axelson, Neue Senecastud., Acta Univ. Lund. NF 36, 1940, 198 f.

⁵⁵ Die Selbstbezeichnung in der 3. Person drückt Stolz und Selbstgewißheit aus: Sen. prov. 2, 10. Med. 166. 517. HO 1714. Hom. Il. 2, 259 f. Aisch. Prom. 296. Xen. An. 1, 4, 16.

⁵⁶ Über den prägnanten Sinn von *intelligere* (vgl. ep. 51, 9 o. S. 71) Köstermann, Unters. (s. o. Anm. 17), S. 19 Anm. 1.

Vorfahr des Boethius[57] – dient dem Menschen als für die *fortuna* uneinnehmbare Mauer (ep. 82, 5): *philosophia circumdanda est, inexpugnabilis murus, quem fortuna multis machinis lacessitum non transit*. Wo diese Mauer errichtet werden muß, wird ep. 74, 19 gesagt: *nullus ... contra fortunam inexpugnabilis*[58] *murus est: intus instruamur* (vgl. 72, 4). Nur von innen her (ep. 9, 15. vit. b. 16, 3) kann das Unglück unterworfen werden (*pugnare animo* 78, 15. *militare* tranq. an. 4, 5. vgl. Boeth. cons. 4, 7, 20), denn Tapferkeit ist zuerst eine Gesinnung, ehe das Handeln folgt.

Deshalb kommt alles darauf an, *fortuna* recht zu kennen. Zu ihr hat der Mensch jenes eigentümliche Verhältnis, das hinter Kaiser Othos Worten steht (Tac. hist. 2, 47, 5): *experti in vicem sumus ego ac fortuna*. Mensch und *fortuna* stehen auch so miteinander, daß direkte Rede zwischen ihnen geht[59]. Eine feindliche oder mißtrauische Spannung herrscht zwischen beiden, und der Weise sucht, der Gegnerin zuvorzukommen (ep. 70, 5): *cum primum illi coepit suspecta esse fortuna, diligenter circumspicit* (vgl. 18, 8; 11 *praeoccupare tela fortunae*. 99, 32. tranq. an. 10, 6. 13, 2. ad Helv. 5, 4 *numquam ego fortunae credidi, etiam cum videretur pacem agere* usw., auch § 3).

Wofern er nur ihre Willkür durchschaute, kann er sich gegen die Tücken der *fortuna* sichern (ep. 82, 5 f.): *non habet, ut putamus, fortuna longas manus*[60]: *neminem occupat nisi haerentem sibi*.

---

[57] s. Klingner in der Einführung zu K. Büchner, Boethius consolatio. Trost der Philosophie, Sammlung Dietrich, Leipzig o. J. (1939), XXVII f. und XLV. Einführung zu der Ausgabe von E. Gothein, Berlin 1932, 210 = Zürich 1949, 30 f. H. R. Patch, The trad. of Boethius, New York 1935, 18. – Vgl. hier auch Apul. apol. 19.

[58] Zu solcher zunächst absurd scheinenden Verwendung ein und desselben Wortes u. S. 76. – Vgl. ep. 16, 3–6. 117, 25; 33. ad Helv. 17, 3 f. tranq. an. 14, 3 (nach Zenon:) *iubet me fortuna expeditius philosophari*. Cic. fin. 4, 17. Tusc. 5, 19. Holzherr, Der Philosoph Sen., I, Progr. Rastatt 1858, 69 f.

[59] benef. 1, 9, 1. ir. 3, 25, 4. prov. 3, 3. tranq. an. 8, 3; 7. 11, 3. ad Marc. 9, 3. 13, 1. ad Pol. I, 2 ff. 2,4 f. ep. 24, 7. 64, 4. 118. 4, Boeth. cons. 2, 2, 1 ff.

[60] Vgl. ad Pol. 17, 1 *(fortunam ... porrigentem manus)*. 13, 1. ep. 111, 4.

itaque quantum possumus, ab illa resiliamus (vgl. tranq. an. 4, 2). Freilich muß er, wenn er mit der landläufigen Vorstellung (*ut putamus*[61]) von der gefährlichen *fortuna* aufgeräumt hat, erkennen, daß ihre Schrecken in uns selbst liegen (vgl. ep. 98, 2 f.): erst sein Verhalten (*haerere*[62] statt des kühlen Entgegentretens) macht, daß die „Langarmige" ihn packen kann. Seneca nimmt also eine zweifache Entlarvung[63], nämlich der *fortuna* und der Menschen, vor. Man darf hier von römischer Aufklärung[64] sprechen, in welcher die populären Meinungen von der bösen, aber auch von der unverhofft guten *fortuna* meist nur noch in neuer Interpretation zu diesem erzieherischen Zweck verwendet werden[65]. Dabei verliert *fortuna* durchaus nichts von ihrem rätselhaft gehässigen Wesen. Schon ihr ohne Scheu ins Auge blicken zu können, ist ein Zeichen geübten Mutes (ep. 71, 34): *alius iam in*

[61] Vgl. ep. 45, 9. 66, 31. 67, 12 und u. Anm. 78.

[62] „abhängig sein", vgl. Luc. 9, 573 *haeremus cuncti superis.* Dagegen Aug. civ. 4, 18 (p. 168, 1 Dombart⁴-Kalb) umgekehrt von Fortuna, die ihre Verächter begünstigt.

[63] ep. 24, 13 *non hominibus tantum, sed rebus persona demenda est et reddenda facies sua.* Vgl. 45, 10. W. Capelle, M. Aurel, Selbstbetrachtungen (übertr.)², Stuttgart 1938, XL.

[64] Vgl. ep. 8, 3 f. 44, 6. 119, 11. vit. b. 4, 5 *expulsis erroribus.* Tac ann. VI, 22, 13. Boeth. cons. I, 4 pr. 43. 2, 6 pr. 19 f. 4, 5 pr. 2. Über die *falsa opinio* etwa Köstermann a. O. S. 39. Grollios, Seneca's ad Marc., 40–42. Vgl. Pohlenz, Stoa, I, 309 und über die Heilung seelischer Schäden S. 141 ff. (s. auch Richter a. O. S. 57). Zur römischen Aufklärung A. Schmekel, Die Philos. der mittl. Stoa, Berlin 1892, 435 ff. Vgl. auch P. Rabbow, Seelenführung. Methodik der Exerzitien in der Antike, München 1954, 43. 328 f. (auch sonst heranzuziehen).

[65] Vgl. ep. 8, 3 f. 37, 5. 44, 4. 45, 9. 63, 10. 66, 44. 74, 22. 78, 29 (*licentia*). 99, 9. prov. 4, 12. tranq. an 8, 9. 10, 1. 16, 1. ben. 4, 34, 5. ad Pol. 2, 7. C. Brolén, De philosoph. Senecae, Upsala 1880, 67 f. – In Tragödien sind Vorwürfe gegen die launische Schicksalsmacht ein Bestandteil der Klage (Phaedr. 978 ff. 1147. Thy. 615 ff. Ag. 71. 101. 613 f. Oct. 377 ff. [Für Tyche vgl. Eur. Herkld. 863 ff. Ion 1501 ff.] Auf solche althergebrachten Klagen als Motiv nehmen die Trostschriften meist in der aufklärerischen Absicht Bezug: ad Marc. 10, 6. 11, 3. 26, 2. ad Pol. 16, 5. 2, 2. 3, 4 f. 9, 4. vgl. 13, 4. 15, 1. 14, 2. ad Helv. 2, 4. 15, 2.).

tantum proficit, ut contra fortunam audeat adtollere oculos, sed non pertinaciter...; alius in tantum, ut possit cum illa conferre vultum (vgl. prov. 3, 3. Boeth. 1, 4 carm. 3 f.). Die höchste Stufe hat erst der erreicht, der ihr Trotz bietet (ep. 64, 4): *libet omnis casus provocare* (prov. 2, 9), *libet exclamare: „quid cessas, fortuna? Congredere: paratum vides"* (vgl. auch 51, 9. 99, 32. tranq. an. 10, 6. const. sap. 8, 3). Wer ihr nicht standhält, den verwirft sie unbarmherzig wie ein Gladiator (tranq. an. 11, 5): *fortuna illa, quae ludos*[66] *sibi facit: quo, inquit, te reservem, malum et trepidum animal? eo magis convulneraberis..., quia nescis praebere iugulum; at tu vives diutius et morieris expeditius, qui ferrum non subducta cervice nec manibus oppositis, sed animose*[67] *recipis* (vgl. benef. 6, 3, 2. Med. 159). Die drastische Sprache des Seneca, den Norden einen dämonischen Schriftsteller nennt[68], erspart dem Hörer nicht das kleinste Stück Wirklichkeit.

Einzelne Ausdrücke spiegeln dabei die geheimnisvolle Paradoxie des geforderten Verhaltens wider[69]: *s u b d u c e r e cervicem* (tranq. an. 16, 3 *subducere se* „sich entziehen") ist hier ein Zeichen der Feigheit, während es ep. 104, 34 gerade vom Sieg über Verbannung und andere Leiden heißt: *possumus... adversus ista tantum habere animi, libeat modo subducere iugo collum*[70] (aber ep. 51, 8 *iugum* das abzuschüttelnde Joch des Glückes).

[66] Vgl. ad Pol. 16, 2; auch prov. 3, 3 f.
[67] Vgl. schon hier U. Knoche, Magnitudo animi, Untersuchungen zur Entstehung und Entwicklung eines römischen Wertgedankens, Philol. Suppl. 27, 3, 1935, 7 ff. – A. Pittet, Vocabulaire philosophique de Sénèque, I, Paris 1937, 95 ff.
[68] Antike Kunstprosa, I⁴, 1923, 307. Vgl. etwa ep. 72, 8. 74, 6 f. prov. 4, 12. tranq. an. 10, 1. Brasillach, nouv. Rev. Franç. 37, 1931, 879: le mot magique; le mot-choc. – Mir nicht zugänglich: A. Bourgery, Sénèque prosateur, Paris 1922. L. Guidobaldi, Gli ammaestramenti di Sen. nelle imagini delle sue epist. mor., Firenze 1955.
[69] Vgl. die hier überhaupt heranzuziehenden Ausführungen von Groethuysen im Handb. der Philos. (hrsg. von Bäumler und Schröter) III A, 1928, 52. Pittet a. O. S. 20.
[70] Vgl. ep. 78, 15. 19, 6. Luc. 8, 615. Aber *rigida cervice sustollere* Sen. ep. 71, 25; vgl. 71, 20. prov. 4, 7. Thy. 931. – Arr. Epikt. 2, 17, 29 ἀνατεῖναι τὸν τράχηλον. – Vgl. Boeth. cons. 2, 1, 16... *cum semel iugo*

Diese Zwiefältigkeit zeigen *o b v i a m   i r e* „mannhaft entgegengehen" (tranq. an. 11, 1. *ire contra* Med. 157) – *o c c u r r e r e* „(töricht) dagegen angehen" (Sen. contr. 7, 3, 10, aber positiv Thy. 367 f., vgl. Verg. Aen. 12, 149 *concurrere fatis*. Ein ähnlicher Gegensatz auch contr. 2, 5, 8. 4 pr. 4 – ep. 74, 32). Ebenso heißt *luctari* benef. 7, 15, 2 (vgl. vit. b. 25, 6. ep. 92, 24) und *conluctari* prov. 2, 7 „tapfer ringen", aber *reluctari* ep. 102, 26 „sich (töricht) sträuben" (*obluctari* ep. 107, 12). Die entsprechende Doppelbedeutung von *cedere* ist „sich in sein Schicksal fügen"[71] und „vor dem Unglück zurückweichen"[72]. Seneca bedauert sogar ausdrücklich (benef. 2, 34, 4), daß gewisse Wörter sowohl eine Tugend als auch ein Laster bezeichnen; z. B. stehe nur das eine Wort *fortis* für den besonnen wie den vernunftlos Tapferen zur Verfügung[73] (vgl. auch Cic. Tusc. 4, 68).

eius (fortunae) colla summiseris. ζυγόν h. Cer. 217, vgl. Ed. Fraenkel, Aesch. Ag., 2, Oxford 1950, 127 zu v. 218.

[71] ir. 2, 30, 1. tranq. an. 11, 3. Oed. 980. Oct. 253 *(fatis atque fortunae)*. Vgl. o. S. 70. Luc. 8, 575. Caes. bell. Gall. 7, 89, 2. Sall. Catil. 34, 2. Liv. 25, 15, 16. 26, 13, 17. 33, 47, 9. 34, 30, 2.

[72] ep. 85, 28 (vgl. 78, 17). prov. 2, 6. tranq. an. 11, 1. const. sap. 19, 3. Med. 518. Cic. Tusc. 3, 36 (mit *succumbere* verbunden; vgl. off. 1, 66). 5, 72. parad. 34, Vgl. u. S. 82. Sil. 4, 448. Ebenso hat εἴκειν positiven und negativen Sinn: Aisch. Prom. 320. Ag. 1071 (dazu Ed. Fraenkel a. O. 3, 486 f.); dagegen Thuk. 2, 84, 2. 2, 64, 3 (dazu § 6). ὑπείκειν in beiden Bedeutungen Plat. Kriton 51 b. – Vgl. auch o. Anm. 58 den zweifachen Gebrauch von *inexpugnabilis*, o. S. 60. *superare*. Vom „waffenlosen" Kämpfer Sen. ep. 113, 28 (nach Poseidonios). Über zwei Nuancen des Wortes *felix* Erkell a. O. S. 91 Anm. 11 (ad Marc. 12, 6; vgl. auch wieder prov. 6, 5). *felicitas* ep. 90, 34. 98, 1. Entsprechend *miser* prov. 4, 3. *neglegere* negativ ad Marc. 9, 3 – *fortunae neglegentia* positiv vit. b. 4, 5. Vgl. auch ep. 8, 5 *cogitate nihil praeter animum esse mirabile, cui magno nihil magnum est*. Weitere Paradoxa u. Anm. 87.

[73] Vgl. A. Pittet, Notes sur le vocabulaire philos. de Sénèque, REL 12, 1934, 77. Über die Notwendigkeit bestimmter Namen für bestimmte sittliche Begriffe ep. 45, 7 *vitia nobis sub virtutum nomine obrepunt. temeritas sub titulo fortitudinis latet... his certas notas imprime*. Vgl. Cato bei Sall. Catil. 52, 11 *iam pridem... nos vera vocabula rerum amisimus*. Liv. 22, 14, 14.

Wie *fortuna* selbst als letzlich machtlos erkannt wird, so überschätzt den Wert auch ihrer Gaben nur der Tor (vgl. etwa ad Helv. 5, 4. vit. b. 21, 2. tranq. an. 11, 2 f.). Weder *virtus* noch *sapientia* zählen zu den Gütern, die *fortuna* geben oder entreißen kann (benef. 3, 18, 2. const. sap. 5, 4. ep. 18, 10. 36, 6. 59, 18. 90, 34. Med. 176. Cic. de or. 2, 342. Boeth. cons. 2, 4, 23). Gleichgültig, ob sie Unrecht tut: wer das Rechte und Gute liebt, begeht jedenfalls nicht das Unrecht, welches am schwersten wiegt: das an sich selbst (ep. 82, 1). Wenn sich Maß und Standhaftigkeit vereinigen, entsteht das Ideal des Weisen und des Tapferen. Beide sind frei[74] (ep. 51, 9; vgl. auch Enn. fr. scaen. 302), denn indem sie gern leisten, was notwendig ist (ep. 82, 17. 66, 16. 107, 9. Tac. Agr. 45, 3), heben sie eben durch ihr Einverständnis den Zwang auf (prov. 5, 6): *nihil patior invitus nec servio deo, sed assentior* (vgl. vit. b. 15, 7. ep. 16, 2. 96, 1 f. Cic. Tusc. 5, 81. M. Ant. 8, 48, 1). Freudiger Gehorsam, Liebe zum Schicksal[75], ist das Einzige, aber Entscheidende, was der Mensch dem Schicksal entgegenzubringen hat (M. Ant. 12, 11). Aber wesentlich unterscheidet sich der Gehorsam gegen Gott (*libenter*) von dem gegen *fortuna* (*contumaciter*), wie ep. 16, 5 zeigt: der *fortuna* Folge leisten heißt eben gleichzeitig sich nicht von ihr übermannen lassen. Mehr noch: wer so geartet ist, sucht[76] und liebt Mühen

---

[74] Zum Ideal der inneren Freiheit etwa Arr. Epikt. 4, 1. M. Ant. 4, 3, 4 (dazu Farquharson II 596). H. Kloesel, Libertas, Diss. Breslau 1935, 19 ff. V. Ussani, Atene e Roma, 16, 1913, 98.

[75] prov. 5, 8 *praebere se fato*. Über das Einverständnis mit dem Schicksal: F. Smuts, Die etiek van Seneca, Diss. Utrecht 1948, 77. H. Neuenschwander. M. Aurels Bez. zu Sen. u. Poseid., Bern–Stuttgart 1951, 83 ff. M. Ant. 2, 17, 2. 3, 4, 3; 16, 3 ἀσπάζεσθαι τὰ συμβαίνοντα καὶ συγκλωθόμενα (dazu Farquharson II 561. 649). 4, 33 f. 12, 8. 7, 57. Metrod. fr. 50 Körte μὴ ζήτει γίνεσθαι τὰ γινόμενα ὡς θέλεις, ἀλλὰ θέλε ὡς ἂν τὰ γινόμενα γίνοιτο (vgl. Epikt. ench. 8. Ter. Andr. 305 f. *quoniam non potest id fieri quod vis, / id velis quod possit*). Auf Nietzsches Begriff des *amor fati* kann hier nicht eingegangen werden. – Der Gegenbegriff der εὐαρέστησις (Arr. Epikt. 1, 12, 8. 2, 23, 42. Vgl. M. Ant. 7, 54 [dazu Farquharson II 743]. 10, 6) ist die δυσαρέστησις (M. Ant. 2, 5, 2; 13, 2 auch 16, 2 Arr. Epikt. 1, 12, 25. 4, 10, 15).

[76] *provocare* prov. 2, 9. Luc. 9, 883. Plin. nat. 6, 208.

oder Gefahren (etwa ep. 71, 28), in denen er sich bewähren kann (prov. 4, 6): *calamitas virtutis occasio est* (ep. 94, 74 *melius in malis sapimus*). Nur so wird er mit sich selbst bekannt gemacht, nur so – soll *fortuna* ihn nicht überwältigen (const. sap. 15, 3) – wird er unbesieglich werden (ep. 80, 3): *...ut (animus) fortunae ictus invictus excipiat*[77]*, ut proiectus, ut conculcatus exsurgat* (vgl. const. sap. 8, 3). Diese Unerschütterlichkeit wiederum ist der einzige Zustand, der den Namen „Glückseligkeit" verdient; *beatus* ist nicht etwa der Reiche oder Berühmte, sondern nur derjenige, den *fortuna* nicht da treffen kann, wo er wesentlich ist (ep. 45, 9): *beatum non eum esse, quem vulgus*[78] *appellat, ... sed illum, ... quem fortuna, cum quod habuit telum* (prov. 6, 6) *nocentissimum vi maxima intorsit, pungit, non vulnerat ... : nam cetera eius tela ... grandinis more dissultant*[79].

Es zeigt sich also, daß die stoischen Werte sämtlich von der *fortuna* unabhängig sind. Weder die *virtus* – als das höchste Gut – noch die Ruhe des Gemütes oder die wahre Glückseligkeit dürfen einer so launischen Macht etwas zu danken haben[80]. Daß trotzdem die Gedanken fast ständig um *fortuna* kreisen, beweist nur, daß die Popularphilosophie nicht umhin kann, das gefundene ethische System am letztmöglichen Maßstab zu prüfen. *Fortuna* selbst jedoch steht außerhalb des Tugend- und Wertekanons (auch wahrhaft reich ist erst der, dem sie nichts mehr zu bieten hat[81]). Man kann wohl sagen, daß Seneca in den Briefen an Lucilius vor allem die Themen ›De vita beata‹ und ›De tranquillitate animi‹ aufnimmt und dabei *fortuna* einer vertieften Kritik unterwirft. In den philosophischen Schriften lehrt er dieselbe moralische Ener-

---

[77] Luc. 5, 729 f. *stare sub ictu fortunae*. Vgl. Boeth. cons. 3, 1 2.
[78] Vgl. o. S. 75. Epic. ad Men. 134 ... ὡς οἱ πολλοὶ νομίζουσιν.
[79] Vgl. 53, 12. ir. 3, 25, 4. ad Pol. 9, 5. 16, 3. Cic. Tusc. 3, 36. Hor. serm. II, 7, 88 (vom Weisen) ... *in quem manca ruit semper fortuna*.
[80] Vgl. o. S. 72. const. sap. 5, 7. 8, 3. 19, 4. ep. 14, 16. 15, 9; 11. 18, 7 (*securitas* ohne *fortuna*). 118, 4. Vgl. auch brev. vit. 10, 2; 4. Doch vit. b. 16, 3. – H. Dahlmann, Studien zu Senecas *consolatio* ad Polybium, Hermes 72, 1937, 302.
[81] ep. 72, 8. 119, 5. const. sap. 15, 5.

gie, wie er sie auch durch Personen der Tragödie fordern läßt[82]. Medeas Wort (v. 520) „*Fortuna semper infra me stetit*" ist Ausdruck eben jener stolzen Philosophenüberzeugung, *fortuna* stehe in unserem Machtbereich, nicht wir in ihrem, und den „Sieg" über das Geschick hat Kassandra erkämpft (Ag. 713 ff.):

> Equidem nec ulla caelites placo prece
> nec, si velint saevire, quo noceant habent.
> Fortuna vires ipsa consumpsit suas

(dazu Giomini: v. 696 ff. Peiper-Richter). Wo abweichende Vorstellungen von *fortuna* auftreten, entspricht dies eben der Problematik ihres doppelgesichtigen Wesens. Mit einem Schwanken der Denkungsart oder einer Wandlung, die sich etwa aus der (ja nicht durchweg bekannten) Chronologie der Werke ablesen ließe, hat dies offensichtlich nichts zu tun (vgl. hier H. Dahlmann, Seneca, Über die Kürze des Lebens, 1949, 13. 21). Seneca räumt da, wo er die alten Anschauungen von des Glückes blinder Gewalt vorträgt oder vortragen läßt, solcher Meinung nur deshalb Platz ein, um sie schließlich als einen Wahn zu bekämpfen (vit. b. 16, 3. o. S. 74). Immer geht es ihm um die Frage: wie können wir uns der *fortuna* überlegen erweisen? (ep. 37, 5 *non minus saepe fortuna in nos incurrit quam nos in illam*).

Allein die Erprobung dieser Stärke und ihre Schönheit recht-

---

[82] o. S. 70. Vgl. L. von Ranke, Sämtl. Werke, 51/52, hrsg. von Dove und Wiedemann, 1888, 29. 42. H. V. Canter, Rhetorical elements in the tragedies of Seneca, Univ. of Illinois Stud. 10, 1, 1925, 17 Anm. 46. „striking resemblances in thought and style". Vgl. auch P. Schaefer, De philosophiae Annaeanae in Sen. trag. vestigiis, Diss. Jena 1909, bes. 101-103. F. Egermann, Seneca als Dichterphilosoph, N. Jb. f. Antike u. dt. Bildung, 3, 1940, 19. 21. Dagegen sagt, ohne es allerdings zu belegen, H. Ehrenberg, Tragödie und Kreuz, 1920, I S. 242, der Tragiker Seneca widerlege den Philosophen und Redner. A. Paul, Unters. zur Eigenart von Sen. Phoen., Bonn 1953, 83 f. sieht – wohl nicht ganz richtig – als das Ideal der Philosophie den „Guten", als das der Tragödien den „Großen" an. Vgl. noch F. Giancotti, Saggio sulle trag. di Sen., Roma 1953, 50 ff.

fertigt nach ›De providentia‹[83] die Leiden der *boni viri*. Eine andere Theodicee[84] (1, 1 *causam deorum agam*) gibt es nicht, vielmehr ist es für Gott ein würdiges Schauspiel[85], wenn ein solcher Mann mit einer schlimmen *fortuna* streitet[86] (2, 8 f.). Nicht, wie man wähnt, allzu großes Wohlergehen erregt den Neid der *fortuna,* sondern Gleichmut (ad Marc. 5, 6. vgl. H F 524, Sall. Catil. 58, 21). Die Götter neiden dem Tapferen den endlichen Erfolg nach harter Mühsal nicht, sondern bieten denen, die zum Olymp emporsteigen, die Hand (ep. 73, 15). Argwohn hegen muß der allzu Glückliche eben darum, weil er nicht zu den Besten zu zählen scheint, denen *fortuna* Gelegenheit gibt, in irgendeiner Not den Preis der *virtus* zu erkämpfen (prov. 5, 4. 4, 8; 11). Ihrem vermeintlichen Liebling, dem sie zu schenken vorgibt, nimmt *fortuna* das Wertvollste, nämlich Tatkraft und Widerstandsfähigkeit (prov. 2, 4 *marcet sine adversario virtus*); indem sie ihm scheinbar günstig gesinnt ist, hat sie ihn in Wahrheit vergessen, und durch ihre Gaben zeigt sie an, daß sie abwesend ist; denn die rechte *fortuna* kommt nur zum rechten Mann, dem ihre Stöße sogar willkommen sind, weil er weiß, daß eine nie erschütterte Muße nicht Ruhe, sondern Weichheit ist, nach einem Wort des Demetrius, der ein sicheres Leben ein totes Meer nannte

[83] Etwa 2, 6. 4, 12. 3, 4. 4, 2 f. dazu tranq. an. 16, 3. ep. 79, 14. 85, 37. Publil. M 7 *miserrima est fortuna, quae inimico caret.*

[84] Rechtfertigung der *fortuna* ad Pol. 18, 3. Hier vgl. Hom. Od. 1, 32 ff. Alk. fr. 117, 4 f. Diehl² (fr. 119 Lobel-Page, Poet. Lesb. fr., Oxford 1955). Solon fr. 3, 1 ff. 8, 1–4 Diehl³. Aisch. Prom. 964 f., 1072 ff. Demokr. fr. B 175 Diels⁷-Kranz. Plat. rep. 10, 617 e. Arr. Epikt. I, 17, 27. M. Ant. 2, 11. 6, 41. 44. 12, 12. 24. W. Capelle, Zur antiken Theod., Arch. f. Gesch. d. Philos., 20 (NF 13), 1907, 173–195. F. Billicsich, Das Problem des Übels in der Philos. des Abendlandes, 1², Wien 1955, 61 ff. Nicht zugänglich war mir E. Spring, The problem of evil in Seneca, Cl. Weekly, 16, 1922, 51.

[85] Vgl. Gell. 12, 5, 3. Min. Fel. 37, 1.

[86] *rixari* ep. 18, 5 f. 8. 66, 50. Sen. contr. 4 pr. 4. *proelium conserere* Boeth. cons. 4, 7, 20. Über den Begriff der stoischen Übung C. Bowra, From Verg. to Milton, London 1948, 59. – s. o. S. 70. Verg. Aen. V 725 (zum Gedanken auch Georg. I, 122 ff.). – prov. 2, 6. Cic. fam. 4, 5, 2. Tusc. 3, 67. Hor. carm IV 9, 49.

(ep. 67, 14. vgl. prov. 4, 6; dazu § 9 als Folgerung). Ein solcher Umhergetriebener erst kann die Kühnheit erringen, die das Unmögliche möglich macht[87]. Sie ist schon gemeint in den Worten der Sibylle an Aeneas (Verg. Aen. VI 95 f.):

> tu ne cede[88] malis, sed contra audentior ito
> quam[89] tua te fortuna sinet[90].

[87] Dies der Sinn der stoischen Paradoxa (Hyper. 6, 40, 35 Kenyon ὦ καλῆς ... καὶ παραδόξου τόλμης ...): ep. 9, 19 *victoriam vicit.* Ag. 869 *vicimus victi Phryges.* ep. 94, 74 *aegrae fortunae sana consilia.* Phoen. 89 f. *unica Oedipodae est salus / non esse salvum* (Verg. Aen. II 354 *una salus victis nullam sperare salutem*). ep. 104, 28 (von Sokrates) *acqualis ... in tanta inaequalitate fortunae* (vgl. 98, 3 ... *nisi certus adversus incerta est.* ben. 4, 34, 5 *sapiens ... consiliis certis incertos eventus expendit*). ben. 5, 3, 2 ... *quoniam ... etiam inter superantia animus invictus est.* HO 1680 ff. *qualis per urbes duxit Argolicas canem, cum victor Erebi Dite contempto redit / tremente fato, talis incubuit rogo /* (ohne solche Übersteigerung Sil. 6, 549 f. [Marus zu Regulus:] *erit ... dies, tua quo ... fata / audire horrebunt a te calcata minores*). 1744 *urere ardentem putes.* Liv. 2, 12, 8 (von Mucius Scaevola): *inter tantas fortunae minas metuendus magis quam metuens* (Gorg. epitaph. fr. 6 Diels⁷-Kranz II 286, 8 δεινοὶ ἐν τοῖς δεινοῖς). Hierher auch Cic. rep. 6, 14 *vestra ... quae dicitur vita mors est* (Lucr. 3, 1046 *mortua cui vita est prope iam vivo atque videnti.* Bickel, Das Ennius-Zitat aus Europides bei Sen. de brev. vit. 2, 2 und der Topos des νεκρὸς βίος in der Antike, Rh. Mus. 94, 1951, 242 ff.).

[88] s. o. S. 77.

[89] Vgl. auch 10, 279. Obwohl im Vergiltext außer im Dav. übereinstimmend überliefert und durch Servius bestätigt – *qua (via)* im Zitat Sen. ep. 82, 18 steht nur in b, wurde aber von Hense aufgenommen – ist *quam* viel erörtert worden (vgl. Forbiger z. St.). Es ist sicher die richtige Lesart (Lejay, Sabbadini, Fairclough, Goelzer-Bellessort. Pöschl, Die Dichtkunst Virgils, 92 f. Götte, *qua* dagegen u. a. Ribbeck, Hirtzel) eben wegen des stoischen „Widersinns" (vgl. auch Serv. zu 8, 334). Die Sibylle ermahnt Aeneas nicht, der *fortuna* zu folgen, soweit das *fatum* es zuläßt (Heyne. Vgl. Bailey, Rel. in Verg., 238), sondern kühner vorzugehen, als *fortuna* (einem anderen, der kein Held ist: Vgl. Ladewig¹² Schaper, unrichtig Kappes⁵) erlaubt. Es ist also noch mehr als das „*etiam contra fortunam insistere spei*" (Tac. hist. II, 46, 2), welches Norden in der 1. Aufl. seines Kommentars S. 149 f. und Conington² (der *quam* als

Aber auch der Weise will nicht um den Triumph über das Schicksal gebracht werden nach einem Wort des Stoikers Attalus (Sen. ep. 67, 15): *malo me fortuna in castris suis quam in deliciis habeat*[91].

IV

1.

> Solltest du ewig sein wie ein Kind und schlummern,
> dem Nichts gleich? den Sieg entbehren?
> nicht die Vollendungen alle durchlaufen?
> Ja! Ja! wert ist der Schmerz,
> am Herzen des Menschen zu liegen...,
> und es ist kein andrer Gefährte denn er.
> Hyperion an Bellarmin (4, 6, 4. Forts., 2³,
> S. 278 Seebass 3, S. 150, 18 ff. Beissner).

Die Helden, die lieber im Lager der *fortuna* Dienst tun als Wonnen von ihr annehmen, sind bei Seneca keineswegs nur Gegenstand phänomenologischer Betrachtung, sondern sie treten auch als anschauliche *exempla* aus Sage und Geschichte auf und liefern den empirisch gewonnenen Beweis für den Satz, der Mensch könne mächtiger sein als das allgewaltige Schicksal. Es begegnen die beispielhaften Gestalten der römischen Geschichte, in denen die Nachgeborenen mit Bewunderung die niemals wieder in so hohem Maße erreichten Ideale der Standhaftigkeit und Größe verwirklicht sehen. Unter diesen *magna exempla* des eigenen Volkes, die nur durch eine *mala fortuna* entstehen (prov. 3, 5), wird von Seneca – wie ja von vielen Autoren – mehrfach der Konsul M.

„*quam potes*" deuten möchte) anführen. Norden hat leider, durch Wilamowitz angeregt, in der 2. und 3. Aufl. seine einleuchtende Erklärung des *quam* widerrufen. Gegenargumente bei J. Borucki, Seneca philosophus quam habeat auctoritatem in aliorum scriptorum locis afferendis, Diss. Münster 1926, 8 f.

[90] Vgl. 6, 869 f. *pati* und *sinere* 12, 147.
[91] Vgl. 67, 14. 66, 52. 96, 4 f. Thy. 454.

Attilius Regulus genannt: er war einer von denen, die der Sage nach um Roms willen das Schwerste wählten und darin Befriedigung fanden. Was konnte ihm *fortuna* anhaben, da sie ihn zum *documentum fidei, documentum patientiae* gemacht hat (prov. 3, 9)? Er selbst würde den Preis, den er für *virtus* und Ruhm gezahlt hat, nicht zu hoch befinden, und stünde er wieder als Unterhändler vor dem Senat, er würde wiederum zum Krieg gegen Karthago raten (ebd.). Obgleich er wußte, daß ihn dort die Folter erwartete (Hor. carm. III 5, 49 f.), konnte er nur eines beschließen: zurückzukehren; ja, er mußte das ihm Bevorstehende sogar wünschen (ep. 67, 12). Wenn er so viel Qual erduldete, war er nicht deshalb auch unglücklich, denn seine Tat trug ihr Genügen in sich. Sollte etwa das Leben des Maecenas, der glücklich zu sein scheint, aber von Furcht geplagt wird, mehr Sinn bieten (prov. 3, 10)? *non usque eo in possessionem generis humani vitia venerunt, ut dubium sit an electione fati data plures nasci Reguli quam Maecenates velint* (3, 11).

Dem römischen Muster des verbissenen Heldenmutes steht das griechische Bild des Weisen gegenüber, des *Sokrates*. Auch er zählt zu denen, gegen welche *fortuna* zum Schlag ausgeholt hat, die aber trotzdem die Glückseligkeit errungen haben. Denn er nahm sein Geschick so leicht auf, daß es kein Gewicht mehr hatte: *male tractatum Socratem iudicas, quod illam potionem ... non aliter quam medicamentum immortalitatis obduxit ...* (3, 12)?

Die stoische Haltung zeigt Seneca nicht nur an mythischen oder historischen Personen, sondern ebenso in allgemein gehaltenen Bildern. Der oft gebrauchte Vergleich vom Steuermann, mit dessen „Herzen Wind und Wellen nicht spielen", ist am reichsten ›Ad Marciam‹ 6, 3 entwickelt: *quare regamur nec nos ista vis transversos auferat! turpis est navigii rector, cui gubernacula fluctus eripuit, qui fluitantia vela deseruit, permisit tempestati ratem; at ille vel in naufragio laudandus, quem obruit mare clave tenentem et obnixum.* Er ist einer von den Starken, die ihren Lauf gegen *fortuna* richten müssen (prov. 5. 9): *ut efficiatur vir cum cura dicendus, fortiore fato opus est.* Ebenso unerschütterlich in Gefahren bleibt der Weise (ep. 71, 26): *stat rectus sub quolibet pondere.*

Dem Bild vom unerschrockenen Steuermann liegt u. a. die
Anekdote[92] von einem rhodischen Schiffer zugrunde, der im Sturm
dem Meergott zurief: ἀλλ', ὦ Ποτειδάν, ἴσθι ὀρθὰν τὰν ναῦν καταδύσων (v. app. crit. vgl. Sen. ep. 85, 33)[93]. Der Redner gibt diese
Geschichte wieder, um zu gleichem Verhalten dem Schicksal gegenüber aufzufordern (1. 19 ff.): καιρὸς δὲ νῦν ... στῆναι πρὸς τὴν
Τύχην λαμπρῶς. Teles fügt der Erzählung hinzu (π. ἀπαθ. p. 62,
3 f. Hense²): οὕτω καὶ ἀνὴρ εἴποι πρὸς τὴν Τύχην: ἀλλ' οὖν γε
ἄνδρα καὶ οὐ βλᾶκα (Sen. ep. 98, 14 ... *et fortunae dicere: cum
viro tibi negotium sit*).

Nachdem durch diese Beispiele gezeigt ist, wie für Seneca der
vir bonus (fortis) und der *vir sapiens* zusammengehören, können
die Züge des Idealbildes, das er aufstellt, zusammengefaßt werden.
Unter festen Begriffen, die stoischer Herkunft sind, aber in der
römischen Moral eine eigene Ausprägung und Steigerung erfahren
haben, hat Seneca seine Anschauung vom weisen Tapferen und
tapferen Weisen ausgesprochen.

2.

An den *exempla* des Regulus und des Sokrates ist deutlich geworden, was der Begriff *v i r t u s* besagen will: *virtus* eignet
dem Tapferen wie dem Weisen. In dieser doppelten Bedeutung
tritt der *Virtus*-Begriff bei Seneca klar hervor. *Virtus* ist einerseits mannhafte Tatkraft, andererseits tüchtiges Denken; tapferes
Handeln (oder sich Bewähren) einerseits, gutes und richtiges Erkennen andererseits. Sie vereinigt in sich das aktive und das
philosophische Moment, zwei Bestandteile, die gern auseinander-

---

[92] [Aristid.] or. Rhod. 25, 13 p. 75, 23 f. Keil II.
[93] Dieselbe Gesinnung ferner im Ausspruch des Epikureers Metrodorus
(fr. 94 Körte = Gnomol. Epic. Vat. 47 V. d. Mühll p. 65): Προκατείλημμαί σε, ὦ Τύχη, καὶ πᾶσαν ⟨τὴν⟩ σὴν παρείσδυσιν ἐνέφραξα. καὶ
οὔτε σοι οὔτε ἄλλῃ οὐδεμίᾳ περιστάσει δώσομεν ἑαυτοὺς ἐκδότους ...
(lat. bei Cic. Tusc. 5, 27. vgl. Sen. ep. 24, 7). – Es liegt ein in der Popularphilosophie beliebtes Bild vor. M. Haupt, opusc. 2, 1876, 319 ff. Zum
Gedanken auch Hor carm. III, 3, 7 f. (zu v. 1 schol.).

zufallen scheinen, die aber im *vir bonus (magnus)* zueinander streben und nicht wieder zu trennen sind. Denn jede Eigenschaft, die den Namen *virtus* verdient, beruht auf einem Wissen, und jede brauchbare Einsicht ist eben ein Mittel zur männlichen Selbstbehauptung (ep. 71, 32): *unum bonum esse virtutem... et ipsam virtutem in parte nostri meliore, id est r a t i o n a l i positam. quid erit haec virtus? iudicium verum et immotum: ab hoc enim impetus venient mentis, ab hoc omnis species, quae impertum movet, redigetur ad liquidum.*

Die *virtutes* nun sind nicht allein diejenigen moralischen und politischen Fähigkeiten, die Rom groß gemacht haben, auch nicht Merkmal bloß derjenigen Taten, welche große Römer in heroischer Zeit leisteten (wie etwa C. Mucius Scaevola: ep. 66, 51; 53) – sondern jeder braucht *virtus* und soll, ja kann nach ihr streben. Jeder, ohne Ausnahme, ist den Angriffen der *fortuna* ausgesetzt, und immer aufs neue muß sich im Kampf mit ihr *virtus* behaupten (benef. 7, 15, 2 *semper contra fortunam luctata virtus*). Sie besteht einmal in der nach außen sich zeigenden Tapferkeit desjenigen, der sich dem Leben stellt und die *fortuna* sogar herauszufordern wagt. Der Vertreter dieser Art von *f o r t i t u d o* ist, wie sich von selbst versteht, in erster Linie der gute Soldat. Bewährung im Felddienst oder in der Schlacht ist aber nur die eine Seite der soldatischen Tapferkeit: die andere ist das standhafte Erdulden, die *p a t i e n t i a* (vgl. auch ep. 66, 13). Es wäre auch falsch, zu glauben, die *patientia* des Kranken könne nicht handeln, denn indem sie mit dem Schmerz kämpft, duldet sie nicht nur, sondern ist sie auch tätig (ep. 78, 21): *nihil agere credis, si temperans aeger sis? ... est, mihi crede, virtuti etiam in lectulo locus. non tantum arma et acies dant argumenta alacris animi ...: et in vestimentis vir fortis apparet. habes, quod agas: bene luctare cum morbo.* Im selben Sinne heißt es HO 1743 vom gequälten Herakles: *gerit aliquid ardens.*

Eine ausführliche Begriffsbestimmung dieser Größe, deren einsichtiges Handeln unter dem Namen *virtus* zusammengefaßt wird, gibt ep. 66, 6: *animus intuens vera, peritus fugiendorum ac petendorum, non ex opinione, sed ex natura pretia rebus imponens, toti se inserens mundo et in omnes eius actus contemplatio-*

nem suam mittens, cogitationibus actionibusque intentus, ex aequo magnus ac vehemens, asperis blandisque pariter invictus, neutri se fortunae summittens, supra omnia quae contingunt acciduntque eminens, pulcherrimus, ordinatissimus cum decore tum viribus, sanus ac siccus, imperturbatus, intrepidus, quem nulla vis frangat, quem nec attollant fortuita nec deprimant[94]: *talis animus virtus est.* Dieser Definition entspricht die des Wesentlichen (nat. 3 pr. 11): *quid est praecipuum? erigere animum supra minas et promissa fortunae ... (13) animus contra calamitates fortis et contumax, ... qui sciat fortunam non exspectare sed facere et adversus utramque intrepidus inconfususque prodire ... (15) altos supra fortuita spiritus tollere ...*: Auch hier verflechten sich die beiden Teile der so oft gerühmten, umfassenden *virtus*.

3.

Es haben nun manche Betrachter die Ansicht vertreten, die zwei Seiten der *virtus*, Weisheit und Tapferkeit, bildeten einen Widerspruch zwischen der stoischen Physik (Glaube an die unbedingte *Heimarmene* und *Ananke*) und Ethik (Aufforderung an den freien Willen, selbst Bedingungen zu schaffen), der freilich nicht aus dem System herauszulösen sei[95]. Man könne aber unmöglich

[94] Vgl. u. a. Vett. Val. 3, 9 p. 220, 24 Kroll ... οὔτε ἐπὶ τοῖς ἀγαθοῖς ἀγάλλονται οὔτε ἐπὶ τοῖς φαύλοις ταπεινοῦνται. vit. b. 4, 2 f.
[95] Vgl. vor allem schon das Gell. 7, 2, 15 mitgeteilte fr. 1 Cic. fat. (Ax): *Chrysippus aestuans laboransque, quonam hoc modo explicet et fato omnia fieri et esse aliquid in nobis, intricatur.* fat. 7 *ad Chrysippi laqueos revertamur* (dazu A. Yon, Cicéron. Traité du destin (ed., trad.), Paris 1933, p. 31. 1 f. XIV f. Über Epikur nat. deor. 1, 69. fat. 23). Vgl. hier auch Epik. fr. 378 pr. 254 Usener. – Die Unvereinbarkeit der stoischen Physik mit der Ethik haben u. a. betont (abgesehen von der systematischen Darstellung bei Überweg-Prächter, Die Philosophie des Altertums[13], 1953, 423. 431 § 56 f. und in Windelband-Heimsoeth, Lehrb. der Gesch. der Philos.[14], 1948, 160 f.): O. Heine, Stoicorum de fato doctrina, Progr. Naumburg 1859, 33. 52. M. Heinze, Die Lehre vom Logos in der griech. Philo , Oldenburg 1872, 153 ff.,

gleichzeitig sich dem Schicksal unterwerfen durch Einsicht und unabhängig bleiben, indem man es durch Standhalten besiegt. So sagt Deissner (Das Idealbild..., S. 9): „Überhaupt ist ein gewisser Widerspruch im ethischen System dieser Stoiker vorhanden zwischen den Gedanken, die den Menschen ganz auf seinen freien

162 („Nichts als eine unglückliche Ausflucht ist es, von Freiheit zu sprechen, wenn man geduldig trägt, was man nicht vermeiden kann"). 163. L. A. Becker, Die sittlichen Grundanschauungen Senecas, Progr. Köln 1893, 17 f. Windelband, Über Willensfreiheit, 1904, 3. 165. W. Gundel, Beiträge zur Entwicklungsgesch. der Begr. Ananke und Heimarmene, Habil. Schr. Gießen 1914, 67. R. M. Wenley, Stoicism and its influence, Boston 1924, 85. 107. — Die Vereinbarkeit haben dagegen hervorgehoben seit J. Lipsius, Manuductio ad Stoicam philosophiam 1, 14 f. (op. Antv. 1615, V 46 ff.) u. a.: F. Ravaisson, Mém. sur le Stoïcisme, Mém. de l'Acad. 21, Paris 1857, 94. M. Ferraz, De stoica disciplina apud poetas Romanos, Paris 1862, 53 ff. F. Ogerau, Essai sur le système philos. des Stoïciens, Paris 1885, 15. H. v. Arnim, Die stoische Lehre von Fatum und Willensfreiheit, Wissenschaftl. Beil. zum 18. Jahresber. der Philos. Ges. Wien, Leipzig 1905, 13. 17. Th. Gomperz, Griech. Denker III[3 4], Leipzig 1931, etwa 86. A. Fouillée, La liberté et le déterminisme, Paris 1912, 309 ff. 358 f. L. Friedlaender, Sittengeschichte Roms (nach 10. Aufl.), Wien 1934, 968–971. P. Faider, Ét. sur Sénèque, Gand 1921, 249. E. Bréhier, Hist. de la philos. I, Paris 1926, 326 („La résignation stoïcienne n'est pas un pis aller"). 329. L. Gernet – A. Boulanger, Le génie grec dans la religion, Paris 1932, 489. H. Schildhauer, Seneca und Epikur. Eine Studie zu ihrer Ethik und Weltanschauung, Diss. Greifswald 1932, 34 ff. D. Amand, Fatalisme et liberté dans l'antiquité grecque..., Rec. de trav., Louvain 1945, 18. A. de Bovis, La sagesse de Sénèque, Paris 1948, 30 f., P. Grimal, Sénèque, Paris 1948, 65. V. Goldschmidt, Le système stoïcien et l'idée de temps, Paris 1953, 68. 71. —

Im wesentlichen die Schwierigkeit der Frage nur darstellend, seit Leibniz, Théodicée (op. ed. Erdmann I. II., 1840, bes. § 533 f. p. 601. Vgl. auch Akad.-Ausg., 6. Reihe I, 1930, 537–546) etwa: A. Trendelenburg, Notwendigkeit und Freiheit in der griech. Philos., 1855, 163 ff., 177 f. E. Bréhier, Chrysippe, Paris 1910, 189 ff. E. Bevan, Stoics and Sceptics, Oxford 1913, 29 f., 32. M. Pohlenz, Zenon und Chrysipp, NGG 2, 1936–1938, 179. L. Robin, La morale antique, Paris 1938, 169. Barth-Goedeckemeyer, Die Stoa[6], 1946, 171. 195 f. A. M. Guillemin, Virgile, poète, artiste et penseur, Paris 1951, 214 (... „la rigidité

Willen stellen, und zwischen der Mahnung, dem Schicksal gelassen zu gehorchen... Jene Diskrepanz läßt sich zur Not lösen, wenn wir bedenken, daß die Gottheit für den Stoiker nahe an die Seite des Schicksals tritt... Dieser ‚Notwendigkeit' folgt der Stoiker willig, ihr beugt er sich und meint, gerade auf diese Weise unabhängig von den Zufälligkeiten des Lebens zu werden und seine Freiheit zu bewahren im Sinne des Kleanthesspruches... Auch könnte darauf hingewiesen werden, daß ja... die passive Haltung von vornherein mitgesetzt erscheint. Aber ein gewisser Hiatus bleibt bestehen, und dieser Eindruck verstärkt sich, wenn wir die im eminenten Sinne aktive, kämpfende Haltung des Philosophen gegenüber allen Gewalten... beobachten." Wir dagegen glauben erkannt zu haben, daß jene „passive" Haltung eine Tätigkeit vom Inneren her in sich schließt, indem sie alles, was im Menschen dem bitteren Schicksal widerstreben möchte, niederzwingt, um der Notwendigkeit freiwillig folgen zu können. Deshalb scheint uns das *superare ferendo* kein logischer Widerspruch zu sein, deshalb erweist sich die Freiheit, zu dienen, als die mögliche Verwirklichung von Tapferkeit und Weisheit: ἀνέχεσθαι und ἀπέχεσθαι bedingen einander tatsächlich. Ein „Widerspruch" läßt sich also hier nicht aufzeigen, wohl aber stößt man mit der Frage, ob man dem Schicksal folgen und es trotzdem überwinden könne, auf einen wirklichen Hiatus. Doch dieser Spalt zieht sich nicht durch die stoische Lehre, sondern durch das Leben. Er kann durch ein Drittes überwunden werden; die *virtus*, welche zugleich erkennt und sich betätigt, sich maßhaltend einordnet in das Weltganze und doch

inflexible du destin et la liberté morale... ces deux pivots du stoïcisme"). REL 30, 1952, 208. 211 f. 216. A. S. L. Farquharson, Marcus Aurelius, his life and his world[2] (ed. D. A. Rees), Oxford 1952, 133. 135 f. W. Luther, Weltansicht und Geistesleben. Versuch einer wiss. Grundlegung der philos. Sprachanalyse, Göttingen 1954, 63.

Unberücksichtigt mußten hier bleiben u. a.: Hobbes, The questions concerning Liberty, Necessity and Chance (ed. Molesworth, V, London 1841). A letter about Liberty and Necessity (1676). Tripos... IV, London 1840, 239 ff. Hume, Dialogues concerning natural religion (Philos. works ed. Green-Grose, London 1886, II, 380–468. Vgl. auch Essays... London 1898, II, 65–84, 181–188). Pascal, Pensées u. a.

Kraft zeigt. In ihr ist der „Widerspruch" des *fato se praebere* und des *fortuna superanda est* ausgetilgt zugunsten einer letzten Harmonie. Zu dieser Deutung bedarf es kaum der Hilfskonstruktionen, die Deissner anwendet: der Gehorsam richte sich nur auf die Notwendigkeit. Wie wir gesehen haben (o. S. 66), wird der Grundsatz „*sequi – non trahi*" nicht nur auf das (notwendige) *fatum,* sondern auch auf die (zufällige) *fortuna* angewandt (Sen. prov. 4, 12 *praebendi fortunae sumus* ...). Der Weise kann nicht etwa dadurch, daß er sich dem Schicksal fügt, die Unabhängigkeit vom Zufall erkaufen. Denn *fatum* und *fortuna* sind gleichermaßen unentrinnbar, und nur unser Verhalten zu beiden mag verschieden geartet sein. Ist das *fatum* unabänderlich vorbestimmt, so bleibt es doch übrig, durch williges Folgen einen aktiven Beitrag zu leisten: der *fortuna* gegenüber besteht diese Möglichkeit darin, daß man ihr standhält. So ist tatsächlich dem Willen der Persönlichkeit, die über sich selbst gebietet, ein Eigenes vorbehalten. Deissner selbst sagt (a. O. S. 8 f.): „In den Riß, den menschliche Schwäche, den das Versagen der Willensenergie verschuldet hat, tritt die Gottheit nicht ein." Wir möchten dies lieber positiv ausdrücken: in den sehr schmalen Raum, der dem Menschen zwischen den ihn bestimmenden Gewalten belassen ist, kann und muß er seinen eigengesetzlichen Willen (seine strebende Kraft) einsetzen. Nicht als Geschöpf, das den göttlichen Beistand in jedem Falle entbehren könnte, aber bereit, diese Hilfe anzunehmen. So wird die *virtus (bona mens)* zu etwas, was der Mensch sich selbst geben soll, was aber schließlich wieder göttlichen Ursprungs ist (ep. 41, 1 f. siehe o. S. 67); *facis rem optimam..., si... perseveras ire ad bonam mentem, quam stultum est optare cum possis a te impetrare... prope est a te deus, ...intus est... bonus vero vir sine deo nemo est: an potest aliquis supra fortunam nisi ab illo adiutus exsurgere? ille dat consilia magnifica et erecta.* Ist dies eine falsche Schlußfolgerung, so ist Gott selbst ein *circulus vitiosus.* Doch dürfen wir uns am Ideal der *virtus* aufrichten, das heißt: an dem Gedanken, daß ein Teil unseres nichtigen Daseins unsterblich ist (ep. 98, 9): *nam illud verum bonum... certum est sempiternumque, sapientia et virtus: hoc unum contingit immortale mortalibus.* Obwohl der Mensch gar wenig vermag, ist ihm gegeben, Kräfte seiner Seele zu entwickeln, die stärker sind als alle Schicksale. Trotz seiner Schwäche kann er *virtus* erringen. Das ist der pädagogische Sinn der *incommoda* (prov. 3, 2); nur in dieser sich selbst vollendenden *virtus* liegt das Bewußtsein, zu können, was man will, die „Selbstverständlichkeit" desjenigen, den keine Schicksalsmacht ernstlich von seinem Weg abbringen kann. Diese überheblich scheinende Haltung ist ein wesentliches Merkmal des Stoizismus und hat seinen Anhängern seit der Antike Gegnerschaft zugezogen (vgl. o. S. 57); aber nicht bloßer Tugendstolz, sondern wirkliche Überwindung des Leidens läßt den Stoiker aufrecht bleiben. Und wenn diese Lehre den Menschen im wesentlichen auf sich selbst stellt, so wird sie damit wiederum dem Leben gerecht, denn der Mensch ist allein auf sich angewiesen (ep. 92, 2 *nam qui aliquo auxilio sustinetur, potest cadere*). Deshalb gilt es, sich einzurichten auf dem allerdings schwankenden Grunde. Nirgends leugnet Seneca, wie schwer die gestellte Aufgabe ist (vgl. etwa ad Marc. 17, 1): geleugnet wird, daß *virtus* sie nicht leisten könne. Nur, wer dem Menschen jede Fähigkeit absprechen will, sich über sich selbst und sein Geschick zu erheben, wird den Vorwurf erheben dürfen, dieser (freilich strengen[96]) Lehre fehle es an Demut – einer überdies christlichen Eigenschaft[97].

Die stoische Ethik ist idealistisch. Die Hilfe, die sie bietet, ist von beständigerer Art als alles, was von außen kommt: es sind die Tröstungen der Philosophie. Durch mutige Gedanken will Seneca zur Tat führen.

4.

Es zeigte sich, daß der „Kampf" gegen die *fortuna* ein Leitmotiv ist. Der Charakter der *fortuna* macht eine stete Verteidigungsstellung notwendig; sie ist *anceps*, weil das Leben selbst polar ist, weil die Spannung zwischen Glückszufall und Tüchtigkeit ein dem Dasein innewohnendes Dilemma ist. Trotz dieses Widerstreits

---

[96] Vgl. etwa Tac. ann. XVI, 22, 2 *rigidi et tristes*.
[97] R.-A. Gauthier, Magnanimité, Paris 1951, 405; zum Problem auch 411 f., 409.

aber (der sich im Menschen abspielt) ist Tyche-Fortuna ein untragischer[98] Begriff und hat in der Tragödie nicht wirklich Fuß gefaßt, auch nicht im ›Ion‹ des Euripides, wo sie Urheberin aller Verwicklungen zu sein scheint (v. 1512 ff.). Denn das Tragische schließt einen grausamen Widerspruch in sich (der Edle wird durch Leiden und Leidenschaften befleckt), den Tyche-Fortuna bei aller Wildheit nicht aufweist (Sen. prov. 4, 12 *verberat nos et lacerat fortuna: patiamur! non est saevitia, certamen est*...). Zwar enthält ihr Wesen alle Gegensätze wie „böse und gut", „häßlich und schön", „Elend und Glanz" – aber diese eignen ihr nicht als echte Konfliktstoffe, sondern nur in natürlichem Maß und Wechsel. So ist sie keine Vertreterin des tragischen Prinzips – denn es ist noch nicht tragisch, wenn sie heute nimmt, was sie gestern gegeben hat –, eher ist sie als Gegenspielerin des Menschen eine Komödiantin. Ihre eigentümliche Mittelstellung zwischen Spiel und Ernst bringt sie wohl dem Bereich des Theaters[99], aber nicht dem der Tragödie nahe. Doch das Schicksal überhaupt verliert für den Weisen, da er es schlicht als sein zugemessenes Teil annimmt, alles Übersteigerte und damit den tragisch-pathetischen Zug des Dramas. Deshalb konnte Sokrates, als er zum Sterben ging, spotten (Plat. Phaid. 115 a): ἐμὲ ... νῦν ... καλεῖ, φαίη ἂν ἀνὴρ τραγικός[100], ἡ εἱμαρμένη. Er bedurfte nicht der Katharsis von den Leiden, welche die Spannung zwischen Schicksal und Freiheit verursacht, denn er hatte längst jene Zweiteilung, die das Wesen der Tyche ausmacht, überwunden.

Soll die tiefe Kluft zwischen menschlichem Streben und unbedingter Notwendigkeit für Augenblicke aufgehoben scheinen, so kann dies nicht schon durch die bloße Darstellung jenes Widerstreites geschehen. Das große Schicksal, „welches den Menschen

---

[98] Vgl. M. Pohlenz, Die griech. Tragödie², Göttingen 1954, I 431.
[99] Zur Theaterterminologie Ruhl s. v. Tyche in Roschers Lex. der Mythol., 5, 1916–24, 1323 ff. L. Labowsky, Der Begriff des πρέπον in der Ethik des Panaitios, Diss. Heidelberg 1934, 119.
[100] M. Ant. 3, 7, 2 ὁ ... τὸν ἑαυτοῦ νοῦν καὶ δαίμονα ... προελόμενος τραγῳδίαν οὐ ποιεῖ, οὐ στενάζει (dazu Farquharson II 572. 811 f.). Arr. Epikt. 2, 16, 31 ἴδε πῶς τραγῳδία γίνεται, ὅταν εἰς μωροὺς ἀνθρώπους πράγματα ⟨τὰ⟩ τυγχάνοντ' ἐμπέσῃ. vgl. 1, 4, 26. 3, 15, 5.

erhebt, wenn es den Menschen zermalmt", muß das μίασμα, das in der gewaltsamen Vernichtung des Helden besteht, auslöschen[101], nicht Tyche-Fortuna, die Spielerin.

Nie kann sie innere Ursache der tragischen Gegenstände sein, an denen wir Vergnügen haben, denn die von ihr gestifteten Verwirrungen scheinen sinnlos. Soweit sie das Zufällige und Plötzliche verkörpert, ist sie dem *fatum* gerade entgegengesetzt, so daß der stoische Schicksalsglaube folgerichtig verfährt, wenn er Tyche bekämpft[102]. Während das Schicksal – im strengen Sinne – weder Beurteilung noch „Widerstand" zuläßt, soll und kann Fortuna-Tyche durch Vernunft und Standhaftigkeit bezwungen werden. Helden und Weise haben im Kampf mit ihr zu oft die sittlichen Kräfte eingesetzt, als daß sie ihr die großen Schicksale jenseits von Gut und Böse zuschreiben könnten. Die echte Tragödie spielt sich aber jenseits dieser Maßstäbe ab, sie kann als Tragödie keine Lösung finden; Tyche dagegen scheint reich an eilfertigen Entwirrungen. Es war deshalb Zeichen einer nicht in die Tiefe gehenden, ja unreligiösen Denkungsart, unerwartete Ereignisse (wie die ἀναγνωρισμοί) auf Tyche zurückzuführen: uneinsichtige Personen sprechen bei Euripides (Hek. 488 ff.) und Sophokles (OR 977 ff.) gern von ihr[103]. Aus diesen Gründen konnte den Christen der Glaube an die Glücks- und Zufallsgöttin geradezu als Merkmal heidnischer Gesinnung erscheinen (o. S. 65), denn ihrem Kult widerspricht die christliche Annahme einer göttlichen Vorsehung. In einem Punkte treffen Urchristentum und heidnische Haltung (insbesondere römisch-stoischer Prägung) zusammen: wenn sich auch ihre Auffassung von Glückseligkeit und Lohn unterscheidet, verhalten sich der stoische Held und der christliche Märtyrer in der Überwindung des Leidens gleich. Da sie mit tiefem Einverständnis jedes wie immer auch geartete Schicksal bestehen, können sie nicht Helden einer Tragödie sein, wie Lessing

---

[101] Vgl. etwa J. Volkelt, Ästhetik des Tragischen³, 1917, 98 ff.
[102] Vgl. Brolén, De philos. L. Ann. Senecae, 67 f. E. Arnold, Roman Stoicism, Cambridge 1911, 209 ff.
[103] H. Meuss, Tyche bei den att. Tragikern, Progr. Hirschberg 1899, 8. 11 f. vgl. P. Joos: Τύχη, Φύσις, Τέχνη. Diss. Zürich 1955, 98.

im 2. Stück der Hamburgischen Dramaturgie[104] für den Christen ausgeführt hat: „... so dürfte die erste Tragödie, die den Namen einer christlichen verdient, ohne Zweifel noch zu erwarten sein. Ich meine ein Stück, in welchem einzig der Christ als Christ uns interessiert. – Ist ein solches Stück aber auch wohl möglich? Ist der Charakter des wahren Christen nicht etwa ganz untheatralisch?..." Nur die hellenische Ethik, grundsätzlich eingedenk des unüberbrückten Abstandes zwischen Göttern und Menschen, hat die wirkliche Tragödie möglich gemacht.

Fehlt auch in der römisch-stoischen Moral das Gefühl für die radikale Unzulänglichkeit des Menschen durchaus nicht, so ist wichtiger doch die Folgerung, die der römische Weise noch aus der Erkenntnis unserer Ohnmacht zieht:

Der Mensch kann, wie weit er auch hinter dem Ideal zurückbleibe, *virtus* zeigen. Ihr Ziel und Lohn ist die *libertas*, die Unabhängigkeit von Geschick und Zufall. Sicher und glücklich sind wir erst, wenn wir der *fortuna* entraten können. *Virtus* und damit das höchste Gut bedarf ihrer nicht, und wer ihr dazu kühn begegnet, der triumphiert schließlich über sie. Nur unter steten Mühen wird diese Überlegenheit erworben, aber dann geht der hervor, der größer ist als sein Schmerz. Der Mensch ist, wo er will, jedem Schicksal gewachsen. Ist *fortuna* gewaltig, so ist auch er unüberwindlich da, wo das „Unbegrabbare" in ihm liegt. Ist sie unbeständig und ruhelos, so setzt er ihr Dauer und Gleichmut entgegen. Zwar sind wir alle an die *fortuna* gekoppelt (tranq. an. 10, 3), aber kraft des geistigen Sieges sind wir frei von ihr. Zwar ist der Mensch ein *morosum animal* (clem. 1, 17, 1), aber er vermag der Natur einen besseren Geist zurückerstatten, als sie ihm gegeben hat (tranq. an. 11, 3): *apellaverit natura quae prior nobis credidit, et huic dicemus: recipe animum meliorem quam dedisti.* Dies ist die stolze und tröstliche Gewißheit, die der Tapfere und der Weise bewähren: vor Seneca noch kaum persönliches Bekenntnis, bei ihm eine ureigene Erfahrung: *atqui vivere, Lucili, militare est* (ep. 96, 5).

---

[104] Werke 5, hrsg. von Petersen, 1927, S. 31, 37 ff. (dazu Anm. S. 442 zu S. 31, 35). Vgl. auch O. Mann, Lessing, 1948, 304.

DER PHILOSOPH SENECA[1]

Von Ludwig Friedländer

I

Die Kriege, in denen die Römer die Völkerschaften der pyrenäischen Halbinsel allmählich unterwarfen, hatten zweihundert Jahre gedauert und wurden erst durch Augustus beendet. Unter seiner Regierung bestanden innerhalb des Landes noch die größten Gegensätze. Während die Bevölkerung der Ost- und Südküste in vielfacher Berührung und Vermischung mit Fremden die Reinheit des Stammescharakters längst eingebüßt hatten, erhielt sich im Innern wie im Norden und Westen vielfach ein von der Kultur völlig unberührtes Barbarentum. Auch die Umgestaltung der Landesnatur und der Lebensweise durch Einführung der Kulturgewächse Italiens erfolgte hier verhältnismäßig spät: während in der Talebene des Guadalquivir Öl und Wein längst im Überfluß erzeugt und massenhaft ausgeführt wurden, gehörte der Westen (Portugal) wie das gebirgige Innere noch zu den Bier- und Butterländern. Und als in Andalusien, Granada, Murica, Valencia,

---

[1] Seneca ist als Staatsmann in den Geschichten der römischen Kaiserzeit (besonders von Schiller in der Geschichte des römischen Kaiserreichs unter Nero, 1872), als Schriftsteller in den Geschichten der römischen Literatur (von Teuffel, 5. Auf. 1890, und M. Schanz, 1890, besonders von Ed. Norden, Die antike Kunstprosa vom 6. Jahrhundert v. Chr. bis zur Renaissance, 1898), als Philosoph in den Geschichten der antiken Philosophie (besonders ausführlich von Zeller) und in Monographien dargestellt worden; unter den letzteren sind hervorzuheben: W. Ribbeck, L. Annäus Seneca der Philosoph, 1881, und Baumgarten, Seneca und das Christenthum, 1895. Der Essai von Diderot, Sur les régnes de Claude et de Néron et sur les mœurs et les écrits de Sénèque, 1779, ist zu parteiisch für Seneca, um als historische Arbeit in Betracht zu kommen.

Aragonien und Catalonien das Latein schon die herrschende Sprache war, behauptete sich im Nordwesten noch die jetzt in die Täler der Basken zurückgedrängte Sprache der iberischen Urbevölkerung.

Nach den Schilderungen der Alten hatten die Iberer manche Züge mit den heutigen Spaniern gemein. Ihre Lebensweise war eine bis zur Enthaltsamkeit einfache; sie tranken nur Wasser, schliefen auf der Erde, die Bergbewohner lebten während zweier Dritteile des Jahres von einem aus dem Mehl von Eicheln bereiteten Brote. Die Männer trugen schwarze Mäntel, mit denen sie sich auch beim Schlafen zudeckten. Sie liebten Tanz und Musik und Wettkämpfe, bei denen sich Mut, Kraft und Gewandtheit zeigen konnte. Bei ihren Mahlzeiten herrschte eine strenge Etikette, die Ehrenplätze wurden durch Alter und Rang bestimmt. Die Iberer waren hochmütig, ungesellig, von finsterem Wesen, dabei verschlagen und versteckt. Ihre Indolenz, Trägheit und Arbeitsscheu war ebenso groß wie ihre Kriegslust und ihr Hang zum Räuberleben; weite fruchtbare Gebiete lagen unbebaut und wurden nur von Räubern bewohnt; wo Ackerbau getrieben wurde, lag die Feldarbeit den Weibern ob. Iberer, die zum ersten Mal in einem römischen Lager Spaziergänger sahen, hielten sie für Verrückte, da sie nicht begriffen, daß man etwas anderes tun könne, als der Ruhe pflegen, wenn man nicht kämpfe. Zur Aufstellung großer Heere brachten sie es nie, weil sie unfähig waren, sich unterzuordnen; in Guerillakriegen waren sie gefährliche Gegner, und hinter Mauern leisteten sie heldenmütigen Widerstand. Martern ertrugen sie heroisch, Gepfählte stimmten Kriegslieder an. Gegen Feinde waren sie grausam, für Freunde, denen sie Treue gelobt hatten, gingen sie in den Tod. Zu ihren Sitten gehörte auch, für verzweifelte Fälle Gift stets bereit zu halten.

Wie widerstrebend aber auch dies Volk seinen Nacken unter das Joch der Fremdherrschaft beugen, wie abgeneigt es sein mochte, seine Barbarei mit einer ihm aufgedrungenen höheren Kultur zu vertauschen: dennoch vollzog sich die Romanisierung des ganzen Landes verhältnismäßig sehr schnell, wozu außer anderem die zahlreichen, zum Teil schon von Augustus dort angelegten Militärkolonien mächtig mitwirkten; noch heute weisen die Namen der aus ihnen hervorgegangenen Städte auf ihren Ursprung zurück, wie Saragossa (Cäsar-augusta), Leon (Legio), Merida (Emerita), Badajoz (Pax Augusta). Das Latein wurde auch hier sehr bald die Sprache der Gebildeten: schon Horaz glaubte, daß eins seiner Bücher, wenn es in Rom den Reiz der Neuheit eingebüßt habe, in Lerida (Ilerda) werde gelesen werden, und in der Tat gab es überall, wo römische Schulmeister einwanderten, bald auch Freunde und Kenner der römischen Literatur. Aber auch selbsttätig beteiligten sich die Spanier an dieser zahlreich und mit dem größten Erfolge schon im ersten Jahrhundert. Der anerkannteste Meister der lateinischen Prosa, der erste von Vespasian angestellte öffentliche Lehrer der Beredsamkeit in Rom, der in einer 20jährigen Tätigkeit auf die römische Literatur einen unermeßlichen Einfluß übte, Quintilian, und der originellste, eleganteste und formgewandteste römische Dichter der Zeit Domitian's, Martial, stammten aus dem nördlichen Spanien; jener aus Calahorra (Calagurris), dieser aus Calatayud (Bilbilis).

Während Zustände wie die oben geschilderten im Binnenlande und im Norden und Westen der Halbinsel bis zum Beginn unserer Zeitrechnung und darüber hinaus bestanden, hatte die Zivilisation des Südens schon ein Jahrtausend früher begonnen. Von den Phönikern, die das vom Bätis (Guadalquivir) durchflossene metallreiche Küstenland, ein Peru des höheren Altertums, entdeckten und dort Kolonien gründeten, deren Namen, wie Cadiz und Malaga, noch heute an ihren semitischen Ursprung erinnern, lernten die dortigen iberischen Völkerschaften den Gebrauch der Schrift, das Wohnen in Städten, den Betrieb vieler Handwerke und wurden allmählich ein so unkriegerisches Kulturvolk, daß sie Söldnerheere hielten. Zu den phönikischen Elementen, mit denen die Bevölkerung versetzt war, kamen im Laufe der Zeit punische, griechische und endlich römische. Die lateinische Sprache gelangte hier am frühesten zur Herrschaft. Ein Bewohner von Cadiz kam nur nach Rom, um Livius kennenzulernen und, nachdem ihm dies gelungen war, sofort wieder abzureisen. Mindestens die Hälfte aller in Spanien gefundenen lateinischen Inschriften stammt aus der Talebene des Bätis. Die Intensität des Anbaus ergibt sich aus der Menge der Städte, deren Plinius in Bätica 175 zählt.

Als Augustus die Provinzen des Reichs in zwei Klassen teilte, indem er diejenigen, die einer militärischen Besatzung bedurften, der kaiserlichen Verwaltung vorbehielt, die friedlichen der des Senats überließ, gehörte Bätica zu den letzteren, der östliche Teil der übrigen Halbinsel mit der Hauptstadt Tarraco (Tarragona) sowie der westliche mit der Hauptstadt Emerita (Merida) zu den ersteren. Zur Hauptstadt und Residenz des Statthalters von Bätica erkoren die Römer Corduba (Cordova), das ohne Zweifel durch vielfache Ansiedlung von Römern und freigebige Erteilung des römischen Bürgerrechts an Eingeborene früh den Charakter einer römischen Stadt erhielt. Schon in Ciceros Zeit gab es dort römische Dichter, die Luculls Taten besangen, allerdings in einem fremdartig und schwerfällig klingenden Latein.

Zu den reichsten und angesehensten Familien der Stadt gehörte in der Zeit des Übergangs von der Republik zur Monarchie die der Annaeus Seneca. Der erste von ihnen, den wir kennen, der Vater des Philosophen, besaß den Ritterrang und durfte sich also zu den Vornehmsten der Provinz zählen. Auch seine „in einem altmodischen und strengen Hause aufgewachsene" Gattin Helvia stammte wahrscheinlich aus einer ritterlichen Familie; sie hatte eine Schwester, die mit einem Vizekönige von Ägypten vermählt war, einen Mann also, der die höchste Stufe der ritterlichen Ämterlaufbahn erstiegen hatte. Der ältere Seneca erreichte ein Alter von 90 Jahren oder darüber; er hätte (als Knabe) noch Cicero (gest. 43 v. Chr.) hören können, wenn nicht die die ganze Welt erfüllenden Unruhen der Bürgerkriege die Reise nach Rom verhindert hätten, und überlebte den Kaiser Tiberius (gest. 37 n. Chr.). Bis zur Herstellung des Weltfriedens scheint er in seiner Vaterstadt oder doch in Spanien gelebt zu haben. In seinem früheren und späteren Mannesalter hielt er sich zweimal längere Zeit in Rom auf, um die berühmtesten Redner zu hören und seinen Stil durch das Studium der besten Muster zu vervollkommnen; dort scheint er auch sein Leben beschlossen zu haben. Er war ein Mann von altrömischer Strenge der Gesinnung, der griechischen Kultur und Philosophie entschieden abhold. Die Schlaffheit und Verweichlichung, die Liederlichkeit und Geckenhaftigkeit der männlichen Jugend Roms mißfiel ihm um so gründlicher, wenn er sie mit der derben und rauhen „spanischen Lebensweise", ihr zur Mode gewordener Dilettantismus in Tanz und Gesang, wenn er ihn mit der Freude seiner Landsleute an der Jagd verglich. Er erfreute sich bis ins höchste Alter einer erstaunlichen Geistesfrische und Regsamkeit; eine Geschichte seiner Zeit seit dem Anfang der Bürgerkriege hatte er fast bis zum Tage seines Todes fortgeführt. Wir besitzen von ihm nur ein, ebenfalls im höchsten Alter geschriebenes, leider nicht vollständig erhaltenes Buch, in dem er auf den Wunsch seiner Söhne die berühmtesten Redner und Rhetoren der Zeit des Augustus, die sie nicht mehr selbst gehört hatten, durch sehr zahlreiche Mitteilungen aus den Übungsreden charakterisiert, in denen sie nach damaliger Sitte die in der Rhetorenschule aufgegebenen Themas wetteifernd behandelt hatten. Seneca zeigt sich in diesem Buche als ein Mann von gesundem Urteil, Geschmack und Humor. Seine zahlreichen wörtlichen Anführungen längerer Stellen aus den „Deklamationen" (wie man diese Übungsreden nannte) beruhen ohne Zweifel auf stenographischen Aufzeichnungen, von denen man offenbar überhaupt in der Rhetorenschule einen sehr reichlichen Gebrauch machte. Doch wurde er dabei auch durch eine erstaunliche Gedächtniskraft unterstützt, die ihm bis an sein Lebensende treu blieb und ehemals eine geradezu fabelhafte gewesen war. Er hatte 2000 vorgesagte Namen in derselben Reihenfolge nachsagen, mehr als 200 vorgesagte Verse, vom letzten anfangend bis zum ersten, wiederholen können, und er behauptet, die Gedächtniskunst sei in wenigen Tagen zu erlernen, er wolle sie seine Söhne lehren. Gab es im Altertum eine Mnemotechnik, die, wie die Stenographie, zum zweiten Mal erfunden werden müßte? Auch dann konnte sie freilich eine angeborene ungewöhnliche Gedächtniskraft nur unterstützen und steigern, aber nicht ersetzen, sonst würden mehr große Gedächtniskünstler genannt werden, als Cineas, der Gesandte des Pyrrhus in Rom, und der Redner Hortensius.

Seneca hatte drei Söhne, Novatus, Lucius und Mela, deren Schicksale zu den für jene Zeit charakteristischen Erscheinungen gehören. Alle drei stiegen hoch, um in jähem Sturz zu enden. Noch in den Jahren 64/65 zählte man die Häuser „der drei Seneca" zu den angesehensten und glänzendsten Roms, und junge

Spanier, die in der Hauptstadt ihr Glück zu machen hofften, waren froh, sich der Gönnerschaft dieser freigiebigen Patrone rühmen zu dürfen. Nur ein Jahr verging, und alle drei waren eines gewaltsamen Todes gestorben. Während die beiden älteren Brüder die senatorische Laufbahn eingeschlagen hatten, in der sie höhere, aber durch die fortwährenden Konflikte des Despotismus mit dem ersten Stande gefahrvollere Stellungen erreichten, war Mela in dem Stande des Vaters geblieben, aber auch ihn bewahrte seine Liebe zu einem ruhigen Leben nicht vor einem Ende mit Schrecken. Er trat in den den Rittern vorbehaltenen kaiserlichen Verwaltungsdienst ein, dessen Ämter besoldet und einflußreich waren. Während sein Vater sich ebenso zufrieden mit seinem Entschluß erklärte, im Hafen zu bleiben, als mit dem seiner Brüder, sich auf die hohe See hinaus zu wagen, tadelt er Tacitus in einer für sein Standesgefühl höchst charakteristischen Weise, daß Mela die Vorteile des zweiten Standes den Ehren und Würden des ersten vorgezogen habe, daß er als Ritter Konsularen an Einfluß habe gleichkommen wollen; und in der Wahl besoldeter Ämter statt der hohen curulischen Würden sieht er eine unrühmliche Neigung zum Gelderwerb. In der Tat brachte es Mela, der wie seine Brüder von Hause aus vermögend war, zu großem Reichtum. Er hatte eine Cordubenserin geheiratet, und der aus dieser Ehe entsprossene Lucanus, der (ohne Zweifel mit den Eltern) im Alter von acht Monaten nach Rom kam, der gepriesenste Dichter der Neronischen Zeit, war ein neuer Gegenstand des Stolzes für Corduba und ganz Spanien, und sein Ruhm trug viel zum Ansehen des Vaters bei. Als auch ihm seine Teilnahme an der Pisonischen Verschwörung gegen Nero im Jahre 65 (im Alter von 26 Jahren) den Tod gebracht hatte, ließ Nero seinen Vater durch eine falsche Anklage der Mitwisserschaft bedrohen „aus Gier nach seinem Vermögen", damit er es opfere, um sein Leben zu erkaufen. Doch Mela öffnete sich die Adern und bedachte in einem Kodizill zu seinem Testament zwei mächtige Günstlinge des Kaisers mit bedeutenden Legaten, um so sein übriges Besitztum der Konfiskation zu entziehen und für seine Hinterbliebenen zu retten.

Annaeus Novatus wurde von einem Freunde seines Vaters, Junius Gallio, adoptiert und führte fortan dessen Namen. Er zeichnete sich als Redner aus, bekleidete 52 das Konsulat und saß als Prokonsul von Achaja in Korinth über den Apostel Paulus zu Gericht. Obwohl der Senat eine gegen ihn erhobene Beschuldigung der Mitwisserschaft an der Verschwörung Pisos zurückwies, ließ ihn Nero (bei dessen öffentlichem Auftreten als Citharöde er einst die Rolle eines Herolds übernommen hatte) dennoch töten.

Der mittlere der drei Brüder, Lucius Annaeus Seneca, war (einige Jahre vor Chr.) zu Corduba geboren (wo noch im 18. Jahrhundert sein Haus und vor der Stadt sein Landgut gezeigt wurde) und als Kind von seiner oben erwähnten Mutterschwester nach Rom gebracht worden, wo er unter ihrer Pflege von langer Krankheit genas. Doch blieb er sein ganzes Leben hindurch kränklich; nicht lange vor seinem Tode sagte er, es gäbe kein Übel, das ihm unbekannt sei. Als junger Mann hatte er durch häufige chronische Katarrhe und damit verbundene Fieberzustände und eine Abzehrung bis zur äußersten Magerkeit so gelitten, daß nur die Rücksicht auf seinen Vater und die Liebe seiner Freunde ihm die Kraft gab, dem Drange zum Selbstmord zu widerstehen; mit Hülfe der Philosophie hatte er die Krankheit überwunden. Zu den angewandten Mitteln hatten lautes Lesen und Seefahrten gehört, besonders aber eine Kaltwasserkur, die er lebenslänglich fortsetzte; von Bädern in dem kältesten Wasser der jetzt Fontana Trevi speisenden Leitung, die er in seiner Jugend am 1. Januar zu beginnen pflegte, ging er zu den minder kalten im Tiber, endlich zu temperierten, aber nicht warmen Wannenbädern über; noch als alter Mann konnte er es wagen, bei einer Seefahrt von Neapel nach Pozzuoli in der Nähe des Ufers ins Meer zu springen und ans Land zu schwimmen oder zu waten. Das Leiden, das ihn (wenigstens im Alter) am meisten quälte, war nach der Ansicht einer medizinischen Autorität (Fr. Marx) Herzbeklemmung. Die Anfälle traten plötzlich und heftig, einem Sturm gleich, auf und verliefen innerhalb einer Stunde; es war nicht ein Kranksein, sondern ein Aufgeben des Geistes. Die Ärzte nannten es eine „Vorübung des Todes".

Es versteht sich, daß Seneca den gewöhnlichen Bildungsgang durchmachte. Daß er Jahre lang ein fleißiger Besucher der

Rhetorenschule war, zeigen seine Schriften auf jeder Seite. Der Philosophie wandte er sich schon früh zu, und zwar hielt er sich zu der neuen „echt römischen" Schule der Sextier, die während der kurzen Zeit ihres Bestehens eine große Anziehungskraft übte, nicht durch ein originales System, sondern durch die Persönlichkeiten ihrer Vertreter. Es war ein, in der entschiedenen Beschränkung der Ethik und der Ablehnung aller nicht die Sittlichkeit fördernden Bildungsbestrebungen zum Cynismus, in der Verwerfung der tierischen Nahrung zum Pythagoreismus neigender Stoizismus. Die Lehrer dieser Schule, der Alexandriner Sotion, der Römer Papirius Fabianus, wahre Weltweise, nicht „Kathederphilosophen", imponierten durch die unerschütterliche Festigkeit ihrer Überzeugungen und werden auf bestimmbare, ihrer geringen Widerstandsfähigkeit gegen die Verhältnisse sich bewußte Naturen, wie Seneca, einen um so ergreifenderen Einfluß geübt haben. Außer ihnen hörte er den Stoiker Attalus, einen Mann, der ihm über die Schwäche der menschlichen Natur erhaben schien. Er predigte Armut, Keuschheit und Enthaltung nicht bloß von allen unerlaubten, sondern auch von allen überflüssigen Genüssen. Unter seinem Einfluß ergab sich Seneca einer streng asketischen Lebensweise. Doch unter der Herrschaft des Tiberius war es gefährlich, eine Art von Weltverneinung zur Schau zu tragen, durch die man sich dem Verdacht einer Opposition gegen die bestehende Ordnung aussetzte. Auch mußte Attalus auf Betreiben Sejans Rom verlassen, und Seneca bequemte sich wieder zum Anschluß an die herrschende Sitte, doch befolgte er manche Vorschriften des Attalus bis an sein Ende, wie die Enthaltung von Wohlgerüchen, Wein, warmen Bädern und Leckerbissen; noch in seinen letzten Jahren bestand seine Mahlzeit aus trockenem Brote, und er schlief wenig und auf einem äußerst harten Pfühl. Die streng vegetarische Lebensweise, die ihm sehr zusagte, hatte er nur ein Jahr beibehalten; er gab sie auf, da man sich dadurch der Teilnahme an fremden Kulten verdächtig machte, deren Anhänger von Tiberius verfolgt wurden.

In Senecas früheres Mannesalter fällt ein Aufenthalt in dem von dem Gemahl seiner Tante regierten Ägypten, vielleicht durch Rücksicht auf seine Gesundheit veranlaßt, oder der Beschluß der damals bei jungen Männern von Stand üblichen Rundreise über Griechenland und Kleinasien. Er sammelte hier das Material zu einer Schrift über die Geographie und die Kultgebräuche Ägyptens und über die Geographie von Indien, mit dem Alexandria in einem lebhaften und regelmäßigen Handelsverkehr stand. Im Jahre 32 nach Rom zurückgekehrt, trat er als Sachwalter auf, um durch glänzende Beredsamkeit die Aufmerksamkeit auf sich zu lenken und sich den Weg zum Eintritt in den Senatorenstand zu bahnen. Wohl gegen Ende von Tiberius' Regierung erlangte er das erste senatorische Amt, die (Senatorensöhnen schon im Alter von 25 Jahren zugängliche) Quästur; seine nun verwitwete mütterliche Tante hatte ihre Schüchternheit überwunden, um ihren Einfluß zugunsten seiner (im Senat stattfindenden) Wahl geltend zu machen. Seine Beredsamkeit fand so großen Beifall, daß sie die Eifersucht Caligulas erregte, der selbst ein guter Redner und stolz darauf war. Zwar äußerte er sich geringschätzig über Senecas Reden, es seien bloße Schaustücke und (wegen seiner Vorliebe für kurze, unverbundene Sätze) „Sand ohne Kalk". Doch über den Erfolg Senecas als Redner bei einer Gerichtsverhandlung im Senat soll er sich so geärgert haben, daß er ihn zu töten beschlossen habe und nur durch eine seiner Mätressen zurückgehalten worden sei, die ihn versicherte, Seneca werde bald an der Schwindsucht sterben.

Mit der Thronbesteigung des Claudius begann ein Regiment der Weiber und Freigelassenen, das zwei einander bekämpfende Parteien sich streitig machten: an der Spitze der einen stand die kaiserliche Gemahlin Messalina, an der der anderen die aus dem Exil auf den Ponzainseln zurückgerufenen Schwester Caligulas und Nichten des Claudius, Livilla und Agrippina. Seneca, der vermutlich schon unter Caligula Beziehungen zum Hof gesucht und gefunden hatte, schloß sich der letzteren an, und die Gegenpartei fand den vielgenannten Mann wichtig und unbequem genug, um ihn zu beseitigen: er wurde wegen eines angeblichen Liebesverhältnisses zu Livilla nach Korsika verwiesen.

Diese Verbannung war für Seneca ein furchtbarer Schlag, nicht bloß, weil er aus einer glücklich begonnenen, zu den größten Hoffnungen berechtigenden Laufbahn herausgeschleudert wurde: es war eine Versetzung aus der höchsten Kultur in die Barbarei, aus dem Glanz der Weltstadt in eine schauerliche Einöde, aus einer beneidenswerten Existenz in eine trostlose. Er selbst erschien sich wie ein Toter, wie ein Begrabener. Die im Innern von den Römern wohl nie betretene Insel war sehr schwach bevölkert; die Einwohner, vom ligurischen Stamme, redeten ein Kauderwelsch, das selbst die Ohren civilisierter Barbaren beleidigte; man mußte dort fürchten, das Latein zu verlernen. Die Bergbewohner waren unbezähmbarer als wilde Tiere; als Kriegsgefangene in die Sklaverei abgeführt, ermüdeten sie durch Trotz und Stumpfheit ihre Herren, die ihr Kauf selbst um einen Spottpreis reute; unter einander, sagt man, seien sie gerecht und menschlicher als andere Barbaren. Die Rauheit und Wildheit der von der Kultur noch wenig berührten Felseninsel erschien den Römern abschreckend, um wieviel mehr dem Verbannten. „Wo gibt es", sagt er, „etwas so Kahles, so von allen Seiten Schroffes wie diese Klippe? Welches Land ist unergiebiger an Erträgen? Welches hat so wilde Bewohner, eine so schreckliche Natur, ein so wenig gemäßigtes Klima? Die Glut, schon im Beginn des Sommers schrecklich, wird in der Hundstagszeit noch fürchterlicher. Es gibt keine fruchtbringenden, noch das Auge erfreuenden Bäume. Der Herbst bringt kein Obst, der Sommer keine Saaten, der Winter keine Oliven; der Frühling erfreut nicht durch schattenspendendes Laub, kein Kraut gedeiht auf dem unseligen Boden. Es wird nicht von schiffbaren Flüssen bewässert, es bringt nichts hervor, was andere Völker begehren könnten, seine Erträge reichen kaum zur Ernährung seiner Bewohner hin. Es gibt kein Brot (in der Tat lebten die Eingeborenen von Milch, Honig und Fleisch), kein trinkbares Wasser, kein Holz für die Scheiterhaufen der Toten, und die Behausungen sind Hütten." Wenn diese Beschreibung von der leidenschaftlichen Abneigung des ohnedies stets übertreibenden Schriftstellers gegen den ihm aufgezwungenen Aufenthaltsort diktiert ist, so zeigt sich doch auch hier, daß jene Zeit für „die entzückende Schönheit der Landschaft von Korsika" gar kein Verständnis hatte. Selbst seine herrlichen Wälder, an deren Duft Napoleon mit geschlossenen Augen sein Heimatland erkennen zu können meinte, wenn er, durch einen Zauber dorthin versetzt, aus dem Schlaf erwachte, erfreuten Senecas Auge nicht. Auch der

Dichter der Tragödie ›Octavia‹ läßt ihn dort nur im Anblick des Firmaments Trost finden. Daß die Korsen einem Autor, der ihr Land so verlästert hat, nicht freundlich gesinnt sind, ist natürlich; „era un birbone", sagte einer von ihnen zu Gregorovius. Die dortige Legende hat sich für seine Schmähungen durch Erdichtung einer Szene gerächt, in der er eine nicht beneidenswerte Rolle spielt. Am Fuße eines hohen, runden (wohl genuesischen) Turms auf der Nordspitze der Insel, der für seine Wohnung gilt, wächst in unausrottbarer Fülle eine Nessel *(ortica di Seneca)*: mit dieser soll er, in einer Schäferstunde mit einer Hirtin überrascht, von deren Verwandten gegeißelt worden sein. In der Tat lebte Seneca ohne Zweifel in einer der beiden größeren römischen Städte (Mariana und Aleria) an der Italien zugewandten Ostküste, wo sein Reichtum ihm eine verhältnismäßig angenehme Existenz verschaffen konnte. Ein treuer Freund, der Konsular Cäsonius Maximus, teilte auf die Gefahr hin, das Mißfallen des Kaisers zu erregen, freiwillig sein Exil. Selbstverständlich waren Senecas Gedanken beständig auf Rom gerichtet. Seine Mutter hat er in einer noch vorhandenen Schrift über den Kummer zu trösten gesucht, den ihr seine Verbannung verursachte. Er preist sie als eine in jeder Beziehung ausgezeichnete, von weiblichen Schwächen völlig freie, hochgebildete Frau; sie hatte nach dem Tode des Vaters das Vermögen der Söhne vortrefflich verwaltet und auch zu den Ausgaben beigesteuert, die ihnen ihre Ehrenämter auferlegten. Er hofft, daß sie vor allem in dem Zusammenleben mit den Ihrigen Trost und Zerstreuung finden werde; eine Tochter seines Bruders Novatus werde sie bald zur Urgroßmutter machen, und sein kleiner Marcus, ein lieblicher, aufgeweckter Knabe, bei dessen Anblick keine Trauer bestehen konnte, sie durch sein kindliches Geschwätz erheitern; Senecas Frau war offenbar schon tot oder von ihm geschieden. Von seinen römischen Freunden hatte sich der Gemahl Agrippinas, der Konsular Passienus Crispus, als der treueste bewährt: Seneca nennt ihn in einem Gedicht seinen Anker, sein rettendes Gestade im Schiffbruch, seine feste Burg. In einem anderen Gedicht klagt er über einen Feind, der ihn, den tödlich Getroffenen, mit giftigem Spott verfolgte, und ruft ihm zu, ein Unglücklicher sei ein heiliger Gegenstand.

Seneca füllte seine Zeit mit wissenschaftlichen (besonders naturwissenschaftlichen und geographischen) und literarischen, doch auch mit „leichteren" Arbeiten, d. h. Dichtungen, aus. Er hatte sich als Dichter bereits bekannt gemacht: in einer Elegie fordert er seine Vaterstadt Corduba auf, ihren Dichter, der einst ihr Ruhm war und nun an einen Felsen geschmiedet sei, zu betrauern. Zur Abfassung seiner Tragödien hatte er dort nur zu viel Muße, und auch an der geeigneten Stimmung konnte es ihm nicht fehlen. Seiner Versicherung in der Trostschrift an seine Mutter, daß Poesie und Naturbetrachtung, diese „herrlichen Dinge", hinreichten, ihn froh zu erhalten, wird man ebensowenig Glauben schenken als der Erklärung, daß er in einer Lage, in der man sich in der Regel unglücklich fühle, nicht nur glücklich sei, sondern auch gar nicht unglücklich werden könne. Allerdings sollte die stoische Philosophie ein unfehlbares Universalheilmittel gegen alle irdischen Leiden sein, aber bei Seneca hat sie sich so wenig bewährt, daß sie ihn nicht einmal vor tiefer Selbsterniedrigung bewahren konnte. Er verfaßte (43/44) eine Trostschrift für den kaiserlichen Freigelassenen Polybius beim Tode eines Bruders, in der Hoffnung, die Gunst und Fürsprache dieses sehr mächtigen Mannes (eines der Liebhaber der Kaiserin Messalina) zu gewinnen, den er darin mit unwürdigen Schmeicheleien überhäufte. Er soll sich später dieser Schrift geschämt und versucht haben, sie zu vernichten, doch ist sie erhalten.

Nicht weniger als acht Jahre (41–49) dauerte die Leidenszeit Senecas auf Korsika, erst der Sturz Messalinas und ihres Anhangs machte ihr ein Ende. Agrippina, die nun ihre Vermählung mit Claudius durchsetzte, obwohl die Ehe zwischen Oheim und Nichte in Rom als Blutschande galt, und mit einer vor keiner Konsequenz zurückschreckenden Energie ihrem elfjährigen Sohn Nero die Thronfolge zu sichern bestrebt war, rief Seneca zurück, erhob ihn durch Verleihung der Prätur in die zweithöchste senatorische Rangklasse und übertrug ihm die Erziehung Neros. Sie durfte sich davon einen dreifachen Gewinn versprechen. Sich selbst machte sie populär, indem sie zugleich dem Genius huldigte und ein Opfer der Intrigen einer Camarilla erlöste und entschädigte; für Nero stimmte sie die öffentliche Meinung günstig, die von dem Einfluß eines solchen Lehrers und Erziehers auf ihn das Beste erwartete; endlich gewann sie einen zuverlässigen und ergebenen, ihr durch Dankbarkeit wie durch den Haß derselben Gegner verbundenen Freund, dessen Rat und Beistand ihr zur Erreichung ihrer Ziele von größtem Wert sein mußte. Daß in der „übel redenden, alles deutenden Stadt", wie Tacitus Rom nennt, dies Verhältnis für ein mehr als freundschaftliches gehalten wurde, ist nur natürlich. Auch ist es an sich keineswegs unwahrscheinlich, daß das Gerede in diesem Falle begründet war, denn ohne Zweifel trug Agrippina niemals Bedenken, sich einem Manne hinzugeben, dessen unbedingte Ergebenheit sie sich sichern wollte.

Als Claudius sechs Jahre später starb (nach dem allgemeinen Glauben an Gift, das ihm Agrippina in einer Lieblingsspeise gereicht hatte), wurde der nun fast siebzehnjährige Nero von dem durch Agrippina zum alleinigen Befehlshaber der Garden (Prätorianer) ernannten Afranius Burrus der Palastwache als Imperator vorgestellt und zuerst von den Garden, dann auch vom Senat als Kaiser anerkannt. Seine in der Kaserne der Garden sowie in der Kurie gehaltene Ansprache soll von Seneca verfaßt gewesen sein; jedenfalls war der für Poesie nicht unbegabte Kaiser der erste, der zur Abfassung seiner Reden einer fremden Feder bedurfte. Die Votierung einer besonders feierlichen Bestattung für Claudius und seine ebenfalls vom Senat (als oberster Kultusbehörde) beschlossene Erhebung unter die Götter sollte die Pietät des neuen Herrschers gegen seinen Adoptivvater bezeugen. Am Tage des Begräbnisses, sagt Tacitus, hielt er junge Kaiser die übliche Gedächtnisrede für Claudius; solange er vom Alter seines Geschlechts sprach, die Konsulate und Triumphe seiner Vorfahren aufzählte, ganz bei der Sache, wie auch die Hörer; auch die Erwähnung seiner wissenschaftlichen Bestrebungen und daß während seiner Regierung das Reich keinen Nachteil durch auswärtige Völkerschaften erlitten habe, wurde mit Geneigtheit angehört; als er aber zu seiner Umsicht und Weisheit überging, enthielt sich niemand des Lachens, obwohl die von Seneca verfaßte Rede eine sehr glänzende war, wie denn dieser Mann überhaupt ein ansprechendes und dem Geschmack seiner Zeit zusagendes Talent besaß.

Gleichsam um sich für die undankbare Rolle zu entschädigen, die er bei dieser Gelegenheit hatte übernehmen müssen, schrieb Seneca ein Pasquill über die Apotheose des Claudius, das mehr boshaft als witzig ist, und in dem besonders der Spott über die körperlichen Gebrechen des Verstorbenen unangenehm berührt. Prosa und Verse wechseln darin ab. Er werde über das, was sich am 12. Oktober im Himmel zugetragen habe, die volle Wahrheit sagen. Anzugeben, wie er es erfahren, habe er nicht nötig; er wisse, daß er ein freier Mann geworden sei, seit dem Tode jenes Menschen, der das Sprichwort wahr gemacht habe, daß man entweder als König oder als Dümmling auf die Welt kommen müsse. Auf Mercurs Zureden reißt die Parze Clotho den Faden des kaiserlichen Idiotenlebens ab, und Lachesis spinnt unermeßliche goldene Lebensfäden für Nero. Apollo spricht:

> Ihm sei ein Leben beschieden
> Über der Sterblichen Maß, ihm, der mir ähnlich an Antlitz
> Ist und an Wohlgestalt, und gleich in der Kunst des Gesanges
> Und in der Stimme Gewalt. Er bringt der ermatteten Menschheit
> Glückliche Zeiten zurück und gibt den verstummten Gesetzen
> Wieder das Wort.

Im Himmel wird dem Jupiter gemeldet, es sei ein wohlgewachsener Mann mit grauem Haar angekommen, er bewege unaufhörlich den Kopf und schleppe den rechten Fuß. Auf die Frage nach seiner Nationalität habe er in unverständlichen Lauten geantwortet; es sei weder Griechisch noch Latein, noch überhaupt die Sprache eines bekannten Volkes. Jupiter gibt dem Hercules, der die ganze Erde durchwandert hatte und alle Völker kannte, den Auftrag, zu ermitteln, zu welchen Leuten er gehöre. Als Hercules ein Gesicht, wie ihm nie eines vorgekommen war, und den ungewöhnlichen Gang erblickte und die heisere und stockende Stimme vernahm, die einem Seeungeheuer anzugehören schien, erschrak er und glaubte, eine dreizehnte Arbeit vor sich zu haben; doch als er genauer zusah, schien es ihm eine Art Mensch zu sein. Als Grieche redet er ihn mit einem homerischen Verse an, worauf Claudius, sehr erfreut, hier literarisch gebildete Leute anzutreffen, und voll Hoffnung, für seine Geschichtswerke Leser zu finden, ebenfalls mit einem, freilich unpassenden, homerischen Verse antwortet. Die Fiebergöttin, die viele Jahre mit Claudius zusammengelebt und nun ihren Tempel verlassen hatte, um ihn in den Himmel zu begleiten, gibt Hercules die gewünschte Auskunft. Claudius ergrimmt und macht die Bewegung der sonst kraftlosen und nur hierin festen Hand, mit der er Abführungen zur Hinrichtung zu befehlen pflegte; er wollte der Fiebergöttin den Kopf abschlagen lassen. Aber niemand achtete auf ihn, man hätte glauben sollen, daß alle Anwesenden seine Freigelassenen waren. Doch gelingt es ihm, den Hercules, einen nichts weniger als schlauen Mann, für sich einzunehmen, so daß er in der Götterversammlung, die über die Aufnahme des Claudius entscheiden soll, für ihn wirbt und der Sieg sich auf die ihm günstige Seite zu neigen scheint. Aber der Kaiser Augustus erklärt sich aufs entschiedenste dagegen. Die anwesenden Götter würden ihm bezeugen, daß er noch nie das Wort ergriffen habe, seit er ein Gott geworden sei, er kümmere sich nur um seine eigenen Angelegenheiten. Aber Schmerz und Beschämung ließen ihn jetzt nicht schweigen. „Habe ich darum zu Wasser und zu Lande den Frieden hergestellt? deshalb die Bürgerkriege beendet? den Staat auf Gesetzen gegründet, Rom mit Bauten geschmückt, damit – ich finde keine Worte, die meiner Entrüstung entsprechen!" Er weist namentlich auf die zahlreichen Verwandtenmorde des Claudius hin und fragt: „Wer wird diesen als Gott verehren? wer an ihn glauben? Wenn ihr solche Götter macht, wird niemand glauben, daß ihr selbst Götter seid." Er beantragt, zu beschließen, Claudius solle innerhalb dreißig Tagen den Himmel, innerhalb drei Tagen den Olymp verlassen. Der Antrag wird angenommen, und Mercur schleppt ihn sofort auf jenen Weg,

„von dem, sagen sie, keiner noch zurückkam". (Catull)

Auf der heiligen Straße in Rom begegnen sie dem prachtvollen Leichenzuge des Claudius mit einer so großen Trauermusik von unzähligen Blasinstrumenten jeder Art, daß selbst Claudius sie hören konnte; dazu wird eine Totenklage in einem lustigen, anapästischen Marschrhythmus gesungen, voll von spöttischen Lobeserhebungen auf den Verstorbenen. Unter anderem wird seine Raschheit im Finden der Urteile bei Gerichtsverhandlungen gerühmt, für deren Abhaltung er eine große Vorliebe hatte: er entschied schon nach Anhörung einer Partei, oft auch keiner von beiden. Claudius hörte sein Lob mit vielem Vergnügen und wollte länger zusehen. Aber Mercur schleppt ihn mit verhülltem Haupt, damit ihn niemand erkenne, in die Unterwelt. Hier kommt ihm sein Freigelassener Narcissus entgegen, der ihm auf einem abgekürzten Wege vorausgeeilt war (Agrippina hatte ihn gleich nach Claudius' Tode zum Selbstmord gezwungen), und benachrichtigt seine Opfer von seiner Ankunft: eine große Schar, die aus vielen seiner Verwandten, mehreren seiner Freigelassenen, zahlreichen Personen des Hofs und Männern aller Stände bestand. Der Totenrichter Äacus, vor dessen Stuhl er von diesen geführt wird, legt ihm als Strafe eine Parodie der Danaidenarbeit auf: mit einem durchlöcherten Becher zu würfeln (Claudius hatte das Würfelspiel sehr geliebt und auch darüber geschrieben). Und schon hat er damit begonnen, da erscheint sein Vorgänger Caligula und nimmt ihn als Sklaven in Anspruch, indem er durch Zeugen beweist, daß Claudius von ihm Schläge mit der Peitsche und dem Stock und Ohrfeigen erhalten habe. Er wird dem Caligula zugesprochen, dieser schenkt ihn dem Äacus, Äacus einem Freigelassenen. Der Schluß des Pasquills ist verloren.

Mit Neros Regierungsantritt erhielt Seneca die Stellung eines leitenden Staatsmanns. Er durfte um so mehr hoffen, den jungen Kaiser, dessen Naturell sich erst allmählich enthüllen sollte, ganz nach seinem Sinne zu lenken, da er in Burrus einen Verbündeten besaß, mit dem er völlig einig war; beide unterstützten und ergänzten einander. Der Einfluß des einen beruhte auf der Wichtigkeit seiner militärischen Stellung, der des anderen auf der Macht und dem Ruhm seiner Beredsamkeit und einer Nachgiebigkeit, die sich in den Grenzen des Erlaubten hielt. Der neue Herr sollte vor allem die Herzen gewinnen, und zugleich auch sein Lehrer und Berater. Bei wiederholten Gnadenakten mußte Nero ein milderes Regiment versprechen, in Reden, die Seneca verfaßt hatte, um, wie Tacitus sagt, die Vortrefflichkeit seiner Ratschläge und zugleich sein Rednertalent ins Licht zu stellen. Zu demselben Zweck verfaßte er die Schrift ›Von der Gnade‹, angeblich durch eine Äußerung Neros veranlaßt, die es verdiente, allen Völkern des römischen Reichs und auch seinen Nachbarn und Feinden bekannt zu werden. Auf die dringende Aufforderung des Burrus, den wiederholt vergebens verlangten Befehl zur Hinrichtung zweier Räuber endlich auszufertigen, hatte Nero ausgerufen: Hätte ich doch nicht schreiben gelernt! Die Notwendigkeit der Monarchie, und zwar der absoluten (der einzigen, die das Altertum kannte), wird hier nicht minder stark hervorgehoben als die Notwendigkeit einer milden Regierung. Der Herrscher ist das Band, das den Staat zusammenhält, der Lebensgeist für Millionen; das Aufhören der Alleinherrschaft würde den Ruin des Volkes herbeiführen; es wird so lange sicher sein, als es verstehen wird, die Zügel zu ertragen; das Ende des Gehorchens würde für Rom auch das Ende des Herrschens sein. Der Fürst ist auserkoren, auf Erden die Stelle der Götter zu vertreten; ihnen allein ist er verantwortlich; seine Macht ist so uneingeschränkt wie die ihrige, doch ist er auch gnädig wie sie. Daß Milde die dem Herrscher vorzugsweise geziemende Eigenschaft ist, zeigt die Natur, die im Bienenstaat wie auch sonst im Tierreich die Monarchie vorgebildet hat. Die Königin der Bienen, dieses zornigen und kampfbereiten Volkes hat allein keinen Stachel; ein gewaltiges Muster für große Herrscher. Die Milde verbürgt ihre Sicherheit am besten, die einzige uneinnehmbare Schutzwehr für sie ist die Liebe der Mitbürger. Diese gewinnt man durch Freigebigkeit, Leutseligkeit, Zugänglichkeit, Freundlichkeit, die die Völker am meisten einnimmt, Eingehen auf billige Wünsche, Vermeidung der Härte bei Abweisung unbilliger. Kein Geschöpf ist launenhafter als der Mensch, es gibt keines, dessen Behandlung mehr Kunst erfordert, keines, das mehr geschont werden muß. Viele Hinrichtungen sind für den Fürsten ebenso schimpflich wie viele Todesfälle für den Arzt. – Mit Recht sagt Ranke, Seneca habe den Versuch gemacht, dem schrankenlosen Despotismus den Charakter einer Monarchie beizulegen. Nur hätte er nicht aus Senecas Lob des Cremutius Cordus und Cato von Utica schließen sollen, daß Seneca republikanische Gesinnungen hegte: seine Bewunderung galt der durch den Tod besiegelten Überzeugungstreue jener Männer, nicht dem Inhalt ihrer Überzeugungen. Das Lob Catos gehörte überdies zu den mit Vorliebe verwendeten Inventarstücken der damaligen Rhetorenschule, wo jeder einmal als Knabe Catos Monolog vor dem Selbstmord ausgearbeitet hatte: ließe es einen Schluß auf die politische Gesinnung derer, die es im Munde führten, zu, so müßten fast alle Autoren jener Zeit Republikaner gewesen sein.

Vom ersten Tage der Thronbesteigung Neros an sahen sich Seneca und Burrus in der Notwendigkeit, der maßlosen, unbändigen, von keinerlei sittlichen Bedenken zurückgehaltenen Leidenschaft und Herrschaft Agrippinas entgegenzutreten. Sogleich hatte sie außer jenem Narcissus, ihrem alten Gegner, einen Urenkel des Augustus als einen möglichen Prätendenten umbringen lassen und würde mit den Morden fortgefahren haben, wenn die beiden Lenker der Regierung es nicht verhindert hätten. Sie wollte als Mitregentin öffentlich anerkannt sein. Beim Empfange einer Gesandtschaft aus Armenien war sie zum Entsetzen des ganzen Hofes im Begriff, ihren Platz neben Nero einzunehmen. Seneca verhinderte diese Beschämung des jungen Kaisers, indem er ihn veranlaßte, der Mutter wie zur Bezeigung kindlicher Ehrerbietung entgegenzugehen und so ihre Absicht zu vereiteln.

Seneca und Burrus hielten es für ratsam, gegen jugendliche Verirrungen Neros und Untreue gegen seine schöne und edle Gemahlin Octavia (die Tochter des Claudius) nachsichtig zu sein, um durch Gestattung des allenfalls Entschuldbaren Schlimmeres zu verhüten. Sie begünstigten Neros Liebesverhältnis mit der Freigelassenen Acte, und ein jüngerer Freund und Verwandter Senecas, der Präfekt der Polizeiwachtmannschaft Roms Annäus Serenus, gab sich dazu her, für ihren Liebhaber zu gelten, da die Herablassung eines Kaisers zu einer ehemaligen Sklavin unerhört und gar zu anstößig war. Agrippina tobte „in weiblicher Wut", daß eine Freigelassene ihre Nebenbuhlerin sein, eine Magd die Stelle ihrer Schwiegertochter einnehmen solle: als sie dann, erkennend, daß sie so Neros Leidenschaft für Acte nur noch mehr entflammte, eine übermäßige Nachsicht und ein unterwürfiges Entgegenkommen zur Schau trug, war es zu spät. Nero nahm ihrem wichtigsten Anhänger, dem bisher allmächtigen Freigelassenen Pallas, das Amt der kaiserlichen Finanzverwaltung, und sie mußte erkennen, daß Seneca mit Actes Hülfe über sie den Sieg davongetragen und der Bruch zwischen ihr und Nero unheilbar geworden war. Nun versuchte sie, die Herrschaft über ihn durch Erregung seiner stets sehr leicht wachgerufenen Furcht zurückzugewinnen. Sie erinnerte ihn, daß der Thron, den er ihr verdanke, von Rechts wegen dem noch nicht 14jährigen Sohne des Claudius Britannicus gebühre, und drohte, diesen den Garden als Thronerben vorzustellen. Britannicus starb plötzlich, nach der allgemeinen Annahme an Gift (im fünften Monat der Regierung Neros). Agrippinas Feinde und Feindinnen glaubten nun die Zeit zu einem vernichtenden Schlage gekommen. Sie wurde beschuldigt, den mit Augustus in demselben Grade wie Nero verwandten Rubellius Plautus als Prätendenten aufstellen und heiraten zu wollen. Nero, fassungslos vor Angst, wollte beide töten lassen. Daß Agrippina sich verteidigen durfte, konnte Burrus nur durch das Versprechen ihres Todes erlangen, falls sie schuldig befunden würde. Er verhörte sie in Gegenwart Senecas in scharfer Weise, doch sie setzte nicht nur die Anerkennung ihrer Unschuld durch, sondern auch die Bestrafung ihrer Ankläger und die Belohnung ihrer Freunde.

Agrippina muß es dann vermocht haben, sich eine gewisse Zurückhaltung aufzuerlegen, denn die nächsten drei Jahre vergingen ohne Konflikt. Die Katastrophe wurde durch Neros Leidenschaft für Poppäa Sabina herbeigeführt. Wenn Tacitus sagt, niemand habe sich den Bemühungen Poppäas, die Verstoßung Octavias und ihre eigene Vermählung mit Nero durchzusetzen, entgegengestellt, weil alle wünschten, daß der Einfluß Agrippinas gebrochen würde, ohne daß man besorgte, Nero werde sich zum Muttermorde hinreißen lassen, so müssen Seneca und Burrus gefürchtet haben, daß sie ihre frühere Macht zurückgewinnen könne. Es wurde in Rom ernstlich geglaubt und auch von Tacitus nicht für unwahrscheinlich gehalten, Agrippina habe Nero, um ihn ganz an sich zu fesseln, zum Inzest zu verführen gesucht und Seneca ihn durch Acte zurückgehalten, die ihm vorstellen mußte, Agrippina habe sich dieser Abscheulichkeit gerühmt, und die Soldaten würden die Herrschaft eines mit solchem Greuel befleckten

Kaisers nicht ertragen. Unter den unaufhörlichen Aufreizungen Poppäas, die ihr Ziel (die Erhebung zur kaiserlichen Gemahlin) nicht erreichen zu können glaubte, solange Agrippina lebte, reifte bei Nero der Entschluß zum Muttermorde. Der Versuch, sie bei einer nächtlichen Lustfahrt an der Küste von Bajä durch ein künstlich zum Auseinanderfallen eingerichtetes Schiff zu ertränken, mißlang; ob Burrus und Seneca von diesem Plane wußten, hält Tacitus für ungewiß. Nero, bei der Nachricht von Agrippinas Rettung halb tot vor Angst, ließ beide rufen: er sei verloren, wenn sie ihm nicht helfen wollten; sie werde jetzt die Sklaven bewaffnen oder die Soldaten aufreizen oder sich dem Senat und Volk in die Arme werfen. Beide schwiegen lange, sei es, daß sie die Vergeblichkeit des Abmahnens erkannten, sei es, daß auch sie glaubten, Nero müsse fallen, wenn man Agrippina nicht zuvorkomme. Hierauf zeigte sich Seneca insofern entschlossener, als er Burrus ansah und fragte, ob man den Garden den Mord befehlen solle. Jener erklärte entschieden, sie würden die Untat gegen die Tochter des einst vom ganzen Heere vergötterten Germanicus nicht wagen. So wurde der Freigelassene, der schon den ersten Mordversuch geleitet hatte, abermals mit der Ausführung beauftragt; in der rohesten Weise wurde Agrippina erschlagen und ihre Leiche noch in derselben Nacht verbrannt.

Ohne an alle Einzelheiten dieser Erzählung des Tacitus zu glauben, kann man doch nicht zweifeln, daß Burrus und Seneca von dem Plan des Muttermordes wußten und sich ihm nicht widersetzten. Offenbar glaubte Tacitus sie nicht verurteilen zu dürfen, wenn sie, vor die Alternative zweier gleich entsetzlicher Ausgänge gestellt, den nach ihrer Ansicht für das Reich minder verderblichen wählten. Aber Seneca gab sich auch dazu her, das Schreiben Neros an den Senat zu verfassen, nach welchem Agrippina sich selbst entleibt haben sollte, nachdem ein von ihr zur Ermordung ihres Sohnes abgesandter Freigelassener mit dem Schwert ergriffen worden sei, und worin ausführlich begründet wurde, daß ihr Tod als ein Glück für das Reich angesehen werden müsse. Seneca hatte auch in diesem Schreiben seine stilistische Meisterschaft gezeigt; in Quintilians etwa um ein Menschenalter später verfaßtem Lehrbuch der Beredsamkeit wird daraus der Nero in den Mund gelegte Satz angeführt: „An meine Rettung kann ich noch nicht glauben, noch mich darüber freuen." Selbstverständlich wurde durch diese Darstellung niemand getäuscht. Doch das allgemeine Gerede richtete sich nicht gegen Nero, dessen Verbrechen zu ungeheuer erschien, um ein Gegenstand von Klagen zu sein, sondern gegen Seneca, der seine Feder zu der ebenso schamlosen wie plumpen Fälschung geliehen hatte. Dies erschien in einem um so ungünstigeren Licht, wenn man es mit dem Verhalten eines andern Stoikers, des Führers der senatorischen Opposition (soweit von einer solchen damals die Rede sein konnte) Paetus Thrasea, verglich. Als der Senat in einem Übermaß von Selbsterniedrigung Dankgebete und außerordentliche Bezeigungen allgemeinster Freude über Neros Errettung beschloß, verließ Thrasea, der sonst derartige Äußerungen des Knechtsinns mit Schweigen oder kurzer Zustimmung vorüberzulassen pflegte, in auffälliger Weise den Senat; er brachte, sagt Tacitus mißbilligend, sich selbst in Gefahr, ohne den anderen den Weg zur Freiheit zu eröffnen.

Noch etwa drei Jahre nach Agrippinas Tode blieben die Zügel der Regierung in den Händen des Burrus und Seneca, zumal da sich Nero nun maßlosen Ausschweifungen und seinen unfürstlichen Neigungen, auf der Bühne und im Zirkus zu glänzen, rückhaltlos überließ. Seinem Wunsch, sich als Wagenlenker zu zeigen, hatten seine beiden Berater in der irrigen Hoffnung nachgegeben, daß dessen Befriedigung seine Leidenschaft für diesen Sport vermindern und er von dem noch anstößigeren Auftreten auf der Bühne (als Citharöde) dann leichter abzubringen sein werde. Mit dem Tode des Burrus (62) wurde Senecas Stellung unhaltbar, zumal da Poppäa, die nun ihre Vermählung mit Nero durchsetzte, mit Hülfe ihrer Kreatur, des nunmehrigen Befehlshabers der Garden Tigellinus, über diejenigen die Oberhand gewann, die das Gute wollten und Senecas Verbleiben an der Spitze der Regierung wünschten. Sobald es offenbar wurde, daß sein Einfluß auf Nero nicht mehr der alte war, traten seine ohne Zweifel sehr zahlreichen Gegner offen gegen ihn auf. Schon daß er ein Günstling des Glücks war wie kein Zweiter, daß er durch Ruhm und Macht, Ehre und Reichtum alle Zeitgenossen überragte, machte ihn zu einem Gegenstande des Neides und der Mißgunst, zumal in den Kreisen der Senatoren, wo „neue Männer" aus den Provinzen niemals den Abkömmlingen alter römischer Adelsgeschlechter für ebenbürtig galten. Schon 58, als er noch für allmächtig galt, hatte ein ehemals der Partei Messalinas angehöriger Konsular, P. Suillius, im Senat gegen ihn die heftigsten Ausfälle gemacht. Er hatte ihn einen auf wahre und unverkünstelte Beredsamkeit neidischen Schönredner genannt, gefragt, auf welche Weise er in vier Jahren kaiserlicher Freundschaft es zu einem Vermögen von 300 Millionen gebracht habe, ihm Ehebruch mit fürstlichen Frauen, Erbschleicherei und Aussaugung Italiens und der Provinzen durch Wucher vorgeworfen. Wie viel an diesen Beschuldigungen begründet war, wie viel auf die Rechnung des Hasses und Neides zu setzen ist, wissen wir nicht. Seinen nach damaliger Schätzung enormen Reichtum verdankte Seneca allerdings seinem kaiserlichen Schüler, der sich auch in einer maßlosen Freigebigkeit gegen seine Freunde gefiel. Wenn er, wie er sagte, diese Wohltaten nicht ablehnen durfte, so war es schon schwer zu erklären, daß er als Bekenner einer Philosophie, nach welcher der Reichtum ebensowenig wie irgend etwas außer der Tugend ein Gut war, seine Millionen noch zu vermehren suchte. Sein Versuch, sich deswegen zu rechtfertigen, wird schwerlich großen Eindruck gemacht haben. Der Reichtum, sagt er, gehört zu den gleichgültigen Dingen, der Philosoph liebt ihn nicht, zieht ihn aber vor, da er ihm die Möglichkeit gewährt, eine Anzahl guter Eigenschaften zu entwickeln, als Mäßigung, Freigebigkeit, Sorgfalt, Ordnung, Hochherzigkeit. In der Tat scheint er sein Vermögen vortrefflich verwaltet zu haben. Mindestens einen großen Teil desselben hatte er in Grundbesitz angelegt. Den Weinbau, der in Italien die höchsten Erträge abwarf, betrieb er mit Eifer. Aber wie alle großen Kapitalisten machte er auch Geldgeschäfte in den Provinzen. Nach der Behauptung seiner Gegner sollte die plötzliche Eintreibung eines Darlehens von 40 Millionen Sesterzen (8–9 Millionen Mark), das er den Britanniern zu hohen Zinsen aufgedrungen hatte, ein Grund zum Aufstande der Provinz im Jahre 60 gewesen sein. Noch in seinen letzten Jahren machte er durch Agenten in Ägypten Geschäfte und erhielt durch die Kornflotte Briefe über den Stand seiner dortigen Angelegenheiten.

Übrigens suchte er seinen Reichtum, wenn er auch nicht damit prunkte, keineswegs zu verbergen. Tacitus läßt ihn Nero gegenüber die Frage aufwerfen, ob der Besitz solcher Prachtgärten, solcher Villen in der nächsten Nähe Roms, so weiter Ländereien für einen Mann von so bescheidener Herkunft geziemend sei. Von dem Luxus der Ausstattung seiner Paläste gibt es eine Vorstellung, daß er 500 Citrustische (eines der kostbarsten Luxusmöbel) besessen haben soll. Unter den ungeheueren Dienerschaften, die solche Besitzungen erforderten, befanden sich Sklaven oder Freigelassene, die hinlänglich gebildet waren, um ihm bei wissenschaftlichen Arbeiten an die Hand zu gehen. Ein großer Schwarm von Klienten fand sich täglich bei ihm zur Morgenaufwartung ein und bildete sein Gefolge beim Ausgehen; seine Freigebigkeit gegen diese „geringen Freunde" wurde noch fünfzig Jahre nach seinem Tode gepriesen. Ohne Zweifel war die Zahl von Männern der beiden höheren Stände nicht klein, die der „überreiche und übermächtige Mann" sich durch Gefälligkeiten, gute Dienste und Wohltaten aller Art verpflichtet hatte. Zu diesen gehörte der Geschichtschreiber Fabius Rusticus, der in seiner von Tacitus benutzten Zeitgeschichte „zum Lobe Senecas neigte". So war seine Existenz eine in jeder Beziehung fürstliche, und nur Eines fehlte ihm, um nach dem Kaiser in Rom unbestritten der Erste zu sein: der alte Adel, auf den allerdings damals ein unverhältnismäßig hoher Wert gelegt wurde.

Die Feinde Senecas, die planmäßig auf seinen Sturz hinarbeiteten, fanden jetzt bei Nero ein um so geneigteres Gehör, als jeder hervorragende Mann schon als solcher für ihn ein Gegenstand der Furcht war, und nährten diese durch Ausmalung der Gefahren, die ihm von einem so hoch über das Niveau der Untertanen Erhobenen drohten. Sie reizten ihn durch den Hinweis auf Senecas angebliches Bestreben, den Ruhm der Beredsamkeit zu monopolisieren und den Kaiser auch als Dichter in Schatten zu stellen, am empfindlichsten aber durch Mitteilung abfälliger und spöttischer Äußerungen über Neros ungeziemende Liebhabereien, über seine Virtuosität im Gesange und Sport des Wettfahrens, worauf er sich am meisten einbildete. „Wie lange noch solle nur das als ehrenvoll gelten, was auf Seneca als Urheber zurückgeführt werden könne?

Nero sei kein Knabe mehr (er war nun 25 Jahre alt), er möge sich seines Schulmeisters entledigen."

Seneca, der von den gegen ihn gerichteten Anklagen genau unterrichtet war und aus dem Benehmen Neros, der den Verkehr mit ihm immer mehr vermied, ihre Wirkung ersah, erbat und erhielt eine Audienz, über die Tacitus wie über einen wichtigen politischen Akt ausführlich berichtet, und die ohne Zweifel vor Zeugen stattfand. Seneca bat, sich ganz ins Privatleben zurückziehen zu dürfen; sein Alter (er stand etwa in der Mitte der Sechzig) sei auch den geringsten Arbeiten nicht mehr gewachsen. Zugleich wolle er das Vermögen, das den Neid herausfordere und ihm eine drückende Last sei, in die Hände des Kaisers, dem er es verdanke, zurückgeben. Er wünsche nicht zur Armut herabzusinken, sondern nur den Glanz los zu werden, der ihn blende, und die Zeit, die die Verwaltung seiner Villen und Gärten erfordere, auf die Sorge für seine Seele zu verwenden.

Nero lehnte diese Anträge in einer für Seneca sehr schmeichelhaften, beinahe ehrerbietigen Weise ab. Senecas Unterricht verdanke er, daß er auf eine so wohlüberlegte Rede unvorbereitet sofort antworten könne. Was Seneca für ihn geleistet habe, werde seinen Wert behalten, solange er lebe; was jener von ihm empfangen, Villen, Gärten, Kapitalien, sei dem Zufall ausgesetzt. Andere, die ihm nicht entfernt gleich kämen, hätten mehr besessen, selbst Freigelassene; er müsse erröten, daß derjenige, der in seiner Liebe der Erste sei, anderen an Glücksgütern nachstehe. Seneca sei noch rüstig genug für die Geschäfte, sowie für den Genuß der Vorteile, die sie gewähren; er selbst stehe erst im Anfange seiner Regentenlaufbahn. Seneca möge fortfahren, seine zu Fehltritten neigende Jugend zu leiten, seiner Kraft Beistand zu leisten, sie noch entschiedener zu lenken. Beharre Seneca bei seiner Absicht, so werde man allgemein sie nicht seiner Mäßigung und seinem Ruhebedürfnis, sondern Neros Habsucht und der Furcht vor seiner Grausamkeit zuschreiben. Dem Weisen zieme es nicht, durch etwas Ruhm zu erwerben, wodurch er einem Freunde üble Nachrede bereite. „Zu diesen Worten fügte er Umarmungen und Küsse, von Natur dazu geschaffen und durch Gewöhnung geübt, Haß unter trügerischen Schmeicheleien zu verbergen. Seneca stattete seinen Dank ab, wie die Unterredungen mit Fürsten immer enden."

Diese Rede, für deren Bekanntmachung (wohl durch den offiziellen Tagesanzeiger) ohne Zweifel gesorgt wurde, zeigt, welchen Wert Nero darauf legte, zur allgemeinen Kenntnis zu bringen, daß er an Senecas Rücktritt keine Schuld trage. Das Vertrauen auf diesen als besten Leiter der Regierung bestand offenbar in weiten Kreisen, auf deren Stimmung man glaubte Rücksicht nehmen zu müssen, fort. Seneca selbst wurde durch Neros erheuchelte Freundlichkeit am wenigsten getäuscht; er wußte, daß er ihm verhaßt war und die seinem Leben drohende Gefahr durch seinen Reichtum noch gesteigert werde. Mit Recht glaubte er, sie nur dadurch hinausschieben zu können, daß er sich der Beachtung des Kaisers möglichst entzog. Er stellte alles ab, was an seine frühere Macht erinnerte: die Morgenempfänge, die täglich große Scharen in seinem Palast versammelten, das Gefolge auf der Straße, und ließ sich in Rom selten öffentlich sehen, als ob ihn Krankheit ans Haus fessele oder philosophische Studien. Doch aufs äußerste gefaßt, verschmähte er die Beobachtung einer ängstlichen Vorsicht. Als Nero im Anfang des Jahres 63 dem Paetus Thrasea im Senat in auffälliger Weise seine Ungnade bezeigt hatte und dann nach einiger Zeit äußerte, er sei nun wieder mit ihm ausgesöhnt, beglückwünschte ihn Seneca, als ob diese Aussöhnung ihm zur Ehre gereiche: eine Antwort, „die beiden ausgezeichneten Männern ebenso viel Ruhm brachte, als sie die Gefahr für sie steigerte". In Rom fuhr man fort, bei jeder Regierungshandlung zu erörtern, wie Seneca darüber urteile. Als Nero im Jahre 64 zur Füllung seiner Kassen eine systematische Plünderung der Tempel in Italien, Griechenland und Kleinasien unternahm, hieß es, Seneca habe gebeten, sich auf eine entfernte Besitzung zurückziehen zu dürfen, um nicht für die Tempelschändung als mitverantwortlich zu erscheinen, und nach Abschlagung dieses Gesuchs ein rheumatisches, ihn ans Bett fesselndes Leiden simuliert. Zugleich verbreitete sich das Gerücht, dem Tacitus Glauben beimißt, er sei einem Vergiftungsversuch Neros dadurch entgangen, daß er von Baumfrüchten gelebt und nur Wasser getrunken habe.

Doch im ganzen vergingen die drei Jahre, die Seneca nach

seinem Rücktritt noch zu leben hatte (62—65), in ungestörter Ruhe. Er hatte zum zweiten Mal geheiratet, eine junge Frau aus sehr vornehmer Familie, Pompeja Paulina, und diese (allem Anschein nach kinderlose) Ehe scheint eine sehr glückliche gewesen zu sein. Aus Rücksicht auf seine Gattin, sagt er, verzichte er auf den größten Vorzug des Alters, mit dem Leben nicht mehr ängstlich haushalten zu müssen; indem er sein Alter schone, schone er ihre Jugend mit. „Was kann es Erfreulicheres geben, als der Gattin so teuer zu sein, daß man sich selbst dadurch teurer wird?" Sein Umgang mit bewährten Freunden, wie Caesonius Maximus, dem Genossen seines Exils auf Korsika, dauerte fort. Besonders gern verkehrte er mit dem Kyniker Demetrius, der die Forderungen der Bedürfnislosigkeit und Rückkehr zum Naturzustande buchstäblich erfüllte; er verließ die Gesellschaft der in Purpur Gekleideten, um diesen halbnackten Bettler auf seinem Strohlager aufzusuchen, den, wie er meinte, die Vorsehung der Welt als ein Beispiel und einen lebendigen Vorwurf hingestellt hatte. Kleine Reisen, besonders in Kampanien, und Aufenthalt auf seinen verschiedenen Villen brachten Abwechslung in die Einförmigkeit seines ganz durch Studien und schriftstellerische Arbeiten ausgefüllten Lebens. Immer wieder vertiefte er sich in die Werke der großen Denker der Vorzeit, deren Büsten auf ihn herabblickten, deren Geburtstage er feierte; gelegentlich besuchte er philosophische Vorträge, wie die des Metronax in Neapel. Der bei weitem größte Teil seiner erhaltenen Prosaschriften stammt aus seinen letzten Jahren.

Im Anfang des Jahres 65 bildete sich eine weitverzweigte Verschwörung, um Nero zu ermorden und den volksbeliebtesten Mann des römischen Adels, C. Calpurnius Piso, auf den Thron zu erheben. Nero sollte am 19. April bei einem Zirkusspiel sterben, doch am Tage zuvor wurde der ganze Plan verraten, einige der Verschworenen ergriffen, und einer derselben nannte Seneca als Mitwisser. Daß er es war, kann kaum bezweifelt werden, zumal, da auch sein Neffe, der Dichter Lucanus, zu den Teilnehmern gehörte. Nach einem von Tacitus erwähnten Gerücht hätten einige Offiziere den Plan gehegt, nach Nero auch Piso zu ermorden und Seneca als den „durch den Glanz seiner Tugenden der Herrschaft Würdigsten", auf den Thron zu erheben. Aber wenn dieser Plan auch bestanden haben mag, ist es doch aus mehr als einem Grunde undenkbar, daß Seneca darauf eingegangen sein würde.

Nero war froh, endlich einen Vorwand zu einem Blutbefehl gegen ihn zu haben. Der von ihm gesandte Offizier umstellte das Landhaus, in dem Seneca gerade mit seiner Frau und zwei Freunden an der Tafel saß, mit Wachen und fragte, ob er eine für Piso schmeichelhafte Äußerung (das Einzige, was ihm zur Last gelegt wurde) getan habe. Seneca stellte sie in Abrede: er neige nicht zur Schmeichelei, und Nero, der öfter seine Freimütigkeit als seine Unterwürfigkeit erfahren habe, wisse das am besten. Nero, der erwartet hatte, daß schon jene Frage hinreichen würde, Seneca zum freiwilligen Tode zu veranlassen, und nun hörte, er habe keine Furcht oder Niedergeschlagenheit gezeigt, befahl darauf, ihm den Tod anzusagen. Der Offizier, selbst einer der Verschworenen, soll den Befehl erst vollzogen haben, nachdem er auf seine Anfrage bei dem ebenfalls mitverschworenen zweiten Gardekommandanten Fänius Rufus die Anweisung dazu erhalten hatte, doch ersparte er sich den Anblick des dem Tode Entgegensehenden und sandte einen Subalternen als Todesboten hinein. Seneca, der vollkommen ruhig blieb, verlangte, sein Testament machen zu dürfen, und als dies abgeschlagen wurde, sagte er, er hinterlasse seinen Freunden sein jetzt einziges, aber auch schönstes Besitztum, das Bild seines Lebens: wenn sie seines edlen Strebens eingedenk blieben, würden sie den Ruhm beständiger Freundschaft davontragen. Er tröstete und ermahnte sie zur Standhaftigkeit; von Nero, dem Mörder seines Bruders und seiner Mutter, sei nicht zu erwarten gewesen, daß er seinen Lehrer und Erzieher schonen würde. Er umarmte seine Gemahlin und beschwor sie, sich nicht einem endlosen Schmerz zu überlassen, sondern in der Betrachtung seines der Tugend geweihten Lebens Trost zu suchen. Doch Paulina verlangte mit ihm zu sterben. Mit demselben Messer schnitten sich beide die Pulsadern an den Armen auf, Seneca, aus dessen greisem, durch dürftige Ernährung abgemagertem Körper das Blut sehr langsam floß, auch an den Beinen. Von grausamen Qualen erschöpft, rät er seiner Gemahlin, sich in ein anderes Gemach zu begeben, damit weder er noch sie bei dem Anblick der

Leiden des andern zur Schwäche herabsinke. Und da ihm seine Beredsamkeit noch im letzten Augenblick zu Gebote stand, läßt er Schreiber kommen und diktiert ihnen eine längere Betrachtung, die veröffentlicht wurde und zu Tacitus' Zeit allgemein bekannt war. Paulina wurde auf Neros Befehl (wohl in bewußtem Zustande) verbunden; sie lebte noch einige Jahre, in löblicher Erinnerung an ihren Gatten, doch so weiß an Gesicht und Gliedern, daß man sah, ein großer Teil der Lebenskraft sei ihr entzogen worden. Seneca verlangte, da der Tod immer noch auf sich warten ließ, einen längst bereiteten Schierlingstrank, und als auch dieser nicht wirkte, ließ er sich in ein mit warmem Wasser gefülltes Bassin bringen und spritzte davon etwas auf die zunächst stehenden Sklaven mit den Worten, er spende dem Jupiter-Befreier; endlich gab er im Dunste eines Dampfbades den Geist auf. Seine Leiche wurde ohne alle Feierlichkeit verbrannt, wie er es selbst schriftlich angeordnet hatte, als er noch auf der Höhe seiner Macht stand.

Man darf diesen ausführlichen Bericht des Tacitus über Senecas letzte Stunde für zuverlässig halten, da er sich offenbar ganz an die Erzählung des Fabius Rusticus gehalten hat, der als anhänglicher Freund des Verstorbenen sich bei Paulina und den übrigen Zeugen der Sterbeszene nach allen Einzelheiten erkundigt haben wird. Seneca hat also angesichts des Todes mit hoher Befriedigung auf sein Leben zurückgeblickt und folglich auch dem Urteil der Nachwelt zuversichtlich entgegensehen zu dürfen geglaubt. Man kann kaum zweifeln, daß er sich selbst im Auge hatte, als er kurz vor seinem Ende schrieb, der Tag werde kommen, der die durch das Übelwollen ihrer eigenen Zeit unterdrückte Tugend ans Licht bringe. Wenn auch den Mitlebenden der Neid Stillschweigen auferlegt habe, würden die Nachkommen ohne Haß und Gunst urteilen. Er hoffe wohl, daß man auch seines Todes neben dem des Sokrates gedenken würde, an den der Schierlingstrank offenbar erinnern sollte.

Ein gerechtes Gesamturteil über Seneca als Menschen zu fällen, ist schon wegen der bei scheinbarer Reichlichkeit doch sehr fragmentarischen, lückenhaften und zum Teil feindseligen Berichte schwer genug; weit mehr aber deshalb, weil es für uns ebensowenig möglich ist, die Seelenzustände der Zeitgenossen eines Nero und einer Agrippina, wie derer einer Fredegunde oder der Borgia nachzuempfinden. In Perioden kolossaler Laster und Verbrechen, wo das Entsetzliche, Ungeheure und Widernatürliche alltäglich wird, ist eine Abstumpfung des sittlichen Gefühls unausbleiblich. Hieronymus Cardanus (1501–1576), der in seinem ›Encomium Neronis‹ die Ermordung des Claudius und Britannicus, der Octavia und Agrippina für allerdings beklagenswerte, doch durch die Rücksicht auf die Selbsterhaltung gebotene Maßregeln erklärt, hat auch einige Beispiele ähnlicher Greueltaten italienischer Tyrannen angeführt, deren die jüngste Vergangenheit nur zu viele bot, die man mit der Notwendigkeit entschuldigte: so, daß Ercole von Ferrara seinem Bruder die Augen ausstechen ließ und daß er und sein Sohn den Geblendeten über 50 Jahre gefangenhielt. Als der Gönner Ariosts, der Kardinal Hippolyt von Este, seinem Bruder Giulio in seinem Beisein die Augen ausreißen ließ, weil Angela Borgia sie schön gefunden hatte, verfaßte Ariost eine Ekloge, in der er die Motive des Attentats verschleierte und den Charakter Giulios, den er ›d'ogni vizio reo‹ nennt, in den schwärzesten Farben malte.

Das Schreiben Senecas an den Senat nach dem Morde Agrippinas wurde zwar gemißbilligt, aber nicht als ein sein Andenken für immer brandmarkender Schandfleck angesehen. Das schwer ins Gewicht fallende Urteil des Tacitus ist ihm im ganzen günstig. Daß Seneca dem Muttermorde sich nicht widersetzte, hat Tacitus, wie gesagt, mindestens entschuldbar gefunden, daß er auch nach demselben an der Spitze der Regierung blieb, offenbar gebilligt. Nach seiner Ansicht durfte sich kein Vaterlandsfreund durch sittliche Empörung selbst über die abscheulichsten Handlungen des Regenten bewegen lassen, seine Kraft dem Staat zu entziehen, so lange er ihm nützlich sein konnte. Auch unter schlechten Herrschern, sagt er, kann es große Männer geben, und Fügsamkeit und Mäßigung, verbunden mit tätiger Teilnahme am Staatsleben und Energie, ist löblicher, als wenn man auf gefahrvoller Bahn, doch ohne Nutzen für den Staat, durch prahlerisches Märtyrertum sich berühmt mache. Er nennt Seneca neben Thrasea als einen gleich ausgezeichneten Mann, und offenbar glaubte auch er, daß ihm der „Glanz seiner Tugenden" Anspruch auf den Thron gegeben habe. Vor allem hat Senecas Tod die Mitwelt wie die Nachwelt geneigt gemacht, sein Leben nachsichtig zu beurteilen; nicht minder der Ernst seiner sittlichen Überzeugungen und seines Strebens nach Selbsterkenntnis, nach Läuterung und Veredelung, der sich namentlich in den während seiner letzten Lebensjahre verfaßten Briefen kundgibt. Mehr oder weniger ist das Urteil über seinen Charakter stets und überall durch den Eindruck seiner Schriften beeinflußt worden. In Frankreich, wo sie zu allen Zeiten am höchsten geschätzt worden sind, wo Männer der verschiedensten Richtungen, wie Montaigne und de Maistre, sich in ihrem Preise vereinigt haben, hat er auch den beredtesten Anwalt und Lobredner in keinem Geringeren als Diderot gefunden, der einst über ihn abfällig geurteilt hatte, in seinem 60. Jahre aber ein eigenes Buch zu seiner Verteidigung und Verherrlichung schrieb. Er nennt Senecas Schriften das Brevier der Rechtschaffenen; hätte er selbst sich seine Grundsätze früh aneignen können, so würde ihm viel Kummer erspart worden sein. Nur wenn man sich in Senecas Zeit zu versetzen vermöge, könne man ihn gerecht beurteilen. Die ihm so wenig zur Ehre gereichende Schrift an den Freigelassenen Polybius erklärt Diderot entweder für eine Satire oder für untergeschoben.

II

Daß Seneca trotz einer nicht vornehmen und noch dazu provinzialen Abstammung der erste Mann Roms wurde und jahrelang blieb, verdankte er ausschließlich seiner in mehr als einer Hinsicht ungewöhnlichen Begabung, einem glänzenden, ebenso beweglichen als ergiebigen und dem Zeitgeschmack im höchsten Grade zusagenden Talent. In gewissem Sinne ist seine große, auch von Quintilian bewunderte Vielseitigkeit nur eine scheinbare. Auf den mannigfaltigen Gebieten der Literatur, auf denen er sich versuchte, wollte er vor allem die Kunst seiner Beredsamkeit in verschiedenen Arten der Anwendung zeigen. Er besaß diese Kunst, in jener Zeit das höchste Ziel alles geistigen Strebens und die unerläßliche Bedingung zur Erreichung hoher Ziele, in höherem Grade und größerem Umfange als irgend einer seiner Zeitgenossen, und sie war es, die ihn in den Stand setzte, als Dichter, Redner, populär-philosophischer und wissenschaftlicher Schriftsteller zu glänzen. Auch bei seinen wissenschaftlichen Arbeiten (außer den bereits genannten über Ägypten und Indien, über Erdbeben, die Natur der Fische, die Natur der Steine, die Gestalt des Weltalls und der noch erhaltenen über verschiedene Naturerscheinungen) hat er selbst wohl nur die Form gegeben, das Material sich von literarischen Gehilfen liefern lassen, die nach Quintilian nicht immer zuverlässig gewesen waren.

Die Rhetorik, die damals eine Art Alleinherrschaft in der Literatur übte, durfte auch das Gebiet der Poesie als einen Teil des ihrigen betrachten, und diese galt, als Beredsamkeit in gebundener Form, wie in der Renaissancezeit als eine erlernbare Kunst. Der Schulunterricht, der ausschließlich in der Lesung und Erklärung römischer und griechischer Dichter bestand, machte den Knaben in der Welt der Dichtung heimisch, und die Rhetorenschule entfremdete ihn ihr nicht, da ihre Aufgaben sich teils für eine poetische Behandlung eigneten, teils die Phantasie zu einer der dichterischen sich nährenden Tätigkeit anregten. Poetische Übungen wurden allgemein veranstaltet, um eine vollendetere Herrschaft über die Form zu gewinnen und eine blühende und schwungvolle Prosa schreiben zu können. Wie sehr dies alles den poetischen Dilettantismus begünstigte, ist ebenso klar, als daß unzählige Dilettanten sich und andere für Dichter hielten. Gewiß mit größerem Recht als viele andere ist auch Seneca zu den letzten gezählt worden: es fehlte ihm ebenso wenig an poetischer Empfindung wie an Glanz und Fülle des Ausdrucks, und er hatte die besten Muster fleißig studiert, nächst Virgil besonders den ihm geistig verwandten Ovid. Er setzte seine poetischen Versuche auch im Alter fort, doch hauptsächlich werden seine Gedichte (unter denen es auch ausgelassene gab) in seiner Jugend entstanden sein. Wir besitzen von ihm neun Tragödien; seltsamerweise hat Ranke geglaubt, daß auch eine mit diesen zusammen überlieferte ›Octavia‹, in der Seneca selbst auftritt, von ihm verfaßt sein könnte. Sehr richtig sagt der neueste Herausgeber dieser Stücke, Fr. Leo, daß man sie nicht als eigentliche Dramen ansehen, also auch nicht mit den griechischen Originalen vergleichen darf, die ihnen zur Vorlage gedient haben, wie es Lessing, der sich 1754 in seiner Jugend, und Ranke, der sich 1882 im höchsten Alter mit ihnen beschäftigte, getan haben. Mögen sie für die Bühne bestimmt gewesen sein oder nicht, sie sind nicht auf dramatische, sondern auf rhetorische Wirkung berechnet. Demgemäß sind, wie in den für die Übungsreden in der Rhetorenschule erdichteten Kriminalfällen, Gegenstände gewählt, in denen alle Gattungen des Pathos am besten zum Ausdruck kommen konnten, Fabeln, deren handelnde Personen von den heftigsten Leidenschaften bewegt und zu ungeheueren Taten getrieben werden, wie Ödipus, Thyest, Phaedra, Medea, der rasende Hercules. Vom Drama haben sie wenig mehr als die Form; in Monologen, Reden und Gegenreden, lyrischen Ergüssen, Beschreibungen und Erzählungen soll sich die Kunst des Rhetors zeigen, dem für alle Zwecke die Mittel der Darstellung gleich sehr zu Gebote stehen. Einige Proben folgen später. Die Stelle in der ›Medea‹, in der Seneca die Entdeckung einer neuen Welt voraussagt (vielleicht veranlaßt durch die Eroberung Britanniens, das noch Cäsars Soldaten außerhalb der Welt zu liegen schien), lautet:

> Es kommt in späten Jahren die Zeit,
> Wo das weltumfassende Band des Meers
> Sich löst, und die Erde ganz sich erschließt,
> Wo neue Welten die Göttin der Fluth
> Aufdeckt, und Thules wogenumrauschter Strand
> Nicht mehr das äußerste Land ist.

Senecas Tragödien haben kraft der seit der Renaissance bestehenden Vorstellung, daß alle Werke der Alten mustergültig seien, auf die dramatische Dichtung der neueren Zeit einen großen Einfluß geübt. Zwar in Spanien und England, wo sie eine nationale Grundlage hatte, blieb sie vom Altertum unabhängig, wie es die Stücke des Lope de Vega, Calderons und Shakespeares zeigen. Am wirksamsten erwies Senecas Einfluß sich in Frankreich im 17. Jahrhundert. Bei Corneille ist er in der Auffassung und Darstellung der Charaktere, dem rhetorischen Gepräge der Sprache und der Dialektik des Dialogs unverkennbar. Noch weit enger als er hat sich Racine an Seneca angeschlossen, in einigen Stücken ganze Szenen aus ihm herübergenommen, und durch ihn ist die antikisierende Richtung im Drama auch in England, Spanien und Deutschland zur Herrschaft gelangt.

Doch daß Seneca unter den führenden Geistern seiner Zeit als der Erste anerkannt war, verdankte er seinen Prosaschriften. Auch hier war sein Erfolg weit mehr durch die Form als den Inhalt bedingt. Er stellte sich an die Spitze einer entschlossenen Reaktion gegen den Klassizismus. Die infolge des Strebens nach Korrektheit und Einheitlichkeit wählerische, ganze Sprachgebiete grundsätzlich meidende, gemessen einherschreitende Ausdrucksweise Ciceros mit ihren langatmigen, rhythmisch gegliederten, kadenzenartig ausklingenden Perioden erschien der nachaugusteischen Zeit monoton, schleppend und langweilig. Die Erschaffung einer neuen prachtvollen poetischen Sprache in der Zeit des Augustus wirkte auf die Prosa der späteren ebenso umgestaltend wie die Sprache Goethes und Schillers auf die deutsche Prosa des 19. Jahrhunderts. In beiden epigonischen Perioden erhielt die Prosa nicht bloß mehr Fülle, Farbigkeit und Glanz, sondern auch mehr Raschheit und Beweglichkeit und allmählich auch eine nervöse Unruhe. Seneca kam dem Zeitgeschmack nicht bloß entgegen, sondern überbot ihn noch. Zwar spricht er gelegentlich lobend von der Einfachheit und Natürlichkeit der klassischen Ausdrucksweise, die nur nach Klarheit und Deutlichkeit strebte, das Gewohnte nicht verschmähte und nicht nach Beifall haschte, von der guten alten Zeit, wo man noch Latein sprach; aber er selbst hat nicht bloß in einem ganz entgegengesetzten Stil geschrieben und diesen zum herrschenden gemacht, sondern auch die Alten unablässig angegriffen; er soll Nero von dem Lesen der alten Redner abgeraten haben, um ihn länger in der Bewunderung seiner eigenen Schreibart festzuhalten. Er war sich der Kühnheit seiner Neuerungen wohl bewußt. Wer etwas Großes unternehmen will, sagt er, muß bis an die Grenze des Fehlerhaften gehen; kein Talent erringt Beifall, das nicht auch der Nachsicht bedarf; Fehler und Vorzüge sind so unzertrennlich verbunden, daß jene diese mit sich ziehen. Soviel als möglich hat er an die Stelle des Natürlichen, Normalen und Gewohnten das Neue, Überraschende, Raffinierte und Pikante gesetzt. Die engen Grenzen der klassischen Sprache hat er geflissentlich nach allen Richtungen überschritten. Er hat die Ausdrücke des gemeinen Lebens ebensowenig verschmäht wie die poetischen, neue Worte gebildet, alte in neuer Bedeutung angewandt, sich Lizenzen aller Art gestattet, mit Vorliebe gewagte Bilder, Gleichnisse und Metaphern gebraucht und ist hie und da auch über das Maß des Erlaubten hinausgegangen. Er spricht z. B. von dem Glase, das an die Trunkenheit die letzte Hand legt, von Leuten, die mit den Augen gefräßig sind, von der Seelengröße, die das Unglück unter das Joch beugt; er gebraucht Wendungen wie „mit dem Schicksal handgemein werden", „im Alter sich marschfertig machen" u. dgl. Seine beiden Hauptmittel sind die Antithese, deren beide Glieder oft in einem an die hebräische Poesie erinnernden Parallelismus gegeneinandergestellt sind, und die kurze pointierte Sentenz, in der ein gewichtiger Inhalt in eine knappe Form gepreßt ist; er lobt einen Autor, der mehr zu verstehen gibt, als er ausspricht. Wegen ihres Reichtums an glänzenden Sentenzen hat man seine Schriften im 17. Jahrhundert mit einem von Goldstickerei starrenden Kleide und mit dem gestirnten Himmel, im 19. mit einem Raketenfeuer verglichen, in dem auch manche prachtvolle Leuchtkugeln aufsteigen. Da er es liebt, seine kurzen, vielfach aphorischen Sätze ohne Verbindung aufeinander folgen zu lassen, hat Caligula seine Schreibart „Sand ohne Kalk", Diderot seinen Stil einen zerhackten genannt. Er hatte mehr Esprit als Geschmack. Ebensowenig wie Ovid war er im Stande, seinen Reichtum zu Rate zu halten. Wie dieser fand er so viel Gefallen an seiner Virtuosität, dieselben Gedanken immer neu zu wenden, wie einen facettierten Stein anders und wieder anders funkeln zu lassen, daß er nicht zur rechten Zeit aufhören konnte. Seine in atemraubender Hast Schlag auf Schlag aufeinanderfolgenden Geistesblitze stumpfen die Aufmerksamkeit des Lesers ab, anstatt sie zu steigern. Durch das unablässige Streben, zu überraschen, durch die Furcht, zu langweilen, ermüdet er. Seine Werke, sagte Macaulay, bestehen ganz und gar aus Mottos. Da ist kaum eine Sentenz, die man nicht anführen könnte; aber sie in einem Zuge fortlesen, heißt so viel, als eine ganze Mahlzeit von nichts als Anschoviensauce halten.

Senecas Erfolg war ein beispielloser. Als sein Landsmann Quintilian wenige Jahre nach seinem Tode nach Rom kam und bald darauf den Lehrstuhl der lateinischen Beredsamkeit bestieg, fand er seine Schriften fast allein in den Händen der Jugend, die an den verführerischen und bestechenden Fehlern seines Stils am meisten Gefallen fand und sie nicht bloß sich anzueignen, sondern noch zu überbieten bemüht war. Er betrachtete es als seine Aufgabe, diese krankhafte Manier durch eine den neuen Anforderungen Rechnung tragende Regeneration des Klassizismus zu verdrängen, und soweit dies überhaupt gelingen konnte, ist es ihm gelungen. Dabei läßt er Senecas Talent alle Gerechtigkeit widerfahren und bedauert nur, daß er es nicht einem fremden Urteil unterworfen habe. Vieles an ihm sei zu loben, ja zu bewundern, nur müsse man eine Auswahl treffen, die er leider nicht selbst getroffen habe; eine Natur wie die seine sei wert gewesen, Besseres zu wollen; was sie wollte, habe sie erreicht. Sehr viel günstiger hat Niebuhr über ihn geurteilt: „Seneca ist ein sehr geistreicher Mann, und das ist doch immer die Hauptsache; sein Einfluß ist für die Literatur ein sehr wohltätiger gewesen, ich sage es um so mehr, je weniger ich ihn leiden kann." Einige Proben werden von seiner Schreibart eine Vorstellung geben.

Nicht weniger als in kurzen schlagenden Sätzen gefiel sich die Rhetorik in prachtvollen Schilderungen. Seneca hat ein Gemälde des Weltuntergangs durch eine Sintflut entworfen, zu deren Entstehung unaufhörliche Regengüsse, Austritte der Ströme, Einbrüche des Meeres zusammenwirken werden. „So ist es. Nichts ist für die Natur schwierig, vollends wenn sie zu ihrem eigenen Ende eilt. Für die Entstehung der Wesen spart sie die Kraft und gebraucht sie haushälterisch, das Wachstum ist unmerklich; auf die Zerstörung stürmt sie plötzlich mit aller Macht los. Wie lange Zeit braucht das Kind, um im Mutterleibe zu reifen! Mit wie viel Mühe wird es aufgezogen! An wie sorgfältige Ernährung ist das Wachstum des Körpers gebunden! Aber wie leicht ist seine Auflösung! In langer Zeit wuchsen die Städte heran, eine Stunde zerstört sie. Ein Wald entsteht lange, Asche in einem Augenblick. Alle Dinge leben und bestehen durch große Kraft der Erhaltung, auseinander fallen sie schnell." Wenn der Tag des Schicksals gekommen ist, wird die Zerstörung der Welt von vielen Seiten zugleich herbeigeführt. Zuerst fallen unermeßliche Regengüsse herab, der ganz sonnenlose Himmel ist durch beständige Bewölkung düster, und aus der von keinen Winden getrockneten Nässe entsteht dichter Nebel. Daher kranken die Saaten und schießen kraftlos ohne Frucht ins Kraut; sind sie verdorben, so wachsen Sumpfkräuter auf den Feldern nach. Dann lösen sich auch die Wurzeln der Bäume, die Reben wie alle Büsche legen sich, da sie nicht mehr von dem durchweichten Boden festgehalten werden, der bald auch kein Gras und Futter mehr trägt. Die Menschen leiden Hunger und strecken die Hände nach den Nahrungsmitteln der Urzeit aus. Auch die in Steinfugen wurzelnden Bäume, wie Eichen und Steineichen, werden entwurzelt. Die triefenden Häuser wanken, die Fundamente weichen durch das Eindringen des Wassers in die Tiefe auseinander, der ganze Boden ist eine Wasserfläche. Vergebens sucht man das Wankende zu stützen, denn nichts haftet in dem schlammigen Grunde. Wenn dann die Regen immer gewaltiger herabstürzen und die in Jahrhunderten aufgehäuften Schneemassen geschmolzen sind, reißen die von den höchsten Gipfeln herabgewälzten Wildwasser die schon halb entwurzelten Wälder mit sich und schleudern Felsen, die aus ihren Fugen gerissen sind, spülen Landhäuser mit ihren Bewohnern fort und schwemmen Herden abwärts und zerstören endlich ganze Städte mit ihren Bevölkerungen. Schon ist das ganze ebene Land überschwemmt. Die großen Ströme, der Rhein, die Rhone, die Donau, steigen, gewaltig angeschwollen, bis zur Höhe der sie einschließenden Berge, kehren, da sie keinen Ausgang mehr finden, im Kreislauf in sich selbst zurück und ziehen ungeheure Flächen in ihre Strudel hinein. Unterdessen strömen die Regen fort und wird der Himmel immer düsterer, die Bewölkung eine grauenvolle Nacht, deren Finsternis von dem schrecklichen Licht häufiger Blitze unterbrochen wird, und Stürme wühlen das Meer auf, das überall aus seinen Ufern tritt und das angrenzende Land in einen See verwandelt. Schon ist überall, wo Land war, eine unermeßliche Tiefe, und nur auf den höchsten Bergrücken und Gipfeln seichte Stellen. Auf diese haben sich die Überreste des Menschengeschlechts geflüchtet. „In dieser äußersten Not ist es ihnen eine Erleichterung, daß ihre Angst sich in Stumpfsinn verwandelt hat. Vor Staunen haben sie keine Zeit sich zu fürchten, selbst für den Schmerz gibt es keinen Raum, er verliert seine Kraft bei denen, die über das Gefühl des Leidens hinaus elend sind."

Eine Schilderung, wie die hier auszugsweise mitgeteilte, ist bei Seneca eine Ausnahme. Im allgemeinen ist es, wie gesagt, das Streben nach geistreicher, zugleich gefälliger und schlagender Kürze, das seiner Schreibart überall das Gepräge gibt. Er erzählt einmal, daß er auf eines seiner Landgüter bei Rom gekommen sei. Er hat das von ihm selbst ausgebaute Haus verlassen, die von ihm selbst gepflanzten Platanen im Ausgehen, einen Jugendgespielen als abgelebten Greis gefunden. Doch er freut sich, daß ihm dort überall sein Alter entgegengetreten ist, er will sich mit ihm befreunden, es lieben: für den, der es zu gebrauchen weiß, ist es reich an Freude. Die Früchte sind am wohlschmeckendsten, wenn sie abfallen. Die Knaben sind am schönsten beim Austritt aus der Kindheit. Für die Trinker ist der letzte Trunk der beste, der sie untertaucht, der an den Rausch die letzte Hand anlegt. Jede Lust verschiebt ihr Süßestes auf ihr Ende. Das Leben ist am süßesten, wenn es sich abwärts neigt, doch noch nicht bis zum Rande des Abgrunds. Aber auch wenn es auf der letzten Linie steht, hat es meines Erachtens seine Freuden. Oder an die Stelle der Freuden tritt, daß man keiner mehr bedarf. Wie süß ist es, die Leidenschaften müde gemacht und hinter sich gelassen zu haben. Aber, sagt man, es ist traurig, den Tod vor Augen zu haben. Erstens muß ihn der junge Mann ganz ebenso vor Augen haben wie der alte. Denn wir werden nicht nach der Altersliste aufgerufen. Sodann ist niemand so alt, daß er nicht das Recht hätte, noch auf einen Tag zu hoffen. Ein Tag aber ist eine Stufe des Lebens. Das ganze Leben besteht aus Teilen und konzentrischen Kreisen; einer umschließt und umgürtet alle übrigen; er erstreckt sich vom Geburts- bis zum Todestage. Ein zweiter schließt die Jahre der Jugend aus; einer umfaßt die ganze Kindheit; dann ist das Jahr ein Ring für sich, das alle Zeiten einschließt, aus deren vielfacher Wiederkehr sich das Leben zusammensetzt. Wieder ein engerer Kreis umgibt den Monat, der engste den Tag. Aber auch er hat seinen Verlauf von Anfang bis zum Ende, vom Aufgang zum Untergang. Heraklit der Dunkle hat gesagt: Ein Tag ist jedem gleich. Mag man nun verstehen: gleich an Stunden, oder: gleich in der Art des Verlaufs, dem Wechsel von Licht und Finsternis: jedenfalls ist jeder Tag so zu ordnen, als ob er der letzte wäre und das Leben vollendete und abschlösse.

In einer seiner Schriften hat Seneca den gegen die Philosophen (und ohne Zweifel am lautesten gegen ihn selbst) erhobenen Vorwurf zu entkräften gesucht, daß sie anders lebten, als sie redeten, daß ihre Lebensführung mit ihren Grundsätzen im Widerspruch stehe. „Wenn einer von denen, die die Philosophie anbellen, ihre gewöhnlichen Reden führen: weshalb sprichst du tapferer, als du bist? warum stimmst du vor einem Höheren deine Worte herab und hältst das Geld für ein notwendiges Werkzeug und regst dich über einen Verlust auf und vergießest Tränen bei der Nachricht vom Tode einer Gattin oder achtest auf das Gerede und bleibst bei boshaften Äußerungen nicht gleichgültig? warum ist die Kultur deines Landguts eine höhere, als der natürliche Gebrauch es verlangt? warum speisest du nicht nach deiner Vorschrift? warum hast du eine elegante häusliche Einrichtung? warum wird bei dir ein Wein getrunken, der älter ist als du? warum werden deine Felder abgeteilt? warum werden Bäume gehegt, die nichts als Schatten geben können? warum trägt deine Gattin den Wert eines reichen Hauses in den Ohren? warum sind deine Pagen kostbar gekleidet? warum ist es bei dir eine Kunst aufzuwarten und wird das Silbergeschirr nicht aufs Geratewohl und nach Belieben aufgestellt, sondern ist die Bedienung eine geschulte und gibt es einen Meister im Zerlegen der Speisen? Füge hinzu, wenn du willst: warum hast du überseeische Besitzungen? warum mehr, als du selbst weißt? Es ist schimpflich für dich, entweder so nachlässig zu sein, daß du eine geringe Anzahl von Sklaven nicht kennst, oder so üppig, daß du eine größere hast, als man im Kopfe behalten kann!" Seneca antwortet, er könne selbst diese Vorwürfe noch vermehren, für jetzt erwidere er Folgendes: Ich bin kein Weiser und, um deiner Schadenfreude noch mehr Nahrung zu geben, ich werde es auch nicht sein. Verlange also von mir nicht, daß ich den Besten gleich, sondern daß ich besser sei als die Schlechten. Es ist mir genug, täglich meine Fehler um etwas zu vermindern und meine Abirrungen zu rügen. Ich bin nicht zur vollen Gesundheit gelangt und werde auch nicht dazu gelangen. Ich suche nur Linderung für mein Podagra, nicht gründliche Heilung, und freue mich, wenn die Anfälle seltener eintreten und weniger schmerzhaft sind. Freilich, fügt er ironisch hinzu, mit euern Füßen verglichen bin ich ein lahmer Läufer. Dies sage ich nicht für mich, denn ich bin in der Tiefe aller sittlichen Gebrechen, sondern für einen, der etwas erreicht hat. Wenn die Philosophen hinter ihrem Ideal weit zurückbleiben, so leisten sie doch schon dadurch viel, daß sie es im Geist erfassen, daß sie es verkünden. Gute Worte und Seelen, die von guten Gedanken erfüllt sind, soll man nicht verachten. Es ist edel, Erhabenes zu versuchen, Vorsätze zu fassen, die zu groß sind, um selbst von den mit Seelengröße Gerüsteten ausgeführt zu werden. Wer das Höchste will und erstrebt, beschreitet den Weg, der zu den Göttern führt; vollbringt er es nicht, so war doch sein Wollen ein großes. Durch die boshaften Schmähungen derer, denen die Edelsten die Verhaßtesten sind, darf er sich nicht beirren lassen. Das Gift, mit dem sie andere bespritzen, sich selbst töten, darf ihn nicht abhalten, das Leben zu prüfen, nicht das er führt, sondern das er führen soll, nicht abhalten, der Tugend, wenn auch aus weiter Entfernung und wie ein Kriechender, nachzustreben. Den Widersachern der Philosophie ist die Tugend ein Vorwurf für alle Vergehungen, ihnen ist selbst ihr Name verhaßt, wie Augenkranken und Nachttieren die Sonne. Ihr, ruft Seneca ihnen zu, habt Zeit, nach fremden Übeln zu forschen und über irgend jemand ein Urteil zu fällen? „Weshalb hat dieser Philosoph eine geräumige Wohnung? Warum speist jener gut?" Ihr, die ihr mit Geschwüren besät seid, bemerkt Leberflecke an anderen? Das ist, als ob einer, dessen Körper ein Aussatz verheert, über Male oder Warzen an den schönsten Leibern spotten wollte. Den Ausdruck äußerster, ihm selbst nicht geziemender Verachtung gegen die Lästerer der Philosophie legt er einem der wenigen in den Mund, die wie Sokrates das Ideal des Weisen verwirklicht haben. Ihr, läßt er diesen den Übelgesinnten zurufen, könnt mich ebensowenig beleidigen, als diejenigen, die Altäre umstürzen, die Götter. Ich ertrage euere Torheiten wie Jupiter die albernen Märchen, die die Dichter von ihm erzählen. Aber wenn ihr mich auch nicht verletzen könnt, ermahne ich euch um euretwillen: habt Ehrfurcht vor der Tugend, verehrt sie wie die Götter, und ihre Verkünder wie Priester! Die Gereiztheit und Leidenschaftlichkeit, die in diesen Ausfällen unverkennbar ist, entsprang ohne Zweifel dem Gefühl, daß der Versuch, den Widerspruch zwischen den Grundsätzen und dem Leben der Philosophen zu erklären, doch nicht völlig gelungen sei.

Am ausführlichsten begründet Seneca wie natürlich, daß Philosophen ohne Verletzung ihrer Grundsätze reich sein dürfen, und zwar aus demselben Grunde, aus dem sie die Gesundheit der Krankheit, das Leben im Vaterlande der Verbannung, ein langes Leben einem kurzen vorzuziehen berechtigt sind. Müssen sie auch im Stande sein, dies alles zu entbehren, so brauchen sie es doch nicht von sich zu werfen. Der Weise hält sich der zufälligen Gaben des Schicksals nicht für unwürdig. Er nimmt sie nicht in sein Herz, nur in sein Haus auf. Der Reichtum erfreut ihn, wie den Seefahrer ein günstiger Wind, wie ein guter Tag, wie ein sonniger Platz in der Winterkälte. Niemand hat die Philosophie zur Armut verurteilt. Der Philosoph wird ein großes Vermögen besitzen, aber kein einem anderen geraubtes oder mit Blut beflecktes, kein aus Ungerechtigkeit gegen irgend jemand oder aus schmutzigem Erwerb hervorgegangenes. Er wird sich dessen weder rühmen noch schämen, es weder verschleudern noch verstecken; jenes würde Torheit, dies Furcht und Kleinmut verraten; noch wird er es aus dem Hause weisen. Denn was soll er sagen? Der Reichtum ist nutzlos? oder, ich verstehe nicht ihn zu verwenden? Die beste Verwendung besteht in einer zweckmäßigen und wohlüberlegten Freigebigkeit; die Börse des Philosophen ist leicht geöffnet, aber nicht durchlöchert, es muß viel herausgenommen werden, aber nichts herausfallen können. Eine übel angebrachte Gabe ist ein schimpflicher Verlust. Man irrt, wenn man das Geben für leicht hält. „Diesen verpflichte ich mir, jenem erstatte ich wieder. Dem einen helfe ich, des andern erbarme ich mich. Jenen bewahre ich davor, daß die Armut ihn herabzieht und festhält. Manchen, die nie genug haben, wie viel sie auch erhalten, gebe ich nicht. Dem einen werde ich anbieten, dem andern aufdringen usw." Der Schlußsatz dieser aus ermüdenden (hier nur auszugsweise mitgeteilten) Variationen derselben Gedanken bestehenden Betrachtung ist: Bei dem Weisen dient der Reichtum, bei dem Toren herrscht er.

III

Der Stoizismus, zu dem Seneca sich bekannte, hatte trotz seines tiefen inneren Gegensatzes gegen das Christentum wichtige Anschauungen mit ihm gemein. Sein theologisches System war ein pantheistisch-monotheistisches, das dennoch seinen Bekennern ein gewisses Festhalten an der als nützlich erkannten Volksreligion, wofern sie nur richtig verstanden wurde, ermöglichte. Die zahlreichen Götter des Volksglaubens wurden als Teile und Erscheinungsformen des unvergänglichen, das All erfüllenden Urgottes, des Weltgeistes, angesehen, die auf sie bezüglichen Legenden allegorisch erklärt. Den Kern der stoischen Theologie aber bildet der Vorsehungsglaube, und dieser gibt ihr, in Verbindung mit einer ganz teleologischen Weltbetrachtung, ein theistisches Gepräge. Die Schönheit und Zweckmäßigkeit der Welt, die die Stoiker nicht müde wurden zu preisen, war ihnen der sicherste Beweis für das Dasein Gottes. In der zwar nicht ausschließlich, doch hauptsächlich auf das Wohl des Menschen berechneten Schöpfung offenbart sich seine Weisheit und Güte; er liebt uns wie ein Vater und will von uns nicht gefürchtet, sondern geliebt sein. In der Theodicee, die die Stoiker mit besonderer Vorliebe ausbildeten, setzte sie die Rechtfertigung des Übels nirgend in Verlegenheit; manches erinnert hier an die unfreiwillige Komik teleologischer Betrachtungen des 18. Jahrhunderts. Die Bestimmung der Wanzen ist es, uns an zu langem Schlaf zu hindern, die der Mäuse, uns zu erinnern, daß wir unsere Sachen nicht herumliegen lassen. Die Kriege sind ein Mittel gegen Überbevölkerung usw.

Die Anthropologie des Stoizismus hatte im Laufe der Zeit insofern eine Modifikation erlitten, als der ursprünglichen Ansicht von der Einartigkeit der menschlichen Natur eine dualistische entgegentrat, die im Menschen neben der ihm innewohnenden Vernunft (einem Ausfluß der Gottheit) auch ein unvernünftiges Element annahm, und ganz besonders stark hat Seneca diesen

Gegensatz zwischen dem Göttlichen und dem Ungöttlichen in der menschlichen Natur betont. Er findet das letztere zunächst im Leibe oder, wie er mit einem wahrscheinlich zuerst von Epikur gebrauchten Ausdruck sagt, im Fleische. Der Leib ist ihm ein Gefängnis, eine Last, ein Hemmnis der Seele, deren wahres Leben erst nach ihrer Trennung von ihm beginnt; seine Gegenüberstellung des irdischen und jenseitigen Lebens entsprechen ganz der christlichen von Zeit und Ewigkeit. Man glaubt, einen Christen zu hören, „wenn er dieses Leben als das Vorspiel eines besseren, den Leib als eine Herberge bezeichnet, aus welcher der Geist in seine höhere Heimat zurückkehre; wenn er sich auf den Tag freut, welcher die Fesseln des Körpers zerreißen werde, den Geburtstag der Ewigkeit, wie er ihn, mit den alten Christen auch im Ausdruck zusammentreffend, nennt; wenn er den Frieden der Ewigkeit schildert, der uns drüben erwarte, die Freiheit und Seligkeit des himmlichen Lebens, das Licht der Erkenntnis, dem dort alle Geheimnisse der Natur sich aufschließen; wenn er auch das Wiedersehen nach dem Tode, das Zusammensein der vollendeten Seelen nicht vergißt; wenn er den Tod zugleich als den großen Gerichtstag auffaßt, in dem über jeden das Urteil gesprochen werde, und aus dem Gedanken an's Jenseits die Kraft zu einem sittlichen Leben herleitet"[2]. Doch wenn sich Seneca auch in der Auffassung der Seele und ihres Verhältnisses zum Leibe dem Platonismus sehr genähert hat, so ist doch in allen seinen Äußerungen nichts, was nicht mit der stoischen Lehre vereinbar wäre. Übrigens hat er mit Plato auch eine Läuterung der Seelen der Guten, und zwar durch Feuer angenommen, die ihrer Erhebung zu den Seligen vorausgehen soll: eine der ins Christentum übergegangenen heidnischen Vorstellungen, die Gregor der Große zum Dogma erhob.

Beruhen nun diese Anklänge an christliche Anschauungen mehr auf platonischer als auf stoischer Lehre, so ist dagegen der Stoizismus in seiner Auffassung der menschlichen Gemeinschaft näher als irgendein anderes antikes System dem Christentum verwandt, da er die Zusammengehörigkeit aller Menschen und die

---

[2] Zeller, Geschichte der Philosophie der Griechen 4, 187–189.

Forderung der allgemeinen Menschenliebe am stärksten betont. Die Weltereignisse haben mächtig dazu mitgewirkt, ihm diese Richtung zu geben und ihn darin festzuhalten. Als der Stoizismus entstand, war die Stärke des bei den Griechen zur größten Schroffheit ausgebildeten Nationalitätsbewußtseins durch die Gründung des Weltreichs Alexanders des Großen bereits gebrochen, und noch in viel höherem Grade ausgleichend und nivellierend wirkte die römische Weltmonarchie, die nicht nur die verschiedensten Völker unter eine Herrschaft beugte, sondern auch alle Untertanen beim Alleinherrscher gegenüber bis auf einen gewissen Grad als gleich erscheinen ließ. Den Gedanken des Weltbürgertums hat die Stoa zuerst mit Entschiedenheit erfaßt und mit voller Konsequenz durchgeführt. Ihr Idealstaat war ein aus der Verbrüderung aller Völker hervorgegangener, also das Gegenteil eines wirklichen Staats, und es ist klar, daß dies Ideal ebenso zu einer verhältnismäßigen Gleichgültigkeit gegen den eigenen Staat führen mußte, wie der Gottesstaat der Christen. Die Stoiker der römischen Kaiserzeit haben es mit größerem Nachdruck als die früheren ausgesprochen, daß die Menschheit einem Organismus gleicht, dessen Glieder alle aus gleichem Stoff für dieselbe Bestimmung geschaffen und aus demselben Leibe ihre Lebenskraft ziehend, durchaus aufeinander angewiesen, daß sie, wie Epiktet sagt, alle Brüder sind, die alle in gleicher Weise Gott zum Vater haben. Wer sich auch nur von einem seiner Mitmenschen abtrennt, heißt es bei Marc Aurel, scheidet sich von dem Stamme der Menschheit selbst ab. Die Stoiker der Kaiserzeit werden nicht müde, die Pflichten, die die menschliche Gemeinschaft allen auferlegt, immer von neuem einzuschärfen. Wir müssen, sagt Seneca, unablässig zugleich für das gemeine Wohl tätig sein und den einzelnen helfen, auch den Feinden; es ist schlimmer, Schaden zufügen als leiden; ausdrücklich verwirft er die Rache und die Vergeltung des Bösen mit Bösem. Selbst die, die uns mißhandeln, sagt Epiktet, sollen wir lieben wie ein Vater, wie ein Bruder. Marc Aurel verlangt, daß wir uns durch nichts im Wohltun irre machen lassen, die Fehler anderer, anstatt darüber zu zürnen oder zu erstaunen, nur bemitleiden und verzeihen sollen. Auch den Sklaven gestanden diese Stoiker Menschenrechte zu. Nicht als Sklaven, als Menschen, als Hausgenossen, als niedriger stehende Freunde will Seneca sie angesehen und behandelt wissen, ja als Mitsklaven, wenn man bedenke, daß das Schicksal über uns dieselbe Macht habe wie über sie. Die Tugend sei keinem verschlossen, sie lasse alle, Sklaven wie Könige, zu, frage nicht nach Haus und Vermögen, sei mit dem nackten Menschen zufrieden. Man wird es hiernach verstehen, daß Goethe die Stoiker Christen unter den Heiden genannt hat.

Noch manches andere läßt sich aus Seneca anführen, was an christliche Anschauungen erinnert, zum Teil auch im Ausdruck. Er ist der einzige Römer, der sich in der Verdammung der Gladiatorenspiele zum allgemein menschlichen Standpunkt erhoben hat. Ein Mensch, sagt er mit Bitterkeit, eine heilige Sache für den Menschen, wird zur Kurzweil getötet, während es schon ein Frevel war, ihn zum Schlagen und Empfangen von Wunden abzurichten, und sein Tod genügt für ein Schauspiel. Aber noch mehr, er verdammt das Blutvergießen überhaupt, also auch den Krieg. Man bestraft den Mord des einzelnen, aber das im Privatleben Verbotene gilt im Leben der Staaten als geboten. Was im Geheimen begangen, mit dem Leben gebüßt werden würde, wird gepriesen, wenn es im Feldherrenmantel getan wird. Die Menschen, das mildeste Geschlecht, schämen sich nicht des gegenseitigen Blutvergießens, nicht der Führung von Kriegen und der Überlieferung von Kriegen an die Nachkommen, während sogar das Vieh und die wilden Tiere unter sich Frieden halten.

Aufs nachdrücklichste mahnt er zur Erkenntnis unserer sittlichen Mängel, als der Grundbedingung der Besserung. Der Anfang der Gesundung ist das Bewußtsein der Sünde, habe Epikur vortrefflich gesagt. Daher dringt er vor allem auf Selbstprüfung. An einer in seinen letzten Jahren geschriebenen Stelle bekennt er nicht bloß gebessert, sondern umgewandelt worden zu sein, da er nun seine bisher nicht erkannten Fehler einsehe. Längst hatte er es sich zur Pflicht gemacht, an jedem Abend sich über den verflossenen Tag Rechenschaft abzulegen.

Es versteht sich, daß in christlichen Kreisen Senecas vielfache Übereinstimmung mit christlichen Lehren und Anschauungen nicht unbemerkt blieb. Er ist, sagt Tertullian, häufig der Unsre; er hätte, sagt Lactantius, ein Verehrer des wahren Gottes sein können; hätte er einen Führer zur wahren Weisheit gefunden, so würde er seine heidnischen Lehrer verachtet haben. Augustinus, der seine Freiheit vom Wahnglauben der Heiden ausdrücklich für eine Wirkung der Philosophie erklärt, meint, er habe die Christen niemals erwähnt, um sie nicht loben oder tadeln zu müssen; das erste wäre gegen die alte römische Sitte, das andere vielleicht gegen seine Überzeugung gewesen. Höchstens der letztere hat also die Möglichkeit angenommen, daß Senecas Ansichten irgendwie durch christliche Einflüsse bestimmt gewesen seien. Doch konnte es nicht ausbleiben, daß bei den Christen sich allmählich diese Vorstellung befestigte, und da die zweijährige Anwesenheit des Apostels Paulus in Rom in Senecas letzte Jahre, jedenfalls in die Zeit vor seinem Tode, fiel, lag es nahe, Beziehungen zwischen beiden vorauszusetzen, zumal da Senecas Bruder, der Prokonsul Junius Gallio, der den von den Juden in Korinth vor sein Tribunal geführten Apostel freigesprochen hatte, ihn auf diesen interessanten Orientalen aufmerksam gemacht haben konnte. Das Zusammentreffen dieser Momente war mehr als hinreichend, um eine jener literarischen Fälschungen zu veranlassen, die auch die Christen im Interesse ihres Glaubens für erlaubt hielten: die Erdichtung eines Briefwechsels zwischen dem Apostel und dem Philosophen, den bereits der hl. Hieronymus kannte. Daß die Tradition, Seneca sei von Paulus bekehrt worden, in christlichen Kreisen bestand und wert gehalten wurde, darf man auch aus einer 1867 in Ostia entdeckten Grabschrift aus dem Ende des 3. oder Anfang des 4. Jahrhunderts schließen, die ein M. Annaeus Paulus seinem Sohne M. Annaeus Paulus Petrus gesetzt hat. Beide gehörten allem Anschein nach einer Familie an, die ihren Ursprung oder doch ihren Namen auf die Annaeus Seneca zurückführte, und beide waren ohne Zweifel Christen; denn der Name Petrus ist bei Heiden ebenso unerhört, wie die Verbindung der Namen beider Apostelfürsten bei den Christen beliebt war.

Der Glaube an Senecas Christentum hat durch das ganze Mittelalter bestanden, und ihm verdanken wir die Erhaltung eines großen Teils seiner echten Briefe. Hier und da besteht er noch heute. Nicht bloß in theologischen Kreisen ist die Neigung verbreitet, alle Lichtseiten der antiken Welt vom Beginn unserer Zeitrechnung an auf direkte oder indirekte christliche Einflüsse zurückzuführen, zumal da, wo man dem Heidentum die Fähigkeit einer sittlichen Erhebung aus eigener Kraft abstreitet und in den Tugenden der Heiden nur glänzende Laster sehen will. Unmöglich kann aber das Christentum die ihm zugeschriebenen Wirkungen gehabt haben, wenn es, wie sich aus den übereinstimmenden Äußerungen heidnischer und christlicher Autoren ergibt, bis tief ins 2. Jahrhundert nur eine Religion der kleinen Leute war, die den höher Gebildeten noch nicht wichtig genug erschien, um sich genau über sie zu unterrichten; auch bei ihnen bestand der Glaube an schamlose Orgien und Ritualmorde der Christen fort, die der allgemeine Haß ihnen andichtete. Auch Tacitus teilte ihn; nach ihm waren die Christen unter Nero „wegen ihrer Schandtaten verhaßt"; das Eindringen ihres „Aberglaubens" in Rom erklärt er daraus, daß dort alles Scheußliche und Schandbare zusammenströme und Anhang gewinne. Die Annahme, daß das Christentum bereits im 1. Jahrhundert in den höheren Schichten der Gesellschaft Boden gewonnen habe, läßt sich nur halten, indem man bei den heidnischen Autoren zwischen den Zeilen liest, ihre Worte künstlich deutet und höchst fragwürdigen altchristlichen Traditionen den Wert geschichtlicher Überlieferungen zugesteht.

Der Gegensatz, der zwischen der katholischen und protestantischen Kirche in der Schätzung der Tradition besteht, tritt auch auf wissenschaftlichem Gebiet hervor. Quellen, die auf der einen Seite für absolut wertlos gelten, werden auf der anderen für mehr oder minder glaubwürdig angesehen, und man meint den historischen Kern, den man auch in der sagenhaftesten Überlieferung voraussetzt, durch ein ganz willkürliches Verfahren aus der legendarischen Umhüllung lösen zu können. Die leidenschaftslose, keiner Bestechung durch Herzenswünsche zugängliche Kritik, die hier als Grundbedingung wahrer Geschichtsforschung gilt, erscheint dort leicht als maßlose oder gar böswillige Zweifelsucht, und wenn sie durch Jahrhunderte fortgepflanzte, Unzähligen teuer gewordene Vorstellungen antastet, als herzlos und glaubensfeindlich. Ein französischer Gelehrter, der über die Beziehungen Senecas zum

Apostel Paulus ein zweibändiges Werk geschrieben hat[3], A. Fleury, sagt, zur Bezweiflung derselben habe die Reformation das Signal gegeben. Freilich wollte auch ein Gegner der Reformation, und zwar kein Geringerer als Erasmus (leider „ein großer Feind der Traditionen") durchaus nicht daran glauben. Der Zweifel an Senecas „Halbchristentum" (Quasi-christianisme) sei im Namen des Geistes der Widersetzlichkeit (insubordination) in Glaubenssachen erhoben worden. Der aus dem religiösen geborene literarische Protestantismus habe es leicht gehabt, die Unechtheit des Briefwechsels zwischen Seneca und Paulus zu erweisen. Aber die skeptischen und sarkastischen Ableugnungen, deren letztes Organ in gewissem Sinne Voltaire sei, haben dennoch die Tradition nicht erschüttern können, und sie gewinnen wieder Glauben bei den aufgeklärten und von Parteilichkeit freien Geistern. Fleurys Methode ist die oben beschriebene. Die Freundschaft Senecas und des Apostels wird in einer dem hl. Linus (dem angeblichen Nachfolger Petri auf dem päpstlichen Stuhl) zugeschriebenen Passion des Apostels bezeugt. Zwar stammt dies Machwerk aus einer Zeit der tiefsten Barbarei, aber der Verfasser werde die Originalschrift des hl. Linus benutzt und seine Achtung vor einem Papst, einem Heiligen, ihn von wesentlichen Änderungen derselben zurückgehalten haben. Senecas Freund, der Kyniker Demetrius, war wahrscheinlich ein Christ; denn die Benennungen Kyniker und Christ werden nach Fleury von den Autoren der Kaiserzeit fast als Synonyme gebraucht. Auch Thrasea starb vermutlich als Christ, und andere Freunde und Zeitgenossen Senecas standen dem Christentum mehr oder minder nahe usw.

Doch daß Seneca christliche Lehren gekannt und ihnen einen Einfluß auf seine Weltanschauung eingeräumt habe, kann man nur annehmen, wenn man sich der Erkenntnis verschließt, daß jene oben hervorgehobenen, scheinbar christlichen Anschauungen in einer, ihrem innersten Wesen nach ganz und gar heidnischen Denkweise wurzeln. Wie alle heidnischen Philosophen ist auch Seneca vom Christentum durch eine Kluft getrennt, über die keine Brücke führt. Der Begriff einer absoluten, auf übernatürlicher

---

[3] Amedée Fleury, St. Paul et Senèque. 1853.

Offenbarung beruhenden Wahrheit fehlte ihnen ganz, und damit das Verständnis dafür, daß der Glaube und vollends die Unterordnung der Vernunft unter den Glauben ein Verdienst sein, eine erlösende und beseligende Kraft haben könne. Für sie war die höchste Aufgabe des denkenden Geistes das Suchen der Wahrheit, dem nach der Überzeugung der Christen die Offenbarung für immer ein Ziel gesetzt hatte, so daß es fortan nicht bloß überflüssig, sondern auch nicht mehr erlaubt war. Die Heiden, sagt Tertullian, suchen immer die Wahrheit und finden sie nie: wir haben nach Jesus Christus keine Wißbegier nötig, noch nach dem Evangelium eine Forschung; wenn wir glauben, verlangen wir nach nichts, was über den Glauben hinaus ist. Du sollst glauben! Das war nach Julian dem Abtrünnigen der letzte Schluß der christlichen Weisheit, und der Arzt Galenus (der von der Sittlichkeit der Christen eine hohe Meinung hatte) konnte die Gläubigkeit nicht begreifen, mit der sie ebenso wie die Juden an unbewiesenen Sätzen festhielten. Während die Sendboten des Christentums, und vor allem Paulus, die Erlösung durch den Glauben verhießen, verkündete die heidnische Philosophie die Befreiung durch das Wissen. Die Erkenntnis des Guten und des Bösen (nach der Genesis die Verheißung des Versuchers) war für sie das erreichbare Ziel des menschlichen Strebens, der aus eigener Kraft zu gewinnende Grund, auf dem allein die Sittlichkeit beruhen konnte. Nach Sokrates ist das Wissen die Wurzel alles sittlichen Handelns, die Unwissenheit die aller Fehler; es gibt ebensowenig ein Wissen ohne Tugend wie eine Tugend ohne Wissen, und in demselben Sinne definierten die Stoiker die Tugend als Wissenschaft, die Untugend als Unwissenheit. Doch die Vernunft war also die Tugend und mit ihr die Glückseligkeit schon in diesem Leben erreichbar; durch sie vermochte der Mensch dem Göttlichen in seiner Natur deren niedere Triebe zu unterwerfen. Denn daß seine Natur von Grund aus böse, daß die Sünde ihr angeboren sei, davon wußte das Heidentum nichts und kannte deshalb auch nicht das Bedürfnis einer Erlösung durch übernatürliche Gnade. Kein größerer Gegensatz als zwischen der Selbstherrlichkeit des antiken Philosophen und seinem stolzen Bewußtsein, durch Anspannung seiner Willenskraft Leidenschaften und Begierden bezwingen zu können, und dem Abhängigkeitsgefühl dem Erlösungsbedürfnis des Christen und seiner unbedingten Unterwerfung unter den göttlichen Willen. Unter den heidnischen Grundtugenden war für die Demut ebensowenig ein Platz als für jene Geduld, die dem, der die Backe schlägt, die andere hinreicht.

Auch die Hoffnung auf ein anderes Leben hatte für die heidnische Welt, soweit sie überhaupt gehegt wurde, niemals auch nur annähernd dieselbe Bedeutung wie für die christliche: schon darum nicht, weil ihr die Gewißheit fehlte, die allein der Offenbarungsglaube zu geben vermag. Daß das Christentum die tiefe Sehnsucht nach dieser Gewißheit befriedigte, das hat am meisten dazu beigetragen, seinen Sieg zu entscheiden. Der antike Unsterblichkeitsglaube stand dem Zweifel und der Leugnung niemals so schroff gegenüber als der christliche. Für die Christen war der Tod, dem keine Auferstehung folgt, das unseligste Los: die heidnische Philosophie lehrte mit Sokrates, daß der Tod auch als ein ewiger Schlaf kein Übel sei. Sie überwand seine Schrecken nicht durch die Hoffnung auf eine überirdische Seligkeit, sondern durch die richtige Erkenntnis des geringen Werts des irdischen Daseins. Das Ziel aller Erkenntnis, sagt Seneca, ist, das Leben zu verachten.

Ebensowenig wie den Glauben und die Hoffnung der Christen besaß das Heidentum die Liebe, die nach Goethes Ausdruck aus der Ehrfurcht vor dem, was unter uns ist, entspringt. Erst durch das Christentum hat die Menschheit gelernt, „auch Niedrigkeit und Armut, Spott und Verachtung, Schmach und Elend, Leiden und Tod als göttlich zu erkennen, ja Sünde selbst und Verbrechen nicht als Hindernisse, sondern als Fördernisse des Heiligen zu verehren und liebzugewinnen". Die antike Welt ist davon weit entfernt gewesen, wenngleich es auch dort an einzelnen Regungen dieses Gefühls nicht gefehlt hat. Platon und Aristoteles haben für ihren Idealstaat die Tötung gebrechlicher und verstümmelter Kinder in Aussicht genommen. Seneca mißbilligte das Ertränken verkrüppelter und mißgeborener Kinder ebensowenig wie das Töten toller Hunde und kranken Viehs, das die ganze Herde anstecken könnte. Erst sehr spät ist die Aussetzung von Kindern für strafbar erklärt worden. Daß der Weise nach stoischer Lehre weder Mitleid empfinden, noch verzeihen soll, können, wie Seneca meint, nur Unverständige als zu große Härte ansehen. Der Weise darf sich die Heiterkeit der Seele ebensowenig durch Mitleid wie durch andere Affekte trüben lassen, es ist eine Schwäche kleiner Geister, besonders der Weiber; er wird die Tränen der Weinenden trocknen, aber nicht mit ihnen weinen; er wird nicht bemitleiden, sondern helfen. Ebenso wird er zwar Milde und Gnade walten lassen, aber nicht verzeihen; denn Verzeihung ist Erlaß einer verdienten Strafe.

Überhaupt tritt der Gegensatz zwischen Heidentum und Christentum im Stoizismus, trotz aller im Laufe der Entwicklung eingetretenen Milderung, am grellsten hervor, und nicht am wenigsten in den Schriften Senecas. Unmöglich konnte das stolze Bewußtsein, sich aus eigener Kraft, gleich Herakles (einem Ideal der Stoiker wie der Kyniker), über das Niveau der Menschheit erheben und den Göttern gleich werden zu können, stärker betont werden als von ihm. Die Götter, sagt er, haben vor dem Weisen nichts voraus als die Dauer des Daseins, die Unsterblichkeit; er steht ihnen nicht als Flehender, sondern als Genosse gegenüber; er ist ebenso selig wie sie, ja in gewissem Sinne steht er höher als sie. Jupiter kann von den Erdengütern keinen Gebrauch machen, der Weise will es nicht; jener steht außerhalb des Erleidens von Übeln, dieser über ihm. Allerdings ist der wahre Weise so selten wie der Phönix; aber auch die neuere Zeit hat die Verwirklichung dieses Ideals doch erlebt: in Cato von Ultica haben die Götter ihr ein gewisses Bild des Weisen gegeben als in Ulyß und Hercules; ja in ihm ist das stoische Ideal nicht bloß verwirklicht, sondern vielleicht noch überboten. Und wenn Senecas Neffe, der ebenfalls sich zum Stoizismus bekennende Lucan, dem das Leben von sich werfenden Cato das Wort in den Mund gelegt hat, den Göttern habe die Sache der Sieger gefallen, ihm aber die der Besiegten, so steht dieser die himmlischen Mächte des Irrtums zeihende Trotz dem christlichen Gefühl menschlicher Ohnmacht und Nichtigkeit und der demütigen Ergebung in den Willen Gottes gegenüber wie ein Pol dem andern.

Ohne seinen Tod wäre Cato für Seneca eine minder vollkommene Idealgestalt gewesen. Wenn die Stoa überhaupt in dem

Selbstmorde die höchste Betätigung sittlicher Freiheit erblickte, so hat doch kein Stoiker das Recht, das Leben freiwillig zu enden, in gleicher Weise zum „Schlußstein und Angelpunkt seiner Lebensanschauung" gemacht wie er. Wie der ältere Plinius sah auch er darin einen Vorzug des Menschen vor der Gottheit, daß er sich den Tod geben könne, wenn er es wolle; dies sei das beste Geschenk der Natur bei so viel Qualen des Lebens. In einer seiner Tragödien heißt es[4]:

> Jedweder Knechtschaft wankelmütiger Götter
> Stolzer Verächter,
> Der des Acherons Flut, der den traurigen Styx selbst
> Ohne Trauer sieht und es wagt, ein Ziel dem Leben zu setzen,
> Königen gleich wird, Göttern gleich er sein.
> O welch Elend ist's, nicht sterben können!
>
> ----
>
> Welch verführerisch Unheil wurdest den Menschen du,
> Grausamer Lebensdrang! während dem Elend doch
> Offen der Ausweg und rettender Tod uns winkt,
> Der zum stillen Port ewiger Ruh' uns führt.

Seneca gefällt sich darin, die Unseligkeit des Lebens in immer neuen Wendungen zu schildern und den Tod als eine Wohltat zu preisen. Das Leben ist ganz und gar beweinenswert, doch wir haben mit Tränen genug, um alles zu beweinen, was der Tränen wert ist; das Leben bietet das Schauspiel einer mit Sturm genommenen Stadt; es ist ein stürmisches Meer, das uns immer umher und oft an Felsen schleudert, und sein einziger Hafen der Tod; es ist eine Sklaverei, wenn die Kraft zum Sterben fehlt; die Liebe zum Leben ist die Kette, die uns gefesselt hält; der Tod allein bewirkt, daß es nicht die schwerste Strafe ist, geboren zu werden. Nichts Besseres hat das ewige Gesetz getan, als daß es uns nur einen Eingang ins Leben gegeben hat, aber viele Ausgänge. Ein Messerchen eröffnet den Weg zu der großen Freiheit, und die Ruhe kostet nur einen Stich. Man darf auch wegen geringfügiger Ursachen den Tod wählen. Er erzählt, daß ein junger Mann seiner

---

[4] Die Übersetzung ist von W. Ribbeck, L. Annäus Seneca, der Philosoph (1887).

Bekanntschaft, der an einer nicht unheilbaren, aber lästigen Krankheit litt, kürzlich durch Selbstmord geendet habe; ein stoischer Philosoph, den er um Rat fragte, hatte ihn in seinem Entschlusse bestärkt. Das Leben sei ja nichts Großes, alle Sklaven, alle Tiere leben; groß sei es, ehrenvoll, mit Überlegung und Entschlossenheit zu sterben. Nicht bloß Unglück, auch Lebensüberdruß sei ein hinreichender Beweggrund zum Sterben. Und in diesem Überdruß bestärkt uns sogar die Philosophie. „Wir fragen: wie lange noch dies ewige Einerlei? Ich werde erwachen, schlafen, hungern, essen, frieren, Hitze leiden. Nirgend ein Ende, überall ein Kreislauf. Auf die Nacht folgt der Tag, auf den Tag die Nacht, der Sommer endet in den Herbst, dem Herbst folgt der Winter, der vom Frühling abgelöst wird. Alles geht vorüber, um sich zu wiederholen. Ich tue nichts Neues, ich sehe nichts Neues: auch dies führt endlich den Ekel herbei. Viele halten es nicht für bitter, zu leben, aber für überflüssig."

Allerdings hat Seneca den Tod nicht bloß als Erlöser von der Qual des Lebens, sondern auch, wie oben erwähnt, als Befreier der Seele aus dem Gefängnis des Leibes gepriesen, der sie einem höheren, seligen, ewigen Dasein zuführt. In diesen im Sinne Platons getanen Äußerungen ist er insofern von der stoischen Philosophie abgewichen, als die letztere nur eine begrenzte Fortdauer annahm, und selbst diese Annahme war innerhalb der Schule auf Widerspruch gestoßen. Der Stoiker Panaitios, der in Rom in den Kreisen der Scipionen gelebt hatte, verwarf den Unsterblichkeitsglauben ganz, und seine Autorität war für die Römer, die der Schule anhingen, eine besonders schwerwiegende. Im Leben Senecas hat es aber auch Perioden gegeben, in denen er nicht bloß der streng materialistischen Ansicht des von ihm sehr hochgeschätzten Epikur zuneigte, sondern auch mit ihm die Lossagung von dem Glauben an ein Leben nach dem Tode insofern als eine tröstliche ansah, als sie uns von der Furcht vor den Schrecknissen befreie, die uns in einem Jenseits erwarten könnten. Dieser Ansicht hat er in einer seiner Tragödien einen poetischen Ausdruck geliehen[5]:

---

[5] Die Übersetzung ist von Ribbeck a. a. O. S. 91.

Ist's wahr, ist's Trug nur, ein Märchen für Furchtsame?
Wir lebten als Schatten noch, wenn unser Leib dahin?
Wenn liebend die Gattin die Augen dir zugedrückt,
Die Sonne dir strahlte im Leben zum letzten Mal,
Die Totenurne schon deine Asche birgt,
Dann soll die Seele nur nicht mit bestattet sein,
Und weiterleben sollst du, o Ärmster, noch?
Oder stürben wir ganz und es bliebe kein Teil von uns
Zurück, wenn flüchtigen Hauches der Geist entfloh,
Im Nebelgewölk empor in die Lüfte stieg,
Den nackten Leichnam feurige Glut verzehrt?
Was nur im Aufgang, was nur im Niedergang
Die Sonne schaut, was immer mit blauer Flut
Bespült, bald stürmend, bald weichend, der Ozean,
Das alles entrafft der beflügelte Schritt der Zeit.
Gleichwie im Wirbel sich die Gestirne dreh'n,
Gleichwie im Flug der Sterne Königin
Herauf führt und hinab die Zeiten, wie
Der Mond sein Antlitz wechselt und erneut,
So eilen auch wir dem Verhängnis zu. Wess' Fuß
Berührt die Fluten des Totenstroms, der ist
Nirgend mehr fortan. Gleichwie vom Feuer der Rauch
Kaum aufgestiegen, trüb in die Luft verschwimmt,
Wie Wetterwolken, kaum erst erschaut von uns,
Auch schon zerteilt des stürmischen Nords Gewalt,
So wird der Hauch, der jetzt uns belebt, entflieh'n.
Nach dem Tod kommt nichts mehr, selber der Tod ist nichts,
Dem flüchtigen Laufe winkt er als letztes Ziel.
Nicht hofft, ihr Gierigen, Furchtsame, bebt nicht mehr!
Du fragst, wo nach dem Tode du weilen wirst?
Dort, wo das Nichtgeborene ist.
Die Zeit verschlingt, die gier'ge, das Chaos uns,
Auf jeglichen Leib hat einmal der Tod ein Recht
Und schont auch der Seelen nicht. Tänaron und das Reich
Des finstern Königs, und der die Schwelle wahrt
Als Hüter, Cerberus, dem man nur fürchtend naht,
Sind leeres Gerede, nichtige Worte nur,
Ein Spuk, der uns ängstigt wie ein Fiebertraum.

An dieser unbedingten Leugnung der Fortdauer hat Seneca freilich wohl nicht lange festgehalten; doch zu einem festen, alle

Zweifel ausschließenden Unsterblichkeitsglauben ist er trotz ernstlicher Bemühungen niemals gelangt. An seinen Freund, der Epikureer Lucilius, schreibt er einmal, dessen letzter Brief habe ihn aus einem angenehmen Traum erweckt. Er war im Begriff gewesen, sich dem tröstlichen Glauben an die Ewigkeit der Seelen hinzugeben und die Meinungen großer Männer sich anzueignen, die ja freilich mehr verheißen als beweisen. „Ich überließ mich einer so großen Hoffnung. Schon war ich meiner selbst überdrüssig, schon verachtete ich den Rest des auf die Neige gehenden Lebens in der Aussicht auf den Übergang in den Besitz einer Ewigkeit, als ich durch den Empfang Deines Briefs erwachte und der hübsche Traum dahin war." Doch er wolle nach der Beantwortung von Lucilius' Fragen zu ihm zurückkehren und ihn zurückgewinnen. In der Tat schließt er seinen Brief mit einem Ausblick auf das längere und bessere Leben, zu dem das irdische nur ein Vorspiel ist. Dann werden sich uns die Geheimnisse der Natur enthüllen, der Himmel, den die an den Leib gefesselte Seele nur von fern ertragen kann, von allen Seiten mit gleichem Glanze leuchten, es wird keinen Wechsel von Tag und Nacht mehr geben, und wir werden erkennen, daß wir in der Finsternis gelebt haben, so lange das göttliche Licht nur durch die so äußerst engen Wege der Augen zu uns drang. Vergleicht man diesen Schluß mit dem Anfang des Briefes, so kann man sich der Vermutung nicht erwehren, daß die Zuversicht, mit der er hier spricht, eine künstlich eingeredete war. In der Tat erklärt er es auch in seinen spätesten Schriften oft genug als zweifelhaft, ob es ein anderes Leben gebe, ob die Seelen fortdauern, ob der Tod nur ein Übergang sei oder das Ende. Über sein Wesen und seine Wirkung würden wir Gewißheit nur dann erhalten, wenn ein Gestorbener wieder auferstanden wäre. Daß Seneca diese Gewißheit immer gefehlt, daß er von keinem Auferstandenen gewußt hat, zeigt allein schon, daß er vom Christentum ganz unberührt geblieben ist.

DER GEDANKE DER FREUNDSCHAFT IN SENECAS BRIEFEN AN LUCILIUS[1]

Von ULRICH KNOCHE

Senecas Werken, seinen dramatischen sowohl als auch seinen prosaischen, wohnt eine außerordentliche Dynamik inne. In diesem Mann ist eine reiche geistige Tradition lebendig; aber seine Persönlichkeit ist so stark, daß er diese Tradition selber in einer

---

[1] Die Gedanken, die diese Skizze festhalten will, wurden zuerst einem Gremium von klassischen Philologen am 6. 10. 1953 in Walsrode vorgetragen. Sie nehmen eine Betrachtungsweise auf, die ich vor mehr als 20 Jahren in meiner Kölner Antrittsvorlesung empfohlen hatte, die morphologische (Der Philosoph Seneca, Frankf. a. M. 1933). Von neueren Schriften, die sich mit Senecas geistiger Gestalt beschäftigen, verdanke ich besonders den folgenden sehr viel, mögen die Standpunkte der Autoren auch z. T. ganz unvereinbar einander gegenüberstehen: O. Regenbogen, Schmerz und Tod in den Tragödien Senecas, Vortr. d. Bibl. Warburg 1927/28, Lpz. 1930, S. 167 ff.; ders.: Seneca als Denker römischer Willenshaltung, Die Antike 12, 1936, S. 107 ff.; E. Köstermann, Untersuchungen zu den Dialogschriften Senecas, SBBA, 1934, S. 12 ff. (bespr. v. H. Dahlmann, Gnomon 13, 1937, S. 366 ff.); H. Lenzen, Senecas Dialog ›De brevitate vitae‹, Lpz. 1937 (bespr. v. K. Büchner, Gnomon 17, 1941, S. 711 ff.); M. Pohlenz, Philosophie und Erlebnis in Senecas Dialogen, Nachr. Gött. Ak. 1941, S. 55 ff. (im folgenden zitiert: NGA.); ders.: Die Stoa, Geschichte einer geistigen Bewegung, Göttingen 1948; H. Dahlmann, Seneca und Rom, in: Das Neue Bild der Antike II, Lpz. 1942, S. 296 ff.; ders.: Seneca ›De brevitate vitae‹, München 1949; E. Bickel, Rh. Mus. 93, 1950, S. 202 ff. – Weitere Literatur findet sich in K. Büchners Forschungsbericht (Lat. Lit. und Sprache, Bern 1951, S. 153). – Das Werk von F. Martinazzoli, Seneca: Studio sulla morale ellenica nell'esperienza romana, Florenz 1945, konnte ich bisher nicht einsehen.

höchst souveränen Weise fortführt.² Er hat wichtige Gedankengänge, mit denen sich die Menschen jahrhundertelang beschäftigt hatten, ergriffen, um ihnen eine durchgeläuterte, ungemein persönliche Form und Gestalt zu geben; und dadurch sind gerade seine Prägungen für die Zukunft besonders fruchtbringend geworden. Seine Werke stellen einen Endpunkt dar; aber zugleich enthalten sie die Keime für eine lebendige Weiterentwicklung³.

Aus der Fülle dieser Gedanken, die durch Seneca eine besonders eindrucksvolle Ausprägung erfahren haben, sei hier nur ein einziger näher betrachtet, der Gedanke der Freundschaft. Es ist dabei nicht beabsichtigt, den Gedanken der *amicitia* in der ganzen Tiefe und Vielfältigkeit zu besprechen, den er bei und durch Seneca gewinnt. Es soll weder Senecas fast gänzlich verlorengegangene Monographie über den Gegenstand erörtert, noch sollen seine Auffassungen und Lehren mit der griechischen Literatur Περὶ φιλίας verbunden werden.⁴ Seneca soll vielmehr zunächst nur ganz einmal so, wie er sich ausspricht, verstanden werden, unbekümmert um die Quellenprobleme.⁵ Und zwar soll hier die Freundschaft einzig im prägnanten Sinne der *vera amicitia* betrachtet werden, die sich ja von der *amicitia vulgaris* sehr erheblich

---

² Daß Senecas Prosaschriften aus dieser Spannung zwischen der Tradition und der Persönlichkeit des großen Mannes ihr Leben schöpfen, ist bekannt und anerkannt. Für seine Tragödien sucht jetzt Gerhard Müller Ähnliches zu erweisen, wie mir scheint, erfolgreich (Senecas Oedipus als Drama, Hermes 81, 1953, bes. S. 461 ff.).

³ Um dafür nur ein Beispiel zu erwähnen, auf das Pohlenz (NGA. 117) kurz hinweist, und das weiterer Erforschung besonders reichen Ertrag verspricht: Das Fortleben des Senecanischen *voluntas*-Gedankens bei Augustin.

⁴ Nützlich sind immer noch Bohnenblusts Beiträge zum Topos περὶ φιλίας, Berlin 1905; einige wichtige Bemerkungen über Senecas Verhältnis zu den entsprechenden griechischen Abhandlungen bringt Pohlenz NGA. 117. Das Thema verdient eine neue Behandlung auf breitester Grundlage, wobei die Breite freilich nicht genügt.

⁵ Wichtigste Erkenntnisse über Senecas, keineswegs immer gleichmäßige, Art der Quellenbenutzung im allgemeinen und im besonderen bringt, über die Vorgänger – auch über Köstermann – hinaus: Max Pohlenz in der schon öfters zitierten Akademie-Abhandlung.

unterscheidet (z. B. ep. 45, 7 ff.); und in weiterer Beschränkung soll das eigentliche Problem die lebensformende Kraft dieser *amicitia* sein, die Seneca ihr schließlich zuspricht.

Während Senecas Auffassungen von der Freundschaft sich in seinen früheren Schriften, noch in dem Werk ›De beneficiis‹[6] sehr weitgehend im Rahmen des Konventionellen bewegen, scheint der Freundschaftsgedanke in seinen Luciliusbriefen eine eigentümliche Tiefe und Intensität zu gewinnen; es zeigt sich offenbar auch an diesem Punkt, daß Seneca erst in diesem Werke ganz er selber geworden ist.[7] Darum sollen die Briefe an Lucilius die Hauptquelle für die folgende Betrachtung sein.

Es ist sehr merkwürdig, daß Seneca sein geistiges Vermächtnis in Form einer Sammlung von Briefen an den jüngeren Freund zusammengefaßt hat; sonst bevorzugt er ja die Form der durchgehenden Lehrschrift.[8] Ebensowenig scheint es in der lateinischen Prosaliteratur überhaupt, vor den Luciliusbriefen Senecas, Briefsammlungen gegeben zu haben, die nur einem bildenden Zweck hätten dienen wollen; und nicht einmal in der griechischen Literatur läßt sich ein genau-entsprechendes Vorbild nennen, das in ähnlicher Allseitigkeit und Konzentriertheit einen einzelnen Adressaten durch einen Kranz von Briefen an die Lebenskunst heranzuführen getrachtet hätte. Seneca ist offenbar schon mit der äußeren Anlage dieses großen Werkes ganz eigene Wege gegangen, und das muß seinen Grund haben; denn die äußere Anlage eines Werkes wird ja durch seine inneren Notwendigkeiten bedingt.

[6] Allerdings begegnet dort schon 6, 34, 5 der *verus amicus*; aber der Terminus bleibt ziemlich singulär. Auch 6, 16 wird eine Vertiefung des Freundschaftsbegriffes vorgenommen; von hier bis zur *vera amicitia* der Luciliusbriefe ist es indessen noch ein großer Schritt.

[7] So, außer anderen, auch Pohlenz NGA. 111; der Abstand, der die Luciliusbriefe in ihrem geistigen Schwergewicht von Senecas übrigen prosaischen Schriften trennt, ist ziemlich groß.

[8] Auch der Dialog De tranquillitate animi ist eigentlich eine Lehrschrift, obwohl Seneca hier einmal den Versuch macht, so etwas wie einen dramatischen Rahmen zu schaffen. Über den Begriff *dialogus* bei Seneca (=διάλεξις) klärt Dahlmann auf (Gnomon 13, 1937, S. 367; wiederholt in: ›De brev.vit.‹ Einl. S. 14).

Zunächst halte ich das für sicher, daß Senecas Luciliusbriefe von vornherein als literarische Briefe konzipiert worden sind. Mitteilungen des Augenblicks finden sich in ihnen zwar reichlich, wie auch in anderen Prosaschriften Senecas; aber sie bilden nur den Ausgangspunkt für Gedanken von allgemeinerer Gültigkeit. Seneca berichtet z. B. im 86. Brief von einem Besuch in Liternum, im alten Landhause Scipios; aber das ist ihm nur der Anlaß, fast ein musealer Anlaß, auf der Folie der alten Zeit kritisch über die eigene Zeit zu sprechen: sein Besuch in Liternum kann eine Reminiszenz, ja er kann eine bloße Fiktion sein.

Eine Fiktion ist es wahrscheinlich weiter, daß es sich um einen regelrechten Brief-Wechsel handle.[9] Gewiß bezieht sich Seneca oft genug auf Antwortschreiben des Freundes; aber auch diese Bemerkungen sind lediglich Anknüpfungspunkte, um etwa Gedanken genauer zu entwickeln, die in einem früheren Brief allzu flüchtig berührt worden waren. Natürlich ist anzunehmen, daß Lucilius dem Freunde tatsächlich Briefe geschrieben hat; nur sind diese für den Inhalt und die Substanz der uns vorliegenden Briefsammlung Senecas ganz bedeutungslos: dies Werk bedarf zu seinem vollen Verständnis solcher Ergänzung von außen nicht. – Bei dieser Sachlage hat man längst die Vermutung geäußert, vielleicht sei auch die ganze Gestalt des Lucilius eine bloß literarische Fiktion Senecas. Ich glaube das zwar durchaus nicht; aber doch ist die Person des Lucilius für Senecas Werk nicht als individuelle Gestalt bedeutungsvoll, sondern nur in einer bestimmten Funktion[10]: Lucilius ist hier vor allem bedeutungsvoll als der

---

[9] Vgl. hierzu auch Pohlenz, NGA. 102.

[10] H. Dahlmann schreibt im ›Neuen Bild der Antike‹ II S. 307: „Seine Briefe hat Seneca an seinen Freund Lucilius gerichtet, aber der Einzelmensch Lucilius ist verhältnismäßig nebensächlich, nur eine Personifizierung des Menschen schlechthin"; und das führt er dann weiter aus. – Der zweite Teil dieser Aussage bedarf, glaube ich, einer Modifizierung, der Dahlmann gewiß zuzustimmen vermag. In der Zuwendung zu Lucilius wendet sich Seneca doch nicht an den Menschen schlechthin, sondern an den Menschen von einem bestimmten Zuschnitt, an den Menschen von nicht geringer Lebensreife, an den kulturell und sittlich anspruchsvollen Menschen, der obendrein dem Leben tätig ver-

Freund des großen Lebensgestalters; und das bedarf der Interpretation.

Senecas Haltung in den Briefen an den Freund ist die des Ratenden, des Mahnenden, des Anspornenden. Immer wieder begegnet man Wendungen, wie: *te hortor, te rogo, te admoneo, iubeo te, suadeo tibi,* u. ä. m. Der imperative Satz hat hier weit stärkeres Gewicht als der Aussagesatz; ja, sogar dieser wird sehr häufig nach der imperativischen Seite hin ungemein verstärkt, durch Worte, wie *crede mihi* u. ä. Seneca will also offenbar durch diese Briefe unmittelbar auf seinen Partner einwirken und dessen Willen beflügeln.[11] Seneca sagt auch, warum er das tut: er will nützen; und das drückt er ganz kurz so aus: *bonum tuum tibi ostendo* (124, 21). Dies Gute wird vom stoischen Dualismus her bestimmt: Der Mensch lebt ja in zwei Welten; das eine ist die Welt des Scheines und des allgemeinen Selbstbetruges, in der die *opiniones vulgi* herrschen: da spielt sich der Mimus des menschlichen Lebens ab (80, 7), da leben die Menschen mit klopfendem Herzen (74, 3), da gleichen sie allesamt der blinden Närrin Harpaste (50, 2). Die andere Welt ist die der Wahrheit: da herrscht das Wissen um die echten Werte (81, 8), da wird den Menschen und den Dingen die Maske abgenommen (24, 13). Wie tief dieser dualistische Glaube Senecas Schriften insgesamt bestimmt, ist bekannt. Sein *bonum* im Sinne des *verum bonum*, das also will Seneca dem Freunde zeigen und immer wieder zum Bewußtsein bringen; denn er ruft ja auf zur *vita beata,* zum *bene vivere* – das bloße *vivere* hat ja, wie er immer wieder einprägt, keinen eigenen Wert.

Schon diese Andeutungen zeigen, daß Seneca mit seinen Lu-

bunden ist, kurz, an den Menschen, der so ist wie der Freund Lucilius, einen Menschen, mit dem den Philosophen das Band der *vera amicitia* verbinden könnte. Auch das Urteil von Pohlenz (NGA. 102), in den Briefen erscheine Lucilius immer wieder als ein Mann, der die ersten Schritte in einem wirklich philosophischen Leben tue, hoffe ich im folgenden etwas präzisieren zu können.

[11] Was Pohlenz NGA. 111 ff. darüber ausführt, verdient volle Zustimmung.

ciliusbriefen eine bildende Absicht verfolgt; sein Ziel ist durchaus nicht die bloße Belehrung. Da ist es nun wichtig zu erkennen, wo Seneca, nach seiner eigenen Aussage, selber steht, und wo sein Freund, den er stets als ein lebendiges Gegenüber empfindet.

Seneca schreibt als der Ältere, er schreibt als *senex.* Was das bedeutet, zeigen etwa Worte wie diese (68, 14): *non est... quod existimes ullam aetatem aptiorem esse ad bonam mentem, quam quae se multis experimentis, longa ac frequenti rerum paenitentia edomuit, quae ad salutaria mitigatis adfectibus venit.* Weiter schreibt Seneca als ein Mann, der in seiner Zeit das allergrößte geistige Ansehen genießt, und der sich dessen ganz gewiß ist. Ep. 21, 4 schreibt er an Lucilius: Dein Name wird durch mich genau so unsterblich werden, wie des Atticus Name durch Cicero oder die Namen des Nisus und Euryalus durch Vergil – da ist er nicht bescheiden: *habebo apud posteros gratiam; possum mecum duratura nomina educere* (ebd. § 5). Er schreibt ferner als ein Mann, dem die Lebenskunst der *philosophia* eine lebendige Macht ist (oder geworden ist), und obendrein verfügt er über die weiteste, tiefste Welt- und Selbsterfahrung.

Aber dieser hochangesehene Mann, er weiß es genau, und er betont es oft,[12] daß er durchaus kein Weiser ist, gemessen an dem stoischen Idealbild. Der *vir bonus,* sagt er ep. 42, 1, der zeigt sich wohl nur, wie der Vogel Phoenix, alle 500 Jahre ein Mal! Er selber empfindet sich wirklich nur als einen *vir bonus secundae notae,* der nicht allein vom *homo perfectus,* sondern sogar vom *homo tolerabilis* noch sehr weit entfernt ist (57, 3). So kann er scherzend, wie so sehr oft, an den Freund schreiben: eigentlich liegen wir doch alle beide in demselben Sanatorium (27, 1).

Er schreibt also aus einer bemerkenswerten Spannung heraus: aus dem Wissen um die große eigene Unzulänglichkeit, und doch im Bewußtsein seiner starken geistigen Autorität.

Und wo steht Lucilius? Seneca hat ihn sorgsam ausgewählt (3, 2); er ist nicht irgendwer. Er gehört zur geistigen Adelsschicht,

---

[12] Schon in der Verteidigungsschrift ›De vita beata‹ kann man 18, 1 lesen: *de virtute, non de me loquor.*

zu den *generosi*. Er ist jünger als Seneca, aber durchaus kein Jüngling mehr, sondern ein ausgereifter, ausgewiesener Mann, der mitten im Leben steht. Er besitzt die Bildung seiner Zeit, beherrscht die freien Künste sowie die Philosophie, als ein *litteratus vir* (15, 2), und er ist sehr ernstlich selber um seine Selbstvervollkommnung bemüht. Seneca sagt zu ihm (53, 8): *dignus es philosophia, illa digna te est*. In diesem Geiste wirkt Lucilius bereits auf andre ein, auf Freunde und Gefährten;[13] er schreibt sogar selber Bücher.[14] Er ist also kein Mensch, den man erst noch vom Lebenswert der *philosophia* überzeugen müßte; er kennt nicht nur die philosophischen Lehren und Beweisgründe genau, sondern er hat sich selber zum Leben des *honestum* entschlossen, und er kann und will von dieser Bahn durchaus nicht wieder zurück; er ist ihr gleichsam durch den Gladiatoreneid verschworen; wie Seneca es sagt (ep. 37, 1): *quod maximum vinculum est ad bonam mentem: promisisti virum bonum, sacramento rogatus es*. Lucilius ist, nach alledem, ein προκόπτων, der seinen Weg schon beinahe alleine gehen kann. Seneca schreibt ihm (10, 1): *audeo te tibi credere*.

Es ist leicht verständlich, daß Seneca einem Menschen auf dieser Lebensstufe keine moralische Lehrschrift mehr widmen kann; er versichert selber ausdrücklich (47, 21): *non est ... tibi exhortatione opus*. Es ist verständlich, daß er einem solchen Mann gegenüber die Zetemata und die Syllogismen der Schule bagatellisieren kann, wie er es oft tut: warum schreibt er ihm nun Briefe? Ein Mensch, wie Lucilius es ist, sollte doch selber wissen, was er zu tun hat.

Lucilius steht, was zu betonen ist, mitten im Leben. Er ist als Procurator tätig gewesen (31, 9), er tritt auch im geistigen Leben selber hervor (z. B. 19, 3 u. ö.): und gerade das Leben bringt die große Gefährdung; denn es ist voll von falschen Lehrmeistern. Auch dieser Gedanke kommt bei Seneca aus einer Lebensüberzeugung, die längst feststeht.[15] Besonders gefährlich sind alle

[13] Das geht aus den Briefen 7; 25; 33; 36 u. a. klar hervor.

[14] Vgl. ep. 19, 3; 46, 1; 79, 5 und 7; 24, 19.

[15] Mehr zur Anregung sei auf die Einleitungskapitel der Schriften ›De vita beata‹ und ›De brevitate vitae‹ hingewiesen. Sonstige Belegstellen gibt es in Hülle und Fülle.

Wohlmeinenden. Angefangen von den Eltern und Freunden bis hin zu den anerkanntesten Dichtern: allgemein wird, in bester Absicht, der Wert von lauter Scheinwerten empfohlen; und es haben sich sogar schon genügend sogenannte Philosophen dazu hergegeben, dasselbe zu tun (52, 15 u. ö.). So ist die ganze Welt voll Propheten der Afterwerte, und jeder einzelne Mensch wird zum neuen Ansteckungsherd: die Gefährdung des Menschen im Leben durch das Leben – mag er noch so fest zum Rechten entschlossen sein – ist riesengroß. Er kann eigentlich dem allgemeinen Los des Menschen gar nicht entrinnen, das Seneca in den paradoxen Satz faßt: *peiores morimur quam nascimur* (22, 15).

Das ist die Situation, in der Seneca eingreift. Er sagt einmal im 9. Brief: Selbst der Weise mag wohl autark sein fürs sittliche Leben *(ad bene vivendum);* fürs Leben schlechthin ist er es nicht. Der Mensch allein also, mag er noch so wertvoll sein, verliert sich im Leben; es sind ganz seltene Menschen, die man sich selber überlassen darf (ep. 25; 10, 1 u. ö.). So braucht der Mensch einen Gefährten, der ihm einen Halt gibt (ep. 48 u. ö.). Dieser Gefährte hat nun mancherlei Aufgaben: er erinnert den andern an die Lebensgrundlagen, er bestätigt den andern in der rechten Lebenshaltung, er spornt ihn an, und er tut noch Wichtigeres.

Wie ein Leitmotiv geht durch Senecas Briefe eine Maxime Epikurs: Als Lebensnorm soll man sich einen bedeutenden Menschen zum Vorbild wählen; der soll gleichsam als Wächter über unser Denken und Tun wachen, als *custos* (11, 8/10 u. ö.). Das kann ein Cato sein, ein Scipio, ein Laelius, ein Rutilius oder ein anderer: er kann auch Seneca selber sein, den sich der Freund zum *custos* erwählt. Er schreibt ep. 32, 1 an ihn: *tecum sum; sic vive, tamquam quid facias auditurus sim, immo visurus.* Dadurch greift nun der Freund ins Leben des Freundes ein als Lebensgestalter, und zwar durch dessen eigene freie Entscheidung; denn seinen *custos* wählt sich ein jeder ja selber. Und darauf baut sich die nächste, noch wichtigere Funktion des Freundes auf.

Nach stoischer Lehre ist der Mensch durch seine rationale Natur zur *virtus* befähigt; aber er hat nur die Anlage zur *virtus*, seine moralische Natur erfüllen, das muß er selber: *bona mens nec commodatur, nec emitur* (27, 8); oder ep. 80, 5: *tibi des oportet istud bonum* (sc. *libertatem*), *a te petas* (dazu 58, 32). Diese Selbsterfüllung, die dem Menschen aufgegeben ist, ist nicht so einfach (42, 1); sie ist besonders schwierig in einer hochentwickelten Zeit (95, 14); aber sie bleibt unverändert aufgegeben. Da ist dann sehr viel zu tun, um in sorgfältiger Bemühung den guten Willen in einen *habitus* zu verwandeln (16, 6 u. ö.), in den *habitus* der *bona mens*.[16] Dabei entsteht aber die größte Gefahr gerade für den philosophisch durchgebildeten Menschen. Innere Ausgeglichenheit und echte Heiterkeit,[17] Selbstgewißheit *(fiducia)* und Festigkeit, das sind die Kriterien für den Grad der erreichten Reife *(maturitas)*. Nun stellt der Mensch diese Anzeichen bei sich fest: und schon ist er überzeugt, er habe die Vollkommenheit erreicht; denn allzu rasch sind wir ja mit uns selber zufrieden – *cito nobis placemus* (59, 11). Das aber ist in Senecas Augen der allergrößte Selbstbetrug; das Lebensgesetz des Menschen ist dynamisch, Stillstand ist bare Selbstgefälligkeit (ep. 56): tägliche Weiterentfaltung tut not, auf daß der Mensch „sein eigen" werde. Da greift nun wieder der Freund ein. Er veranlaßt den anderen, um eine moderne Formulierung zu gebrauchen, sich nicht automatisch sich selber gegenüber zu verhalten, sondern schöpferisch. Und von hier aus läßt sich nun der imperativische Charakter der Luciliusbriefe richtig verstehn: Ein Lucilius braucht gar keinen *paedagogus,* er braucht keinen *praeceptor* oder *exhortator:* über all das ist er längst hinaus; Seneca betont das selber (47, 21 u. ö.): aber er braucht einen Freund, der ihn selbsttätig, schöpferisch im Sittlichen, erhält. Immer wieder heißt es bei Seneca: Sieh zu, daß Du ein *securus possessor tui* wirst (12, 9), daß Du *tui reverentia* hast, daß Du „Dich selber hast" (42, 10); *inaestimabile bonum est suum fieri* (75, 18); *si vales et te dignum putas, qui aliquando fias tuus, gaudeo* (20, 1); *opto tibi tui facultatem* (32, 5); *ipse te specta, ipse*

---

[16] Es handelt sich um eine wirkliche *transfiguratio*, genauso, wie es eine *transfiguratio* ist, wenn sich der *spiritus* in Wasser verwandelt (Nat.Qu. 3, 20, 1).

[17] Sehr schön spricht Pohlenz (NGA. 93 ff. u. ö.) über den wichtigen Gedanken der Heiterkeit bei Seneca; ich möchte ihm auch zustimmen, wenn er ihn zuletzt an Panaitios anknüpfen will. Darauf führt der Vergleich mit Plutarch περὶ εὐθυμίας.

te lauda (78, 21); *fac te ipse felicem* (31, 5); oder mit einem Vergilzitat (Aen. VIII, 364), das Seneca immer wieder durch den Kopf gegangen ist: *te quoque dignum finge deo* (31, 11). So wäre denn der Freund der Begleiter und Hüter auf diesem Weg der aktiv-schöpferischen Selbstvollendung; er bewahrt den anderen vor dem Stillstand, und sein Wort wäre die Ermahnung zur eigenen, selbstgewollten und selbstvollzogenen Willensverfestigung des Freundes; er wäre sozusagen sein Gewissen, das seinen moralischen Willen wach und lebendig erhält.

Als nächstes ist zu entwickeln, wie sich die Form der Briefsammlung in den Dienst gerade dieser Aufgabe stellt.

Im 6. Brief führt Seneca aus, die wirksamste Bildung ergebe sich aus dem Zusammenleben von Meister und Schüler. Nicht die Lehre Epikurs habe seine Schüler zu großen sittlichen Persönlichkeiten gemacht, sondern das *contubernium*. Dementsprechend klingt auch aus Senecas Briefen immer wieder der Wunsch, Lucilius möge bei ihm sein. Das wäre also der einfachste Weg; aber statt dessen schreibt er Briefe, sehr viele Briefe.

Nach der Meinung des Altertums war nun im literarischen Bereich der Brief die Ausdrucksform, die dem Gespräch am nächsten kommt; und das war auch Senecas Auffassung (z. B. 75, 1; 67, 2; ep. 64; 65; 66). Durch den Brief entsteht also das freundschaftliche Gespräch über den Raum und auch über die Zeit hinweg. Wie das Gespräch, ist der Brief unsystematisch (64, 2); er ist meist kürzer, auch konzentrierter als das Gespräch, frei von allem, was dem Augenblick verhaftet ist (ep. 22; 71).

Seneca schreibt diese Briefe an einen vielbeschäftigten Mann, dem wenig eigene Zeit vergönnt ist. Er will durch diese Briefe auf ihn einwirken; darum schreibt er meist ziemlich kurz, aber er schreibt oft: Der Idee nach soll der Leser tagtäglich einen Luciliusbrief in sich aufnehmen; und Kürze, Stetigkeit der Einwirkung und Einprägsamkeit, das sind nach Senecas Zeugnis die drei wirksamsten Mittel zur Beförderung des dynamischen Selbstverfestigungsprozesses. Der andere soll ja *tenax veri* werden (7, 6); und das wird nicht dadurch erreicht, daß der Freund wie durch einen Wildbach überrannt und überspült wird: *perennis sit unda, non torrens* (40, 8). Durch eine große packende Abhandlung über das

Gute ließe sich Senecas Ziel gar nicht erreichen; die Einwirkung muß vielmehr *guttatim*, sorgfältig und ununterbrochen, sie muß täglich erfolgen. Sie braucht ihre Zeit, sie gleicht einer Kur (z. B. 40, 5). Ja, der sittlich Entschlossene ist sogar noch in einer besonderen Lage: er darf die Beschäftigung mit der Weltweisheitslehre keinen einzigen Tag unterbrechen: *non multum refert, utrum omittas philosophiam an intermittas* (72, 3); denn jede Unterbrechung wirft den Menschen, wie eine zurückschnellende Feder, auf den Anfang zurück (ebd.); und dann ergeht es ihm wie dem Toren, *qui semper incipit vivere* (Epikur: 13, 16; 23, 9 f.). *Continuatio:* das ist die allererste Bedingung (69, 2 u. o.).

Die protreptische Abhandlung kann diese Forderung der *continuatio* nicht erfüllen; um so besser kann es das Gespräch im *contubernium;* es kann auch der tägliche Brief, mag er gleich kurz sein: ja, vornehmlich der kurze Brief ist wohlgeeignet (45, 13 u. ö.). Er kann dem *peritus* mehr geben, als dem *inperitus* ein ganzes Leben (Poseidonios: 78, 28). Was vom *sermo* gilt, das gilt nämlich auch vom Brief: *plurimum proficit ... quia minutatim inrepit animo* (38, 1); denn der Brief vermag dem Freunde die Gegenstände, und diese in solcher Begrenzung anzubieten, daß er sie sich organisch aneignen kann. Seneca betont es öfters, der Freund solle die Briefe auffassen wie Selbstgespräche (z. B. 26, 7; 27, 1); natürlich, der Freund ist ja des Freundes *alter ego,* und es schreibt der Fortschreitende an den Fortschreitenden. Und wie Selbstgespräche treten diese Briefe auch leise und unaufdringlich auf, auch das gehört zu ihrer Eindringlichkeit: *philosphia bonum consilium est, consilium nemo clare dat* (38, 1). Es bedarf zwischen Freunden der *submissiora verba: facilius intrant et haerent; nec enim multis opus est, sed efficacibus* (38, 1). Nur dies ist die richtige Art der Einwirkung, nicht auf den Lernenden, sondern auf den längst Wissenden, an den sich Seneca wendet (39, 1): sie erfolgt aus dem Geist der *familiaritas* heraus, und Seneca findet gerade in seinen Briefen Worte unbeschreiblicher Zartheit.

Die große Geschliffenheit und Bildhaftigkeit der Diktion schließlich, durch die sich die Luciliusbriefe auszeichnen, muß ebenfalls aus Senecas Wirkungswillen heraus verstanden werden, nicht aus Gefallsucht. *Oratio cultus animi est,* heißt es einmal

(115, 2); oder an anderer Stelle: Die Sprache des Philosophen muß „sitzen": *haec oratio quae sanandis mentibus adhibetur, descendere in nos debet; remedia non prosunt, nisi immorantur* (40, 4; dazu etwa 75, 5; 82, 22). Die gebildete Sprache ist in Senecas Augen einfach eine Selbstverständlichkeit, wie die Körperpflege; die geschliffene Sprache ist die wirkungsvolle Sprache, die das Denken und den Willen des Freundes aktiviert. Es hat also seinen Sinn, daß Seneca dies Bildungswerk in solcher Diktion gerade in der Form der Briefsammlung abgefaßt hat; er wendet sich damit an einen *verus amicus,* an einen gleichgesonnenen Vertrauten.

Seneca hat gewußt, daß man nicht irgendeinen gleichgültigen Menschen bilden kann, sondern nur einen, mit dem eine gegenseitige Herzensverbundenheit besteht. Die tiefe Zuneigung des Älteren zu dem jüngeren Freunde gibt dem ganzen Corpus der Luciliusbriefe die eigentümliche Farbe. Es beherrscht sie ein inniges menschliches Gefühl, das durch keine theoretische Doktrin zu rechtfertigen ist, und ein schöner Satz (75, 3) gibt weitere Aufklärung. Da sagt Seneca: Anders küßt ein Mann seine Geliebte, anders seine Kinder: und doch offenbart sich auch in dieser heiligen, maßvollen Liebkosung durchaus das primäre Gefühl der Liebe, der *adfectus!* Das sagt ein Stoiker, der doch oft genug jeglichen Affekt mit den härtesten Worten verdammt hatte! Er bejaht hier den *adfectus amicitiae,* hier und anderwärts (z. B. N.Q. 3, 21, 1; 6, 16, 2). Es tut das allerdings ein Stoiker besonderer Art, der z. B. auch wußte, daß „menschliches Empfinden sich durch keine *virtus* ertöten läßt" (85, 29).[18]

Dies irrationale menschliche Gefühl, der *adfectus amicitiae,* ist nun der Boden, aus dem die sittlich so wirkungsvolle Zuneigung des Erziehers zu seinem Zögling erwächst. Man wird an Platon denken, wie er im Gespräch über die Freundschaft Sokrates zu den Knaben sagen läßt (Lysis 223 B): „O Lysis und Menexenos, jetzt

---

[18] Man kann eine Vorbereitung dieser Erkenntnis bereits in den ›Consolationes Ad Marc.‹ 4, 1 und ›Ad Helv.‹ 16, 1 finden, wo sich Seneca zu der Auffassung bekennt: *nullo dolore adfici inhumana duritia est.* Aber der Abstand fällt deutlich ins Auge.

haben wir uns lächerlich gemacht, ich alter Mann und ihr; denn alle hier, sie werden beim Fortgehn sagen, daß wir wohl glauben, wir seien Freunde geworden – denn ich rechne mich zu euch –, aber wir hätten es nicht herauszubringen vermocht, was denn eigentlich ein Freund sei." – Und man wird weiter an die Lösung denken, die dann das Symposion bringt.

Der Gedanke des pädagogischen Eros, wenn ich das Phaenomen einmal kurz so nennen darf, beherrscht auch Senecas Luciliusbriefe Ep. 6, 4 schreibt er: „Würde mir die Weisheit unter der Bedingung angeboten, daß ich sie verschlossen in mir behalten müßte, dann würde ich auf sie verzichten: *nullius boni sine socio iucunda possessio est*"; und ebenso entschieden heißt es 48, 2: *alteri vivas oportet, si vis tibi vivere*. Aber die Wurzeln dieses Gedankens sind bei Platon und Seneca ganz verschieden.

Theoretisch liegt bei Seneca die stoische Konzeption zugrunde, wahre Freundschaft sei nur unter den *boni* möglich; denn nur sie verbinde die gemeinsame Liebe zum *honestum* (z. B. 6, 3; 66, 24). Eine solche Freundschaft ist ihrer Natur nach gegenseitig; schon das unterscheidet sie, wie so vieles andere, von der *amicitia vulgaris* (z. B. 19, 11). Die gegenseitige vertraute Zuneigung der *boni* bewirkt nun, daß die Freunde einander auch gerade im Sittlichen fördern wollen, und zwar so, daß jeder Partner vornehmlich um das Wohl des anderen besorgt ist (z. B. ep. 9). Was im besonderen Fall Senecas Stellung zu dem Freunde betrifft, so vergleicht er sich mit dem *bonus cultor* und mit dem *bonus pastor* (z. B. ep. 34; 35; 73, 16). Er sagt etwa: Wie sich der Landmann über das Gedeihen der Fruchtbäume freut, oder der Hirt über das Gedeihen der Herde: *quid evenire credis iis, qui ingenia educaverunt, et quae tenera formaverunt, adulta subito vident* (34, 1)! Und zu seinem Zögling sagt er (34, 1): *adsero te mihi: meum opus es*.

Ein großes Merkmal dieses Erziehungswerkes ist also die Freude;[19] und auch damit geht Seneca weit über das übliche Diskussionsschema hinaus, das die *amicitia bonorum* zum Gegenstand hat. Ich will nicht die vielen Stellen bringen, an denen Seneca

---

[19] Vgl. o. S. 157.

seine Freude über die gute Entwicklung des Lucilius äußert (z. B. ep. 35 oder 19, 1), seine Freude einfach am Ausbildungswerk selber (9, 7), seine Freude, wenn er einen Brief des Freundes erhält: daß diese Zuneigung von seiten des Erziehers ihm einfach selbstverständlich ist, geht am besten aus unwillkürlichen Formulierungen hervor. Wie selbstverständlich ihm der *amor* des Erziehers zum Zögling ist, zeigt etwa ein Satz, der einen etwas schwierigen Schüler betrifft: *non amo illum, nisi offendero* (25, 1).

Nun geht der Gedanke aber tiefer. Auch der Zögling soll ja zum Meister in der Beziehung der *amicitia* stehen: *si vis amari, ama* (Hekaton: 9, 6). So schreibt Seneca an den Freund: *si nihil aliud, ob id proflce, ut amare discas* (35,1). Ein Paradox? Denn *amor* liegt doch auf seiten des Lucilius unzweifelhaft vor; aber Seneca läßt gleich ein ebenso pointiertes Wort folgen: *nunc enim amas me, amicus non es*. So scheint es denn, als ob auch diese Freundschaft einen Läuterungsprozeß durchzumachen habe, offenbar so, daß die *amicitia*, wie jede Lebensäußerung, durch die heranwachsende *bona mens* ihr Gepräge erhalten soll: sie muß zur *vera amicitia* werden, zu einem *habitus mentis;* und von ihr gilt dann erst der Satz: *amicitia semper prodest, amor aliquando etiam nocet* (35, 1).

Das führt zu wichtigen Konzequenzen: Entwicklung und Bestand dieser Freundschaft im prägnanten Sinne ist nur unter der Bedingung möglich, daß der jüngere Freund unablässig an seiner Selbstvollendung selber weiterarbeitet und sich bemüht, mit dem Älteren Schritt zu halten: er muß sich täglich selber übertreffen (15, 10). Das spricht Seneca auch so aus: *cum te tam valde rogo, ut studeas, meum negotium ago; habere amicum volo, quod contingere mihi, nisi pergis ut coepisti excolere te, non potest* (35, 1). So wird die Freundschaft für den jüngeren der Freunde die stärkste Triebkraft seiner Selbstvollendung.

Sie ist es aber auch für den andern, für den *bonus cultor* (6, 6; 7, 8). Was er dem Freunde gibt, soll ja, wie Seneca schreibt, etwas sein, *quod et mihi et tibi prodesse possit* (23, 1). Was bedeuten hier die Worte *et mihi*? Seneca liest, und er schreibt über bildende Dinge; in seinem Alter tut er es täglich. Schon die Lektüre ist eine *occupatio honesta*, aber: *non est beatus qui scit illa, sed qui agit* (75, 7 u. o.); denn es ist die Eigenschaft der *virtus*, durch ihre Betätigung zu wachsen. Senecas Tätigkeit ist es nun, dem Freund durch diese Kette von Briefen zu nützen; da aktualisiert er sein Wissen und seine Erfahrung. Er selber fühlt sich in einer geistig-sittlichen Tradition; aber die ist für ihn keine Fessel: *qui ante nos ista moverunt, non domini nostri, sed duces sunt* (33, 11; dazu 13, 4); *non servio illis, sed adsentior* (80, 1). Seneca hat sich von dieser Tradition das angeeignet, wie er es ausdrückt, was er „verdauen" kann (2, 4; 84, 7);[20] es ist also eine organische Aneignung vorangegangen. Dabei wahrt er sich durchaus die eigene Selbständigkeit;[21] er sagt etwa: *multum magnorum virorum iudicio credo, aliquid et meo vindico* (45, 4; dazu 39, 2). Auch an die stoische Schuldoktrin fühlt er sich, wie man weiß, keineswegs gefesselt: *quod verum est, meum est* (12, 11); oder: *quidquid bene dictum est ab ullo, meum est* (16, 7); das ist sein Standpunkt.[22] Seneca fühlt sich also als ein selbständiger Träger der geistig-sittlichen Tradition der Menschheit: wie ein guter Familienvater, will er das Erbe verwalten und mehren (64, 7); denn so ist es ja in der Tradition der *sapientia:* man kann in ihr nur bestehn, wenn man seine Vorgänger übertrifft (79, 8). Das bedeutet, daß auch Seneca unter die *exempla* der großen Männer aufsteigen will, und auch von seinem Freunde Lucilius wünscht er das; er schreibt ihm ep. 98, 13: *simus inter exempla!*

Es wird jetzt verständlich, worin Seneca den Nutzen seines Schreibens für sich selber gesehen hat: Sein Bildungswerk zwingt ihn selber täglich zu weiterer Selbstvervollkommnung; wie sein Zögling, so muß erst recht er selber bemüht sein, sich täglich selber zu übertreffen. Im *contubernium* ist der Meister durch die Gegenwart der Zöglinge gezwungen, tatsächlich die Kongruenz von Leben und Lehre vorzuleben; nicht minder muß der Autor bildender Briefe, aus dem Gedanken der sittlichen Verantwortung vor dem Freund heraus, bestrebt sein, aus einem Lehrer der Wahrheit

---

[20] Die Metapher der „geistigen Nahrung", die auch bei Cicero begegnet, verdiente einmal eine Untersuchung.
[21] Auch Pohlenz betont das mit Recht NGA. 57 u. ö.
[22] Vgl. z. B. ep. 14, 17; 21, 9; 29, 11; 33, 2.

ihr Schwurzeuge zu werden (20, 9). Die Aufgabe des *custos* hat Seneca also sehr dynamisch aufgefaßt, dynamisch für beide Partner. Zwei Dicta mögen die Polarität andeuten: Für den Erzieher gilt der Satz: *nemo non, cum alteri prodest, sibi profuit* (81, 19); und dem Freunde sagt er: *nec in hoc te accerso tantum, ut proficias, sed ut prosis* (6, 6).

Im Rahmen des Bildungswerkes tritt demnach die *vera amicitia* an eine ganz zentrale Stelle. Aus ihr folgt das Verantwortungsgefühl des Erziehers vor dem Zögling und der Wille des Zöglings zur eigenen sittlichen Selbstverfestigung. Der Satz: *qui colitur et amatur* (47, 18), gilt für beide Freunde. Die *amicitia* wird als die Kraft bestimmt, die bei dem einen wie bei dem andern den Willen zum Guten täglich anspornt und steigert; verfestigt zu einem *habitus*, wird sie die unerläßlichste Erziehertugend, eine *magna virtus*. Und so nennt sie Seneca auch: *sapiens, etiamsi contentus est se, tamen habere amicum vult, si nihil aliud, ut exerceat amicitiam, ne tam magna virtus iaceat* (9, 8).

Der Gegenstand der Briefe an Lucilius ist die *philosophia moralis*. An einer berühmten Stelle (44, 2) vergleicht sie Seneca einmal mit der Sonne: *nec reicit quemquam ... nec eligit: omnibus lucet*. Licht und Wärme der Philosophie hat Seneca nun hier für das Gedeihen des Freundes fruchtbar machen wollen, durchaus nicht für das Gedeihen eines jeden. Es gibt genügend Menschen, die von der Wahrheit gar nichts wissen wollen; zu ihnen spricht Seneca nicht: *nulli ... nisi audituro dicendum est* (29, 1). Nun ist aber die Sammlung der Luciliusbriefe ein literarisches Werk; Seneca rechnet also damit, daß es auch in Zukunft Menschen wie Lucilius geben wird. Wo bleibt da der Gedanke der *amicitia?*

Alt und auch in Rom geläufig ist das Wort, die besten Freunde seien die Bücher. Wie Seneca darüber denkt, geht z. B. aus dem 62. Brief hervor; da schreibt er: ich gebe mich nicht all den zufälligen sogenannten *amici* hin: *cum optimo quoque sum; ad illos, in quocumque loco, in quocumque saeculo fuerunt, animum mitto* (§ 2). Er fühlt sich also den Ahnherren der sittlichen Tradition, den *praeceptores generis humani* (64, 9) durch *vera amicitia* verbunden; sie sind seine Meister, er ist ihr Zögling; sie sind seine *custodes*, die er liebt, sein Gewissen und sein Ansporn. In einem früheren Zeitpunkt hatte er die großen Geister der Vergangenheit als seine *patroni* und als Adoptivväter bezeichnet;[23] jetzt nennt er sie seine echtesten Freunde. Er hat oft mit ihnen im Vertrauen Zwiesprache gehalten, und er ist zu der Erkenntnis gekommen: *magnorum virorum non minus praesentiam esse utilem quam memoriam* (102, 30).

Diese Freundschaft ist also eine sittliche Kraft, die in der Tat über Raum und Zeit hinaus wirkt; denn Seneca selber hat sich bemüht, der Billigung und Freundschaft gerade jener Geister würdig zu werden. Wie er sich das vorgestellt hat, das hat er oft geschildert (z. B. ep. 11; 25; 44; 64; 94). Sein letztes Ziel war es, ihnen selber ebenbürtig zu werden. Drum sollte man auch Senecas Tod nicht einfach als eine theatralische Nachäffung vom Sterben des Sokrates abtun. In seinem Tod hat Seneca vielmehr seine tiefste Selbsterfüllung erlebt. Wie erst durch einen einzigen Stein, den Schlußstein, ein Gebäude zum Gewölbe wird (118, 16), so hat ihn selber erst der Tod zum *exemplum* erhöht: erst durch den Tod tritt er als Gleichberechtigter neben Sokrates.[24]

Die *amicitia* in diesem tiefsittlichen Sinn ergreift aber nicht allein die Vergangenheit, sondern auch die Zukunft. Seneca bekennt einmal (78, 4): Die Liebe der Freunde hat mich in meiner Krankheit unendlich gestärkt, ja, sie nimmt mir auch vollständig die Todesfurcht; denn ich glaube gar nicht an meinen Tod, wenn mich die Freunde überleben: *putabam ... me victurum non cum illis, sed per illos; non effundere mihi spiritum videbar, sed tradere*. Wie Seneca sich selber als Glied in der Kette der großen Geister empfunden hat, der Kette, deren einzelne Glieder durch *vera amicitia* verbunden sind, so sind die persönlichen Freunde, wie Lucilius, nur das nächste Glied. Lucilius gibt die Tradition an andere Freunde weiter,[25] und so geht es fort. Senecas Briefe richten sich an die ganze Zukunft, wofern es Menschen gibt, die für sie empfänglich sind (108, 4); den Widerstrebenden freilich

---

[23] De brev. vit. 14 und 15.
[24] Vgl. dazu 13, 14; 26, 4.
[25] S. o. S. 155, Anm. 13.

bleiben sie ein versiegeltes Buch (87, 19): der Silbergroschen braucht nicht in die Kloake zu fallen (87, 16). In diesem deutlich eingeschränkten Sinne wenden sie sich an alle Sterblichen (z. B. 82, 23).

Seneca ist von der Zukunftsträchtigkeit dieser seiner Briefe an Lucilius fest überzeugt gewesen. So ist z. B. der 8. Brief unter anderem der Frage gewidmet, wie sich denn die philosophische Schriftstellerei mit der stoischen Forderung vertrüge, des Menschen ganzes Leben solle Tätigkeit sein, er solle *in actu* sterben. Seneca antwortet § 2: *posterorum negotium ago; illis aliqua, quae possint prodesse, conscribo, salutares admonitiones, velut medicamentorum utilium compositiones, litteris mando, esse illas efficaces in meis ulceribus expertus, quae etiam, si persanata non sunt, serpere desierunt* (dazu § 6 und ep. 22, 2). Und dem Freunde sagt er 79, 17: *paucis natus est, qui populum aetatis suae cogitat: multa annorum milia, multa populorum superveniunt: ad illa respice.*[26]

Damit wäre die überzeitliche Kraft und Dynamik der *amicitia* auch nach dieser Seite hin erkannt. Man könnte nun weiter zeigen, wie im Gedanken der *vera amicitia* die Forderung der stoischen Philanthropie und Humanität einen besonders konkreten, tiefsinnigen Ausdruck gewinnt; man könnte dabei ausgehen von Stellen wie ep. 48, 3. Da entwickelt Seneca den Gedanken, die allgemeine Menschenliebe, die das Menschengeschlecht untereinander verbinde, finde eine besonders intensive Funktion und Aufgabe im inneren Bereich der Freundschaft zwischen Meister und Zögling. Da wird die *amicitia* mehr, als nur die große Tugend des Erziehers. Sie wird ja hier verbunden mit einer natürlichen Anlage des Menschen schlechthin, die zugleich seine Aufgabe darstellt: Und nun zeigt sich, daß *amicitia* hier im prägnantesten Sinne die *virtus* ist, durch welche jegliche sittliche Tradition des Menschengeschlechtes im konkreten Erziehungs- und Bildungswerk lebendig und entwicklungsfähig erhalten wird.

---

[26] Diese Sätze sind mit ähnlichen Gedanken der schönen Schrift ›De otio‹ zu vergleichen, in der Senecas innere Beteiligung deutlich zum Ausdruck kommt.

EPIKUREISCHES BEI SENECA

Ein Ringen um den Sinn von Freude und Freundschaft

Von Rudolf Schottlaender

Daß die Ausstrahlungen der ursprünglichen epikureischen Lehre die Stoa erst in ihrer römischen Form und auch da erst bei Seneca in dessen letztem Schaffensabschnitt beeinflußt hätten, wäre eine Behauptung, die zwar der allgemeinen Ansicht entsprechen würde, sich aber durch Senecas eigene Worte widerlegen läßt. Denn fast alles, was er über seinen Lehrer *Attalos*, einen Griechen[1], der zur Zeit des Tiberius in Rom lebte, zu berichten weiß, deutet auf eine bis dahin noch nicht erhörte innere Verbundenheit eines führenden Stoikers mit dem Ahnherrn der gegnerischen Schule. In jener ergreifenden Ansprache, die sein großer Schüler aus dem Gedächtnis wiedergibt, wird der Ausspruch zur Beherzigung empfohlen: „Wir haben Wasser, wir haben Graupen – mit Jupiter in Person laßt uns den Wettstreit um die Glückseligkeit aufnehmen!"[2] Das ist eine sinngemäße Übertragung der Worte Epikurs: (ἔλεγεν) ἑτοίμως ἔχειν καὶ τῷ Διὶ ὑπὲρ εὐδαιμονίας διαγωνίζεσθαι μᾶζαν ἔχων καὶ ὕδωρ[3]. Wenn nun Attalos es auch nicht lassen kann, die epikureische Bedürfnislosigkeit auf stoische Art zu überbieten, indem er hinzufügt, es müsse auch ohne Wasser und Brot gehen, und selbst daran noch zu hängen, sei eine Schande, so war ihm doch schon vorher die Anerkennung entschlüpft, daß einer *magnus et animosus* sein müsse, wenn er sich Epikurs Parole zu eigen mache (ep. 110, 18). Mindestens als Wegbereiter wird damit der gegnerische Philosoph

---

[1] Seneca rühmt N. q. II 48, 2 dem Attalos eine ihm ganz eigene Verbindung von griechischer Feinheit mit etruskischer Mantik nach.
[2] Sen. ep. 110, 18.
[3] H. Usener, Epicurea fr. 602, vgl. Gnom. Vat. 33.

begrüßt. Charakteristisch für die sonstigen von Attalos berichteten Äußerungen ist es, daß er Lehrstücke, die den Stoikern und Epikureern gemeinsam sind, mit dem spezifisch epikureischen Argument des Gewinns bzw. der Einbuße an Lust versieht. So eifert er gegen die gierige Erwartung, in der die Menschen sich verzehren, mit einem drastischen Hinweis auf schnappende Hunde und erläutert den Vergleich durch den Zusatz: solch' ein Hinunterschlingen mit dem Blick auf den nächsten Bissen geschehe *sine ulla voluptate* (ep. 72, 8). Auch stimmt der ihm in den Mund gelegte Grund zur Empfehlung der Freundschaft: es sei angenehmer, sich einen Freund zu machen als einen zu haben, wie es ja auch für den Künstler angenehmer sei zu malen als gemalt zu haben (ep. 9, 7), gut zu der generellen Formulierung Epikurs (bei Plutarch): Gutes zu tun sei nicht nur schöner (=edler) als Gutes zu empfangen, sondern auch angenehmer (Us. fr. 544). Es leuchtet von selbst ein, daß hieraus die Praxis des „Freundemachens" folgt, und so nennt denn auch, in einem von Wolfgang Schmid wiederhergestellten Papyrustext, Epikur unter den Rechtfertigungen der Langlebigkeit besonders die φιλοποιία, in deren materieller Ermöglichung ein gewisses Maß von privatem Erwerbstrieb seine beste Legitimation finde, denn um andere zu beglücken, müsse man selber etwas besitzen[4]. Was schließlich Attalos über das Gedenken und Andenken an die Freunde sagt, ist in einer bei Stoikern ungewohnten affektiven Tönung gehalten. Ein Satz wie dieser: „Sich die Lieben unversehrt denken heißt Honig und Kuchen genießen", würde ohne die ausdrückliche Herkunftsangabe sicherlich Epikur oder einem Epikureer zugeschrieben werden. Und wenn er kurz vor und nach dieser Stelle – im 63. Brief – argumentiert: die Erinnerung an die verstorbenen Lieben sei in der Weise angenehm, wie manche Äpfel süßherb seien und wie am alten Wein gerade die Herbheit uns erfreue; nach einiger Zeit übrigens verliere sich alles Quälende, und die reine Freude überkomme uns (vgl. hierzu Us. fr. 213); auch sei ein Zusatz von Bitterkeit bei der Vergegenwärtigung verstorbener Freunde so wenig zu verwerfen wie in

---

[4] Pap. Herc. 1251, col. XXII, 7 ff.: Ethica Epicurea ed. Wolfg. Schmid, Leipzig 1939.

manchen Speisen ein scharfer und strenger Geschmack, der den Magen anrege (ep. 63, 5. 6), – so sind das bei einem Stoiker ganz neue Töne, die er offensichtlich einer unvoreingenommenen Beschäftigung mit Epikur verdankt.

So vorbereitet, bedurfte Seneca nicht erst des Anstoßes, den der Briefwechsel mit seinem Freunde Lucilius ihm gab, um das Beste des Epikureertums sich anzueignen. Mit den Worten des Attalos über die Süßigkeit des Andenkens an die Freunde berührt sich aufs engste, was Seneca ganz im allgemeinen über das dankbare Gedenken sagt. Da die Vergegenwärtigung des Vergangenen funktional abhängig ist von dem Erleben des Gegenwärtigen, kann der, dessen Empfänglichkeit für das Heute nicht rein und tief ist, auch kein dankbares Gedenken an das Gestern und Vorgestern kennen. Die Dankbarkeit für das wann auch immer wirklich genossene Vergangene ist eine Eigentümlichkeit Epikurs, die Seneca bereitwillig zur Ergänzung der in dieser Hinsicht so ärmlichen stoischen Lehre heranzieht. Seine Anerkennung dieser Seite der gegnerischen Philosophie findet sich an einer Stelle in ›De beneficiis‹: „Hier gilt es", so sagt er (III, 4, 1), „für Epikur Zeugnis abzulegen, der beständig darüber klagt, daß wir gegen die Vergangenheit undankbar seien, daß wir, welches Gute auch immer wir erlebt haben, es uns nicht vergegenwärtigen und es nicht zu den Freuden zählen, obwohl doch keine Freude sicherer ist als die, die sich nicht mehr rauben läßt." Die Dankbarkeit wurde bei den Römern so ernst genommen wie kaum eine andere Tugend (vgl. Cicero De off. 1, 48), und Seneca, der philosophierende Römer, wird ihrer auch da liebevoll gewahr, wo sie als Bestandteil einer gegnerischen Lehre seinen Weg kreuzt. Ist sie doch engverwandt mit der Pietät (vgl. Cicero ›Pro Plancio‹ 80), deren Gefühlswert, wie wir sahen, schon Attalos im Anklang an Epikur hervorgehoben hatte.

Wenn ferner Seneca die Freudigkeit des in sich vollendeten Lebens beschreibt, so trägt er in das Bild des stoischen Weisen unverkennbar epikureische Züge ein, so sehr und oft er sich auch dagegen verwahren mag, daß die Epikureer etwas so Hohes wie das *verum gaudium* (χαρά) mit dem vulgären Namen *voluptas* (ἡδονή) belegen. Daß die „große und unbewegte Freude aus der

Erkenntnis des Wahren" (›De vita beata‹, IV, 5[5]) in die engste Verbindung mit der Austreibung der Schrecken gesetzt wird, ist nicht stoisch gedacht: der Stoiker braucht die Schrecken (*terrores*) nicht einzeln auszutreiben, da er die Furcht ein für allemal durch die Vorsicht ersetzt hat; wohl aber wird der Epikureer die Furcht, da er sie ja nicht als einen Bestandteil der von ihm grundsätzlich bejahten Affektivität unterdrücken kann, von Fall zu Fall durch Naturerkenntnis zu entkräften suchen und dabei lächelnd seine Überlegenheit und Geborgenheit genießen. Die epikureische ἀσφάλεια schimmert auch durch in dem mehrfach gebrauchten Attribute *tutus*, das ja Sicherheit im Sinne der Geschütztheit nach außen, des vor Erschütterungen Behütetseins bedeutet, während *securus* an der Sicherheit mehr das „Vertrauen ohne sich Sorgen zu machen", also die subjektive Seite betont. An den „Garten" gemahnt der Preis der „Ruhe des Geistes, der am sicheren Ort angesiedelt ist" (*quies mentis in tuto conlocatae*, ›De vita beata‹ 4, 5), und das Abraten von den „Begierden, vor denen Ruhe zu haben das Sicherste ist" (*cupiditates... quarum tutissima est quies*, ›De beneficiis‹ 7, 2, 3). An der letztgenannten Stelle geht die Übereinstimmung noch weiter, indem jene *voluptas*, die menschen- und manneswürdig sei, darein gesetzt wird, daß man „frei von Verwirrung" ist. Diese Lust der ἀταραξία wird als „gleichmäßig (Epikur: ‚katastematisch'), ohne Hast (*intrepidam* in § 4 wohl in der Urbedeutung), nie ihrer selbst überdrüssig" beschrieben und nicht nur der gewöhnlichen Menschenunruhe, sondern auch,

---

[5] Hier möchte ich zwar mit E. Hermes *conlocatae* lesen (statt mit dem Korrektor A[1] *conlocata*), da die Verbindung mit *mens* ungezwungener ist als mit *quies*; dagegen kann ich Pinciani, dem Hermes sich anschließt, nicht beipflichten, wenn er, gegen die Autorität des Ambrosianus, *terroribus* in *erroribus* ändert. Die Zusammengehörigkeit von *in tuto* und *expulsis terroribus* ist ein epikureischer Zug, der bei Vergil (... *rerum cognoscere causas atque metus omnis... subiecit*, Georgica, II. 490 f.) bereits in der gleichen charakteristischen Verbindung mit der Freude des Erkennens erscheint wie hier bei Seneca. Demgegenüber hat die bloße logische Entsprechung von *error* und *verum* wenig zu bedeuten (vgl. auch kurz vorher, IV 3: *animum... interritum ac stabilem, extra metum... positum*).

wiederum ganz epikureisch (vgl. die erste der Kyriai Doxai!), den falschen Vorstellungen vom teils geschäftigen, teils lüsternen Götterleben entgegengesetzt.

Daß die Berührung Senecas mit Epikur ein zumindest literarhistorisch bedeutsames Phänomen ist, mußte den Lesern der ›Epistulae morales‹ von jeher auffallen. Nach dem Vorgange einiger deutscher Forscher, von denen besonders H. Mutschmann zu nennen ist[6], hat sich L. Delatte[7] mit diesen Freundesbriefen, in denen nur der eine Partner unmittelbar zu uns spricht, eingehend befaßt und ist daraufhin zu einer monographischen Darstellung des Lucilius, den wir im wesentlichen nur als den Empfänger und Angeredeten kennen, fortgeschritten. So wohlgelungen dieses Porträt im ganzen auch ist, so scheint es mir doch gerade da, wo die Frage der Beziehungen des Lucilius zum Epikureismus gestreift wird, die Wahrheit zu verfehlen. Es wird mehr behauptet als bewiesen, daß das Possessivum „*deines* Epikur" (ep. 23, 9) *keine* Anhängerschaft impliziere. Wenn nun gar *invidere* mit „(jemandem) böse sein" wiedergegeben und demzufolge *invideas licet* (ep. 20, 9) vor einem Epikurzitat als Entschuldigung aufgefaßt wird, so ist das ebensosehr sprachlich unhaltbar, wie es eine Verkennung des humoristischen Tiefsinns der Stelle bedeutet. Es heißt vielmehr: „Sei *du* nur eifersüchtig, wenn du magst! – auch jetzt wird Epikur zu *meinen* Gunsten zahlen." Daß Epikur seine Gunst dem Schulfremden zuwendet, kann ein Grund zum eifersüchtigen Nichtgönnen *(invidia)* nur für denjenigen sein, der sich ihm zugehörig weiß oder glaubt. Es ist ein wahrhaft geistvoller Scherz, der zugleich durchblicken läßt, daß Lucilius ein inkonsequenter Epikureer ist, sonst könnte es nicht sein, daß ein Ausspruch des Meisters nicht ihm, sondern dem Gegner recht gibt. An einer anderen Stelle tituliert Seneca – ich folge hier einer ansprechenden kleinen Emendation von Beltrami, dem letzten kritischen Herausgeber der ›Epistulae morales‹ – den

---

[6] Vgl. Hermes 50, 1915, 321 ff.; vorher zur gleichen Thematik: O. Weißenfels, De Seneca Epicureo, Berlin 1886; nachher H. Schildhauer, Seneca und Epikur, eine Studie zu ihrer Ethik und Weltanschauung, Diss. Greifswald 1932.

[7] Les Études Classiques. Namur 1935: „Lucilius, l'ami de Sénèque".

Freund geradezu mit der Anrede Epicuree (ep. 20, 11). Am allerwenigsten aber kann es gelten, daß, wie Delatte meint, die treue und aufopfernde Freundschaft, durch die sich Lucilius auszeichnet, mit dem Wesen eines Epikurschülers unvereinbar sein sollte. Das Gegenteil ist wahr. Der Anlaß zur Abfassung der neunten Epistel war ein Problem, das Lucilius dem Seneca vorgelegt hatte: ob Epikur im Recht sei, wenn er in einem Briefe dem Stilbon (gemeint ist der kynisierende Megariker Stilpon) einen Vorwurf daraus mache, daß er behaupte, der Weise sei mit sich selbst zufrieden und bedürfe deshalb keines Freundes. Diese Anfrage ist hintergründig. Lucilius, dem die kynische Selbstgenügsamkeit und „Un-freundlichkeit" tief zuwider ist, will den Seneca, der als guter, ja, passionierter Freund die Theorie der Freundlosigkeit nicht verteidigen *kann*, durch ein Entweder–Oder nötigen, sich für Epikur auszusprechen. Seneca, der diese Absicht durchschaut, entzieht sich der Alternative und benutzt die Gelegenheit, um innerhalb der stoischen Überlieferung den „philophilen" Strang aufzudecken, daher das eindrucksvolle Zitat aus Hekaton – einem Schüler des Panaitios –: „Wenn du geliebt werden willst – liebe!" (ep. 9, 6). In geistesgeschichtlicher Hinsicht resultiert aus diesem Bestreben eines der aufschlußreichsten Dokumente der in der späteren Stoa fortwährend nötigen Bemühung, sich von kynischen Ausartungen und Mißverständnissen zu distanzieren. Um gleichwohl dem Epikureismus nicht zu weit entgegenzukommen, scheut Seneca hier nicht zurück vor einer ungerecht einseitigen Überbetonung des utilitarischen Moments in der epikureischen Freundschaftslehre (ep. 9, 8)[8]. Auch ihm mußte bekannt sein, was wir seit der Auffindung des Gnomologium Vaticanum ungleich klarer als zuvor erkennen: daß nach Epikur die Freundschaft, ungeachtet ihres Ursprungs aus dem gegenseitigen Nutzen, schließlich zum Selbstzweck wird (fr. 132 Diano, Epicuri Ethica, Florenz 1946), ja, daß die Verschmelzung der Personen bis zum Gefühl des Mitgefoltertseins mit der Folterqual des Freundes geht,

---

[8] Die Notwendigkeit solcher Selbstabgrenzungen Senecas gegen Epikur untersucht M. Pohlenz in „Philosophie und Erlebnis in Senecas Dialogen", Göttingen 1941, 67 f. (in GGN 1941, 6).

und zwar gerade bei dem Weisen (fr. 141). Just zu diesem Punkt liefern neuere Publikationen weitere sprechende Belege, so vor allem – abgesehen von der schon oben S. 168 erwähnten Papyrusstelle – in den Fragmenten der Schrift Philodems „Über Epikur" in jener Papyruskolumne, die Achille Vogliano[9] in berechtigter Entdeckerfreude die „Königin der erhaltenen Kolumnen" nennt. Legen wir diesen Text zugrunde, so hätte Epikur an einem seiner von der Schule heilig gehaltenen Geburtstage sich feierlich gegen jede „Demagogie" verwahrt, deren „leeres und nicht auf Naturerkenntnis gegründetes" Wesen er dem „tätigen Darinnensein im Natureigenen" entgegensetzte (S. 70 Vogliano). In dem gleichen Fragment wird solchem freundschaftlichen Zusammensein sogar eine religiöse Weihe verliehen: die Freunde sollen zusammen feiern, gemeinschaftlich genießend nach dem Vorbilde der „besten und seligsten Naturen" – offenbar der Götter –, und im Kreise aller derer, die einander tätig Wohlwollen bewiesen haben, „gemeinsam opfern, was den *zur eigenen Seligkeit Symphilosophierenden* zu opfern gebührt" (ebenda). Das ist, ins Praktische umgesetzt, der Geist des *contubernium*, der einst aus den Jünglingen um Epikur große Männer gemacht hat! Dieser Nachklang eines Festmahls gibt erst das positive Gegenstück zu der Warnung, „sich vorher umzusehen, mit was für Leuten man ißt und trinkt, denn eine Abfütterung ohne Freund ist das Leben eines Löwen und Wolfes" (Epikur bei Seneca ep. 19, 10).

Die Lust an der Intimität, die alle häuslich nahen Verhältnisse dankbar benutzte, indem sie in der Familie begann und Frauen wie Sklaven großherzig umschloß, bewährte sich nicht nur in dem „Behandeln des Nächsten mit größter Achtung und Sorgfalt" (dem ἐκπολυωρεῖν, wie es der von Vogliano zum Leben erweckte Polyainos übt, S. 48), sondern vor allem in dem pietätvollen Gedenken, das den Römer in Seneca besonders ansprechen mußte. Die liebevolle Schilderung des verstorbenen Bruders (S. 46 f.), mag sie nun von Epikur selbst oder einem seiner unmittelbaren Schüler stammen, enthält eine Feinheit, die ganz zu der spirituellen Auffassung der Pietät paßt, mit der Seneca sein Leben – nach

---

[9] Epicuri et Epicureorum scripta, Berlin 1928, 126.

der Schilderung bei Tacitus – abgeschlossen hat. Wie es in jener Schrift eines unbekannten Epikureers von dem Toten heißt: „Er sagte, er habe nichts hinterlassen, und hat uns doch den Dank für all' seine φιλανθρωπία (etwa: Nächstenliebe in Verbindung mit persönlicher Herzlichkeit) als Besitz von je und in alle Zukunft hinterlassen", – in dem gleichen Geiste macht Seneca vor seinem Freitod, als ihm die Aufsetzung eines Testaments verweigert wird, ein neues Testament: er vermacht den Freunden um ihn herum das „nunmehr Einzige und dennoch Schönste, was er hat: das Bild seines Lebens" (Tacitus, Annalen XV, 62). Wohl stirbt er von eigener Hand, wie es die stoische Lehre in solchem Falle gebietet, aber die Art, wie er sich seinen Freunden ans Herz legt, gemahnt nicht sowohl an irgendeinen Helden aus seiner eigenen Schule als vielmehr an den Meister der Anderen.

Somit handelt es sich in den Briefen durchaus nicht nur um eine einseitige Bekehrung des Lucilius durch Seneca – weswegen auch Delattes Gleichsetzung des Seneca mit einem „Beichtvater" nicht ganz treffend ist –, sondern zum guten Teil um einen freundschaftlichen Kampf, in dem Seneca nur siegen kann, wenn er nicht bloß lehrend, sondern auch lernend sich verhält. Er zeigt dem Epikureer seinen eigenen Meister von der besten Seite, zeigt sich selber als empfänglichen Leser – und kann so hoffen, für das Dennoch seiner stoischen Grundauffassung am ehesten Gehör zu finden. Daß Lucilius Züge eines Epikureers der feineren Art hat, sieht man auch aus dem Anfang von Brief 24: Das Sichvorhalten beruhigender Aussichten in gefährlicher Lage, ebenso das Hängen an den „Hoffnungen, diesen Quellen süßesten Reizes" (ep. 23, 3) ist echt epikureische Autosuggestion. Daß er ein vielbeschäftigter Staatsmann und insofern ein inkonsequenter Epikureer war, ist unter Römern nicht verwunderlich[10]: Es haben so wenig alle Epikureer ein idyllisches Gartenleben geführt wie alle Christen ein Leben in Keuschheit und Armut. Seneca will ihn

---

[10] L. Torquatus trat als öffentlicher Ankläger auf, C. Cassius leitete neben Brutus die Verschwörung gegen Cäsar, Quintilius Varus war Heerführer unter Augustus in Germanien (Zusammenstellung bei Gassendi: De vita et moribus Epicuri, Lyon 1647, 65 ff.).

zu dem besten Kern der von ihm selber anerkannten Lehre, den er vergessen zu haben oder doch nicht mit der Tat zu bewähren scheint, zurückführen, um ihn als hierdurch williger gewordenen Adepten in die umfassendere Wahrheit der stoischen Philosophie einzuweihen, unter Preisgabe alles dessen, was mit Recht an den Schulgewohnheiten der Stoiker zu rügen ist, besonders der Neigung zu unnötigen Subtilitäten[11]. In diesem Kampf ist Seneca zwar der Überlegene und sich dessen mit liebendem Stolz bewußt, aber auch Lucilius ist Philosoph, lange bevor Seneca diese Briefe an ihn schreibt. Er hatte ihm bereits in ›De providentia‹ die echt epikureische Zweifelsfrage: ob man angesichts so vieler bestrafter Verdienste eine göttliche Vorsehung annehmen könne, auf stoische Weise beantwortet; und er erwähnt eine philosophische Abhandlung, in der der Freund das Thema „Vom täglichen Sterben" erörtert habe (ep. 24, 19). Was sich durch dieses freundschaftliche Ringen in Seneca vollzieht, ist mit Schablonen wie „philosophischer Eklektizismus", „literarische Imitation", „pädagogische Fiktion" oder dergleichen gar nicht zu fassen. Eher kommt man diesem einzigartigen Geschehen nahe, wenn man an den aus der theoretischen Physik bekannten Grundsatz *„actio et reactio pares"* erinnert. Seneca muß dem Freund, um ihn aus der freudlosen und geistlähmenden Vielgeschäftigkeit herauszureißen, beweisen, daß gerade *sein*, des Lucilius, *Epikur* dies von ihm fordere; daher die vielen Epikurzitate, besonders zu Beginn des Briefwechsels. Da er ihn aber zugleich doch nicht dem Epikur noch mehr in die Arme treiben will, geht er so zu Werke, daß er das gleichsam Stoische oder dem Stoizismus Verwandte an Epikur herausstellt. Nun läßt sich aber – und das ist das geistesgeschichtlich Ergreifendste, was man an diesem Beispiel studieren kann – die Berührung mit einem lebendigen Geist, selbst wenn sie anfangs Teil einer pädagogischen oder sonstwie zweckbestimmten Taktik war, auf die Dauer nicht ohne eine, möglicherweise ungewollte, Rückwirkung durchführen – wenigstens nicht, wenn der Berührende selber ein lebendiger Geist ist: *actio et reactio pares!* Seneca will zwar das Stoische an Epikur herauslösen, erfährt aber, da er es doch bis in

---

[11] Vgl. hierzu den 48. Brief.

das kleinste Fragment hinein immer mit dem ganzen Epikur zu tun hat, selber eine Epikurisierung. Zum Teil wird ihm das bewußt. Aber neben der einfachen Übernahme finden wir auch andere Formen des Effekts der *reactio*. Sieht man nämlich genauer zu, so hat Seneca nur einen Teil der von ihm ausgesuchten „Goldstücke" (ep. 14, 17) aus Epikur unverändert übernommen; meist gibt er durch Erläuterungen oder auch schon durch seine Übersetzung dem einzuverleibenden Gedanken eine Abwandlung, die manchmal tiefer geht, als es scheint. Die Armut und der Tod sind die beiden Furchtquellen, die der Philosoph täglich neu verstopfen muß. Wenn im 2. Brief die „fröhliche Armut" nach Epikur als ein καλόν *(honesta res)* gerühmt wird, so löst der nachfolgende Kommentar diese Begriffsverbindung überhaupt auf: fröhliche Armut ist ein hölzernes Eisen, wer fröhlich ist, ist ebendamit nicht arm. Das ist echt stoische paradoxe Entfernung vom Sprachgebrauch. Die öffentliche Meinung mißt die Armut an den Durchschnittsbedürfnissen einer bestimmten Gesellschaft, zu denen auch ein gewisses Maß des Anspruchs auf Annehmlichkeiten gehört. Diesen Sprachgebrauch übernimmt Epikur, indem er unbefangen von Armut redet. Allerdings vollzieht auch er eine Umwertung der landläufigen Urteile über Reich und Arm, indem er eine relative Armut, in deren Rahmen die natürlichen Bedürfnisse befriedigt werden, „großen Reichtum", einen durch nichts begrenzten Reichtum „große Armut" nennt (Vatikanische Spruchsammlung Nr. 25). Aber diese natürlichen Bedürfnisse sind nicht, wie Seneca will, mit dem Begriff der Notdurft erschöpft, sondern umfassen alle unschuldigen und unschädlichen Gelüste und Vergnügungen (Kyriai Doxai 29). Was nach Epikur das *Minimum* des für den Weisen *unerläßlichen,* das ist nach Seneca das *Maximum* des für ihn *zulässigen* Genußbegehrens; wo Epikur sagt: „Seht, mit so wenig *kann* man auskommen, da sagt Seneca: „Seht, mit so wenig *soll* man auskommen." Epikur erfindet, wie wir von dem hier unverhohlen bewundernden Seneca erfahren, eine Art von sportlichem Wettstreit in der gegenseitigen Unterbietung des Existenzminimums: er setzt Fastenzeiten an, in denen Metrodor immerhin einen ganzen Groschen für seinen täglichen Lebensunterhalt braucht, während er, der Meister, darunter bleibt (ep. 18, 9). Dabei hat er nichts gegen einen von Zeit zu Zeit reichlich gedeckten Tisch, nur soll man sich nicht in Sehnsucht danach verzehren: „Am süßesten genießen den Tafelaufwand die, die am wenigsten danach verlangen" (Brief an Menoikeus, § 130 f.).

Eine ähnlich freie Umbildung und Zuspitzung eines epikureischen Gedankens wie an dieser Stelle nimmt Seneca an den in ihrer Schlichtheit monumentalen Versen des Lukrez vor:

> Nam veluti pueri trepidant atque omnia caecis
> in tenebris metuunt, ita nos in luce timemus
> (II, 55 f., vgl. Sen. ep. 110, 6).

Das Thema der Furchtbekämpfung haben die Stoiker und die Epikureer miteinander gemein; wir dürfen sogar annehmen, daß die Erfolgserfahrung in dieser Frage oft ausschlaggebend für die individuelle Entscheidung zur Zugehörigkeit zu einer der beiden Schulen war: wer durch stoische Argumentation und Praxis frei von Furcht wurde, bekannte sich daraufhin zur Stoa, wer durch epikureische, zur Epikur. Es ist also zugleich ein Bemühen um erhöhte Werbekraft, wenn Seneca zwar die lukrezische Kennzeichnung der Sinnlosigkeit unserer Lebensangst dankbar übernimmt, sie aber dadurch überbietet, daß er hinzufügt: es genüge nicht – wie Lukrez anzunehmen scheine –, nur geradehin in die Welt zu blicken, um zu sehen, daß furchterregend nur die Einbildungen sind, mit denen wir uns quälen; nicht Halluzinationen und unrealistische Schreckbilder allein, sondern eine Finsternis der Wertungen umgebe uns, die nur zu zerstreuen sei, wenn zu der nüchternen empirischen Wissenschaft – was Lukrez *naturae species ratioque* nennt (II 61) – moralphilosophische und metaphysische Überlegungen hinzuträten.

Andererseits ist der Einfluß der Ausstrahlungen Epikurs eben wegen seiner Stärke mitunter gerade an solchen Stellen faßbar, wo weder Epikurs noch eines Epikureers Name genannt wird, Stellen, die daher den Nachgeborenen leicht entgehen, wie es denn auch, soviel mir bekannt, mit einer Deutung und Anwendung des Freiheitsbegriffes geschehen ist, die sich im 123. Brief findet. Es heißt dort (§ 3): „Ein großer Teil der Freiheit ist ein wohlgesitteter Magen, der auch Ungemach erträgt." Die ganze Umgebung dieser Stelle ist auf die epikureische Tonart vom „Hunger als dem besten Koch" gestimmt; für Epikur ist die Freiheit des fröhlichen Verzichtenkönnens nicht nur ein großer Teil der Freiheit, sondern just die Freiheit, die einem „*durch* Dienst an der Philosophie zuteil werden soll" (Sen. ep. 8, 7). Dies geht nun wieder dem Stoiker zu weit, sein Gewissen empfindet in dieser Unterordnung der Philosophie unter ein noch höheres Ziel namens: „wahre Freiheit" eine Herabwürdigung; nein, sagt er, bei diesem Dienst wird man *auf der Stelle* freigelassen *(statim circumagitur),* denn eben dieses „der Philosophie Dienen" *ist* ja nichts anderes als – betätigte Freiheit!

Wie mannigfaltig die Amalgamierungen sein können, deren Besonderheiten unter dem lieblosen Schlagwort „Eklektizismus" verschwinden, zeige schließlich noch eine Stelle, an der Seneca einen Gedanken originell variiert, der folgerichtig aus Sätzen Epikurs abzuleiten ist, wenn er sich auch erst nach ihm in unserer Überlieferung ausgesprochen findet. Epikur wendet sich (Brief an Menoikeus § 125) gegen den Widerspruch, der darin liegt, daß einer zwar nicht das Totsein, aber das Sterben fürchtet, denn, so argumentiert er, „was durch seine Gegenwart nicht belästigt, betrübt durch sein Bevorstehen grundlos". Ist der Tod als gekommener kein Übel – weil bewußtlos und eo ipso schmerzlos –, so kann er es auch als kommender nicht sein. Also wäre es widersinnig, mit Epicharm zu sprechen – an ihn mag Epikur gedacht haben, vgl. Diels-Kranz, Vorsokratiker 13 B 11 –: „Zu Tode kommen – will ich nicht; ein Toter sein – ficht mich nicht an." Die gleiche, von den Philosophen als volkstümliche Gedankenlosigkeit angesehene Auffassung bekämpft Seneca, anknüpfend wohl an die Worte eines Kynikers – wahrscheinlich des Teles (ed. Hense p. 61, 2) –, der die Feigheit der Menschen vor dem nahenden Tode drastisch verhöhnt. Nun war bereits in der epikureischen Schule aus dieser Überlegung die Konsequenz gezogen worden, daß ja ebenso wie das Nichtseinwerden nach dem Tode das Nichtgewesensein vor dem Leben ein in Wahrheit für uns gleichgültiger Zustand sei[12]. Seneca seinerseits verdeutlicht und

---

[12] Vgl. Ps.-Plat. Axiochos 365 d und Lukrez III 832 ff.

verlebendigt diesen Gedanken, indem er das – sei's wahre sei's gut erfundene – Geschichtchen von einem Mann glossiert, „der darüber weinte, daß er vor tausend Jahren nicht gelebt hatte" (ep. 77, 11). Daß dies ein Erzdummkopf sei, leuchte ein; wer aber weine, weil er nach tausend Jahren nicht leben werde, sei um nichts klüger (ebenda). Augenscheinlich ein recht brauchbares Argument, um den Menschen die „Sehnsucht nach der Unsterblichkeit zu nehmen", was ja Epikur zur Heilung von der Todesfurcht für nötig hält (§ 124).

Nachdem wir durch alle diese Belege eines echten *actio-reactio*-Verhältnisses die summarische Kennzeichnung Senecas als eines bloßen „Eklektikers", der blütenlesend[13] auch den Epikur plündere, hoffentlich hinreichend abgewehrt haben, bliebe noch zu zeigen, wo nun tatsächlich oberflächliche Übernahme, die in tieferem Sinne einem Mißverständnis gleichkomme, zu finden sei. Dies scheint mir bei dem Thema „Bedürfnislosigkeit" der Fall zu sein. Der zweimal (ep. 4, 10 und ep. 27, 9) fast gleichlautend angeführte Ausspruch Epikurs: „Nach dem Naturgesetz geregelte Armut ist ein großer Reichtum" erfährt (an der ersten Stelle) eine Auslegung, die der dabei zugrunde gelegte Text, in seinem Zusammenhange gesehen, nicht bestätigt. Die *lex naturae* interpretiert Seneca nämlich dahin, daß sie als „Grenzsteine" *(terminos)* setze: „nicht zu hungern, nicht zu dürsten, nicht zu frieren". Bei Epikur aber heißt diese profane Dreifaltigkeit nicht „Gesetz der Natur", sondern „Schrei des Fleisches" (fr. 200 Us.), und er sieht darin kein Maximum, sondern ein Minimum, vor dessen Vernachlässigung zu warnen sei. Die Stelle lautet im ganzen:

„Glaube ja nicht, daß es ohne Naturkenntnis geschieht, wenn denselben Schrei wie das Fleisch auch die Seele ausstößt! Das Fleisch ruft: ‚Nicht hungern! nicht dürsten! nicht frieren!' Dagegen kann die Seele

---

[13] Die Vorstellung einer Blütenlese scheint mir auch bei M. Pohlenz (a. O. 68, vgl. „Die Stoa" I 306) allzusehr vorzuwalten, wenngleich allerdings ohne jede Diskriminierung gegenüber Seneca. Gelegentliche Geringschätzung (wie in ep. 33) und sogar herber Widerspruch heben das Gewicht der tatsächlich nachweisbaren Einwirkungen Epikurs nicht auf; eine Philosophensentenz trägt, anders als die meisten Dichterzitate, gewöhnlich das Ganze der Lehre und Persönlichkeit „in nuce".

schwer etwas tun, es ist sogar gefährlich, das, was die Natur ihr rät, zu überhören, denn es geht dabei um die zu ihr gehörige Unabhängigkeit im Heute."

Das ist eher die an einen asketischen Kostverächter gerichtete Warnung als ein dem Luxus zugerufenes Halt. Also läßt sich aus diesem Text, den Seneca im 4. Brief ganz offensichtlich im Auge hat, keineswegs ableiten, daß er recht daran tat, den „Schrei des Fleisches" mit dem, nach Epikur so viel duldsameren, „Gesetz der Natur" gleichzusetzen[14].

Auch da, wo Epikur vor dem Reichtum sogar mit stärkeren Worten warnt als sein später „Freund aus dem anderen Lager", meint er es doch in einem anderen Sinne, und Senecas Kommentar ist mehr bestechend als historisch haltbar. „Vielen wird der Erwerb von Reichtum nicht Elendsende, sondern Elendswechsel" (ep. 17, 12) – dieses Zitat ist in wesentlichen Punkten ungenau, denn im Original lautet die Sentenz: „Viele, denen der Reichtum zugefallen ist, haben damit nicht das Loskommen von den Übeln gefunden, sondern einen Übergang zu größeren" (fr. 479 Us.). Seneca kann als Stoiker den Vergleich von größeren und kleineren Übeln nicht brauchen, denn nach stoischer Lehre ist nur das Laster ein Übel, und „der Tor hat alle Laster", da gibt es keine Gradunterschiede. Darum sagt er auch nicht „Ende der Übel" (der ἀπαλλαγὴ τῶν κακῶν würde ja finis malorum entsprechen), sondern „Ende des Elends" (miseriarum), womit bereits mehr der innere Jammerzustand gemeint ist, während Epikur an die äußeren Unlustquellen denkt. Die Erläuterung spielt den Gedanken vollends auf das rein seelische Gebiet hinüber und gipfelt schließlich in der einfachen Überlegung: wer schlecht ist, wird durch Reichtum nicht besser. Dies aber hatte Epikur mit seinem „Übergang zu größeren Übeln" nicht sagen wollen, er meinte vielmehr die „Lust-Unlust-Bilanz", die auf der Passivseite des Reichseins einen Zuwachs an Gegenständen der Sorge und der Angst erscheinen läßt, der durch den Zuwachs an Vergnügungen, verglichen mit denen der genügsamen Armut, nicht wettgemacht wird. Von den beiden Gedanken „Reichtum macht nicht besser" und „Reichtum vermindert

---

[14] Vgl. auch das oben S. 113 Gesagte!

oft das Glück" hat zwar jeder seine Wahrheit für sich, aber sie als identisch auszugeben ist allerdings ein Mißverständnis infolge oberflächlichen Zitierens.

Wenn nun soviel von einer Beeinflussung Senecas durch Epikur, teils wirklicher und tiefgehender, teils scheinbarer und oberflächlicher, die Rede gewesen ist, so darf doch schließlich nicht unerwähnt bleiben, daß bei den Berührungen, in die sich Angehörige beider Schulen im 1. Jahrhundert unserer Zeitrechnung vorwagten, doch auch der Epikureismus, diese konservativste aller antiken Philosophenschulen, Modifikationen erlitten zu haben scheint. Epikur selber hat sicherlich unter Bewährung innerer Freiheit nicht den Freitod verstanden, der von seiner Schule ja so strikt abgelehnt wurde, daß ein epikureischer Freund Senecas, der Philosoph Diodoros, mit seinem Entschluß zum Selbstmord allgemein als ein vom Epikureismus Abgefallener angesehen wird (›De vita beata‹ 19, 1). Daher wirkt zwar die Beziehung auf den Selbstmord, die Seneca dem in ep. 12, 10 angeführten Ausspruch Epikurs gibt: „Schlimm ist es, in Not zu leben, aber in Not zu leben, ist nicht not", philosophiehistorisch unzutreffend; aber vielleicht sehen wir an dieser Stelle in gewisse Bestrebungen hinein, auch den Epikureismus liberaler aufzufassen, als es bei dieser orthodoxesten aller Schulen üblich war. Gewiß wußten alle, daß Epikur persönlich, eindringlicher als durch Sentenzen, an seinem letzten Lebenstage bewiesen hatte, wie ein schöner Tod im Drange des Schmerzes möglich sei, ohne daß der Todgeweihte Hand an sich zu legen braucht; der Brief vom Sterbelager erhärtet nur praktisch die Doktrin: „Wer da rät, der Jüngling solle auf schöne Art leben, der Greis auf schöne Art ein Ende machen, der ist einfältig, nicht nur wegen der Lieblichkeit des Lebens, sondern auch weil das Studium des Schönlebens dasselbe ist wie das des Schönsterbens" (Brief an Menoikeus § 126). Und doch scheinen einzelne Epikureer der Kaiserzeit aus einem anderen Grundsatz des Meisters das Recht zur Entschlußfreiheit in bezug auf Sterben oder Nichtsterben abgeleitet zu haben: ich meine die 19. der Kyriai Doxai: „Die unbegrenzte Zeit hat gleichviel Lust wie die begrenzte, wenn man die Grenzen der Lust (richtig) mit dem Verstande bemißt." Nach diesem Satz hat Bignone (Epicuro S. 30) den Anfang der darauffolgenden Sentenz 20 überzeugend wiederhergestellt, so daß er lautet: „Das Fleisch hat seine festen Grenzen der Lust, und auch die unendliche Zeit verschafft der Lust keine Unendlichkeit"; also, heißt es weiter, „bedarf der Geist nicht zusätzlich der unendlichen Zeit..., und wenn der Lauf der Dinge den Ausgang aus dem Leben mit sich bringt, so macht er (der Geist) ein Ende, ohne daß er in irgendetwas des besten Bios entbehrte". Der Gedanke, sein Leben so zu führen, daß es in jedem Augenblick in sich vollendet ist und niemals die Vollendung noch vor sich hätte, ist ein den Stoikern und Epikureern gemeinsames Formideal; aber für den Stoiker bleibt es, wie man besonders aus Epiktet sehen kann, unerreichbar, da nur der vollkommene Weise es verwirklichen würde, an dem gemessen wir alle bloß „Fortschreitende" – in der Tugend nämlich – sind. Nach Epikur aber ist das Ideal unschwer realisierbar; jedes Heute so zu beginnen, als sei „das Licht des letzten Tages aufgegangen", ist ein Grundsatz, der sich seit Horaz dem Bewußtsein des gebildeten Römers eingeprägt hat. Selbst der Lüstling Pacuvius hat sich diese Weisheit zu eigen gemacht; er ließ sich allnächtlich unter Chorgesang nach dem Text „Gelebt ist gelebt!" symbolisch bestatten (ep. 12, 8). Und nach dem formalen – wenn auch nicht inhaltlichen – Muster dieses zeitgenössischen Vulgärepikureers soll man, rät Seneca, jeden Abend vor dem Schlafengehen fröhlich und heiter sich sagen:

„Ja, ich habe gelebt und die Bahn, die bestimmte, durchmessen"
(Verg. Aen. IV 653.)

Auffällig ist es, daß dieser Vers noch einmal an einer markanten Stelle in Senecas Schriften wiederkehrt: der erwähnte epikureische Selbstmörder Diodoros habe ihn, als er im hohen Alter „sein Lebensschifflein stillzulegen" sich entschloß, zu seiner Rechtfertigung zitiert (›De vita beata‹ 19, 1). Damit wird dem Vers keine Gewalt angetan, denn unmittelbar vor ihrem Freitod spricht ihn ja Dido bei Vergil; neuartig freilich ist die Wendung, die Seneca ihm gibt und die offenbar dazu bestimmt ist, die Grenze zwischen dem täglichen provisorischen und dem letzten definitiven Abschied vom Leben zu verwischen. Hier ist denn auch – was sich nicht durchweg behaupten läßt – die Gedankenverbindung sichtbar, die von dem Brief als solchem zu dem „Anhangsgeschenk" hinüberführt, denn an das Vergilzitat und seine Erläuterung wird unmittelbar angeschlossen jenes Epikurwort von der „Not, die nicht not ist", das mittelbar Urbild des Lessingschen „Kein Mensch muß müssen" sein mag[15]. Die Erinnerung an den Philosophen Diodoros, zu dessen Verteidigung Seneca ja bereits gesprochen hatte, scheint über dem letzten Drittel der „Altersepistel" – so kann man den 12. Brief passend nennen – gestanden zu haben; Diodors Lieblingsvers, den er im Leben epikureisch, im Sterben stoisch interpretiert hatte, muß eben jener hallende Abschiedsruf der vergilischen Dido gewesen sein.

Schließlich noch ein Wort über die philosophische Bedeutung, die der Form solcher persönlich gehaltener Lehrbriefe zukommt. Wir können es nach Mutschmanns Darlegungen als sehr wahrscheinlich ansehen, daß Seneca die Briefform unter dem frischen Eindruck des Vorbildes Epikurs gewählt hat. Der 21. Brief, in dem er seinem Freunde Lucilius einen ähnlichen Ruhm durch seine Briefe verheißt wie einst Epikur dem Magnaten Idomeneus, spricht in dieser Hinsicht eine deutliche Sprache. Nur muß man hinzufügen, daß Seneca offenbar von jeher die philosophische Intimität gepflegt hat, deren natürlicher Ausdruck bei räumlicher Entfernung der freundschaftliche Lehrbrief ist; sind doch alle seine Schriften Freunden gewidmet – das 1. Buch der ›Dialogi‹ und die 7 Bücher ›Naturales Quaestiones‹ dem gleichen Lucilius wie die Briefe – und die meisten davon mehr oder weniger dialogisch gehalten. „Nicht die Schule, sondern das Zusammenleben (*contubernium* = συναναστροφή) macht Philosophen groß" (ep. 6, 6)! – das ist ihm aus der literarisch vermittelten Anschauung des Kreises um Epikur zur Gewißheit geworden. Die republikanische Freiheit, welcher die Stoiker auch im Verhältnis der Lehrer zueinander und zu den Schülern huldigten, machte diese Schule zwar debattierfreudig und wandlungsfähig, raubte ihr aber viel von dem innigen Zusammenhalt einer auf unge-

---

[15] Vgl. P. Keseling, Kein Mensch muß müssen, Das hum. Gym. 45, 1935, 40 f.

zwungene Rangordnung gebauten Glaubensgemeinschaft. Wir lernen aus Seneca einiges über die Art von Autorität, die unter den ersten Epikureern herrschte: Epikur selbst unterscheidet zwischen denen, die selber führen, denen, die nur einen Wink brauchen (wie Metrodor), und denen, die gegen ihre widerstrebende Natur sanft und allmählich zum Guten gezwungen werden müssen (wie Hermarch); die ersteren machen dem Führenden mehr Freude, die letzteren nötigen ihm mehr Bewunderung ab (ep. 52, 3–4). Wir können hier fast mit Händen greifen, was Epikur dem Seneca bei dem, was ich mit dem Ausdruck des Untertitels „Ringen um den Sinn der Freundschaft" andeuten will, bedeutet hat. Seneca rechnet sich nicht zur ersten Kategorie, in die ja Epikur selber gehört, sondern will zufrieden sein, wenn er und Lucilius in den zweiten Stand gehören; das „Wir" ist wohl nicht wörtlich zu nehmen, denn nach dem drastischen Ausdruck „einpressen" (*inculcare,* ep. 27, 9) zu schließen, scheint er den Lucilius vielmehr der dritten Gruppe zuzurechnen, deren Verwandlung und Lenkung wegen der größeren Schwierigkeit einen um so höheren Ruhm bedeutet für den, dem sie gelingt. Wie in seinem Sterben, so gemahnt auch in seinem täglichen Leben kein Schulhaupt so sehr wie Epikur an das persönliche Vorbild des gemeinsamen Ahnherrn aller: des Sokrates. Seneca fühlte sich dessen nicht fähig, aber er empfand für sich und seine Schule die Sehnsucht danach, die durch die Stoiker früherer Generationen trotz aller heroischen Einzelzüge nicht recht befriedigt wurde. Es ist, als riefe er nach einem Meister, von dem jeder Stoiker so wie die Epikureer von ihrem Archegeten hätte sagen können: „Handle so, als ob Er es sähe!" Nicht umsonst erwähnt er dies Wort in den Briefen zweimal (11, 8 und 25, 5). *Epiktet* wird bald danach der Mann sein, der diesem Anspruch genügt; hätte Seneca sein Wirken noch erlebt, so würde er ihn wohl als den erwarteten Größeren begrüßt haben.

SELBSTERZIEHUNG UND FREMDERZIEHUNG NACH SENECA

von David Ernst Oppenheim

> Detectori mentium,
> apertori praecordium
> praeceptori generis humani.
> (Nach Seneca ›Ad Marciam‹
> c. 26, 4 u. epist. 64, 9.)

Als die Grundschrift der Individualpsychologie ›Über den nervösen Charakter‹, zum ersten Male in die Öffentlichkeit trat, bekam sie von ihrem Verfasser ein Leitwort mit, das aus *Senecas* moralischen Briefen stammt. Seitdem hat sich die Welt mehr und mehr überzeugt, wie mächtig *Alfred Adler* mit dieser Arbeit dem Individuum und der Gemeinschaft zu gesundem Wachstum hilft. Schon ist sogar der Erntekranz bereit, den auf seinem Acker willige Gehilfen ihm zu Ehren banden. Und alles, was sie da zusammenfügten, bekundet deutlich, daß ihr erfüllungsfrohes Heut' aus seinem zukunftsbangen Einst hervorging. Aber ganz lebendig wird dieser Zusammenhang vielleicht doch erst dann, wenn ihn eine Person in sich verkörpert. Darum rufen wir uns Seneca zu Hilfe, den altehrwürdigen Prologus. Er soll auch diesmal sprechen, nur nicht so knapp wie damals. Eine Sentenz, das war genug, als er sich schützend vor das Buch eines jungen Kollegen stellte. Jetzt feiert der den sechzigsten Geburtstag. Da heißt es, für den ganzen Mann einstehen, und um der Aufgabe gerecht zu werden, muß selbst ein Seneca etwas weiter ausholen.

Ob Erziehung überhaupt möglich ist, scheint heutzutage Bekennern des Rassenglaubens und Anhängern der Konstitutionslehre sehr problematisch. Bezweifelt wurde es bereits im Altertum, und zwar gleich als die ersten Pädagogen von Beruf, die

Sophisten, den Anspruch erhoben, mit ihrer Kunst die Jugend Griechenlands zur bürgerlichen Tüchtigkeit zu führen. Der Widerstand, den sie erregten, wurde sogar übermächtig, aber der Sieg blieb nicht den starren Verneinern ihrer Gedanken, sondern dem nimmermüden Frager *Sokrates,* der an nichts so unerschütterlich festhielt wie an der „Lehrbarkeit der Tugend". Nicht ganz so intellektualistisch, aber durchaus positiv wird die Frage, „ob Natur oder Kunst die Menschen gut macht"[1] von Seneca beantwortet. Ihm gilt der Charakter als das Werk von Erziehung und Zucht. Wird er schlecht, liegt die Schuld bei ihnen[2]. Denn als Anhänger der stoischen Ethik sieht unser Philosoph zwischen dem moralischen Sollen und dem natürlichen Sein des Menschen keinen grundwesentlichen Zwiespalt. Für ihn ist „die Tugend der Natur gemäß, das Laster feindlich und entgegen"[3]. In seinem pädagogischen Optimismus läßt er nicht einmal Ausnahmen gelten, sondern versichert: „Die Natur gab allen die Grundfesten und Samen der Tugenden." „Wir alle sind zu allem geboren"[4]. Scheinbar widerspricht dem die Behauptung: „Die Natur gibt nicht die Tugend, gut zu werden ist eine Kunst"[5]. Indes genügt eine einfache Überlegung, um hier vollen Einklang festzustellen. Sind uns Grundfesten gegeben oder Samen, und weiter nichts, dann haben wir weder ein wohnliches Haus[6], noch einen Fruchtbaum[7]. Diesen muß erst Gärtnerkunst ziehen, jenes die Baukunst errichten. So braucht es auch Kunst, wenn aus der Anlage zum Guten das wirkliche Gute entstehen soll. Weil aber diese Kunst nicht anders als alle anderen zweckmäßig wirkt[8], mithin das Widerspiel jedes blinden Ohngefähr bildet, kann Seneca auch sagen: „Niemand ist durch Zufall gut"[9].

[1] de otio 4, 2.
[2] de moribus 2.
[3] epistulae 50, 8; vgl. 97, 15.
[4] 108, 8; vgl. 44, 2; 94, 29; 104, 23; 120, 4 u. 73, 16.
[5] 90, 44.
[6] 52, 5 f.
[7] 34, 1.
[8] 65, 4 f.
[9] 123, 16; vgl. 76, 6; 50, 5; 95, 39.

Die nächsten Worte: „Erlernen muß man die Tugend", setzen die psychologische Möglichkeit der Erziehung stillschweigend voraus. Ausdrücklich und sehr entschieden verweisen sie aber auf ihre sittliche Notwendigkeit. Wie diese mit jener zusammenhängt, dafür erhalten wir gelegentlich folgende Erklärung[10]: „Die Tugend wird nur der Seele zuteil, die unterwiesen, belehrt und durch beständige Übung zur höchsten Vollendung geleitet ist. Für diese, aber ohne sie kommen wir zur Welt, und auch in den Besten liegt, bevor man sie bildet, nur der Stoff zur Tugend, aber nicht die Tugend (selbst)." Man beachte besonders den letzten Satz. Er bietet nicht bloß eine abschließende Formel für das Verhältnis zwischen Erziehbarkeit und Erziehungsbedürfnis, er veranschaulicht auch den Erziehungsakt durch einen Vergleich mit der Tätigkeit des Plastikers, der aus rohem Stoff eine vollendete Gestalt „bildet" *(erudire)*. Schließlich wird hier das Gelingen der Erziehung[11] ausschließlich dem kunstgerechten Eingriff eines Erziehers zugeschrieben. Dieselbe Anschauung herrscht auch da, wo *Lucilius,* der Adressat der ›moralischen Briefe‹, den Rat bekommt, aus der Schar seiner Sklaven diejenigen herauszusuchen, bei denen „ein gutes Material ohne Künstler brach liegt", und sich daran als Bildner zu versuchen[12]. Bei Lucilius selbst ist dessen Berater ein solches Experiment derart gelungen, daß er ihn mit echtem Künstlerstolz sein „Werk" nennt[13]. Ein andermal kennzeichnet er den Pädagogen als den Erwecker der Keime, die in der Seele des Zöglings schlummern[14], und bezeugt ihm auch damit, daß seiner Arbeit entscheidende Bedeutung zukommt[15].

Allein derselbe Seneca versichert, Tugend zu erwerben sei die einzige Sache, die sich durch Überweisung an einen Stellvertreter nicht erledigen lasse[16]. Und gerade da, wo er Lucilius ermahnt,

---

[10] 90, 46; vgl. 31, 9; 124, 14;.
[11] Vervollkommnungsfähigkeit: 31, 9; 49, 12; Besserungsfähigkeit: de ira II, 13, 1.
[12] 47, 16; vgl. de benef. V, 25, 5.
[13] 34, 2.
[14] 94, 29; vgl. 73, 16; dasselbe Bild für Selbsterziehung.
[15] vgl. N(aturalis) (Quaestiones) III, 30. 8.
[16] 27, 4.

sich bei seinen Sklaven erzieherisch zu betätigen, behauptet er: „Jeder gibt sich selber seinen Charakter[17]." So scheint er bedenklich zu schwanken, ob er nur die Selbsterziehung oder nur die Fremderziehung für wesentlich erachten soll.

Dieser Eindruck erweist sich aber als irrig, wenn wir zu seiner Prüfung folgende Sentenz heranziehen: „Geleitet werden muß der Mensch, bis er anfängt, sich selber leiten zu können[18]." Geleitet werden bedeutet ja nichts anderes als in Fremderziehung stehen, sein eigener Leiter sein heißt Selbsterziehung treiben. Jenes muß vorangehen, dieses nachfolgen. Wann der Übergang erfolgt, richtet sich nach der Reife des Zöglings. Diese kommt um so schneller, je früher die vorbereitende Arbeit einsetzt. Dem Wesen der Sache entspricht es, wenn sie im Säuglingsalter beginnt[19]. Denn weil das Kind an Leib und Geist besonders schwach[20] ist, erliegt es am ehesten der Gefahr eigener Verirrung und draußen lauernder Verführung[21]. Das verstärkt die Notwendigkeit, es zu erziehen[22]. Aus der kindlichen Schwäche folgt aber auch erhöhte Lenkbarkeit, und die erleichtert wieder die Einwirkung des Erziehers[23]. So nähert sich der Begriff der Fremderziehung dem der Jugendbildung[24]. Daß er mit ihm nicht zusammenfällt, ist die Schuld der „großen Kinder"[25], deren es unter den Erwachsenen nur allzu viele gibt. Aber wenn schon nicht für den Durchschnittsmenschen, für den idealen ist es sicher durchaus das Normale, nach erlangter Mündigkeit seine Erziehung als eigene Angelegenheit zu

---

[17] 47, 15.
[18] 94, 51.
[19] vgl. F. Gläser, De Pseudoplutarchi libro περὶ παίδων ἀγογῆς S. 24, 27 bis 32.
[20] Schwäche des Kindes: de ira I, 12, 4; 20, 3; 13, 4; Ungeschicklichkeit Ep. 121, 8.
[21] de ira I, 24; Ep. 99, 13; 123, 9.
[22] de benef. III, 11, 2.
[23] de ira II, 18, 2; vgl. l. c. 21, 9; Ep. 25, 2; 50, 4; 108, 27; N. Q. I, 17, 4.
[24] de ira II, 21, handelt ausschließlich von der Kindererziehung.
[25] 24, 13; vgl. de constantia 12, 1; Ep. 27, 2; 4, 2.

besorgen[26]. Das tat Seneca selbst, und der Erfolg war, wenn wir seinem Berichte trauen[27], überraschend. „Ich beobachte", schrieb er an Lucilius, „daß ich mich nicht nur ändere, sondern umgestalte." Und von seinem Adressaten braucht er keine Nachricht, um ganz sicher zu sein: auch der arbeitet an der Verbesserung seines Innern[28].

Er weiß aber nicht nur: so ist es, er verlangt auch: so soll es sein[29]. Von einem anderen dergleichen fordern, heißt freilich bei ihm den Pädagogen spielen. Demnach wäre Lucilius der Fremderziehung noch nicht entwachsen, obgleich er sich schon mit Eifer und Erfolg seiner Selbsterziehung[30] widmet. Aber geht es denn seinem Erzieher anders? Nein! Seneca, der nicht bloß viel älter[31], sondern schlechthin alt[32] ist und demgemäß wohl beschlagen in der Philosophie, erprobt als Seelenführer[33], auch er besucht noch gelegentlich die Schule eines Philosophen[34] und schämt sich dessen um so weniger, als er dabei doch noch etwas lehren kann. Dann lehrt er nämlich: „Selbst als Greis muß man noch lernen." Wir sehen: Hat die Fremderziehung der Selbsterziehung den Weg bereitet, so darf sie ihre Aufgabe doch nicht als vollendet ansehen, sondern muß die jüngere Mitarbeiterin sorglich begleiten, bis das gemeinsame Ziel erreicht ist.

Wichtiger schon darum, weil sie weniger Beachtung findet, ist die Umkehrung des Satzes. Auch die Fremderziehung kann ihre Schuldigkeit nicht erfüllen, wenn ihr nicht von Anbeginn die Selbsterziehung mit wachsenden Kräften nachhilft. Den Beweis schöpfen wir aus Senecas feinen Beobachtungen über das Getriebe in den Philosophenschulen seiner Zeit. Was einer dort ge-

---

[26] 4,1; vgl. 25, 2.
[27] 6, 1.
[28] 50, 1.
[29] 4, 1; u. öfters.
[30] 5, 1 u. öfters.
[31] 26, 7; 35, 3; 26, 7.
[32] 12, 1; u. öfters.
[33] Lucilius als Zögling 2, 1; 19, 1; 38, 1; 40, 1; 75, 1; 83, 1; andere zum Teil verzweifelte Fälle 11, 2; 25, 3; 29, 1; 112.
[34] 76, 1; 32; 108, 5 ff.

winnt, richtet sich vor allem nach der Absicht, mit der er hinkommt[35]. Manche gehen in den Hörsaal wie ins Theater, um sich die Langeweile mit einem angenehmen Ohrenschmaus zu vertreiben[36]. Weit ernster ist das Gehaben derer, welche Notizbücher mitbringen und eifrig nachschreiben. Aber auch ihnen geht es nicht um die Sache, sondern um Worte. Und daß sie die nicht verflattern lassen, sondern schwarz auf weiß nach Hause tragen, ist nur ein Mißbrauch mehr, der ihnen ermöglicht, ohne Nutzen für andere nachzusagen, was sie ohne eigenen Gewinn hörten. Scheinbar ganz anders als diese Ästheten und viel tiefer, in Wahrheit kaum minder oberflächlich und genußsüchtig sind die Schwärmer. Der Zauber des Wortes bestrickt nicht ihr Ohr, desto stärker rührt es an ihr empfindsames Gemüt. Im Hörsaal begeistern sie sich für alles Edle und Schöne, aber draußen verfliegt der Rausch, und peinlich ernüchtert sinken sie zurück unter die breite Masse, aus der sie der holde Wahnsinn einen Augenblick erhob. Das Widerspiel der hitzigen Schwärmer sind die kalten Grübler. Wie das Wort klingt und welchen Gefühlston es weckt, kümmert sie wenig. Aber seinen Sinn durchforschen sie[37] mit solchem Behagen, als wäre die Philosophie nur ein höherer Denksport[38], bestenfalls Philologie[39]. Im schärfsten Gegensatz zu all den lebensfremden Anbetern[40] des Wortes steht der Weisheitsfreund[41], der nach Verbesserung seiner Gesinnung[42] trachtet und sich demgemäß bemüht, jeden Tag geistig gesünder oder doch seiner Genesung näher aus der Schule zu gehen[43]. Da wird es uns klar: Ein Bildungsziel mag mit dem Anspruch auf Allgemeingültigkeit gesetzt sein, der einzelne Schüler rückt es doch nach Möglichkeit seiner

---

[35] 108, 3.
[36] 16, 3.
[37] 45, 5; u. öfters.
[38] 108, 23; vgl. 71, 6; 88, 42.
[39] vgl. 75, 3; 49, 12.
[40] 89, 4.
[41] 108, 5 Ende.
[42] 108, 4; vgl. 111, 2.
[43] 108, 30.

Individualität näher[44] und vollbringt mit diesem selbstherrlichen Zugriff ein gutes Stück Selbsterziehung.

Unsere Betrachtung über Schüler und Schule ist jetzt soweit fortgeschritten, daß es sich empfiehlt, auch den Lehrer heranzuziehen. Wieder lassen wir uns von Seneca eine Schule zeigen, diesmal eine Elementarklasse, wo man das Schreiben lernt. Der Knabe hält den Griffel, aber er führt ihn nicht. Das besorgt der Lehrer, der seine Finger umfaßt und zum Auf und Ab bewegt. Hier sehen wir den Gegenpol der Selbsterziehung. Der Zögling wird noch physisch gezogen und ist kaum mehr als ein Werkzeug, das sein Meister recht eigentlich handhabt[45]. Aber bald beginnt er, nach Vorlage selbsttätig zu schreiben[46], und schon ist das Verhältnis zum Partner beträchtlich verschoben. Nach mancherlei Zwischenstufen kann es sich in sein gerades Gegenteil verkehren. Der Schüler sucht aus freien Stücken einen Lehrer, von dem er Förderung erwartet, und macht ihn damit zum dienenden Glied[47] seiner Selbsterziehung.

So souverän ist er zumindest dort, wo er fachliches Wissen oder Können zu erwerben trachtet. Mit der Philosophie steht es vielleicht doch anders, denn sie ist die Kunst der rechten Lebensführung[48]. Und wer die begehrt, muß wohl zunächst der Freiheit des tändelnden Lebensstümpers[49] entsagen. Ja gewiß, aber eben deshalb ist dieser Verzicht ein grundlegender Akt der Selbsterziehung[50], zumal wenn er nach langen, schmerzlichen Irrungen und Wirrungen[51] aus klarer Einsicht[52] in die eigene Unzulänglichkeit hervorgeht.

[44] 94, 51; Quintilian I, 1, 27.
[45] de benef. V, 25, 4; vgl. Anm. 12.
[46] 94, 51; Ende.
[47] de benef. VI, 16, 2: der Schüler als Gebieter (imperator) des Lehrers, der er bezahlt.
[48] 95, 7; 90, 27; Fr. 17 (Ausgabe Haase).
[49] 20, 4; vgl. 120, 20 ff. u. Horaz Ep. II 2, 214.
[50] Selbsterzieherischer Verzicht eines angehenden Philosophen auf Liebeln und Verseschmieden: Vergil, Catalepton VII.
[51] 68, 14.
[52] 28, 9.

Denn für gewöhnlich weiß der Mensch von seinen seelischen Gebrechen noch weniger als von den leiblichen. Zwar versucht er auch die vor sich zu verstecken, indes läßt sich eine ernste Krankheit nicht ableugnen, sobald ihre charakteristischen Beschwerden beginnen[53]. Hingegen kann man moralisches Elend sehr wohl in äußeres Mißgeschick umdeuten[54] und droht ein aufrichtiger Freund die süße Täuschung zu zerstören, so wird er eben gemieden[55].

Wie steht es aber mit dem, der schon sich selbst mißfällt? Ist wenigstens der auf gutem Wege? Nicht immer. Denn selbst Menschen, die in ihre Laster noch verliebt sind, verspüren doch schon gegen sie Haß[56], und die Bösen finden an sich erst recht kein Gefallen[57], ja sie sinken unter dem Druck ihrer Laster in Verzweiflung[58]. Trotzdem und gerade darum verschmähen sie, und sie am heftigsten, jede erzieherische Einwirkung[59]. Mit dem Wissen um die eigenen Fehler ist eben noch nicht viel gewonnen. Der Glaube an ihre Heilbarkeit[60] muß noch hinzutreten. Dann erst erwacht jener „Wille, gut zu werden"[61], der schon ein großes Stück Güte ist, weil er zu können glaubt, was er will[62] und was er noch nicht kann, für ihn keinen Vorwand zu schlaffem Nichtstun bildet[63], sondern einen Antrieb rüstig zu lernen, kurz weil er mit Zuversicht[64] und Selbstvertrauen[65] nächst verwandt ist. Gerade darum zeigt er sich auch bereit, ohne falsche Scham[66] fremde Hilfe anzurufen.

[53] 53, 5 f.
[54] 50, 2 ff.
[55] 29, 1.
[56] 112, 4.
[57] 42, 2.
[58] 1. c. u. 25, 3; 92, 28.
[59] de ira III, 36, 4.
[60] de ira II, 13, 1.; Ep. 50, 6.
[61] 34, 3.
[62] u.
[63] 116, 8.
[64] 64, 5.
[65] 31, 3.
[66] 50, 5.

Daß auch in dem Fall Selbsterziehung möglich und sogar nötig ist, dafür bürgt schon die unabweisliche Aufgabe, den richtigen Helfer zu wählen. Da gibt es zunächst eine prinzipielle Entscheidung. Soll man sich an die alten Weisen halten oder an die lebenden? Jene haben immer Zeit[67] und belehren jeden, der ihre Bücher[68] zur Hand nimmt. Auch aus der Erinnerung an ihr vorbildliches Leben[69] und der Betrachtung der stillredenden Züge ihres Porträts[70] läßt sich Erhebung schöpfen.

Für die Lebenden, die wir leibhaftig vor uns sehen, deren Stimme in unser Ohr dringt, spricht wieder die Unmittelbarkeit der Wirkung[71]. Aber unter ihnen welche Kontraste! Vor allem der „echte" Philosoph und der „Philosophieprofessor"[72]. Jener, ganz Sorge um den sittlichen Fortschritt seiner Schüler[73], denen sein persönliches Beispiel noch wirksamer dient[74] als sein Wort. – Dieser, ganz versunken in trockene Katederweisheit, die ihn und seinen Anhang vom tätigen Leben absperrt[75]. Das Leben so zu führen, daß es die eigene Lehre Lügen straft, ist wieder die Art des Schönredners, der gar erbaulich predigt, aber nur zur Mehrung seines Ansehens oder gar für klingenden Lohn[76]. Die erwünschte Übereinstimmung von Leben und Lehre auf bequeme Weise herzustellen, erstrebt der behende Begriffsfälscher, indem er mit Philosophenmiene Laster zu Tugenden stempelt[77].

Bei solcher Verschiedenheit der Meister soll nun der Lehrling einen für sich aussuchen. Wäre er in dem Moment schon ausgelernt, er brauchte nicht selbständiger und verantwortungsvoller zu

---

[67] 52, 7.
[68] de brevit. vit. 14; 15, 1.
[69] 104, 21; 71, 7.
[70] 64, 9.
[71] 6, 5; 33, 9; 94, 40.
[72] de brevit. vit. 10, 1; Ep. 111, 1.
[73] 108, 3, 12.
[74] 52, 8; vgl. 75, 4.
[75] vgl. Anm. 34.
[76] 52, 9 ff. u. öfters.
[77] 123, 15 ff.

entscheiden[78]. Diese echt pädagogische Situation ist wohl mit der Wahl, die er trifft, erledigt, doch folgt ihr bald eine neue, die noch schärfer gespannt ist.

Seine Wendung zur Philosophie bringt ihn nämlich in Gegensatz zu den Kindern der Welt. Mag von denen eines nach Lust, das andere nach Macht und Ehre streben, der Weg, den er einschlägt, erscheint ihnen allen unbedingt und nicht einmal ganz mit Unrecht[79] als Weltflucht, und darum sparen sie weder herben Tadel und bittern Spott, noch süße Lockungen, um den eigenwilligen Ausreißer auf ihre Bahn zurückzuführen[80]. Ob er ihnen nachgibt oder sie abweist, ist wieder lediglich seine Sache[81], und während sie ihn beschäftigt, steht er zu seinem Lehrer wieder geradeso wie anfangs. Weder ist er ihm untertan als Schüler, noch als Partner beigeordnet. Als Richter tritt er ihm gegenüber und prüft die Gültigkeit seines Anspruchs, besser zu erziehen als die Welt[82].

Ein gewisses Maß von Selbstherrlichkeit bleibt ihm aber auch dort, wo er wirklich nur Schüler ist. Denn um die Rolle überhaupt zu spielen, muß er doch versuchen, seiner Beziehung zum Lehrer eine feste Gestalt zu geben. Soll er ihm stumm zuhören[83] oder mit Fragen an ihn herantreten und ein Lehrgespräch herbeiführen?[84] Und muß es ihm denn genügen, seinen bildenden Umgang in der Schule zu genießen? Kann er sich nicht bemühen, auch in den Mußestunden mit ihm zusammenzukommen, den Verkehr zur Freundschaft, diese bis zur Lebensgemeinschaft zu steigern[85]? Sicherlich! Aber selbst wenn er in den menschlichen Beziehungen die größte Innigkeit anstrebt[86] und erreicht, bleibt es ihm noch

---

[78] vgl. Lukian Hermotimos c. 68 ff.
[79] 5, 2.
[80] 123, 9 ff.; 31, 2; 36, 1; 76, 4.
[81] vgl. Epiktet IV, 2.
[82] vgl. Aristophanes Wolken 934 ff.
[83] Zuhörer sein Ep. 38, 2; 52, 9.
[84] 38, 1; 108, 3.
[85] 94, 40; 108, 3; 6, 6.
[86] de benef. VI, 17, 2.

immer unbenommen, die geistige Abhängigkeit vom Lehrer mannigfach abzustufen und zu formen. Sie kann sich der Eidespflicht nähern, die den Soldaten oder Gladiator zwingt[87], jedem Wort seines Vorgesetzten unverbrüchliche Gültigkeit beizumessen, sie kann auch Bindung an eine Sekte oder Partei bedeuten, die mit ihrem Oberhaupt durch dick und dünn geht[88], sie kann die Unterordnung bis zu der Unterwürfigkeit treiben, die der König von seinen Getreuen oder gar der Herr vom Sklaven fordert[89], oder aber sie weiß nichts von alledem und gleicht eher der Übernahme einer Erbschaft[90], die nach Vermehrung ruft, oder dem Anschluß an einen „Vorgänger", dessen Spuren man folgt[91], solange er besser Bescheid weiß, und den man verläßt[92], wenn sich ein kürzerer und bequemerer Weg zeigt oder ein Neuland, das er nicht besetzt hat[93].

Der Gegensatz zwischen dieser Auffassung und den anderen läßt sich in eine zweigliedrige Antithese fassen: Tradition und Autorität, Denkfreiheit und Kritik[94]. Nach einem der beiden Pole sich tatsächlich zu richten, ist für jeden Schüler – und da jeder einmal lernen muß – für jeden Menschen unvermeidlich. Mit bewußter Überlegung wird aber nur der seinen Kurs wählen, für den schon die Autorität aus schlichter Selbstverständlichkeit[95] zu einer quälenden Frage[96] wurde. In der Frage selbst liegt demnach bereits etwas von Parteinahme zugunsten der Freiheit. Ganz unbeeinflußt bleibt nur die Entscheidung über die richtige Art, sie zu verwenden, und verwendet wird sie ja auch von dem, der sie einem anderen zuliebe geflissentlich preisgibt. Das taten zu

---

[87] 12, 11.
[88] de otio 3, 1.
[89] 33, 4, 11; 45, 4; 80, 2.
[90] 64, 7.
[91] 80, 1; 52, 4.
[92] 80, 1.
[93] 33, 11; vgl. 109, 5; N. Q. IV, 3, 6: Denkfreiheit.
[94] 71, 6; 33, 8; 108, 38: Schöpfer u. Erklärer 45, 3; 33, 11: Selbständigkeit seines Urteils.
[95] vgl. Aristophanes Ecclesiaz. 583 f. u. 215.
[96] Horaz Ep. II 1, 90 ff.

Senecas Zeit die Epikureer seit mehr als drei Jahrhunderten. Mit dem unerschütterlichen Selbstvertrauen des Propheten hatte *Epikur* verkündet: er und er allein habe den einzigen Weg gefunden, der zur Erlösung führt von allen Übeln im Leben wie im Tode. Seine Jünger aber glaubten ihm oder vielmehr an ihn und gebrauchten darum ihre ganze Kraft, sich in seine Heilslehre einzuleben. Das Ergebnis war eine stete Angleichung ihrer Wesensart an die seine[97] und im gleichen Maße fortschreitend, ein Sinken der Spannung zwischen Selbst- und Fremderziehung.

Seneca zeigt uns aber noch eine andere Art lebenslänglicher[98] Schüler. Daß auch sie nichts in ihrem eigenen Namen sagen, verbindet sie mit den Epikureern. Ihre Besonderheit liegt darin, nicht nur „einen" zu hören und demgemäß bald die, bald jene Autorität anzurufen[99]. Mit diesem Hin und Her betätigen sie wohl ein wenig Selbständigkeit, doch um teuern Preis. Das Vielerlei, das sie zusammenraffen, ist ein Allzuviel. Und allzuviel ist auch hier ungesund.

Mit der geistigen Ernährung steht es ja wie mit der leiblichen[100], und das Gedächtnis vergleicht Seneca mit dem Magen[101]. Speisen, die dort noch unverdaut, in einzelnen Brocken schwimmen, sind Fremdkörper, die den Leib nur belasten. Ihn zu kräftigen werden sie erst dann geeignet, wenn er sie umgearbeitet, zu einer Masse vereinigt und sich selbst angeglichen hat. Ähnlich ergreift der geistige Organismus ihm fremde, unzusammenhängende Gedächtnisstoffe und verwandelt sie in sein ureigenstes einheitliches Denken[102]. Aber auch der Umsatz[103] hat seine Grenzen. Sind die überschritten[104], dann bleibt alles, was den Geist nähren könnte, unverdaut im Gedächtnis liegen[105]. Dies ist der

---

[97] vgl. die Schrift „Über das Erhabene" c. 7, p. 182 v.
[98] 33, 8 f.
[99] 33, 7; 108, 37.
[100] vgl. 78, 5.
[101] 84, 6.
[102] 84, 10.
[103] vgl. Epictet III, 21, 9.
[104] 88, 36; 108, 2.
[105] 84, 7; de tranqu. 9, 4.

leidige Zustand derer, die immerfort andere zitieren und damit unfreiwillig gestehen, von all dem, was sie in sich aufnehmen, nichts dermaßen sich assimiliert zu haben, daß es zu einem Bestandstück ihres „Ich" wird[106], oder, um wieder mit Seneca und nochmals bildlich zu sprechen: Ihr Wissen ist bloß ein Firnis, mit dem sie ihre Oberfläche übergossen, keine Farbe, die ihr Inneres durchdrang[107].

So sind denn die ewigen Schüler dieser Sorte den Epikureern nicht bloß unähnlich, sondern bilden geradezu ihr Widerspiel. Jene verzichten wohl auf eigenes Denken, gewinnen aber damit ein solches Maß von Einfühlung in ihren Propheten, daß für sie Fremd- und Selbsterziehung ineinander fließen. Den andern entgeht die Fremderziehung, weil sie sich keinem Lehrer ganz anvertrauen, und das willkürliche Schwanken zwischen vielen gibt ihnen von der Selbsterziehung nichts als den Schein. Noch deutlicher wird ihr pädagogisches Fiasko, wenn wir bei ihnen nicht bloß den Geist dem Gedächtnis, das Denken dem Reden gegenüberstellen, sondern auch Reden und Handeln vergleichen. Dann zeigen sie eine krasse Unfähigkeit, zu tun, was sie sagen[108], und die beweist, daß in ihrem Fall geistige Unmündigkeit zugleich auch sittliche ist. Und die Epikureer? Ist die Unselbständigkeit des Denkens, die sie nicht einmal verleugnen, auch bei ihnen mit sittlicher Unreife verknüpft? Man könnte es um so eher glauben, als ihnen Epikur empfiehlt, all ihr Tun und Lassen so einzurichten, als würde er dabei zusehen[109]. Heißt das nicht, sie des Anspruchs auf sittliche Freiheit und Selbstverantwortung für immer berauben?

Aber prüfen wir doch genauer: Wer seinen Zögling mahnend am Ohr zupft[110], „erzieht" ihn noch in des Wortes eigenster Bedeutung. Begnügt er sich, ihm ins Ohr zu flüstern, so hat er seine Einwirkung schon stark vergeistigt. Noch weiter ist er auf

---

[106] de benef. VII, 2, 1.
[107] 110, 8; 71, 31.
[108] 108, 38.
[109] 25, 5.
[110] 94, 54.

dem Weg fortgeschritten, wenn bereits sein Anblick den Zögling beeinflußt[111] oder ein Brief, den er ihm schreibt[112], oder ein Buch, das er verfaßt hat[113]. Nun darf er auch wagen, ihn gelegentlich sich selbst zu überlassen[114]. In solchen Zeiten des Alleinseins wird sich der Zögling sein Bild in Erinnerung rufen und bei ihm suchen, was er an Mahnung und Warnung braucht. Hat er so erfahren, daß er von seinem wirklichen Erzieher schon beeinflußt wird, wenn er sich ihn nur vorstellt[115], dann liegt es für ihn nahe, auch die Vorstellungsbilder von Menschen, die er in Wirklichkeit nicht kennt, pädagogisch zu verwerten[116]. Vielleicht findet er dann in rückschauender Betrachtung unter den führenden Geistern, die, von allem Irdischen unbeschwert[117], nur mehr Geist sind, einen Genius, dem er sich so verwandt fühlt, daß er ihn als *seinen* Genius begrüßen und damit zu seinem Schützer und Leiter bestellen kann[118]. Diese Aufgabe ihm zuzuweisen, hat Epikur von seinen Anhängern gefordert und erreicht. Weder sie noch andere Heroen- und Heiligenverehrer werden sich bedenken, diese Veranstaltung als Fremderziehung zu bezeichnen. Aber ein solcher Führer, den wir nur in uns sehen und hören, ist doch wohl nichts anderes als eine Verselbständigung und Personifikation des „besseren Teils"[119] unserer Persönlichkeit. Hier ist demnach der Gegensatz von Fremd- und Selbsterziehung nicht mehr real, sondern nur ein Symbol der inneren Spannung zwischen wirklichem Ich und Ich-Ideal[120].

Aber die Entwicklungsmöglichkeit ist auch damit nicht erschöpft. Gelingt es dem Menschen, die empirische Persönlichkeit der vorbildlichen konform zu machen, dann darf der Mensch

---

[111] 94, 40.
[112] 38, 1; 40, 1.
[113] 45, 3.
[114] 29, 9.
[115] 32, 1; 11, 9.
[116] vgl. „Über das Erhabene" c. 14. p. 187 v.
[117] 11, 8 ff.
[118] 110, 1; der Genius als Pädagogus.
[119] 82, 1; vgl. 78, 10; 41, 26.
[120] vgl. Bonhöffer: Die Ethik des Stoikers Epictet I S. 84.

auch seinen pädagogischen Schutzgeist entlassen[121], und was er bisher ihm zuliebe tat, wird er in Hinkunft aus Achtung und Würde der eigenen Persönlichkeit vollbringen. Dann wird der Mensch sein eigener Schüler und Lehrer, die sittliche Mündigkeit ist erreicht, die Souveränität der Selbsterziehung in aller Form begründet. Was aber die Ausübung ihrer Hoheitsrechte betrifft, so hat Seneca diese erst recht an einen bestimmten Akt gebunden[122]. Jede Nacht ließ er in der dunklen Stille seines Schlafzimmers die Vorfälle des abgelaufenen Tages an seinem Geist vorüberziehen, prüfte alles, was er gesagt und getan hatte, und gewann aus der freimütigen Kritik seiner Irrtümer Richtlinien für ein künftiges Verhalten. Diese Methode ständiger Gewissensprüfung und sittlicher Selbstbildung empfiehlt er wohl aus eigener Erfahrung. Erfunden aber hat er sie nicht, sondern von seinem Lehrer *Sextius* übernommen. Und der, bekannt als Gründer einer pythagoreisierenden Philosophenschule, erneuert nur, was schon das „goldene Gedicht" den Mitgliedern des altpythagoreischen Ordens vorschrieb. So waren denn unseres Wissens die ehrwürdigen Pythagoreer auf dem Boden Europas die ersten Pädagogen, die mit bewußter Kunst ihre Zöglinge von der Fremd- zur Selbsterziehung führten.

---

[121] 25, 4.
[122] de ira 3, 36; vgl. Ep. 83, 2; 28, 9; Martha: Etudes des morales sur l'antiquité p. 213 ff.

HARENA SINE CALCE (ZU SUETON. CALIG. 53, 2)

Von Egon Braun

Sueton. Calig. 53, 2 gibt das Urteil des rhetorisch wohlgebildeten[1] Kaisers über Senecas Stil wie folgt: *peroraturus* (scil. Caligula) *stricturum se lucubrationis suae*[2] *telum minabatur, lenius comptiusque scribendi genus adeo contemnens, ut Senecam tum maxime placentem commissiones meras componere et harenam esse sine calce diceret.* Die Überlieferung ist eindeutig[3], eine Änderung daher nur dann geboten, wenn sich keine sinnvolle Interpretation gewinnen läßt. J. Stroux, welcher zuletzt über die Stelle gehandelt hat[4], ändert *commissiones* in *commissuras*. Ihm folgend übersetzt R. Till[5]: „wenn er (nämlich Caligula) im Begriffe war, eine Rede zu halten, schickte er gewöhnlich die Drohung voraus, er werde das Schwert blank ziehen, das er in nächtlicher Arbeit geschliffen. Alles Weiche und Zierliche im Stil verachtete er nämlich. Daher sagte er von Seneca, der damals sehr in Mode war: ‚Er setzt lauter Fugen (= *commissuras*) (im Mauerwerk seiner Rede) zusammen' und: ‚Sein Stil ist wie Sand ohne Kalk'." Stroux möchte beide Ausdrücke, durch welche Sene-

---

[1] Vgl. z. B. Sueton. Calig. 53, 1: *ex disciplinis liberalibus minimum eruditioni, eloquentiae plurimum attendit, quantumvis facundus et promptus, utique si perorandum esset.* Vgl. auch RE X/1 Sp. 420 (Gelzer).

[2] Vgl. Calig. 50, 3: *incitabatur insomnio maxime; neque enim plus quam tribus nocturnis horis quiescebat ac ne iis quidem placida quiete, sed pavida miris rerum imaginibus, ut qui inter ceteras pelagi quondam speciem conloquentem secum videre visus sit. ideoque magna parte noctis vigiliae cubandique taedio nunc toro residens, nunc per longissimas porticus vagus invocare identidem atque expectare lucem consuerat.*

[3] Vgl. die editio Teubneriana von M. Ihm, Leipzig 1933, S. 185.

[4] Philol. 86 (= N. F. 40), 1931, S. 349 ff.

[5] Sueton, Cäsarenleben, neu herausgeg. und erläutert, 1936, S. 272.

cas Stil charakterisiert werden soll, als aus dem Maurerhandwerk entlehnt und sich gegenseitig steigernd ansehen, wobei er von der Voraussetzung ausgeht, daß der Wortlaut Suetons wenigstens es nahe lege, „daß es sich nicht um zwei ganz verschiedene, voneinander unabhängige Urteile des Caligula handelt"[6]. Ich glaube nicht, daß Stroux ins Schwarze trifft; denn wie sollte auch „ein schlechter, betrügerischer Architekt"[7] aus „lauter" (eig. reinen, Vf.) Fugen ein Mauerwerk zusammensetzen? Da hilft auch nicht die Berufung auf das *opus incertum* trotz dessen zahlreicher Fugen[8]. Stroux selbst scheint diesen Mangel gefühlt zu haben, wenn er abschließend erklärt[9]: „Senecas stilistisches Wort-Mauerwerk hatte also nicht nur f a s t bloß Fugen." Kehren wir daher zur Überlieferung zurück!

Postuliert man, wie Stroux es tut, einen Zusammenhang zwischen den beiden Urteilen, so ließe sich eher noch die alte, unterdessen allgemein, auch vom Thesaurus L. L. aufgegebene[10] Deutung von *harenam sine calce*, d. i. einer Rennbahn ohne Zielstrich, verstehen. Was nämlich Stroux außer Betracht läßt, ist doch, daß der Kaiser seinen eigenen Stil dem Senecas gegenüberstellen will. Während Caligulas Reden im Angriff gipfeln sollten[11], war dies bei Seneca seiner Meinung nach nicht der Fall. Dieser verfasse reine „Prunk- oder Schaustücke"[12], welche bei Festhaltung des agonalen Bildes mit einer Rennbahn ohne Ziel-

[6] A. a. O. S. 352.
[7] A. a. O. S. 355.
[8] A. a. O. S. 354.
[9] A. a. O. S. 354 f.
[10] A. a. O. S. 352. Vgl. etwa Ch. T. Lewis – Ch. Short, A Latin Dictionary, Oxford 1945, S. 840 s. v. harena: „prov. Arena sine calce said by Caligula of Seneca, because his sentences seem like independent maxims, without connection".
[11] Vgl. *stricturum se . . . t e l u m minabatur* (Calig. 53, 2).
[12] Vgl. die Ausführungen Stroux a. a. O. S. 350 f., der den Bedeutungswandel des Wortes *commissio* unter Heranziehung auch von Sueton. Aug. 89 entwickelt. Vgl. auch das Oxforder Lexikon S. 379 s. v. *commissio:* „a speech at the opening of the games; hence, a prize declamation, ostentatious speech, ἀγώνισμα, Suet. Calig. 53; Suet. Aug. 89." Auch Stroux würde die Bedeutung „Schaustück" akzeptieren, „wenn

strich vergleichbar wären, da es sich in ihnen um keinen ernstlichen Agon handelt, wo man des Zielstriches bedarf. Den *sprachlichen* Zusammenhang könnte man aber noch weiter spinnen. Ein zielloses[13] Schreiben ist weichlich, was prunken soll, bedarf des Schmukkes[14]. So stünden die beiden Attribute *lenius comptiusque* im chiastischen Verhältnis zu *commissiones meras* und *harenam sine calce*.

Trotzdem möchte ich von einem Zusammenhang der beiden Urteile absehend mit Stroux und anderen *harenam sine calce* als Sand ohne Kalk auffassen, jedoch das überlieferte *commissiones* belassen. Wir werden es dem Sammler Sueton nachsehen, wenn er zwei aus verschiedenen Bereichen stammende Ausdrücke, welche beide allgemein verständlich waren[15], zur Charakteristik von Senecas Stil verbunden hat. Auch dann bleibt die Gegensätzlichkeit des Redestils des Kaisers und Senecas – *telum* gegenüber *commissiones meras* – und die chiastische Beziehung zwischen den Attributen *lenius comptiusque* einerseits, *commissiones meras* und *harenam sine calce*[16] andererseits gewahrt. Was aber in jedem Falle akzeptiert werden muß, ist die Annahme eines Anakoluths im zweiten Teil des *ut*-Satzes: nicht Seneca selbst kann *harenam esse sine calce*, sondern das, was er schreibt, also seine *commissiones* oder – allgemeiner – sein *scribendi genus*[17].

---

nicht der weitere Wortlaut *et harenam esse sine calce* ein neues Hindernis bilden würde" (a. a. O. S. 351 f.).

[13] Das *telum* der *lucubratio* des Kaisers bedarf dagegen eines Zieles.

[14] Vgl. Quintilians Urteil (X 1, 125) *corruptum* (verschroben) *et omnibus vitiis fractum dicendi genus* (scil. *Senecae*) und weiterhin (ebda. 129) *in eloquendo corrupta pleraque atque eo perniciosissima, quod abundant dulcibus vitiis*.

[15] Darüber in bezug auf den Ausdruck *harena sine calce* vgl. Stroux a. a. O. S. 352.

[16] Der Mörtel, der des Kalkes entbehrt, entbehrt auch der Festigkeit. Über die Beziehung des zweiten Attributes *comptius* vgl. oben S. 202.

[17] Ich muß gestehen, daß die Auffassung von *harenam* als Subjektsakkusativ, wie Stroux (a. a. O. S. 355 Anm. 40) sie für möglich hält, keine geringere Härte beinhalten würde als das zweifellos vorhandene Anakoluth, welches Bourgery und Münscher (Stroux a. a. O. S. 352) in ähnlicher Weise aufheben wie ich.

H. Mac L. Currie, The Younger Seneca's Style: Some Observations. University of London, Institute of Classical Studies. Bulletin 13 (1966), p. 76—87. Aus dem Englischen übersetzt von Gregor Maurach.

DER STIL DES JÜNGEREN SENECA: EINIGE BEOBACHTUNGEN.*

Von H. Mac L. Currie

Senecas Art sich auszudrücken — sein Stil — ist zu allen Zeiten auf harte Kritik gestoßen. Kaiser Gaius hatte alles andere als Schmeichelhaftes über ihn zu sagen[1]; Quintilian war entschieden ablehnend eingestellt, für ihn war Seneca das beste Beispiel für die zeitgenössische unangenehme Affektiertheit, die er so sehr bedauerte und vor deren gefährlichem Reiz er die Jugend bewahren wollte. W. C. Summers (Select Letters of Seneca [1901], p.XCVI) findet Quintilians Urteil „vorsichtig und aufs Ganze gesehen günstig", doch trifft Peterson eher ins Schwarze, wenn er (in seiner Ausgabe von Quintilians 10. Buch [1891], p.XXIV sagt): „Wahrscheinlich ist Quintilian, ungeachtet des Anscheins von Unvoreingenommenheit, den er sich bei der Beurteilung

---

* [Anmerkung des Herausgebers]. Dieser Aufsatz wurde aufgenommen, weil in ihm klar und umsichtig Senecas „Kurz-Satz-Stil" und die „unorganische" Kompositionsweise behandelt wird. Zu bedenken bleibt jedoch, daß es sich bei den Kurzsätzen nur um eine *Tendenz* handelt, da noch viel Periodik *neben* den schlagkräftigen Kurzsätzen übrig geblieben ist, so daß die Frage untersuchenswert ist, *wo* und *warum* dort Kurzsätze stehen, *wo* und *warum* gerade *hier* Perioden verwendet sind. Weiter ist sorgfältig die Frage zu behandeln, wieviel mittlerweile aus der Poesie ins allgemeine Stilbewußtsein abgesunkenes Stilgut in Senecas Prosa zu finden ist, ob die „Aufschwünge" auch an der Wortwahl abzulesen sind; vor allem bedarf es einer sehr gründlichen Neuuntersuchung von Senecas Kompositionsweise; sehr Gutes steht hierüber bei Abel (s. S. 323 ff.). Viel Platz ist dieser Frage eingeräumt bei Maurach (s. S. 339 ff.), vgl. den Index S. 210 f.

[1] Suet. Cal. 53, s. ferner die unten nachfolgenden Ausführungen hierüber (mit Anm. 26).

Senecas gibt, ihm doch mit einem gewissen Vorurteil begegnet". Aber sogar dies ist zu milde ausgedrückt: er spart seine Bemerkungen über Seneca bis ganz zum Ende jenes berühmten Abschnittes auf, und die Abfolge der Werturteile (schlecht – gut – schlecht) läßt nicht auf eine aufrichtige Absicht schließen, bei Senecas besseren Eigenschaften länger zu verweilen[2]. Als Verfechter des Ciceronianismus war Quintilian erschüttert über das Geschick des lateinischen Prosastils und suchte sich als Angriffsziel natürlich Seneca aus, der als Vertreter der neuen Manier sich ein Vierteljahrhundert lang eines besonderen Rufes erfreute, dazu einer breiten und begeisterten Anhängerschaft. Doch Quintilian ging nicht mehr mit der Zeit, seine Gedanken waren zu streng und nach rückwärts gerichtet; Tacitus bietet im „Dialogus" eine verläßliche Darstellung der sozialen und politischen Gegebenheiten, und in deren Licht erscheinen Quintilians Ansichten als veraltet[3].

Nach Quintilian setzten Aulus Gellius und Fronto die Angriffe fort; doch als das Christentum zur Staatsreligion wurde, bewunderte man Seneca, und die Väter zitierten aus ihm in zunehmendem Maße, der Grund war sein ausgesprochen moralischer Ton. Und nahm man nicht an, er sei Paulus begegnet? Seneca traf in den nächsten Jahrhunderten auf das Wohlwollen noch vieler anderer, stand lange Zeit Cicero an Popularität nicht nach, aber gegen Ende des 18. und zu Beginn des 19. Jahrhunderts erlebte sein Ruhm im Zuge der Abwertung des Silbernen Lateins Stagnation und Einbuße, und in jüngster Zeit fehlte es ebenfalls nicht an Kritikern, die Senecas Stil und Person ablehnten[4].

Abgesehen von der allgemeinen Verurteilung seines Stils, machte

[2] Zitat aus p. 244 von W. H. Alexanders Aufsatz „The Professor's Deadly Revenge", Univ. of Toronto Quarterly 4, 2 (1935), 239 ff.

[3] Vgl. Wilamowitz-Moellendorff, Glaube der Hellenen[2], 1932, 546.

[4] Um nur zwei Namen zu erwähnen: Macaulay gefiel sein Stil nicht (vgl. den bekannten Witz „ihn ohne Zutaten zu lesen ist soviel wie reine Anchovis-Sauce zu essen"), und E. P. Barker in seinem Oxford Classical Dictionary äußert Bewunderung weder für den Stilisten noch für den Menschen Seneca. Zu Senecas Einfluß auf die Ausformung der englischen Prosa vgl. G. Williamson, The Senecan Amble, 1951. Doch ist „amble" (Paßgang) der richtige Ausdruck für Seneca?

man Seneca besonders dies zum Vorwurf, daß er in seinen eigenen Bemerkungen zur Frage des Stils (die alle in den ›Epistulae Morales‹ vorkommen), schwankend und unaufrichtig sei und kein festes Urteil zeige. Norden bemerkt sarkastisch (Antike Kunstprosa 307), daß Senecas Eintreten für aufrichtige Einfachheit – *haec sit propositi nostri summa: quod sentimus loquamus, quod loquimur sentiamus* (ep. 75, 4) – „in ein pointiertes σχῆμα" gekleidet sei.[5]. Vor 60 Jahren versuchte F. I. Merchant (AJP 26, 1905, 44 ff.), Seneca von den Anschuldigungen zu befreien, doch dabei verfolgte er ein zu starres System, Prokrustesmethoden werden bei Seneca wenig Erfolg haben, der in Philosophie und Stil ja kein kompromißloser Dogmatiker war[6].

In der Hauptsache ist Senecas Stiltheorie zweifellos auf Einfachheit gerichtet. Er rät dem Lucilius, Wörter und ihre Fügung sollten ihn nicht beschäftigen, da es die Sache sei und nicht der Ausdruck, das zähle: *nimis anxium esse te circa verba et compositionem, mi Lucili, nolo – habeo maiora quae cures; quaere quid scribas, non quemadmodum* (ep. 115, 1). In 59, 4 f. wird Lucilius gelobt, weil er die Worte der Sache unterordne. Was wir schreiben, sagt Seneca (75, 5), soll den Lesern eher Nutzen als Vergnügen schaffen: *non delectent verba nostra, sed prosint*. Fabianus sei bewunderungswürdig (100, 2), weil *mores ille non verba composuit, et animis scripsit ista non auribus*. Beredsamkeit, so hören

---

[5] Die Figur (sparsam umschrieben in Websters Dictionary mit „Wiederholung derselben Wörter oder Gedanken in verschiedener Ordnung") heißt ἀντιμεταβολή, *commutatio* auf Lateinisch. Weitere Beispiele aus Seneca bei W. C. Summers, Select Letters of Seneca, 1910, p. XC. Draeger, Über Syntax und Stil des Tacitus (1868), 91 hält sie für sehr selten im Tacitus, er zitiert nur eine Stelle (Hist. II 27).

[6] A. Guillemin neigt in ihren beiden Aufsätzen (REL 32, 1954, 250 ff. und 35, 1957, 265 ff.) dazu, zu viel in Senecas Bemerkungen über Stil hineinzulesen. Die Hauptwerke über Senecas Stil sind A. Bourgery, Sénèque Prosateur (1922) und E. Albertini, La Composition dans les ouvrages philosophiques de Sénèque (1923), dazu die Einleitung zu Summers Ausgabe (s. Anm. 5). [Über die viel zu oberflächliche Arbeit von Bourgery: B. Axelson, Neue Senecastudien, Lund-Leipzig 1939, 1 und 47. Anm. des Herausgebers.]

wir (52, 14), ist gefährlich, wenn sie ein Verlangen nach ihr selbst weckt, und nicht nach dem behandelten Gegenstand. Doch wenn man Beredsamkeit ohne Schaden zu erlangen vermöge, wenn sie leicht erreichbar sei und wenig Aufwand verlange, so mag man sie benutzen (75, 5). Fabianus wird anerkennend als sowohl beredt wie weltgewandt beschrieben (58, 6). Später (100, 5 und 10), wird uns gesagt, daß derselbe Mann *non erat neglegens in oratione sed securus* und daß er *eloquentiam velut umbram non hoc agens trahit*. Seneca sah es ungern (75, 3), wenn eine Sache von so großer Bedeutung wie die Moralphilosophie in dürftiger und trockener Weise dargestellt wurde, obschon man keinen besonderen Aufwand mit Worten treiben solle.

Seneca neigte also einer Vorliebe für einen ungekünstelten Stil zu, obschon er die Schmückung zuließ, vorausgesetzt, daß sie ungezwungen zu erreichen war. Setzen wir hier an, werden wir am Ende in der Lage sein, die angebliche Unausgeglichenheit von Lehre und Praxis in einem anderen Lichte zu sehen.

***

Betrachtet man die allgemeine Situation der Literatur zu jener Zeit, als Seneca zu schreiben begann, bemerkt man den anerkannt starken Einfluß der Deklamation auf die Entwicklung der Silbernen Latinität. Die Einschränkung der Wirkungsmöglichkeiten unter Augustus führte die Redner dazu, in künstlichen Übungen ihrem Talent zu frönen, und in diesen überwog das Streben nach neuartigen *sententiae*, nach gewagter Ausdrucksweise und der Erfindungsreichtum beim Argumentieren alles andere. Gegen Ende des 1. Jahrhunderts vor Chr. bildete die Deklamation den Kern der fortgeschrittenen Ausbildung des Römers; wer immer den Anspruch erheben durfte, als kultiviert zu gelten, der hatte diese Art des Trainings durchlaufen. Die ›Controversiae‹ und ›Suasoriae‹ des älteren Seneca werfen viel Licht auf die Zielsetzung und die angewandten Methoden[7]. Repräsentative Zitate von rund 170

---

[7] Vgl. die Ausgabe von H. Bornecque in 2 Bänden (Paris 1932), die Einleitung, Text, französische Übersetzung und Anmerkungen enthält. Zur Geschichte der *declamatio* in Rom s. Bornecque, Les Déclamationes

Rednern werden gegeben, sie verdeutlichen die Kennzeichen jener
Ausdrucksweise, welche in so hohem Maße in der Silbernen
Latinität gepflegt wurde.

Der junge Seneca konnte den Folgen dieser seiner Erziehung
nicht entgehen. Darüber hinaus empfand er (der dazu angehalten
war, in der modischen Weise zu denken und zu sprechen), daß er
eine ganz besondere Befähigung zu dieser Richtung besaß, und
so wurde er bald ihr hervorragendster Vertreter. Sich in kurzen
und epigrammartig zugespitzten Sätzen auszudrücken, gelang
ihm leicht. Was uns heute erzwungen scheint, ging ihm vermutlich
zumeist glatt von der Hand. Nun ist die Eigenart der Literatur
jedweden Zeitalters und die Eigentümlichkeit seiner Sprache eng
miteinander verbunden; und insbesondere, wer etwas zu predigen
hat, der wird, will er seine Zeit ansprechen und ihre Aufmerksamkeit erregen, auch ihre Sprache sprechen. Seneca folgte nur
einer landläufigen Mode, wenn er seine Werke mit Kunstgriffen
und Finessen tränkte, und hierin war er wohl kaum ein Neuerer.
Man kann ja nicht immer im Revolutionszustand leben. Der
Ciceronianismus war mittlerweile in die Acht getan, und neue
Ausdrucksmoden, welche die veränderten Umstände und Haltun-
gen spiegelten, waren ins Leben gerufen worden.

***

Die Stoiker lehrten, das *summum bonum* bestehe darin, nach
der Natur zu leben, und Seneca hielt sich denn auch treu an diese
Lehre, vgl. de vit. beat. 3, 3; ep. 5, 4 usw. Natur definiert er
(de ben. 4, 7, 1) als Gott und die göttliche Vernunft, welche das
ganze Universum und seine Teile durchdringt. Weiter sagt er (ep.

---

et les Déclamateurs d'après Sénèque le père 1902); das Werk ist
immer noch recht nützlich, obschon überholt durch S. F. Bonner, Roman
Declamation in the late Republic and early Empire, 1949. Vgl. auch
A. Dolzell, Hermathena 86 (1955), 20 ff. (C. Asinius Pollio leitete die
Deklamationspraxis in geregelte Bahnen, nicht indem er Einladungen zu
ihrer Abhaltung einführte, wie Funaioli annimmt, sondern indem er sie
im *Atrium liberatis* abhalten ließ). W. A. Edwards Sonderausgabe der
›Suasoriae‹ (1928) enthält hilfreiches Material.

66, 39), es gebe kein Gut ohne Vernunft und daß die Vernunft der Natur entspreche, weil sie deren Abbild sei. In ep. 50, 8 schreibt er: *virtus secundum naturam est, vitia inimica et infesta sunt.* Diese Begriffe findet man auch in seiner abschätzigen Kritik an Mäzens Stil am Werke, einer *orationis portentosissimae* (ep. 114, 7). Monströs, bzw. unnatürlich ist er, weil die Wörter mangelhaft verknüpft sind, sorglos umhergeworfen und angewendet *contra consuetudinem omnium* (ebd.). Mit Ablehnung vermerkt werden *istae ambages compositionis,* die *verba transversa* und die *sensus miri, magni quidem saepe sed enervati dum exeunt* (ebd. 8), und an einer früheren Stelle dieses Briefes (4) spricht er von *eloquentia ebrii hominis,* die verdreht, umherirrend und voller Zügellosigkeit ist. Vernunft sei hier mißachtet worden, und das Ergebnis sei der genaue Gegensatz zur Natur. In § 13 desselben Briefes macht Seneca die bemerkenswerte Notiz: *adice nunc quod oratio certam regulam non habet: consuetudo illam civitatis, quae numquam in eodem stetit, versat.*

Consuetudo omnium: sie zu vernachlässigen, war nach Senecas Meinung vernunftwidrig und widernatürlich. Doch sie wechselt mit den Zeiten. Mäzens literarischer Stil harmonisiert nicht mit dem Stil seiner Zeit (noch eigentlich mit dem irgendeiner denkbaren Zeit[8]. Aus den ›Controversiae‹ und ›Suasoriae‹ des älteren Seneca

[8] Senecas ep. 114 ist unsere Hauptquelle für die Weichlichkeit von Mäzens Charakter. Die Andeutungen bei anderen sind nicht entfernt so vernichtend (z. B. bei Sueton, Juvenal, Velleius und Tacitus). Haupts Theorie, die erste der ›Elegiae in Maecenatem‹ (Text bei Vollmer, Poetae Latini Minores, Leipzig 1927, 143–155. [Zuletzt Westendorp-Boerma, Vergiliana, in: Roma Aeterna 3 (1971), 409 f., J. Diggle, Latomus 27 (1968), 175 mit Lit.; ferner die Bibliographien in: Vergilius, the Vergilian, Society of America 1954 ff.] sei ganz besonders als Verteidigung gegen Senecas Angriff auf die tunicae solutae geschrieben, ist von Franz Skutsch widerlegt worden (RE 4, 945 f. ›Consol. ad Liv.‹). Skutsch weist darauf hin, daß Seneca noch andere Vorwürfe erhebt, die der anonyme Verfasser sicherlich entkräftet hätte, wären sie ihm bekannt gewesen. Axelson (Eranos 28, 1930, 1 ff.) sucht zu beweisen, daß die ›Elegiae‹ und die Consolatio ›ad Liviam‹ nicht vor der Zeit des Statius und Martial geschrieben seien. [Neuere Lit. in: Der Kleine Pauly 2 (1964), 1282.]

sieht man, daß der Sohn einen Stil schrieb, der mit dem harmonisierte, was die Zeitgenossen durch Ausbildung und Erfahrung mit literarischen Werken zu erwarten gelernt hatten. Obschon die Stellen, die der Vater Seneca aussuchte, zumeist auffallende Beispiele für ihre Stilbesonderheit sind und ultra-rhetorisch, machen sie doch die Richtung sehr deutlich, der die Literatur während des 1. Jahrhunderts nach Chr. folgen sollte.

Tacitus kennzeichnet Seneca als *ingenium amoenum et temporis eius auribus accommodatum* (Ann. 13, 3), eine Bemerkung, die nicht sarkastisch wirken sollte[9]. Was den Stil anlangt, so lernte Tacitus viel von Seneca, natürlich auch von Sallust und Livius[10]. Senecas Botschaft und die Weise ihrer Darbietung entsprachen dem Zeitgeschmack. Er war sich darüber hinaus dessen bewußt, daß der Stil den Charakter spiegelt. Ja, diese Entsprechung wird bei ihm so stark betont wie bei keinem anderen antiken Schriftsteller[11], obschon die Bekanntschaft mit diesem Gedanken an vielen verstreuten Stellen spürbar wird[12]. Ein Mann, der mit seiner Zeit harmoniert, wird auch in der Lage sein, mit seinen Zeitgenossen in einem Tone zu reden, der am besten das Verständnis fördert. So war damals Kürze erwünscht, die umständlichen Geschwollenheiten der ciceronischen Prosa fanden kein Gehör mehr. Während des 1. Jahrhunderts nach Chr. finden wir ganz allgemein ein Bewußtsein des Wertes von Zeit und daher

---

[9] Vgl. R. Waltz, Vie de Sénèque (1909), 15. E. Paratore hingegen denkt, Tacitus sei Seneca gegenüber unfreundlich eingestellt gewesen (Tacito, 1951, 669, 689). Eine genaue Untersuchung bei W. H. Alexander in seinem feinempfindenden und gut geschriebenen Essay „The Tacitean *nonliquet* on Seneca" (Univ. of California Publ. in Class. Phil. 14, 1952). Wie immer Tacitus gedacht haben mag, die angeführten Worte scheinen wahrheitsgetreu.

[10] So Bourgery a. a. O. 156 f. Anders B. Walker, The Annals of T. (1952), 77.

[11] Vgl. F. I. Merchant, AJP 26 (1905), 52.

[12] Vgl. Summers Anm. a. a. O. 341. Zu den alten Zeugnissen kann man Gibbons Wort hinzufügen, daß „Stil das Abbild des Charakters" sei, und das Wort Kardinal Newmans, daß „Stil der Schatten der Persönlichkeit" sei.

der Notwendigkeit, Zeitvergeudung zu vermeiden: der Jüngere Plinius (ep. 1, 9) beklagt z. B. den Kreislauf belangloser Abhaltungen, welche den Tag dahinschwinden lassen und er berichtet (ep. 3, 5, 6) den Ausspruch seines vielgelehrten Onkels, daß jeder Augenblick, der nicht den Studien gehört, verloren sei. Ähnlich läßt Quintilian (12, 11, 18) sich über den Verlust an Zeit aus durch nichtige und nebensächliche Beschäftigungen, ebenso des öfteren Martial (z. B. 1, 15; 11, 24). Senecas ›De brevitate vitae‹ war als Gegenangriff gegen diese Furcht gedacht, wohingegen sein Stil als Echo der nervösen Gedrängtheit seiner Zeit angesehen werden kann[13].

Doch noch in einer anderen Hinsicht paßte Seneca seine Aussage stilistisch der Empfindungsweise seiner Zeit an. Das 1. Jahrhundert nach Chr. zeigt ein Zunehmen des Menschlichkeitsideals in Rom, und das war zweifellos gefördert worden, und in nicht geringem Maße, durch die Sozialphilosophie der Stoa[14]. Ganz ohne Zweifel machte sich eine neue Milde bemerkbar; das kann man Claudius' Erlaß bezüglich der Sklaven ablesen, die krank von ihren Herren im Stich gelassen wurden[15] oder bezüglich der „Entdeckung des Kindes"[16]. Hierdurch wurde jetzt ein vernünftigeres Interesse als bisher an Aufzucht, der Erziehung und dem Wohlergehen der Kinder geweckt. Ungeachtet der Schrecken während Caligulas, Neros und Domitians Herrschaft lag eine *humanitas* in der Luft dieses Jahrhunderts, und Seneca gibt ihr in seiner Prosa Ausdruck, indem er eine freundschaftliche, sogar intime Verbindung zu seinem Leser herstellt. Betrachtet man sein

---

[13] R. Westman hat untersucht, wie das Futurpartizip zur Kürze beiträgt, indem er alle Fälle seines Vorkommens prüfte – mehr als tausend Stellen (Das Futurpartizip als Ausdrucksmittel bei Seneca, Soc. Scient, Fenn. Comm. Hum. Lit. 27, 3, Helsinki 1961).

[14] Zu Senecas humanitärer Einstellung vgl. ep 7 (über die Brutalität der Gladiatorenspiele) und ep. 47 (über die Sklavenbehandlung), De clem. 1, 18; De ira 3, 35; De benef. 3, 18; auch Ad Marc. 16, 1 (über die eigentliche Gleichheit der Geschlechter).

[15] Suet. Claud. 25; Dio Cass. 60, 29, 7.

[16] Vgl. J. Overbeck, Die Entdeckung des Kindes im 1. Jahrh. v. Chr., N. Jb. f. Paed. 1924, 1 ff.

Werk unter diesem Gesichtswinkel, dann zeigt es eine tiefe Einfachheit, die sich in der Auswahl der simplen Wörter zeigt, der umgangssprachlichen Wendungen und in der allgemeinen Nähe zur „Diatribe"[17]. Wir hören die Stimme eines Menschen, der zu Menschen spricht, direkt und familiär. Seneca kann nicht mit Recht obskur genannt werden[18]. Die Exposition ist locker, der Ton aufrichtig[19]. Der ruhige, gesprächsweise Anfang ist der beste, Seneca erklärt selber in dem kurzen Brief 38, der in diesem Zusammenhang erörtert werden muß: *plurimum proficit sermo, quia minutatim inrepit animo: disputationes praeparatae et effusae audiente populo plus habent strepitus, minus familiaritatis. philosophia bonum consilium est, consilium nemo clare dat.*[20] *Aliquando utendum est et illis, ut ita dicam, contionibus, ubi qui dubitat impellendus est. Ubi vero non hoc agendum est, ut velit discere, sed ut discat, ad haec submissiora verba veniendum est. facilius intrant et haerent, nec enim multis opus est sed efficacibus* (§ 1). Der Brief endet mit dem Vergleich solcher Worte mit Samen, die vielleicht auf einen günstigen Boden fallen und dann wachsen. Sein Stil mit seiner Nähe zur mündlichen Mitteilung zielt auf die Wirkung, welche eine natürliche Unterhaltung unter kultivierten Leuten zeitigt. Die Fetzchen-Methode bei der Ausbildung eines Stils bringt schwere Gefahren mit sich, der ästhetische Gesamteffekt, wie er vom Schriftsteller angestrebt wird, das ist es, worauf alles ankommt, die Form ist der Schlüssel zum Gehalt.

[17] Einiges Gute über die Bestandteile von Senecas Stil bei Summers a. a. O. S. XLII ff. und Bourgery a. a. O. 206 ff. [ferner Maurach 20 ff.].

[18] *Pellucida oratio* (σαφήνεια, Diog. Laert. 7, 59) war seit je ein stoisches Ideal.

[19] Vgl. Senecas Selbstverteidigung gegen die Anklage wegen Heuchelei in De vita beata 17, 3–18: „Wir haben alle Böses getan", sagt er in De clementia 1, 6; doch er war bereit, seine Schuld zuzugeben und zu versuchen, das Leben zu bessern.

[20] *Clare dat*; vielleicht ist Georges' Konjektur *clamitat* nicht von der Hand zu weisen (die der Herausgeber der OCT-Ausgabe, 1965, im App. crit. nicht erwähnt).

Was Senecas Wahl der alltäglichen Wörter anlangt, so kann man auch einen literarischen Einfluß auf sie in Betracht ziehen, den nämlich Vergils, der so tief die Entwicklung aller späteren Schriftstellerei beeinflußt hat, sei es der Dichtung oder der Prosa. Nach Sueton (Verg.-Vita 44), nannte Agrippa den Vergil „ein untergeschobenes Kind des Mäzen, den Erfinder einer neuen Art von affektierter Sprache *(cacozelia)*, zwar weder bombastisch noch von gesuchter Einfachheit, aber in alltäglichen Wörtern ausgedrückt und darum weniger augenfällig". Literatur, so wie sie von den Maßgebenden der augusteischen Epoche aufgefaßt wurde, hatte einem öffentlichen Ziel zu dienen und durfte nicht einfach der Verschönerung des Lebens dienen. Schriftsteller sollten, so wurde erwartet, eine Verpflichtung der Bürgerschaft in ihrer Gesamtheit gegenüber empfinden. Vergil richtete sich danach und verwendete daher ein Stilniveau, das trotz Agrippas Ansicht auf Euripides zurückgeht und, bezüglich der Stilkritik, auf Aristoteles. Horaz nahm an dieser Bewegung ebenfalls teil, und eine Stilanalyse der Oden und der ›Aeneis‹ hat gezeigt[21], daß die beiden Dichter alltägliche Wörter in weitem Umfang gebrauchen, auch wenn man die unwillkürliche Wortwahl, die gewiß vorhanden war, in Rechnung stellt. Gewagte Wortverbindungen und phantasiereiche Ausschöpfung der Ausdrucksmittel zur Erzielung neuer Prägungen mit all ihren Unter- und Obertönen veränderten allerdings die geläufige Eigenart der Wörter in bestimmt nicht geringem Maße. Dessenungeachtet scheint dies in einer erklecklichen Anzahl von Fällen nicht eingetreten zu sein. Vergil und Horaz revoltierten anscheinend gegen die Tendenz ihrer unmittelbaren Vorgänger, insbesondere der Neoteriker, eine bizarre Sprache zu verwenden. Doch abgesehen von dieser literarischen Reaktion führten sie in die Praxis über, was das Regime so eifrig anregte – daß Poesie auf die gewöhnliche Sprache der Menschen zurückgreifen solle, damit sie dem einfachen Menschen verständlicher sei[22].

---

[21] Zu dieser Problematik vgl. L. P. Wilkinson, CQ n. s. 9 (1959), 181 ff. mit Literaturangaben, auch J. J. H. Savage, TAPA 89 (1958), 151 ff.; 91 (1960), 355 ff.

[22] Man erinnere sich daran, daß die Sprache des Augustus selbst

Seneca schätzte Vergil ganz besonders, wie die zahlreichen Zitate und Anspielungen bezeugen[23], und während er ihn las, wird er sehr rasch begriffen haben, was der Meister tat, während wir heute weniger empfindlich und feinfühlig dem Latein gegenüberstehen und zu einem tieferen Verständnis nur durch äußerst schwierige lexikalische Untersuchungen gelangen. Im eindrucksbereitesten Lebensalter erhielten Seneca und seine Zeitgenossen eine gründliche Kenntnis Vergils. Im Silbernen Latein waren Prosa und Dichtung sehr eng zusammengerückt, und der verbindende Faktor war der alles-durchdringende Einfluß Vergils[24].

***

ebenso wie sein Humor und seine allgemeine Geschmacksrichtung familiär und geradeheraus war (Suet. Aug. 86). R. Heinzes Untersuchung von Augustus' Art und Einstellungen und deren Folgen für sein politisches Denken und Handeln ist instruktiv (Hermes 65, 1930, 385 ff.).

[23] Vgl. S. Consoli, Riv. di fil. 49 (1921), 456 ff. über Vergilreminiszenzen in Senecas Prosawerken, ferner W. S. Maguinness, Seneca and the Poets, Hermathena 88 (1956), 81 ff. (92 ff. zu Vergil). [s. Maurach 83, A. 32.] Nach Vergil rangiert Ovid in Senecas Hochschätzung an zweiter Stelle; er zitiert Ovid fast ebenso oft wie alle übrigen Dichter, Griechen oder Römer (Vergil ausgenommen). Allein in den Briefen finden sich 45 Vergilzitate. Zu den acht Vergil-Stellen und dem einen Verweis auf ihn, die Waltz-Bourgery im Index ihrer Budé-Ausgabe der ›Dialogi‹ anführen, muß man ›Aen.‹ II 61 in ›De vita beata‹ 8, 3 hinzufügen. Wer jener *maximus poetarum* in ›De brev. vit.‹ 2, 2 ist, ist umstritten. G. Mazzoli (Athenaeum 40, 1962, 142 ff.) führt die frühere Literatur hierzu an und behauptet, Senecas Worte seien ein Prosareferat von ›Georg.‹ III 66 ff. Doch zitiert Seneca an späterer Stelle (9, 2) die Stelle wörtlich. Es scheint nicht unmöglich, daß er dem Gedanken irgendwo begegnete – er war gewiß schon τόπος – und seinen genauen Fundort vergaß und dann annahm, es sei Vergil oder Homer gewesen; denn wer sonst könnte auf den Titel *maximus poetarum* Anspruch erheben?

[24] Zu Vergil und Tacitus s. N. P. Miller, Proc. Virg. Soc. 1 (1961/62), 25 ff.

Um das Bisherige nun zusammenzufassen: Seneca gab, wie Tacitus bemerkte, in hohem Maße dem Zeitgeist Ausdruck. Die Menschen waren der gekünstelten Langatmigkeit gegenüber, welche bei der früheren Generation in Gunst stand, abgeneigt (vgl. Apers verächtliche Äußerung – Dial. 19, 2 – über die *impeditissimarum orationum spatia*). Das Publikum verlangte nach der starken Würze der Rhetorik, ganz gleich was dabei auf den Tisch kam, wie Aper im nächsten Absatz fortfährt. Propagandist, der er nun einmal war, bestrebt, das humanitäre Evangelium des Stoizismus unter die Menschen zu bringen, paßte Seneca seinen Stil der Zeit im Wesentlichen an, er gab sich das Air kultivierter Konversation, zudem besaß er die knusprige Kürze, die man so hoch einschätzte. Mit dem anheimelnden Ton, der mit seiner Absicht zusammenstimmte, seinen Schriften eine freundschaftliche, flüssige Gefälligkeit zu geben, und der sich in dem weitgehenden Gebrauch von alltäglichen Wörtern und Wendungen zeigte, verbindet sich die bunte Folge rhetorischer Tropen, wie sie die Erziehung des Autors und die geläufige Gewohnheit und Erwartung nahelegte. Seneca glaubte, wie wir sahen, daß (ep. 114, 7) *consuetudo omnium* die Natürlichkeit verkörpere, und darum zu befolgen sei, und das dürfte ihm gewiß nicht schwer gefallen sein. Das Resultat hat vielen mißfallen, doch haben sie nicht in gebührender Weise seine Absicht bedacht. Dennoch sollte das Ziel des Autors bei einer Stiluntersuchung das Wichtigste sein, lexikalische Materialanhäufungen allein werden uns nicht weit bringen[25].

Es gibt also keine echte Diskrepanz zwischen Senecas Äußerungen über Stil und seiner eigenen Praxis. Der Kern seines Stils

---

[25] Die Wirkung des Geschriebenen auf das Ohr war einem antiken Schriftsteller jederzeit bewußt; man sprach ja auch, wenn man für sich selber las, laut. Im 4. Jh. n. Chr. kam Ambrosius dem Augustinus exzentrisch vor, da er schweigend las: seine Augen sah man sich bewegen, doch man hörte keinen Laut (Confess. 6, 3 = S. 116 Knöll, CSEL 33). Man fragt sich da, ob die Struktur des Goldenen Schnittes, die man im Vergil entdeckt haben will, wirklich vom Dichter beabsichtigt war; denn sie kann doch nur *visuell* wahrgenommen werden.

ist die einfache Direktheit, die er anbefiehlt und deren Ziel es war, die Leser auf der gleichen Ebene anzusprechen, um ihr Wohlwollen und mit ihr ihre Aufmerksamkeit zu gewinnen. Die rhetorische Zutat, die *eloquentia,* die er ebenfalls empfiehlt, wenn sie leicht zugeführt werden kann, stellt sich zugleich mit ein; denn die Raffinesse grassierte nun einmal und bildete die Grundlage der höheren Bildung und war ein gewöhnliches Ingrediens der zeitgenössischen literarischen Erzeugnisse. Ohne dies wäre die Hoffnung des Autors auf Publikumserfolg gering gewesen. Aber eben weil die Rhetorik wesenhaft zu Senecas Stil gehörte und nicht nur oberflächlich daraufgestreut war, hielt er selber sie wohl für weniger grundlegend und wesentlich für seine Absicht als die Eigenheiten der „Diatribe", und vielleicht war er geneigt, sie als eine Nebenwirkung zu betrachten und nicht als eine der Hauptursachen für die Eigenart seines Stils. Wir werden diesem Gedanken im zweiten Teil unserer Erörterung nachgehen.

***

Harenam sine calce. Die Zeugnisse deuten darauf, daß Caligula Senecas Reden meinte, als er diese Kritik äußerte[26], obschon er auch auf anderes mitangespielt haben mag. Sie könnte sich gewiß auch auf die ›Dialogi‹[27] beziehen und auf andere philosophische Traktate, von denen die meisten eine auffällige lockere Komposition aufweisen. Unlogisches, Wiederholungen und Widersprüche sogar sind nicht ungewöhnlich, und nicht selten findet man eine Unproportioniertheit des Aufbaus. Die Bezeichnung „Wirrwarr" bietet sich leicht an. Die Umstände, unter denen Seneca schrieb, waren gewiß bis zu einem bestimmten Grade für diese Unord-

---

[26] Sueton (Cal. 53) berichtet, der Kaiser sei nicht sehr an Literatur interessiert gewesen, wohl aber Anhänger der Redekunst.
[27] Eine hervorragende Erörterung des Titels ›Dialogi‹ (so scheint Seneca diese Werke selbst genannt zu haben) bei P. Grimal in der Ausgabe von ›De const.‹ (Paris 1953) 5–12. [Zu dieser Frage Dahlmann, Gnomon 13 (1937), 367; F. Giancotti Cronologia dei ‚dialoghi' die S., Turin 1957, 11 ff.]

nung verantwortlich, ebenso seine eigene Denkweise[28]. Doch hinzukam zweifellos eine absichtliche Mißachtung der rhetorischen Methode, der hochgepriesenen *divisiones*[29]. Er war sehr wohl in der Lage, genau zu komponieren, wie die ›Consolatio ad Helviam‹, ›De constantia‹ und, wenn auch in geringerem Maße, die ›Consolatio ad Marciam‹ beweisen. Und in der Tat findet man ein klares Zeugnis bewußter Verachtung der akademischen Gepflogenheiten in ›De brev. vit.‹ 10,1: *quod proposui si in partes velim et argumenta diducere, multa mihi occurrent, per quae probem brevissimam esse occupatorum vitam. solebat dicere Fabianus, non ex his cathedrariis philosophis, sed ex veris et antiquis: „Contra adfectus impetu, non subtilitate pugnandum, nec minutis vulneribus sed incursu avertendam aciem; non probam cavillationem esse, nam contundi debere, non vellicari."*. Die Formulierung meint hier natürlich die Diatribe, deren eigentümliche Lockerheit und Ungezwungenheit das Schreiben erleichterte und auch den rechten Konversationston anschlug[30]. Man muß sehen, daß Seneca über die drei Abschnitte hin, welche auf den ausgeschriebenen folgen, eine systematische Exposition gibt, ganz wie die Regeln es verlangen, danach aber zu den „Formlosigkeit" zurückkehrt bis zum Ende des Traktats. Er *konnte* orthodox sein, wenn er es wollte.

Seneca weist also die rhetorische Komposition zumeist zurück,

---

[28] Eine Analyse aller Dialoge bei Albertini a. a. O. 51–104 [weit überholt durch Abel s. S. 364]. Nicht wenige von ihnen sind unvollkommen überliefert, z. B. ›Ad Polyb.‹, ›De clem.‹, ›De vita beata‹, ›De otio‹ und De Prov.; doch können wir heute immer noch den Inhalt in Bezug auf die Genauigkeit der Anordnung beurteilen. [Diese Ansicht wird allmählich immer deutlicher überholt, besonders durch die Arbeiten von Abel, Cancik und Maurach, vgl. S. 368.]

[29] Vgl. Apers Liste, Dial. 19, 2, der verschiedenen Redeteile, wie die Alte Schule sie festgelegt hatte: *longa principiorum praeparatio et narrationis alte repetita series et multarum divisionum ostentatio et mille argumentorum gradus.*

[30] Zum Thema „Seneca und die Diatribe" vgl. H. Weber, De Senecae philosophi dicendi genere Bioneo (Marburg 1895). [Dazu die Literatur aus neuerer Zeit in: Der Kleine Pauly 2 (1967), 1578.]

eine Zurückweisung, die ihre Bedeutung durch die Alternative der drei eben erwähnten Traktate erhält, die methodisch genau angelegt sind. Welche Folgen das für die Datierung hat, jene schwierige Frage, die noch immer offen ist[31], ist schwer zu sagen. Albertini wollte die ›Consolatio ad Marciam‹ aufs Jahr 40 datieren[32], weil ihre genaue Disposition auf eine Nähe zu der Zeit deute, als Seneca noch vor allem anderen Redner und Rechtsanwalt war, doch ist eine solche Argumentationsweise viel zu zweifelhaft. Seneca war, auf dem Gebiet des Stils, Virtuose. Albertini mag recht haben, aber nicht wegen der Gründe, die er vorbringt.

Andere Kriterien muß man für die Datierung verwenden, und sogar dann können die Ergebnisse nur Vermutung und Näherung sein. Die drei ›Consolationes‹ ›Ad Marciam‹, ›Ad Helviam‹, ›Ad Polybium‹ gehen, so lautet die Meinung der meisten Forscher, dem größten Teil von Senecas Produktion voraus, soweit sie wenigstens erhalten ist. ›Ad Marciam‹ liegt, wenn man das *argumentum a silentio*, daß Seneca seine persönlichen Nöte nicht erwähnt, vor seinem Exil und nach Caligulas Herrschaftsantritt im Jahre 37 n. Chr. ›Ad Helviam‹ und ›Ad Polybium‹ gehören offensichtlich in die Zeit des Exils, ein genaues Datum tut nichts zur Sache. ›De brevitate vitae‹ scheint das nächste Werk zu sein und muß womöglich ins Frühjahr 49 n. Chr. gesetzt werden, nach Senecas Rückkehr von Korsika und bestimmt vor die Ausweitung des *pomerium* im Jahre 50, denn Seneca hat davon keine Kenntnis (vgl. den Hinweis in dieser Schrift 13, 8 auf Sulla, der als letzter eine solche Ausweitung vorgenommen habe). Folgen wir Grimal, werden wir ›De constantia sapientis‹ in das Jahr 56 verweisen, oder doch in dessen Nähe – vgl. seine Einleitung zu

---

[31] F. Giancotti, Cronologia dei Dialoghi di Seneca, Torino 1957 führt den Leser durch die labyrinthgleichen Pfade dieser Frage; er legt alles Material und alle Theorien vor ihn hin, kommt aber selber zu keinen klaren Ergebnissen – was sehr klug ist. Zwei jüngere Beiträge zu diesem Disput sind M. T. Griffins Aufsatz über ›De brev. vitae‹ JRS 52 (1962), 104 ff. und K. Abels Aufsatz zum selben Dialog (Gymnas. 72, 1965, 308 ff.), worin er auf die Arbeit von M. T. Griffin antwortet.

[32] A. a. O. 54.

der Ausgabe Paris 1953, 15–17. ›De tranquillitate animi‹ und ›De vitae beata‹ kann man vielleicht jener glücklichen und erfolgreichen Dekade in Senecas Leben zuweisen, die von 49 bis 59 reichte, während die Anspielung auf Neros Alter in ›De clementia‹ 1, 9 (einer dem Kaiser gewidmeten Schrift) ein Datum um 55/56 ergibt. Das Fragment aus ›De otio‹ mit seinem Hauptthema „Rückzug" kann man vielleicht mit der letzten Lebenszeit Senecas in Verbindung bringen, die mit seinem freiwilligen Rückzug vom Hofe im Jahre 62 n. Chr. beginnt, dem Jahre, in welchem der Adressat, Annaeus Serenus, vermutlich gestorben ist. Waltz vermutete, daß ›De providentia‹ in den ersten Exiljahren geschrieben sei (41–42), doch die Schrift kann ebensogut aus den Jahren der ersten Episteln stammen, da sie wie diese und wie die ›Naturales Quaestiones‹ an Lucilius gerichtet ist. Viele hatten den Eindruck, daß in ›De ira‹ ein lang aufgestauter Haß gegen Caligula sich endlich Luft mache, und das hat dazu geführt, daß man diese Schrift in die Zeit nach dessen Tode setzte (Januar 41). Das kann auch gut möglich sein. Ein so umfangreiches Werk wie ›De beneficiis‹ hat wohl lang gebraucht, bis es fertig war, vielleicht gar 10 Jahre. Eine Stelle bezeichnet Claudius als tot (1, 15, 6), und in den ›Epistulae‹ wird der terminus ante quem in 81, 3 genannt, wo ›De beneficiis‹ als bereits abgeschlossen genannt wird. Die Briefe selbst gehören den Jahren 63–64/5 an, und darin stimmen alle überein. Die ›Naturales Quaestiones‹, wiederum ein Produkt vieler Jahre des Lesens und Notierens, tragen Anzeichen des Alterswerks: das dritte Buch stammt zweifelsohne aus der Zeit nach dem Rückzug im Jahre 62, und der Anfang von Buch VI erwähnt das Erdbeben von Pompeji im Februar 63[33].

Albertini[34] unterscheidet drei Typen von Kompositionsweise in Senecas philosophischen Schriften: 1. Komposition nach Plan, 2. Komposition aus verschiedenen, unabhängig vorgefertigten Teilen, 3. Komposition durch Assoziation. Die letztgenannte Methode wird über weite Strecken hin durch die Episteln ver-

---

[33] Über die verschiedenen Rekonstruktionen der Bücher s. Schanz-Hosius, Geschichte der röm. Lit.² 1935, 698 ff. [S. 367, Nr. 52]
[34] A. a. O. 244 ff.

treten, die regelmäßig ein Thema zeigen, das sich schrittweise entfaltet, doch sie erscheint auch sonst in weitem Umfange. Die erste Kompositionsweise ist die seltenste, die Trostschrift an Helvia ist ihr hervorragendster Vertreter, danach ›De constantia‹ und in weitem Abstand die Trostschrift ›Ad Marciam‹. Die zweite Kompositionsweise wird gut durch ›De beneficiis‹ und die ›Naturales Quaestiones‹ repräsentiert.

Die beiden Trostschriften ›Ad Helviam‹ und ›Ad Marciam‹ scheinen zeitlich einander nahezustehen. ›De constantia‹, welche Schrift man mit ihnen wegen der sauberen Anordnung zusammenstellen muß, kann man dagegen auch nicht mit einem Hauch von Zuversicht chronologisch festlegen. Waltz[35] setzte sie ins Jahr 41 oder 42, Dessau[36] nicht früher als 62 (nach Serenus' Tode), Grimal (der Herrmann folgt), spricht sich für 56 aus: Seneca nennt die Parthermonarchie als Beispiel (12, 4), und das führte Grimal auf 55, das Jahr, in dem die Römer eine Revolte gegen den König Vologeses anzettelten (Tac. ann. XIII 7).

Seneca war wohl besonders gut im Bilde über außenpolitische Vorgänge und Vorkommnisse, während er politisch tätig war – 56 ist daher ein nicht unwahrscheinliches Datum für dies Werk. Nicht jeder wird überzeugt sein; doch treffen wir auf drei Werke, in denen es Seneca gefallen hat, den rhetorischen Kompositionsregeln, wenn auch verschieden streng, Folge zu leisten, während er sie sonst unbeachtet ließ. Man kann nicht bestimmen, warum; doch er wußte, was er tat (– das bezeugt die Stelle aus ›De brevitate vitae‹ 10, 1). Auch in ›De beneficiis‹, diesem langen und abschweifungsreichen Werk, gibt es Zeichen dafür, daß er sich der Wiederholungen bewußt war (z. B. I 7, 2 *ut dixi* usw.) und der Exkurse (vgl. I 10,1; I 14,1). Die assoziative Bauweise bot Seneca verschiedene Vorteile, deren einer, und nicht der verächtlichste, Lesbarkeit war: da das Schreiben die Form meandergleicher Unterhaltung annahm, wurde es letztlich überzeugender als die trockene Strenge einer regelentsprechenden Rhetorenkünstlichkeit.

---

[35] Waltz, Vie de Sénèque (1909), 101 ff.
[36] Hermes 53 (1918), 196 ff.

Das angestrebte Ziel solcher „Unordentlichkeit" mag selbstgefunden und spontan gewesen sein, doch autorisiert und ermutigt wurde Seneca, falls er dessen bedurfte, von gewissen Rednern, welche die alte, strenge Lehre der Stoffanordnung mißachteten. Wendet man sich erneut dem ›Dialogus‹ zu, so findet man darin die Nachricht, daß der augusteische Redner, Cassius Severus, eine neue Bewegung in Gang setzte mit dem Ziel einer freieren Anordnungsweise.[37] Aper spricht von ihm als dem Mann *quem primum affirmant* (i. e. *antiquorum admiratores*) *flexisse ab illa vetere atque directa dicendi via*. Cassius, fährt Aper fort, strebte einen anderen Redestil an, nicht weil er etwa an Unvermögen litt, sondern aufgrund von *iudicio et intellectu. Vidit namque, ut paulo ante dicebam, cum condicione temporum et diversitate aurium formam quoque ac speciem orationis esse mutandam. Facile perferebat prior ille populus, ut imperitus et rudis, impuditissimarum orationum spatia, atque id ipsum laudabat, si dicendo quis diem eximeret*. Cassius paßte sich dem Stilwechsel mit locker gebauten Reden an; man lese, was Messalla in § 26 über Cassius' Mißachtung von Baugesetzen sagt: *equidem non negaverim Cassium Severum..., si iis comparetur, qui postea fuerunt, posse oratorem vocari, quamquam in magna parte librorum suorum plus bilis habeat quam sanguinis. Primus enim contempto ordine rerum, omissa modestia ac pudore verborum, ipsis etiam quibus utitur armis incompositus et studio feriendi deiectus, non pugnat, sed rixatur*. Man beachte die Wörter *contempto ordine rerum*.

Die Zeiten seien verändert, sagt Aper (19, 2), und jedermann sei mit den Kniffen des Rhetorenhandwerks vertraut; was die Leute verlangten, seien „neue und raffinierte Methoden in der Redekunst". Cassius Severus setzte dies in Bewegung.

Auch der Disput zwischen Apollodoreern und Theodoreern[38]

---

[37] Zu ihm Schanz-Hosius a. a. O. 345 ff. und M. Winterbottoms erhellenden Aufsatz „Quintilian and the Vir Bonus" JRS 54 (1964, 90 ff. (über den Stil, den einige der *delatores* pflegten).

[38] Grundlegend war M. Schanz, Die Apollodoreer und die Theodoreer, Hermes 25 (1890), 36 ff.; vgl. jetzt G. M. A. Grube, AJP 80 (1959), 337 ff.

kommt hier ins Spiel; Seneca muß ihn bemerkt haben. Die einen waren Nachfolger des Apollodor von Pergamon, der Augustus die Redekunst lehrte (Strabo 13, 625), während die anderen die Lehren des Theodor von Gadara hochhielten, der des Tiberius Lehrer war (Sueton Tib. 57). Quintilian (V 13, 59) macht säuerliche Bemerkungen über das Gerangel der beiden Schulen (welches fast noch das ganze 1. Jahrhundert anhielt). Beide, so sagt er, setzten rhetorische Regeln fest ohne Erfahrung in der wirklichen Redepraxis, mit dem unvermeidbaren Ergebnis, daß ihre Systeme für den täglichen Gebrauch nutzlos waren. Sie unterschieden sich in einer ansehnlichen Reihe von Kleinigkeiten, doch ihre größte Differenz waren ihre Ansichten über die Teile einer Rede. Die Apollodoreer meinten, jede Gerichtsrede – und nur solche Reden interessierten sie – (Quint. III 1, 1) – müsse ausnahmslos alle die vier Hauptteile enthalten: Proöm, Darlegung, Beweis, Epilog, und zwar in dieser Reihenfolge[39]. Die Theodoreer widersprachen mit dem Hinweis, daß dies nicht überall zuträfe[40]. Man hat versucht[41], in diesem Disput eine rhetorische Parallele zu dem Streit der Analogisten und Anomalisten zu sehen auf dem Gebiet der Grammatik, oder eine philosophische Unterscheidung zwischen Rhetorik als Technik und als Wissenschaft, der Anonymus Seguerianus[42] indessen zeigt, daß es ihnen nicht um derlei Feinheiten ging.

Seneca konnte also in der rhetorischen Theorie und Praxis seiner Zeit Vorläufer finden, sowohl für die Lockerung der alten Strenge in bezug auf die *divisiones,* als auch für die Mißachtung überhaupt. Die Rhetorik war zwar nicht abgesetzt, aber doch in Frage gestellt. Cassius hatte den Weg gezeigt, der zur Aufgabe der trockenen rhetorischen Pedanterie führte (vgl. Apers Worte Dial. 19, 3: *quidquid ... aridissimis Hermagorae et Apollodoris libris praecipitur*).

---

[39] Seneca d. Ä., ›Contr.‹ II 1, 36 Anon. Sequer 26, 113 und 124 bei Spengel-Hammer, Rhetores Graeci (1894), 375 ff.
[40] Seneca d. Ä., ›Contr.‹ I 1, 36.
[41] Schanz-Hosius a. a. O. 356 f.
[42] Spengel-Hammer 358

Ein weiterer Hinweis darauf, daß es eine reguläre Bewegung auf eine natürlichere Rede-, und darum auch Schreibweise, zu gab, wird von Quintilian gegeben, der eifernd die überlieferten Regeln hochhielt. Man bedenke seine Bemerkung in II 11, 1 über die Deklamatoren, welche die überkommenen Methoden verlachen: *video quosdam in ipso statim limine obstaturos mihi, qui nihil egere huiusmodi praeceptis eloquentiam putent, sed natura sua et vulgari modo scholarum exercitatione contenti rideant etiam diligentiam nostram.* Leute dieses Schlages, so sagt er, tun sich viel darauf zugute, daß sie spontan reden und ihren Erfolg angeborenen Fähigkeiten verdanken. Sie behaupten, sie hätten Beweistechnik oder sorgfältige Stoffverteilung *(dispositio)* nicht nötig, wenn sie über erdachte Gegenstände sprächen, sondern nur die *grandes sententiae* (ebd. § 3). In IX 4, 3 erwähnt Quintilian die, *qui curam omnem compositionis excludant, atque illum horridum sermonem, ut forte fluxerit, modo magis naturalem modo etiam magis virilem esse contendant.* Man vergleiche dies mit seiner Bemerkung in XI 3, 10 f. über die, welche sich für eine Darbietung aussprechen, die nicht auf Technik, sondern auf natürlicher Eingebung beruht.

Zudem legte auch die stoische Tradition keine besondere Hochschätzung der Rhetorik nahe, obschon der Beitrag eben dieser Schule zur Redefertigkeit vielleicht nur dem der Peripatetiker nachsteht[43]. Cicero (›Parad. Stoic. praef.‹ 2) erklärt, daß der Stoizismus „keine Blüte der Beredsamkeit pflegt und keine Argumentationstechnik aufbaut; durch Kurzfragen in der Art von Nadelstichen erreicht er sein Ziel. „In ›De finibus‹ empfiehlt Cicero in der Unterhaltung mit Cato die Redeübungen der Peripatetiker und Akademiker unter Einschluß ihrer *theses* und *hypotheses*. Zeno, der Begründer der Stoa, habe dies Gebiet überhaupt nicht berührt, fährt Cicero fort (4,): „Cleanthes, Chrysippus desgleichen, schrieb eine ‚Technik der Rede‘, doch von einer solchen Art, daß man genau dies Buch lesen sollte, wenn man einen Grund

---

[43] Zum Thema „Stoa und Rhetorik" s. Kroll unter „Rhetorik" in der RE s. v. 1081 ff. und F. Striller, De Stoicorum studiis rhetoricis, Bresl. phil. Abh. 1 (1886).

sucht, seinen Mund zu halten. Du siehst ja, wie sie reden: neue Wörter prägen sie und verwerfen die alten. Du wirst gewiß ins Feld führen, daß sie großartige Gegenstände behandeln – z. B. daß dies ganze Universum unsere Heimat sei (d. h. dies ist eine ihrer *theses*) ... Um ihretwillen befeuert der stoische Redner seine Hörerschaft. ‚Befeuert'? Er würde sie vielmehr löschen, fände er sie entflammt... Wie nackt und bloß sind doch der Stoiker Moralmaximen! Und doch glauben sie, sie seien so groß, daß sie aus sich einen Menschen beglücken könnten. Sie spitzen ihre Argumente so zu mit ihren winzigen Syllogismen wie Dornspitzen... Stoische Lehren mögen ja richtig sein – wichtig sind sie zweifellos –, doch sie behandeln die Dinge viel zu unbedacht". Quintilian (X 1, 84) merkt an, daß die alten Stoiker sich nicht viel um Rhetorik gekümmert hätten, und fügt hinzu, daß sie ehrenvolle Interessen vertraten und nicht ohne Erfolg Regeln für Argumentation und Beweis aufstellten. Und doch, sagt er, kamen sie zu dem Ihren als kluge Denker und nicht als großmäulige Oratoren, und dies sei genau, was sie beabsichtigten.

Und da war auch Fabianus Papirius, der Sextier, der Philosophielehrer Senecas, der (wie wir schon in dem oben angeführten Text aus ›De brev.‹ 10, 1 sahen) einen kraftvollen, schlagkräftigen Stil in der Moralphilosophie empfahl: Der Hörer sollte hart angestoßen, nicht sanft berührt werden, und das schloß die Finessen von Anordnung und Argumentation, welche die Theoretiker der Akademie so liebten, aus[44].

Genügend zeitgenössische, oder doch beinahe zeitgenössische, Vorbilder gab es also für ein Abweichen von dem geraden und engen Pfad; doch konnte Seneca Anregungen dazu auch von Platon empfangen haben. Die mittlere Stoa leitete unter dem Einfluß von Panaitios und Poseidonios eine „Wiederentdeckung" Platons ein (während des 1. und 2. Jahrhunderts v. Chr.). Sein Studium als Philosoph führte leicht zu seiner Bewunderung als Stilist, als Erfinder eines fülligen Stils, bereichert um manche

---

[44] Zu Fabianus Papirius vgl. Seneca d. Ä. Contr. II, wo seine Deklamationsweise reich belegt ist, vgl. dort auch praef. 4 f. [RE 2 A, 2040 (1923), 64 ff. G. Höfig, De Pap. Fab. philosopho vita scriptisque (1852).]

dichterischen Nuancen. Man hat darüber gestritten, wie weit
Seneca die originalen Texte der griechischen Philosophen selbst
konsultierte. Albertini kommt zu dem Schluß[45], daß ein kultivierter Römer des 1. Jahrhunderts n. Chr., der Platon, Zenon
oder Ariston von Chion zitiert, dies nur aus den Vorlesungen
seiner Lehrer oder aus Anthologien und Handbüchern kannte.
Bourgery widersprach[46], Eugen Cizek desgleichen[47]. Doch die
Wahrheit mag in der Mitte liegen. In ›Ep.‹ 58, 6–24 und 30 f.
legt Seneca die platonische Seinslehre auseinander, in ›Ep.‹ 65
erörtert er zunächst die stoische, dann die aristotelische (4–6),
danach die platonische (7–10) Ursachenlehre. Dann kritisiert er
die des Aristoteles und Platon (11–14), und in 15–24 deklamiert
er über das Thema, daß derlei Studien darin ihren Wert hätten,
daß sie die Seele, welche doch gebunden und zur Erde gezogen
würde durch unseren Körper, frei setze – eine Stelle mit stark
platonischem Klang.

Ähnliche Spuren der Platonbenutzung gibt es auch sonst recht
oft (man lese z. B. ›Ad Marc.‹ 23, 2 – Phaidonreminiszenz 64 a;
›De ira‹ I 6, 5; I 17, 7; ›De vita beata‹ 27, 5; ›De beneficiis‹
IV 33, 1; VI 18, 1; ›Ep.‹ 44, 41 usw.). Es lagen Abrisse der
platonischen Lehre und anderweitige Einführungen vor, und Seneca hat sie zweifellos ausgiebig benutzt; doch liegt kein Grund
vor auszuschließen, daß er sich zuweilen an wenigstens einige der
wichtigeren Dialoge selbst gewendet hat und dabei die fast schon
„dithyrambische" Höhe bemerkte, die Platons Prosa an bestimmten Höhepunkten erreichte. Diese selbst gewonnenen Eindrücke
konnten dann weiterhin verstärkt worden sein durch umlaufende
Gedanken über die ὑψηγορία[48].

Die Verwendung des Ausdrucks ὕψος und verwandter Termini in stilkritischem Sinne scheint nicht vor der zweiten Hälfte

---

[45] A. a. O. 209.

[46] A. a. O. 31.

[47] „Sur les traces de Zénon dans les Lettres à Lucilius" Helikon 3 (1963), 196 ff.

[48] Zu diesem ganzen Fragenkomplex vgl. D. A. Russells Ausgabe von ›De sublimitate‹, Oxford 1964, besonders die Einleitung p. XXX ff., der ich hier viel verdanke.

des 1. Jahrhunderts v. Chr. einzusetzen. Für „Longinus" hatte das ὕψος des Stils noch stark moralischen Beiton; es beruht auf dem Charakter, nicht auf einer Technik, und es ist keine Schreibart, sondern eine Wirkung, die eher von einem einzelnen Wort oder einer Phrase ausgeht als von einem ganzen Text. Man kann es eher belegen als bezeichnen; sein Wesen ist großes und edles Denken oder Fühlen, verbunden mit kühner Bildhaftigkeit, die mit einfacher Redeweise ausgedrückt ist. „Longinus" bewundert sowohl eindrucksvolle Gewichtigkeit als auch den bedeutenden Glanz Platons, wie D. A. Russell[49] sagt: „Er vereinigt seine Stilideale unter dem moralischen Ideal – ein Mann von Würde und Ehre, der seine Pflicht in der Gemeinschaft erfüllt und seine Stellung als Bürger der ganzen Welt voll versteht".

Dies literarische Ideal mit seinem tiefgehenden stoischen Einschlag war sicherlich dazu angetan, Seneca anzuziehen. Daß die Behandlung des ὕψος nur Teil einer umfassenderen Erörterung war, wird durch einen Plinius-Brief (9, 26) nahegelegt, worin ein korrekter, aber schlichter Stilist beschrieben wird, der „sich niemals gehen läßt"; sein einziger Fehler ist der, daß er keinen hat; er riskiert eben nichts. Die Aufschwünge und Kühnheiten, die echte Beredsamkeit ausmachen – nichts für ihn.

Abgesehen von der im Stoizismus allgemein verbreiteten Hochachtung für Platon und von Senecas eigener Lektüre dieses Philosophen, können auch die landläufigen Gedanken über das ὕψος (mit ihrer platonisierenden Ausrichtung) zu Senecas stilistischer Entwicklung beigetragen haben; sie lieferten ihm vielleicht Vorbilder und, falls nötig, eine Rechtfertigung für seine Mischung von rhetorischer Fülle, zuweilen geradezu von Aufschwung, mit Kürze und Pointiertheit. Die uneingeschränkte Flexibilität der Diatribenform bot ihm viele Möglichkeiten der Abwechslung in Tonhöhe, -stärke und -farbe. Und seine Mischung von Fülle mit Stoßkraft entsprach nicht nur der Stimmungslage seiner Zeit, sondern traf etwas Fundamentales und Dauerhaftes im römischen Empfinden, das Horaz bemerkte und aussprach: in ›Ep.‹ II 1, 165 sagt er vom Römer, er sei *natura sublimis et acer*.

---

[49] Russell a. a. O. p. XXII.

An einer interessanten Stelle (›De tranqu.‹ 1, 14 f.) anerkennt Seneca das Phänomen des Stilaufschwunges. Serenus spricht dort: *in studiis puto mehercules melius esse res ipsas intueri et harum causa loqui, ceterum verba rebus permittere, ut qua duxerint, hac in elaborata sequatur oratio... ... Rursus ubi se animus cogitationum magnitudine levavit, ambitiosus in verba est altiusque ut spirare ita eloqui gestit et ad dignitatem rerum exit oratio. Oblitus tum legis pressiorisque iudicii sublimius feror et ore iam non meo.* Bemerkenswerte Beispiele solcher Aufschwünge finden sich in der Beschreibung der Glückseligkeit der erhöhten Abgeschiedenen am Ende von ›Ad Marc.‹, in ep. 82, 7 f. (über die echte Glückseligkeit) ›Ep.‹ 90, 18 f. (über die Zufriedenheit mit Wenigem), ep. 102, 22–28 (über die rechte Haltung zum Tode) und in ›Ep.‹ 120, 12 f. (über tugendbewußten Rückzug)[50].

***

Um zusammenzufassen: Seneca, als er die Botschaft der Stoa an die Menschen predigte, sprach zu den Zeitgenossen in einem Stil, der diese Botschaft sich empfehlen ließ durch seine Grundlage, die eine Normalheit der Ausdrucksweise war, und durch seine Übereinstimmung mit dem Geschmack der Zeit an aufgesetzten rhetorischen Finessen der Sprache. Dies alles hatte – dies seine Grundansicht – „natürlich" zu sein. Er legte zumeist die überfeinerten Regeln für die Darbietung beiseite (nicht anders als andere); er zog es vor, dadurch zu wirken, daß er Gedanken auf Gedanken türmte, so wie sie ihm kamen, und ohne logischen Grundplan; er fand eine volle Rechtfertigung hierfür in der überlieferten Lehre und Praxis seiner philosophischen Schule. Die Position der Rhetorik war, was ihre formale, d. h. strukturelle Seite anlangt, unterhöhlt; ein weniger gestelzter Neuansatz traf vielerorts auf Sympathien. Der Stil, wie Seneca ihn entwickelte, war im Grunde „umgangssprachlich", direkt und populär und half ihm in beträchtlichem Maße, sein Programm durchzuführen, das Programm eines Lehrers der Moral.

[50] Zu Seneca und „Longinus" vgl. A. Guillemins Bemerkungen in REL 32 (1954), 269 ff.

Verzeichnis der häufig zitierten Literatur
in den Zusätzen des Herausgebers.

Karlhans Abel, Bauformen in Senecas Dialogen, Heidelberg 1967, z. B. in der Analyse von ›Dial‹ 1.
Hildegard Cancik, Untersuchungen zu Senecas Epistulae Morales. Spudasmata 18, 1967.
Gregor Maurach, Der Bau von Senecas Epistula Morales, Heidelberg 1970.

DAS SIEBENTE BUCH
DER NATURALES QUAESTIONES DES SENECA
UND DIE KOMETENTHEORIE DES POSEIDONIOS

Von Albert Rehm

Die Untersuchung über Senecas Kometenbuch, die ich hier vorlege, geht in ihren Anfängen weit zurück, bis vor das Erscheinen von Capelles Aufsatz ›Der Physiker Arrian und Poseidonios‹ im Hermes XL (1905)[1]. War es damals ein Hauptziel der Untersuchung, Arrians Abhängigkeit von Poseidonios zu erweisen (vgl. meine Bemerkung Philol. LXVI S. 389 A. 18), so ist es heute überflüssig, auf diese Frage zurückzukommen; die Abhängigkeit ist unbestritten (vgl. Capelle, Hermes XLVIII (1913) S. 345 ff.). Dadurch ist die Bahn frei geworden für tiefer führende Fragestellungen. Wir können daran gehen, die Selbständigkeit Senecas in dem Buche seiner ›N. Qu.‹ zu erweisen, dessen Ergebnisse ihm, *wenn* sie seine persönliche Leistung sind, einen ehrenvollen Platz in der Geschichte der Naturwissenschaften sichern. Und wir können, gestützt auf eine übersichtliche Reihe von Zeugnissen über des Poseidonios Kometenlehre, den Versuch wagen, den gesamten Gedankengehalt der Darlegungen des Poseidonios zu rekonstruieren. Diese Arbeit ist auch durch die neuesten einschlägigen Veröffentlichungen nicht überflüssig geworden. Gilbert bietet in seinen Meteorologischen Theorien des Altertums, soviel ich sehe, auch nicht die geringste Förderung. Gundels schöner Artikel ›Kometen‹ bei P.-Wiss. XI S. 1143 ff. hingegen würdigt an sich Poseidonios wie Seneca richtig, aber weder eine vollständige Rekonstruktion von Poseidonios' Untersuchung noch die genaue Darlegung von Senecas Verhältnis zu Poseidonios lag im Plane dieser

---

[1] Ich darf bemerken, daß ich auch das ganze Parallelenmaterial zusammengebracht hatte, wie es bei Capelle erscheint.

Gesamtdarstellung. K. Reinhardts eben erschienenes Buch ›Poseidonios‹ (München 1921) aber berührt die Kometenlehre überhaupt nicht. Reinhardts Bestreben, die großen Züge von Poseidonios' Persönlichkeit und Gesamtwerk zu erfassen, ist höchst verdienstlich gegenüber der Sucht, all und jede späthellenistische physikalische Theorie auf Poseidonios zurückzuführen; aber mir scheint, seine intuitive Methode entbindet uns nicht von der Pflicht, in subtiler Einzelforschung die Grundlagen zu sichern[2]: am Ende angekommen sind wir ja mit dieser Aufgabe noch lange nicht. Ganz vorübergehen dürfen wir übrigens an Reinhardts Buch doch auch nicht in dieser Einzeluntersuchung; Reinhardt schreibt S. 137 über Senecas ›N. Qu.‹: „Nun aber steht auch von dem Inhalt, jedenfalls von dem reichen doxographischen Material, keineswegs fest, daß es durch Poseidonios überliefert sein müßte; bei Poseidonios pflegen doxographische Partien im allgemeinen anders auszusehen. Auch ist Asklepiodot, der vielbenützte, denn doch mehr als ein Extrakt aus Poseidonios, mag er auch zum guten Teil mit dessen Material arbeiten." Und S. 139: „Ich wage nicht zu sagen, daß die beiden Hauptbestandteile des Werkes, die systematischen und die zetematischen, in die Benützung des Asklepiodot oder des Poseidonios aufzuteilen seien. Eine solche Quellenkonstruktion, so sehr sie einlädt, schiene mir zu äußerlich, zu glatt." Daraus erwächst die Aufgabe, in der Einzeluntersuchung darauf zu achten, welche Anhaltspunkte sich dafür bieten, ob das doxographische Material auf Poseidonios zurückgeht oder erst durch einen Späteren hereingebracht worden ist; wobei gleich bemerkt sei, daß ich nicht wage, für das Kometenbuch den Asklepiodot als Mittelsmann anzusprechen, da er, wie auch Schmekel, Isidorus von Sevilla S. 265 A. 2 feststellt, nur in solchen Partien genannt wird, die mit dem Problem der Beschaffenheit des Erdinnern zusammenhängen. Darauf führen die fünf mit Namen bezeichneten

[2] Ich freue mich, in meinem Artikel Kleomedes (P.-Wiss. XI S. 679 ff.) mit der alten Methode bezüglich des Abhängigkeitsverhältnisses von Kleomedes zu Poseidonios ziemlich zu den nämlichen Ergebnissen gekommen zu sein wie Reinhardt. – Die letzte Behandlung von Poseidonios' Windrose ist übrigens nicht die Schmekels, sondern die meine, in diesen Sitzungsberichten 1916 (dazu Diels DLZ 1917 N. 12).

Zitate bei Seneca; eine Untersuchung, die darauf ausging, den Umfang der tatsächlichen Entlehnungen Senecas aus Asklepiodot festzustellen, erweiterte zwar das Material, brachte mir aber nichts, was den genannten Problemkreis überschreitet. Seneca nennt, wie es scheint, an einer Stelle den Titel des Werkes, VI 17, 3: „*Apud Asclepiodotum invenies, auditorem Posidonii, in his ipsis quaestionum naturalium causis.*" Das ergibt φυσικῶν ζητημάτων αἴτια oder αἰτίαι (so Sudhaus, Aetna S. 61). Diese Form ist aber ein Unding[3]; darum hat sich Oder (Philol. Suppl. VII (1898) S. 290 A. 79) dafür entschieden „αἰτίαι φυσικαί" als den Originaltitel zu betrachten; ζητήματα φυσικά könnte man natürlich ebensogut sagen[4]. Dieser Titel gestattet wohl die Annahme, daß bei Asklepiodot alles das behandelt war, was Seneca in den ›N. Qu.‹ vornimmt, und noch mehr; aber er zwingt nicht dazu. Für uns aber kann ohnehin die Frage nur sein, was Seneca von dem Werke benützt hat. Und da führt eben die Untersuchung zu wesentlicher Einschränkung. Wenn sich mir also auch für Buch VII die Notwendigkeit ergibt, einen Mittelsmann zwischen Poseidonios und Seneca anzunehmen, so halte ich es doch für geraten, ihn namenlos zu lassen.

Aber brauchen wir denn überhaupt ein solches Mittelglied zwischen Poseidonios und Seneca? Mit der Logik, die in der Dissertation von Rud. Hartmann, ›De Senecae Naturalium Quaestionum libro septimo‹, Münster 1911 S. 12 angewandt wird, ist die Frage sicher nicht zu lösen; nämlich: Seneca ist in der Naturforschung ein Ignorant; im VII. Buche vertritt er eine andere Lehre als Poseidonios; also muß er diese von einem Mittelsmann (der für Hartmann natürlich ohne weiteres Asklepiodot ist) entlehnt haben[5]. Da ist das Problem überhaupt nicht erfaßt. Denn

---

[3] So urteilt auch Capelle Hermes XLVIII S. 345, A. 1. Er schlägt προβλήματα φυσικά vor.

[4] Oder ist bei Seneca *quaestionum* zu streichen? *Naturalium Causae* ergäbe unmittelbar αἰτίαι φυσικαί.

[5] Joh. Müller in der bescheidenen, aber viel zitierten Skizze ›Die Originalität der N. Qu. Senecas‹ (Festgruß an die 42. Philologenversammlung. Innsbruck 1893) läßt dem Seneca, sosehr er gegen die Überschätzung seiner Originalität polemisiert, doch S. 18 die Selbständigkeit der Stellungnahme.

gerade das ist die Frage, ob sich Seneca seine Kometentheorie selbst erarbeitet hat[6]. Zur Annahme eines Mittelsmannes im VII. Buche nötigen mich andere, mit der Frage nach der Originalität Senecas gar nicht zusammenhängende Erwägungen.

Wenn man nämlich die Zeugen für die Kometenlehre des Poseidonios zusammenstellt, ergibt sich eine auffällige Gruppierung. Außer Seneca stehen uns an umfangreicheren Stücken zur Verfügung schol. Ar. ad v. 1091 p. 545 s. M.[7] und Arrian (bei Stob. I 28 p. 228 ss. W.). Das Exzerpt in den Aratscholien gibt doxographisches Material mit kritischer Beleuchtung, in der Art ganz ähnlich wie Seneca es in den ›N. Qu.‹ durchgehends tut, und da es in eine Darlegung der Theorie des Poseidonios ausmündet, wird auch modernste Kritik die von Diels, Doxogr. S. 230 f. ausgesprochene Zurückführung auf Poseidonios nicht ohne Beweis anfechten wollen[8]. Von Arrian ist uns mit im Text stehendem Ἀρριανός φησιν und dem unsichern, nur in der einen Hs P auf dem Rande angebrachten Lemma Ἀρριανοῦ eine systematische Darstellung der Kometenlehre im Exzerpt erhalten, wie auch die

---

[6] Wenn Schmekel, Isidorus von Sevilla S. 265 A. 2, den Apollonios von Myndos für den Gelehrten erklärt, dem Seneca seine Theorie verdankt, so hat er recht. Daß aber Apollonios zeitlich zwischen Poseidonios und Seneca stehe, ist ein evident falscher Ansatz; s. u. S. 238 A. 18.

[7] Bei Maaß hat ein Unstern über der Textkonstitution gewaltet: p. 545, 14 lies φαινόμενος. 17 τύπωι. 546, 10 αἰθέρος (zweimal). 11 und 13 τροφῆς. 12 [ἥλιον]. 14 που (oder αὐτοὺς?) statt οὐ. 15 [ἀλλ']. Die Begründung und Weiteres zum Text folgt unten suo loco.

[8] Auch bei Aëtios (p. 366 D.) stehen an erster Stelle die Pythagoreer wie im schol. Ar.; ihnen ist die Lehre des Hippokrates angeschlossen, der im Scholion als Nachtrag ganz am Schluß erscheint; dann folgen Anaxagoras und Demokrit, zu *einer* Gruppe vereinigt wie im schol. Ar. Die Ähnlichkeit mit dem schol. Ar. ist also groß (vgl. Diels, Doxogr. S. 231). Weiterhin taucht bei Aëtios der rare Epigenes auf, dessen meteorologische Theorie uns augenscheinlich, wie ich schon P.-Wiss. VI S. 65 vermutet habe, nur durch Poseidonios erhalten ist. Eine Spur von Stratons Lehre (Doxogr. p. 366, 26) findet sich vielleicht bei Seneca (s. u. S. 254, A. 34). Spielt Aëtios auch für die Rekonstruktion der *Meteorologie* des Poseidonios unmittelbar keine Rolle, so trägt er doch dazu bei, festzustellen, welche δόξαι dem Poseidonios vorlagen.

beiden andern bei Stobaios erhaltenen Fragmente (p. 235–238. p. 246 s. W.) systematischer Natur sind. Daß aber Arrian auch abweichende Theorien erwogen hat, folgere ich mit Capelle (Hermes XL S. 626 A. 3) aus den Worten, mit denen er seine Kometendefinition p. 230, 16 einleitet: „"Ωστε ἐκεῖνος ἂν κρατοίη ὁ λόγος κτλ." Nun geht dem als solches gekennzeichneten Arrianfragment ein doxographischer Abschnitt p. 229, 15–230, 9 voran, der bisher „herrenloses Gut" ist. Meineke hat ihn (in der *adnotatio*) dem Arrian zugewiesen; wenn Wachsmuth z. d. St. bemerkt „Poseidonium potius sapiunt", so hat er auch recht: Arrian gibt eben den Poseidonios wieder. Behandelt werden hier die Lehren der Chaldäer, und zwar ihrer zwei einander widersprechende, die erste dahingehend, daß die Kometen Sterne seien, die andere, daß sie aus erdigen Stoffen, Ausdünstungen der Erde, entstehen, sodann die Theorie des Demokrit, wonach die Kometen überhaupt nichts Materielles, sondern bloße Lichterscheinungen sind. Wenn wir nun gerade diese drei Theorien bei Seneca zu Beginn seiner doxographischen Darlegungen wiederfinden, die erste und zweite wieder als chaldäische Lehren bezeichnet – die erste dem Apollonios von Myndos, die zweite dem Epigenes als Chaldäerschülern zugeschrieben (während *er* wiederum den Demokrit nicht nennt, wo er über ihn referiert (c. 12) –, so ist der Schluß, daß diese Stücke bei Stobaios dem Posidonianer Arrian gehören, wahrlich nicht mehr zu kühn. Seneca gliedert auch, ganz in Übereinstimmung mit der bei Stobaios vorliegenden Auswahl, in der knappen Zusammenfassung c. 19 die ihm vorliegenden Kometentheorien in eben diese drei Klassen: Spiegelungstheorie, Planetentheorie, Luftwirbeltheorie, wie wir sie weiterhin nennen wollen[9]. Erwähnt mag noch werden, daß die hier dem Arrian zugeteilte Partie ein Siegel posidonianischen Ursprungs auch in der Darstellung trägt (s. u. S. 239, A. 19). Das doxographische und das systematische Stück sind auch sprachlich gleich, beide in affektiert strengem

[9] Das Plus an doxographischem Material, das Seneca gegenüber dem Arrian bietet, ist fast allein die Einlage über Artemidor c. 13–16. Dem Arrian konnte die Berücksichtigung dieser dem Apollonios nahestehenden Hypothese überflüssig erscheinen. Zenon ist von Seneca selbst c. 19 nur ganz flüchtig gestreift.

Attisch geschrieben, mit ἐς und ξύν, ἔστιν οἵ (p. 230, 7) und ἔστιν ἅ (p. 228, 25 überliefert)[10].

Teilen wir aber diese Stobaiosstücke dem Arrian zu, so ergibt sich weiter ein besonders enger Zusammenhang zwischen Seneca und Arrian; nach der negativen Seite ist die Gruppierung sehr auffallend charakterisiert durch das Fehlen der pythagoreischen Hypothese, die durch die Theorie des Apollonios von Myndos verdrängt ist[11]. Bezeichnend ist auch, daß Seneca einmal einen Gesichtspunkt *gegen* des Poseidonios Lehre ins Feld führt, den dieser nach dem Zeugnis des schol. Ar. ihr ganz passend eingefügt hatte (s. u. S. 240); bei Arrian bleibt er unerwähnt: Senecas Verfahren ist verständlich, wenn auch er ihn bei seinem Mittelsmann nicht erwähnt gefunden hat. Man ist somit zu der Annahme genötigt, daß dem Seneca wie dem Arrian (voneinander sind sie unabhängig) als gemeinsame Quelle eine vereinfachende Überarbeitung des Poseidonios vorlag.

Nach Arrian aber hat diese Quelle die eigene Lehre des Poseidonios nicht bestritten; der κρατῶν λόγος ist die Kometentheorie, die uns für Poseidonios einhellig bezeugt ist. Die Annahme eines Mittelsmannes zwischen Seneca und Poseidonios nimmt also a priori dem ersteren nichts von seiner Originalität; will man sie ihm abstreiten, so muß man schon noch einen weiteren Mittelsmann eigens zu diesem Zwecke hinzuerfinden. Sehen wir zu, ob Anlage und Ausführung des VII. Buches der ›N. Qu.‹ für eine solche Annahme irgend eine Handhabe bietet! Eine Inhaltsanalyse soll die Probe darauf machen[12].

---

[10] „Ἔστιν οἵ ist sehr selten" (Kühner-Gerth II S. 404); Belege gibt es fast nur aus Xenophon – und Arrian dem Nikomedier, der auch wie unser Autor ἤδη und δή als Verstärkungspartikeln, καθότι als reine Kausalkonjunktion verwendet, μᾶλλόν τι statt einfachem μᾶλλον schreibt. Sollte der fleißige Mann, der Anab. VI 21, 1. 2 so sachkundig über die Etesien spricht, in seinen Mußestunden auch die Schriften des Meteorologen Arrian verfaßt haben? Aber das steht hier nicht zur Diskussion.

[11] S. darüber unten S. 239, A. 20.

[12] Ich hoffe, sie wird neben der kurzen, übrigens von ähnlichen Erwägungen wie die meinigen geleiteten Analyse Schmekels Isid. v. Sev. S. 251 A. nicht überflüssig erscheinen.

Nehmen wir zunächst die Gesamtanlage vor. C. 1 und 2 stellen, ausgehend von dem unverhältnismäßig großen Interesse, das ungewohnte Himmelserscheinungen bieten, das Problem sogleich in der entscheidenden Form auf: sind die Kometen bloß vergängliche Feuererscheinungen *(flammei orbes)* oder sind sie Himmelskörper? Sogar die Möglichkeit, aus der Antwort Argumente für die Streitfrage, ob geozentrisches oder heliozentrisches Weltsystem zu gewinnen, deutet Seneca an. Daran schließt sich c. 3 die Klage über den Mangel langjähriger Beobachtung, die man zur Sicherung des Materials zu fördern hätte.

C. 4 führt uns sogleich mitten in die Doxographie hinein. Zwei Chaldäerschüler, Epigenes und Apollonios von Myndos, vertreten entgegengesetzte Auffassungen, Apollonios rechnet die Kometen zu den Planeten, Epigenes zu den bloßen Lufterscheinungen. Damit ist scheinbar für Seneca eine brauchbare Disposition gegeben; aber er befolgt sie nicht. Vielmehr beschäftigt er sich zunächst ermüdend ausführlich mit Epigenes, läßt dann andere, z. T. völlig disparate Doxographica folgen – c. 12 die Lehre des Demokrit, c. 13–16 die des Artemidor – und führt erst c. 17 den Apollonios von Myndos ein, ohne auch nur auf die frühere Erwähnung zurückzukommen, auch ohne sich für ihn auszusprechen. Ehe er seine Herzensmeinung verrät, referiert er noch unter wiederholter Anführung des Poseidonios über die Lehre der Stoa, um dann abrupt und schroff c. 22 einzusetzen mit den Worten: *Ego nostris non assentior*. Der Rest des Buches gehört der sehr lebhaft und geschickt vorgetragenen Verteidigung der eigenen Meinung.

So kapriziös diese Anordnung ist, sie ist doch überlegt. Die Lehre der Stoa muß Seneca zuletzt vor der eigenen vortragen, weil es eben *seine* philosophischen Genossen sind, denen er zu opponieren hat; die ihm selbst am nächsten stehende δόξα aus anderer Schule bringt er aber dem Ende des doxographischen Teiles so nahe als möglich. Wenn wir nun in der Parallelüberlieferung bei Arrian Apollonios und Epigenes unmittelbar verbunden, ja den Apollonios nach dem Epigenes vorangestellt finden, so ist der Schluß m. E. zwingend, daß sich Seneca seine Disposition selbst gemacht hat, um seiner besonderen Zwecke willen; dann ist aber auch die Auffassung, die er vertritt, von ihm selbst erarbeitet.

Nun zu den Einzelheiten!

Die Kapitel 4–10 gehören einer höchst leidenschaftlich geführten Polemik gegen Epigenes[13]. Des Epigenes Lehre geht darauf hinaus, daß die Kometen aus ἀναθυμιάσεις, Erdausdünstungen, bestehen, wie Wetterleuchten *(fulgurationes)*, zündende Blitze, wie die heutzutage verschollenen *faces* und *trabes* (wohl meteorische Erscheinungen); *faces, trabes, cometae, pogoniae* werden durch *Luftwirbel* emporgeführt; diese bewirken auch die *Entzündung.* Unterschiede beruhen lediglich darauf, daß diese Phänomene das eine Mal feuchte, das andere Mal trockene Ausscheidungen mit sich emporreißen und je nach ihrer Masse und Zusammensetzung nur bis zu den Wolken oder über sie hinaus bis in den αἰθήρ hinein emporstreben. So wunderlich uns das alles vorkommt, es ist gut griechisch, ist stark angeregt durch die aristotelische Kometentheorie (vgl. meinen Artikel Epigenes bei P.-Wiss. VI S. 65) und ist von der posidonianischen Planetentheorie gar nicht so sehr verschieden[14].

[13] Der Text dieser Partie ist wohl auch durch Gercke noch nicht abschließend hergestellt. C. 4, 1, p. 238, 18 wird das überlieferte *Chaldaeos* zu halten sein (wie *illos* Z. 19). Epigenes, wiewohl Chaldaeerschüler, bringt ja in der Tat die aristotelische Lehre (Näheres darüber s. u. Anm. 14). c. 5, 4 p. 240, 4 ergänzt Gercke ohne Not *solis* (um Übereinstimmung mit Aristoteles herzustellen, die sich doch nicht erzielen läßt; das einfache *ardorem* wird geschützt durch *cum iam minus flagraret* Z. 5. 6). Z. 6 *faciem.* c. 6, 2 p. 241, 1 *et eniti.* c. 10, 1 p. 244, 15 *mora, utique ubi* mit L² Z.

[14] Bei Arrian p. 229, 24 ss. ist das Referat so gekürzt, daß die Unterscheidung der verschiedenen Gattungen verloren ging. Sie ist nun freilich, zusammen mit der Theorie verschiedener Substanzen für die einzelnen Gattungen der Phänomene, für Epigenes gerade wesentlich. Ich sehe in seiner Leistung, die „chaldäisch" nur durch den Einfluß von Planeten auf diese Vorgänge anmutet (vgl. Gundel a. a. O. S. 1155. 1156, 36. 1165 f.), auch heute noch einen übertriebenen subtilen Versuch, die aristotelische Lehre fortzubilden. Epigenes teilt: 1) unterste Stufe, nur bis zu den Wolken reichend, a) *fulgurationes* aus *umida*, b) *fulmina* aus *calidior sicciorque exhalatio* (4, 3), 2) an der Grenze von ἀήρ und αἰθήρ – aber doch so, daß sie an dessen Bewegung teilnehmen? – a) *trabes, faces* aus *umida terranaque* (4, 4), b) *cometae* aus *arida umidaque* – wohl mit

Um so mehr überrascht, daß Senecas Polemik durchaus nicht von seinem eigenen Standpunkt aus geführt ist. Was er an Einwendungen bringt, sind lauter Kleinigkeiten, Nörgeleien, wie es uns scheint, ohne jegliche Andeutung darüber, daß der Polemiker etwa daran dächte, die Kometen für Himmelskörper zu erklären. Im Grunde gehen alle die vielen wortreichen Gegenargumente zurück auf den *einen* Haupteinwand, daß dem *turbo* (τυφών), dem Luftwirbel, eine Erstreckung in solche Höhen hinauf nicht zugeschrieben werden könne[15]. D. h. Epigenes Lehre steht im Widerspruch zu des Poseidonios neuerdings durch Capelle (Στοιχεῖα V S. 25 ff.) eingehend behandelter Lehre von der geringen Höhengrenze der Winde; das ist's, was den Vorwurf des *mendacium*

Übergewicht des ersteren – (6, 1. 2. 9, 1), 3) im αἰθήρ *pogoniae* aus *arida*, mit Eigenbewegungen, die durch Nordwind (?) verursacht ist (7, 2). Die Künstelei wird noch gesteigert dadurch, daß *trabes* und *faces* durch abwärts strebende Luftwirbel entstehen, *cometae* und *pogoniae* durch aufwärts strebende (6, 3). Festzuhalten ist, daß Aristoteles *alle* hier berührten Phänomene aus der ξηρὰ ἀναθυμίασις erklärt (Meteor. I 4 p. 341 b 6 ss. 7 p. 343 a 10. II 9 p. 369 a 25. III 1 p. 371 a 5).

[15] Nicht einmal *faces* und *trabes* können aus dem *turbo* entstehen, weil dieser meist nicht einmal zur Wolkenhöhe emporreicht, während die trabes immer höher als die Wolken stehen (c. 5, 1); wiederholt c. 7, 1 p. 241, 18 G. und c. 8, 4. Natürlich werden dann noch andere Argumente gehäuft, die gegen die Entstehung der Kometen aus dem *turbo* sprechen. Die Gesamtmasse der Argumente ist c. 8–10 zusammengetragen: 1) Schnelligkeit des *turbo*, geringe Geschwindigkeit der Kometen (∼ c. 5, 2. c. 7, 1 p. 241, 6 G.); 2) Unregelmäßigkeit der Bewegung des *turbo*, Regelmäßigkeit der Kometenbewegung; 3) Höhe, wie eben erwähnt; 4) Unmöglichkeit langer Dauer eines *turbo* (c. 8, 4 und 9, 2–10, 2, durch verschiedene Erwägungen dargetan); 5) Unähnlichkeit des Kometen mit dem (zylindrischen) *turbo*. Hinzu kommt aus Früherem nur, daß nach Epigenes' Lehre zu fordern wäre, daß Kometenerscheinungen stets von Wind begleitet wären (c. 7, 1). Die Einwendungen in c. 7, 2 und c. 9, 1 sind noch speziell durch die Unterscheidung der *cometae* und *pogoniae* bei Epigenes veranlaßt. Zugrunde liegt also eine *sehr* ins einzelne gehende Kritik. Sie wird aber in der Vorlage besser geordnet gewesen sein als bei Seneca, dessen desultorische Art hier ganz unausstehlich ist.

(c. 5) gegen ihn verursacht. Also stammt die ganze Auseinandersetzung Senecas mit Epigenes aus seiner Quelle, mittelbar aus Poseidonios. Von seinem eigenen Standpunkt aus hätte Seneca dem Epigenes unvergleichlich viel schärfer zu Leibe gehen können. Er verbirgt aber seine wahre Meinung hinter der absichtlich verdichteten Wolke posidonianischer Gedanken.

Um dem Leser eine Atempause zu gewähren, schiebt Seneca ohne jeden triftigen Grund im c. 11 allgemeine Angaben ein über die Örter am Himmel, an denen vorzugsweise Kometen erscheinen, und die Gestalten der Kometen: beides sicher auch von Poseidonios behandelt (s. u. S. 250, A. 33), jedoch der zweite Gesichtspunkt von Seneca, der sich für die unglaublich entwickelte Kometennomenklatur der Griechen wenig interessieren mochte, stark umgebildet.

C. 12 bezeichnet Seneca ohne Namensnennung *„quosdam antiquorum"* als Vertreter der Meinung, daß Kometen nur eine Sinnestäuschung seien, eine Lichterscheinung, die durch die Annäherung zweier Planeten aneinander verursacht werde. Das ist Anaxagoras' und Demokrits Lehre (s. o. S. 231, A. 6; S. 232). Bei der Widerlegung hatte diesmal Seneca keinen Anlaß, sich mit seiner wahren Meinung in Widerspruch zu setzen.

C. 13–16 behandelt Seneca die Lehre des Artemidor von Parion; nach ihm sind die Kometen lichtschwache oder nur selten in unseren Gesichtskreis tretende Planeten; ihre Erscheinungsform entsteht durch Verbindung ihres Lichtes mit dem Lichte von Fixsternen. Diese Lehre zeigt also eine gewisse Verwandtschaft mit Demokrit und Anaxagoras und leitet andererseits doch zu der des Apollonios über: daher wohl ihre Stelle bei Seneca. Wo sie in seiner Vorlage eingereiht war, ist nicht festzustellen. Verquickt ist die Theorie mit einer ganz abenteuerlichen Kosmogonie, wonach die Welt von einer festen Atomhülle umgeben ist, die aber eine Anzahl Löcher *(spiramenta et quasi fenestras)* hat, durch welche extramundanes Feuer herein- und wieder zurückflutet[16]; der

---

[16] Der Bericht bei Seneca ist, so wie er dasteht, verworren, was auch Kauffmann im Artikel Artemidoros b. P.-Wiss. II S. 1334 und Gundel P.-Wiss. XI S. 1170 zugeben. Unter der festen Atomhülle soll eine

Autor, der Ephoros zitiert (c. 16), erneuert augenscheinlich vorsokratische Theorien[17]. Die Widerlegung konnte Seneca wieder in der Hauptsache ohne ein sacrificium intellectus geben; aber es kommt ihm nicht darauf an, abermals eines zu bringen: und so polemisiert er, scheinbar unbefangen, c. 14, 4 gegen die Annahme einer größeren Zahl von Irrsternen als der bekannten. Allerdings ist dieser Passus sehr kurz ausgefallen, wohl kürzer als in der Vorlage.

C. 17 endlich kommen wir zu Apollonios von Myndos[18]. Er hat mit merkwürdiger Klarheit das Phänomen so erklärt, wie es die moderne Wissenschaft, mit dem Fernrohr beobachtend und die Bahnen berechnend, auffassen gelehrt hat: *proprium sidus cometae est sicut solis ac lunae; talis illi forma est, non in rotundum restricta sed procerior et in longum producta. ceterum non est illi palam cursus: altiora mundi secat et tunc demum apparet,*

ebenso feste Feuerhülle liegen und *diese* soll die Löcher haben. Nun ist diese intramundane Feuersphäre gewiß griechisch gedacht. Aber weder braucht ihre Festigkeit betont zu werden noch hat sie Löcher nötig, während die Atomhülle dieser bedarf. Seneca polemisiert denn auch nur gegen die Annahme der Atomhülle. Useners *habent* genügt nicht zur Heilung. Alles ist aber in Ordnung, wenn man in Z. 14 *huic proxima superficies ignea est* als Glossem zu *ignes* Z. 17 streicht. Mein Referat baut auf dieser Textgestaltung.

[17] Die Berührungen mit Demokrit, Anaximander, vielleicht Pythagoreern stellt Kauffmann a. a. O. zusammen.

[18] Der Zeitansatz ist nicht mehr ernstlich strittig: Apollonios fällt vor Poseidonios, und wenn Seneca § 2 so tut, als führe er aus ihm Beispiele von Kometen an, die unter Claudius und Nero erschienen, so ist das bloß literarische Caprice oder Sorglosigkeit. Zu dem, was Hartmann a. a. O. S. 8 f. (der astrologische Text auch Cat. cod. astr. V p. 204, 16) beibringt, kommt als entscheidend die Wiedergabe der Lehre des Apollonios bei Arrian (s. o. S. 232). Auch wäre es doch zu kurios, wenn Seneca Argumente zur Widerlegung des Mannes, dem er sich in der Hauptsache anschließt, erst selbst zusammengetragen hätte. Das wäre denn doch vollendeter literarischer Schwindel. – Der Zusammenhang mit astrologischer Doktrin, der nach Sen. c. 4, 1 zu erwarten ist, wird aus den Angaben über Kometenfarben klar (vgl. Boll, Abh. Bayer, Akad. XXX 1 (1918) S. 26).

cum in imum cursus sui venit ... multi variique sunt, dispares magnitudine, dissimiles colore... hi minuunt augentque lumen suum quemadmodum alia sidera, quae maiora cum descendere, sunt clarioraque, quia ex loco propiore visuntur, minora cum redeunt et obscuriora, quia abducunt se longius[19]. Die Widerlegung, die Seneca c. 18 mit einem reservierten *respondetur* einführt, macht zuerst geltend, die Kometen erschienen bei ihrem ersten Auftauchen am größten, dann, als Wandelsterne müßten sie im Tierkreis erscheinen[20], endlich, man könne durch die Kometen durchschauen wie durch eine dünne Wolke: es ist klar, daß Seneca in seinem Innersten keines dieser Argumente gelten lassen konnte.

C. 19 schließt Seneca mit der kurzen Notiz über Zenons Theorie, die offenbar mit der des Anaxagoras und Demokrit zusammengeht, sowie mit dem oben S. 232 schon erwähnten Überblick über die drei Hauptgattungen von Theorien den doxographischen Teil ab, worauf er sich c. 20. 21 zu dem dogmatischen im Sinne der Stoa wendet. Hier ist nun der Parallelismus mit Arrian ganz schlagend; das in der Überlieferung verstümmelte Arrianexzerpt kann gleich am Anfang, wenn auch nicht dem Wortlaut, so doch dem Sinne nach aus Seneca ergänzt werden (Näheres s. u. S. 246 f.; 247, A. 25). Die Kometen werden mit den *trabes* und *faces* für gleichartig erklärt, sie sind *ignes aeris triti*, nur dem Umstand, daß sie mehr „Nahrung" finden, verdanken sie ihren längeren Bestand. Bis aufs Wort, bis auf die Einzelargumente stimmt aber mit Seneca außer Arrian großenteils auch

[19] Bei Arrian ist das Referat noch ausgeschmückt mit echt posidonianisch farbigen Vergleichen: die Kometen erscheinen ὡς ξένοι ⟨εἰσ-⟩ ενεχθέντες εἰς τὰ ὅλα und verschwinden δύντες εἰς τὸ βάθος τοῦ αἰθέρος ὥσπερ εἰς τὸν τοῦ πελάγους βυθὸν οἱ ἰχθῦς (vgl. o. S. 232).

[20] *Deinde, quod adversus priores, etiam adversus hunc dicitur* sagt Seneca. Er hätte den Einwand c. 14, 4 gegen Artemidor bringen können, deutet ihn aber nur mit den Worten *in multis mundi regionibus* an. Die Vorlage war da wohl deutlicher. Wer sind nun die *priores*? Die schol. Ar. geben die Aufklärung: dort ist p. 545, 12 das Argument verwendet gegen die Pythagoreer, die in der Tat in diesem Punkte die *priores*, die Vorläufer des Apollonios, sind. In Senecas Vorlage war also diese ältere Lehre wenn auch nicht behandelt (s. o. S. 233), so doch gestreift.

das schol. Ar. zusammen. Daß dieses für die vorliegende Fassung der Lehre ausdrücklich Poseidonios als Autor nennt, dient zu willkommener Bestätigung des Quellenverhältnisses.

Von c. 22 an entwickelt, wie erwähnt, Seneca seine eigene Auffassung; die Beweisführung geht zunächst gegen die posidonianische Theorie vor: 1) *quaecumque aer creat, brevia sunt;* 2) *si alimento suo haereret, semper descenderet (eo enim crassior est aer, quo terris propior);* 3) *sideris proprium est ducere orbem;* 4) (in Wahrheit weitere Ausführung von 1) *omne, quod causa temporalis* (= πρόσκαιρος Arrian) *accendit, cito intercidit;* 5) *alternis diebus maiores minoresve fierent, si ignis esset collecticius* (eben das hat übrigens Poseidonios, nur nicht gerade mit der Pointe *alternis diebus* nach schol. Ar. p. 546, 11 angenommen: man sieht, Seneca hat nicht den Poseidonios selbst vor Augen, sondern den „Mittelsmann", der diesen Punkt übergangen hatte, wie er denn auch bei Arrian fehlt, s. o. S. 233); *quod exarsit aeris vitio ..., morari ac stare nullo modo potest* (= 1).

Unter diesen Einwendungen ist auch nicht eine, die Seneca nicht selbst hätte finden können. Ganz ähnlich ist das Bild bei der von c. 24 an durchgeführten Widerlegung der Einwände, die gegen Senecas Theorie vom Standpunkte des Poseidonios aus erhoben werden konnten. Es läßt sich zeigen, daß Seneca sie alle teils aus den polemischen Bemerkungen des Poseidonios, bzw. des ihm vorliegenden Mittelsmannes gegen die Theorie des Apollonios, teils aus der systematischen Darstellung der Lehre des Poseidonios entnehmen konnte, die ihm, wie schon Arrian zeigt, in etwas breiterer Ausführung vorlag, als er sie selbst bietet. In den Widerlegungen, die er gibt, ist schlechterdings nichts, worauf er nicht selbst hätte kommen können. Wieder hätte also ein unmittelbarer Vorgänger, dessen Spuren Seneca gefolgt sein sollte, keine andere Funktion, als ihm die Selbständigkeit zu nehmen; wieder erweist sich somit dieser supponierte Vorgänger als ein um eines vorgefaßten Urteils willen konstruierter Schemen. Die Annahme ist für diese Partie um so weniger wahrscheinlich, als das prachtvolle Temperament, das Seneca hier entfaltet, die Empfindung erweckt, daß er diesmal wirklich innerlich warm wird. Das ist nicht mehr spielende Rhetorik, das ist die Gewandtheit und

Beredsamkeit des Mannes, der eine persönlich gewonnene Überzeugung verficht.

Die einzelnen Einwände, die sich Seneca macht, sind:
1) *Si erratica stella esset, in signifero esset* (c. 24). Daß dieser bei Seneca c. 18 gegen Apollonios erhobene Einwand typisch ist in seiner Verwendung gegen die Theorie siderischer Kometen, werden wir noch weiter sehen (u. S. 262 f.). Mit Recht erklärt Seneca den Einwand für einen bloßen Analogieschluß, der als solcher nichts Zwingendes an sich habe.

2) *Quare non, quemadmodum quinque stellarum, ita harum observatus est cursus* (c. 25)? Das schol. Ar. p. 545, 14 lehrt uns, daß Poseidonios diesen Einwand gegen die Pythagoreer geltend gemacht hat, gerade wie den vorigen. Seneca konnte ihn in seiner Vorlage sowohl gegen Artemidor wie gegen Apollonios geltend gemacht vorfinden (s. o. S. 234; S. 239, A. 20). Seneca antwortet seinerseits mit Analogien: *Multa sunt, quae esse concedimus, qualia sint, ignoramus.* So die menschliche Seele. Wie jung ist unser ganzes Wissen vom Himmel! *Veniet tempus, quo ista, quae nunc latent, in lucem dies extrahat et longioris aevi diligentia... veniet tempus, quo posteri nostri tam aperta nos nescisse mirentur,* sagt er prophetisch; und: *... erit qui demonstret aliquando, in quibus cometae partibus currant, cur tam seducti a ceteris errent, quanti qualesque sint.*

3) *Per stellas ulteriora non cernimus, per cometen aciem transmittimus* (c. 26, 1) = c. 18, 2[21]. Aber der Kern des Kometen ist gar nicht durchsichtig, erwidert Seneca schlagend.

4) *Stellae omnes rotundae sunt, cometae porrecti, ex quo apparet stellas non esse* (c. 26, 2). Apollonios hatte (c. 17, 1) gelehrt, der Schweif sei ein materieller Bestandteil des Kometen: *Talis illi forma est, non in rotundum restricta, sed procerior et in longum*

---

[21] Die andern Zeugen scheinen den Einwand nicht zu haben. Wenigstens wage ich nicht, die verdorbene Stelle schol. Ar. p. 546, 6 πολλάκις τε ἐγγὺς ἀλλήλων ἐγένοντο πλανῆται καὶ κομῆται † οὕτω παραφαίνεται hieher zu ziehen. Παραφαίνεσθαι kann nicht wohl „durchscheinen" bedeuten. Gemeint muß nach dem Zusammenhang sein, daß Planeten und Kometen nebeneinander in größter Nähe gesichtet werden können, ohne zu *einem* Stern zusammenzufließen.

producta. Und so wird der Einwand aus einer Polemik gegen ihn stammen. Seneca beweist hier dem Apollonios gegenüber seine Selbständigkeit, indem er die Behauptung gelten läßt, aber die Folgerung ablehnt: der Komet selbst ist eine Kugel wie alle Sterne, der Schweif ist nur eine Lichterscheinung. Damit paßt er einfach des Poseidonios eigene Lehre vom Verhältnis zwischen Kometenkern und -schweif der seinigen an; Poseidonios hatte nach Arrian (p. 230, 1) gelehrt: Ἡ ἀρχὴ αὐτῶν ἀστεροειδής ἐστι, καθότι ἐς σφαῖραν ξυνάγεσθαι πέφυκε πᾶν, ὅσον πυροειδές. ἡ δὲ κόμη αὐγοειδής κτλ. Woher der *splendor longior quam ceterorum siderum apparens* rührt, vermag Seneca, wie er freimütig erklärt, freilich auch nicht zu sagen; aber wieviel Widerspruchsvolles gibt es nicht sonst am Himmel? In der gewandten, um Worte nicht verlegenen, aber etwas oberflächlichen Art, wie das in c. 27 breit ausgeführt wird, ist Senecas Individualität nicht zu verkennen.

5) Die Kometen sind Wetterzeichen, wie schon Aristoteles erklärt hat; sollen sie darum nicht Sterne sein dürfen (c. 28)? An dieser Stelle zeigt sich vielleicht am allerdeutlichsten, daß Seneca selbst aus seiner Vorlage die möglichen Einwände zusammenträgt und dann widerlegt oder, wie im vorigen und in unserem Fall, zum Vorteil seiner Theorie verwendet. Man versteht nämlich den Einwand überhaupt erst, wenn man schol. Ar. p. 546, 16 daneben hält, wo in der Darstellung der Lehre des Poseidonios gesagt wird κατὰ τὰς φαύσεις αὐτῶν καὶ πάλιν διαλύσεις τροπὰς γίνεσθαι συμβαίνει τοῦ ἀέρος. Poseidonios hatte in wesentlicher Übereinstimmung mit Aristot. Meteor. I 7 die Kometen für Wetterzeichen erklärt und offenbar wie dieser den Zusammenhang in der feurigtrockenen Natur der Kometen gesucht (Arist. Meteor. p. 344 b 20): δῆλον γάρ, ὅτι γίνονται διὰ τὸ πολλὴν εἶναι τὴν τοιαύτην ἔκκρισιν, ὥστε ξηρότερον ἀναγκαῖον εἶναι τὸν ἀέρα καὶ διακρίνεσθαι καὶ διαλύεσθαι τὸ διατμίζον ὑγρὸν ὑπὸ τοῦ πλήθους τῆς θερμῆς ἀναθυμιάσεως, ὥστε μὴ συνίστασθαι ῥαιδίως εἰς ὕδωρ. Eine Spur davon hat auch das schol. Ar. erhalten in dem Satze „ἅτε δὴ ἐν ἀέρι τῆς συστάσεως αὐτῶν γινομένης". Solche Ausführungen des Poseidonios lagen offenbar dem Seneca vor; auch die Nennung des Aristoteles hat er sicherlich aus dieser Quelle, wie denn ihn (und den Theophrast) Poseidonios selbst zitiert

haben wird²². Seneca seinerseits setzt an die Stelle des physikalischen Zusammenhangs zwischen den Kometen und dem Witterungscharakter einen in der natürlichen Astrologie begründeten. Die Beobachtung erkennt er also an, aber ihre Deutung biegt er zu seinen Gunsten um, – übrigens so oberflächlich, daß wir wiederum nach keinem anderen Urheber des Einfalls zu suchen haben. Denn der Satz *sic (sidus tempestatis signum est), quomodo aequinoctium in calorem frigusque flectentis anni, quomodo illa, quae Chaldaei canunt, quae stella nascentibus triste laetumve constituat*, wirbelt das ποιεῖν und σημαίνειν der Sterne und noch dazu glücklich die künstliche Astrologie durcheinander. Ein Grieche würde sich klarer ausgesprochen haben.

6) *Tarditas illorum argumentum est graviores esse multumque in se habere terreni ipse praeterea cursus: fere enim compelluntur in cardines* (c. 29). Hier sind zwei allerdings unter sich zusammenhängende Argumente vereinigt. Die Langsamkeit der Bewegung finde ich sonst nicht unzweideutig hervorgehoben (doch s. u. Anm. 23); Seneca kann denn diese Behauptung auch mit leichter Mühe als irrig dartun. Erfunden wird er sie gleichwohl nicht haben. Dagegen ist die Behauptung, daß Kometen vorwiegend in der Nordregion auftreten, ein seit Aristoteles wiederkehrender τόπος und für des Poseidonios eigene Lehre durch Seneca selbst durch Arrian p. 229, 18²³ und schol. Ar. p. 546, 14

---

²² Seneca selbst hat des Aristoteles Meteorologie hier so wenig wie irgend sonst, wo er ihn nennt, eingesehen; seine Referate aus Aristoteles sind immer ungenau oder geradezu falsch. So ist hier falsch, daß Aristoteles die Kometen als Regenzeichen betrachtet haben soll (Trockenheit und Stürme erregen sie bei ihm, während Poseidonios bei ihrem Verschwinden Platzregen entstehen läßt, schol. Ar. p. 546, 18), und daß sie schlechthin „das ganze Jahr verdächtig machen", ist mindestens ungenau gesagt (vgl. Meteor. p. 344 b 28).

²³ ῞Οτι δὲ πρόσκαιρά ἐστιν, ἡ φθορὰ αὐτῶν ἐδήλωσε, καὶ ὅτι πρὸς ἄρκτους μᾶλλόν τι ἢ ἄλληι χώραι ξυνίσταται τοῦ οὐρανοῦ κἂν μὴ τοῦτο, ἐπ' αὐτὰς φέρεται (das ist freilich nur ein Versuch, den rätselhaften Worten καὶ τοῦτο ἐπ' αὐτὸν φέρει einen Sinn abzugewinnen). Den an das Auftreten der Kometen in der Nordregion anknüpfenden und es begründenden verstümmelten Schlußsatz möchte ich im Hin-

bezeugt[24]. Seneca widerlegt das Bedenken durch den Hinweis auf die ganz andere Bahnrichtung zweier Kometen, die er selbst erlebt hat. Und das soll er aus einem andern entnommen haben? Er schließt mit einer eindrucksvollen *peroratio*, die ganz auf den Ton gestimmt ist *tarde magna proveniunt, utique si labor cessat.*

Wenn unser Gang durch Senecas VII. Buch nicht ein Irrweg war, so hat er außer der Selbständigkeit Senecas noch etwas dargetan: daß wir – wenigstens für dieses Buch – nicht nur mit einer einzigen Quelle auskommen, sondern sogar für eine zweite überhaupt keine Verwendung haben. Diese eine Quelle aber ist in allen der Nachprüfung zugänglichen Punkten ein vielleicht vereinfachter, verdünnter, trivialisierter, aber durch keine fremde Theorie entstellter Poseidonios. Da nun mit ihr Arrian völlig und das Aratscholion nahezu parallel, jedenfalls aber in keinerlei Widerspruch stehen, scheint das Unterfangen nicht aussichtslos, den Inhalt von Poseidonios' Untersuchung über die Kometen synthetisch wiederherzustellen. Zweifel daran, ob Poseidonios auch wirklich doxographisches Material verarbeitet habe, brauchen uns jedenfalls nicht abzuschrecken: das Material, das er nach unseren drei Hauptzeugen berücksichtigte, ist augenscheinlich nicht aus Freude

blick auf Senecas Poseidonioszitat in unserem Kapitel § 3 *sed quia graves sunt, inferius deferuntur* so herstellen: ⟨ἔνθα παχύς τε ὁ ἀὴρ καὶ μᾶλλον καὶ σύστασις οὐ ῥαιδία φορηθῆναι πρὸς τὴν οὐ⟨ρανίαν δίνην δύναιτ' ἂν ἰσοταχῶς⟩. Vgl. ἰσοταχεῖς αὐτῶι (τῶι αἰθέρι) ... συμπεριφέρονται bei dem auch von Capelle, Hermes XL S. 629 für Poseidonios herangezogenen Lyd. De mens. IV 116 (p. 155, 13 W.). Jedenfalls muß die Rede davon gewesen sein, daß die Kometen als verhältnismäßig schwere Gebilde nahe dem Pol „sich leichter tun". Und so ist es doch vielleicht nicht bloße Phantasie, bei der der Wunsch der Vater des Gedankens ist, wenn ich hier einen Hinweis auf die *tarditas* als Folge der *gravitas* sehe.

[24] Zum Text s. o. S. 231, A. 7. Auch Plin. II 91 sagt *omnes fere sub ipso septentrione*". All diesen Zeugnissen gegenüber ist in περὶ κόσμου p. 395 b 15 – σπανίως δὲ βόρεια καὶ νότια – ein törichtes Glossem zu erblicken (gegen Capelle, Hermes XL S. 630 A. 7); das lehren übrigens auch Ort und Art der Anfügung dieser Notiz.

am Sammeln angehäuft, sondern mit klarem Blicke dem Zweck dienstbar gemacht, die drei Haupttypen der Kometentheorie zu entwickeln und kritisch zu prüfen; das geschieht ja nicht nur bei Seneca, sondern auch im schol. Ar.

Die Durchführung der Rekonstruktion führt uns nun freilich sogleich auf Schwierigkeiten: das Gerüst kann uns gerade Seneca, der in der Darstellung ausführlichste Zeuge, nicht liefern; die Analyse hat ja ergeben, daß er den Stoff ganz für *seine* dem Poseidonios entgegengesetzte Absicht geordnet hat. Wie steht es hinsichtlich der Stoffanordnung mit den andern Zeugen?

Arrian zählt die drei Haupttypen in der Abfolge Planeten-, Luftwirbel-, Spiegelungshypothese auf. Das schol. Ar. bringt nur die erste und die dritte dieser Hypothesen im doxographischen ersten Teil, aber in der gleichen Abfolge wie Arrian, die zweite übergeht es, wohl wegen ihrer geringen Differenz von des Poseidonios eigener Lehre. Wir haben also das Bild:

{ Seneca   Luftwirbel, Spiegelung, Planeten,
{ Arrian   Planeten   Luftwirbel, Spiegelung,
  schol. Ar.   Planeten   Spiegelung.

Da Seneca aus guten Gründen die Planetenhypothese ans Ende gestellt hat (s. o. S. 234), ergibt sich mit Wahrscheinlichkeit, daß Arrian die ursprüngliche Disposition bewahrt hat. Wenn dem so ist, hat Poseidonios in der Disposition des doxographischen Teiles auf den systematischen keine Rücksicht genommen oder er hat es darauf angelegt, Epigenes' Lehre als ganz abweichend von der seinigen erscheinen zu lassen, was sie doch in der Tat nicht ist. Nach der Heftigkeit der Polemik bei Seneca hat man den Eindruck, es sei letzteres der Fall. Und dabei hat Poseidonios, wie wir sehen werden, von Epigenes doch einiges entlehnt.

Die Abfolge der δόξαι im einzelnen ist selbstverständlich nicht mit Sicherheit zu ermitteln. Die Pythagoreerhypothese, zu der natürlich die im schol. Ar. als Nachtrag (p. 546, 21) gebrachte Theorie des Hippokrates von Chios zu stellen ist, wird den Anfang gemacht haben. Wenn wir Artemidor folgen lassen, gewinnen wir den Vorteil, daß die Nachbarschaft der beiden Chaldäerschüler erhalten bleibt. Dann hat der Mittelsmann, der vor Arrian und Seneca steht, einfach den Anfang weggelassen.

Im dogmatischen Teil ist das Arrianfragment sehr trümmerhaft: insofern hat Capelle (Hermes XL S. 626) recht, wenn er noch mehr Lücken annimmt als Wachsmuth. Nur wird man nicht denken dürfen, die Lücken seien alle erst im Laufe der Stobaiosüberlieferung entstanden, wie das für die von p. 229, 16 wahrscheinlich ist. Wie steht es nun mit der Ordnung der Trümmer unter sich? Hier hat Capelle, Hermes XL S. 631 schon vorgearbeitet, indem er erkannte, daß zum mindesten *ein* Stück aus dem Zusammenhang gerissen und an eine falsche Stelle gerückt ist (p. 230, 5–7). Ich glaube noch weiter gehen zu sollen.

Noch enger als ›N. Qu.‹ VII 20 (s. o. S. 239) berührt sich mit dem Anfang des Arrianexzerptes ›N. Qu.‹ I 15, wo Seneca von den *fulgores, quos Graeci* σέλα *appellant,* handelt. Für sie ist charakteristisch die verhältnismäßig kurze Dauer; von § 4 ab bespricht Seneca die Lichterscheinungen von längerer Dauer mit Worten, die keinen Zweifel daran lassen, daß der Text, der ihm vorlag, demjenigen des Arrian glich wie ein Ei dem andern. Die Stelle zeigt nun nicht nur, daß die Erwähnung der πίθοι p. 230, 5–7 in diesen Zusammenhang gehört, wenn sie auch über eine bloße Formbestimmung hinausgeht, sondern daß auch die Klassifikation der besprochenen abnormen Lichterscheinungen *(dubium, an inter hos ponantur)* und doch wohl auch ihre Charakteristik *(et alia omnia, quorum ignis in exitu sparsus est)* in der Vorlage hier gegeben war. Dann gehört aber, wie das die Logik ohnedies fordert, auch das ganze Schlußstück des Exzerptes von καὶ ταῦτα p. 230, 21 ab an den Anfang; das *ganze* Schlußstück, denn Capelle hat (Hermes XL S. 632) durch Vergleichung mit Περὶ κόσμου p. 395 b 10 ss. schlagend gezeigt, daß die allerletzten Sätze (φαίνεται δὲ τούτων κτλ. p. 231, 5) mit der Erläuterung der Form zusammengehören. Freilich ist das Stück nicht durch einen mechanischen Vorgang an die falsche Stelle geraten. Wir haben hier vielmehr die bei Exzerptorenarbeit ja nicht seltene Erscheinung vor uns – eine Analogie aus schol. Ar. ist oben S. 245 berührt –, daß der Exzerptor am Schlusse noch etwas Übergangenes nachholt. Daher auch die Angabe, daß die Namen nach der Form der Erscheinungen gegeben sind, nicht weniger als dreimal auftritt, am Anfang (καθ' ὁμοιότητα ἑκάστηι ἰδέαι τῆς ἐπωνυμίας λαχόντα),

zu Beginn des Nachtrags (ἀπὸ τῆς ἰδέας ἐπικλήιζεσθαι ἕκαστον) und gegen dessen Ende (καθ' ὁμοιότητα τοῦ εἴδους, ⟨ἐφ' ὅ⟩τωι ἐπιφημίζονται).
Nach dieser Umgruppierung erhalten wir eine ganz einleuchtende Anordnung:
1. (p. 229, 11 – 15 + p. 230, 5–7 + p. 230, 21–232, 8) der Begriff der σέλα[25] im allgemeinen;
2. (p. 229, 16–18) Entstehung im αἰθήρ[26];
3. (p. 229, 18–22) alle diese Gebilde sind vergänglich, auch die Kometen, weil von ihrem Brennstoff abhängig[27];
4. (p. 229, 22–230, 1) von den andern sind die Kometen unterschieden auch durch die Unregelmäßigkeit der Bewegung, die sich eben aus ihrer Bedingtheit durch die Nahrung erklärt;
5. (p. 230, 1–5) Unterscheidung von Kern und Schweif;
6. (p. 230, 7–11) Vorkommen einer κόμη auch bei Fixsternen;
7. (p. 230, 11–16) Kometen in Sonnennähe;
8. (p. 230, 16–20) Definition der Kometen (oder der länger dauernden σέλα überhaupt?) als Ergebnis der Untersuchung.
Es liegt auf der Hand, daß hier eine ganz klare Dreigliederung der eigentlichen Untersuchung vorliegt:
 I. Begriff und Namen.
 II. Physikalische Eigenschaften.
 III. Besonderheiten in der Erscheinung der Kometen.
Seneca in c. 20. 21 *kennt* alle diese Punkte auch; nur zeigt sich, daß er (in c. 20) I und III kurz zusammengefaßt hat, um dann in c. 21 den Punkt II etwas, wenn auch nicht viel ausführlicher zu behandeln.
Der dogmatische Teil des schol. Ar. ist viel weniger ausgedehnt:

[25] p. 229, 12 lese ich τὰ μὲν ⟨ἁπλ⟩ῶς ξυμπεριφερόμενα. An diesem Umschwung nehmen die Gebilde alle teil; also muß sie Arrian wohl alle dem αἰθήρ zuweisen (s. darüber u. S. 261).

[26] Vor τεκμήριον δέ ergänze ich dem Sinne nach: ⟨ξυνίσταται δὲ τὰ σέλα ταῦτα οὐκ ἐν τῶι ἀέρι, ἀλλ' ἐν τῶι αἰθέρι⟩.

[27] Mit ὅτι πρὸς ἄρκτοις μᾶλλόν τι beginnt die Behandlung speziell der Kometen. Der Exzerptor hat den Übergang verwischt (zur Textgestaltung s. o. 243, A. 23).

1. (p. 546, 8–11) Entstehung (eine genetische Definition)[28].
2. (p. 546, 11–14) Veränderlichkeit der Größe.
3. (p. 546, 14–16) Vorkommen hauptsächlich in der Nähe des Nordpols;
4. (p. 546, 16–19) Einwirkung auf die Witterung.

1–3 zusammen entsprechen Punkt II bei Arrian; einiges, was Arrian III entspricht, ist schon vorher im doxographischen Teil zur Sprache gekommen, so daß der Exzerptor keinen Anlaß hatte, es hier zu wiederholen, ebenso fehlt I als selbständiger Teil, während kümmerliche Angaben über Kometennamen in den doxographischen Teil eingearbeitet sind (p. 545, 18). Wir haben eben ein für den Zweck des Aratkommentars zugerichtetes Stück; dagegen ist Arrian gegenüber neu der Punkt 4: für den Scholiasten ist er wichtig wegen Ar. v. 1093. Wenn aber Arrian den Punkt ganz übergeht, so ist das vielleicht kein bloßer Zufall. Arrian hat wohl mit der gesamten astrologischen auch die meteorologische Bedeutung der Kometen abgelehnt; nach dem Berichte des Photios (Bibl. p. 460 b 17 ss.) hat er sein Büchlein über die Kometen nicht zuletzt um dieses polemischen Zweckes willen geschrieben (Capelle, Hermes XLVIII S. 349).

Auf der so geschaffenen Unterlage kann m. E. wenigstens der Versuch gemacht werden, eine Übersicht über das Kometenkapitel des Poseidonios zu geben. Zum mindesten wird eine solche Zusammenstellung eine Art Index für seine Lehre darstellen. Ich füge unter diesem Gesichtspunkt die Belegstellen auch aus denjenigen Schriftstellern bei, die nach dem heutigen Stande unseres Wissens als von Poseidonios abhängig zu gelten haben. Da ist also *Manilius* beizuziehen (Fr. Malchin, De auctoribus quibusdam, qui Posidonii libros meteorologicos adhibuerunt. Diss. Rostock 1893 S. 21 ff. und, im einzelnen viel genauer, Edwin Müller, De Posidonio Manilii auctore. Diss. Leipzig 1901 S. 14 ff.), der freilich keine sachliche Förderung bringt, da er, wie schon Mal-

---

[28] Zur Textgestaltung dieses und der folgenden Stücke s. o. S. 231, A. 7. Ganz in Ordnung ist der erste Satz auch mit den vorgeschlagenen Änderungen nicht, wie schon die Form zeigt; auch δῖνον Z. 11 ist mir fraglich (ὄγκον?).

chin beobachtet hat, den Unterschied zwischen den Kometen und den vergänglicheren *fulgores* verwischt.

Plinius, der N. H. II 89 ss. die Kometen behandelt, bietet eine Masse flüchtig zusammengetragenen Materials, in dem manches sicher Posidonianische steckt, aber so viel Fremdartiges, daß man aus ihm nicht leicht Neues für Poseidonios zu entnehmen wagen wird[29]. Aber als Korrektiv kann er gelegentlich dienen, so wenn er, der doch wohl Aristoteles durch Poseidonios (oder einen Ableger aus ihm) kennen wird[30], § 91 dem Aristoteles korrekt die Lehre zuschreibt, daß die Kometen Wind und Dürre anzeigen, während in Senecas Referat (s. o. S. 242) dem Aristoteles die in Wahrheit nur dem Poseidonios gehörende Lehre beigelegt wird, daß die Kometen auch Niederschläge verkünden. Die Wahrscheinlichkeit, daß der Fehler dem Seneca selbst zur Last fällt, wird dadurch groß.

Dazu kommt weniges, jedoch mit wörtlichen Anklängen an Arrian, aus Περὶ κόσμου p. 395 b 3 ss., aus dem jämmerlich verstümmelten Exzerpt bei *Achilleus* (p. 69 M.) und die schon gelegentlich benützte, ehedem von Köler (zu Sen. ›N. Qu.‹ VII 21, 1), dann von Edwin Müller (a. a. O. S. 15 f.) herangezogene Stelle des Lydus De mens. IV 116 p. 155, 7–19 W[31]. Einen letzten

---

[29] Unverständlich ist mir, wie Schmekel, Isidorus von Sevilla S. 264, aus Plin. N. H. II 91 herauslesen kann, Plinius betrachte die Kometen als Sterne; § 94 schreibt Plinius: *Sunt qui et haec sidera perpetua esse credant...; alii vero, qui nasci umore fortuito...,* d. h. doch, er enthält sich einer eigenen Meinung. Von Quellengleichheit mit Seneca kann also keine Rede sein. Eine Auseinandersetzung mit dem Komplex falscher Schlüsse, der sich an diese Meinung anhängt, versage ich mir.

[30] Es fehlt bei ihm nicht an Ungenauigkeiten und Mißverständnissen, dem Merkmale mittelbarer Benützung: § 92 *spargunter et errantibus stellis ceterisque crines* ~ Aristot. Meteor. I 6 p. 343 b 9; aber Aristoteles spricht nur von Fixsternen; daran anschließend *sed cometes nunquam in occasura parte caeli est,* – nach Idelers Vermutung ein Mißverständnis aus Aristot. Meteor. I 6 p. 343 b 15 ἄνευ δύσεως ἠφανίσθησαν.

[31] Vgl. Capelle, Hermes XL S. 629. Müller hält auch den vorangehenden Passus über die Kometennamen der Beachtung für wert. Aber z. T. ist er aus Plinius II 89. 90 über Apuleius geflossen wie Lyd.

schwachen Widerschein der Lehre bei Gregor von Nyssa Hexahemeros p. 96 B ss. s. bei Gronau, Poseidonios und die jüd.-christl. Genesisexegese S. 127.

Übersicht über Poseidonios' Kometenlehre.

A. Doxographischer Teil.
I. Die Planetentheorie.
1. Die älteren Pythagoreer (schol. Ar. p. 545, 8–20 [s. o. S. 231, A. 7. 8.] ∼ Aët. p. 366, 6 D. Plin. II 94?).

Die Kometen sind nichts anderes als ein selten und außerhalb des Zodiakos erscheinender Planet.

Widerlegung: a) Ort der Planeten ist der Zodiakos (vgl. ›N. Qu.‹[32]) 18, 1 s. o. S. 239, A. 20. ›N. Qu.‹ 24, 1).

b) Auch die Periode dieses Komet-Planeten müßte erforscht sein wie die der andern Wandelsterne (schol. Ar. p. 545, 14; vgl. ›N. Qu.‹ 25, 1, s. o. S. 241).

c) Die Kometen sind an Aussehen so verschieden, daß sie nicht unter sich identisch sein können (schol. Ar. p. 545, 17)[33].

d) Mitunter zeigen sich mehrere Kometen (schol. Ar. p. 545, 17?).

2. Hippokrates von Chios (schol. Ar. p. 546, 21–25. Doxogr. p. 366, 10 (ohne Namensnennung)).

Der Komet ist ein Planet, der Schweif aber ist eine bloße Lichterscheinung, verursacht durch die Sonnenstrahlen. Die *Widerlegung* ist nicht erhalten.

3. Artemidor von Parion (›N. Qu.‹ 13–15). Die Lehre s. o. S. 237 f.

De ost. p. 31 W. (vgl. Wachsmuth in der praef. S. XXVIII, XXXI), z. T. hängt er von der späteren astrologischen Literatur ab, die Lydus in De ost. benützt hat: so stammen die ἀργυροειδεῖς πλόκαμοι des κομήτης De mens. p. 154, 23 aus Campestris bei Lyd. De ost. p. 42, 14.

[32] Wo die Buchzahl fehlt, ist Buch VII gemeint.
[33] Das schol. Ar. bringt hier auch einiges über Kometennamen, aber offenbar unorganisch eingefügt (s. o. S. 237).

Das siebente Buch der Naturales Quaestiones des Seneca 251

Widerlegung (soweit sie die Planetenhypothese berührt):
c. 14: a) das Vorhandensein von mehr als fünf Planeten ist unerweisbar (∼ 1 b oben);
b) das Vorkommen von Planeten *in multis mundi regionibus* ist unerweisbar (∼ 1 a oben);
als spezielle Gegenargumente (ich übergehe den bloß rhetorischen Satz *quare non aliquis aut omnes stellas moveri aut nullam dicat*) erscheinen:
c) nach dieser Lehre müßten Kometen sehr häufig sein;
c. 15: d) die Größe mancher Kometen spricht gegen Artemidor.

Das Argument d ließe sich gegen die Planetenhypothese überhaupt verwenden. Da aber Seneca später nicht mehr darauf zurückkommt, haben offenbar er und seine Vorlage wenig Wert darauf gelegt.

4. Apollonios von Myndos (›N. Qu.‹ 17. 18. Arrian p. 228, 15–24).

Über die Lehre s. o. S. 238, über die spezifisch poseidonianische Färbung des Referates bei Arrian s. o. S. 239, A. 19.

Widerlegung: a) Die Kometen sind am ersten Tage ihres Erscheinens am größten. Ob man dieses Argument dem Poseidonios zuschreiben darf? Ich finde es sonst nirgends und das von Seneca selbst c. 15, 2 beigebrachte Beispiel des Kometen unter Attalos II. (Gundel a. a. O. S. 1185), das er doch auch aus seiner Quelle haben muß, spricht gegen die Theorie. Da aber Seneca gar keine Ursache hatte, das Argument zu erfinden, wird ungeschickte Verallgemeinerung eines oder einiger Einzelbeispiele vorliegen.

b) Als Planeten müßten die Kometen im Tierkreis erscheinen, – das beliebteste allgemeine Gegenargument (s. o. 1 a).

c) Durchsichtigkeit der Kometen; gleichfalls ein allgemeines Argument, mit dem sich denn auch Seneca c. 26 auseinandersetzt. Überliefert ist es aber nur in diesem Zusammenhang.

II. Die Luftwirbeltheorie des Epigenes (›N. Qu.‹ 4–10. Arrian p. 228, 24–229, 4. Doxogr. p. 367).

Die Lehre s. o. S. 235; die Einzelpunkte der Widerlegung S. 236, A. 15, wo auch schon ausgesprochen ist, daß wir uns die Ordnung bei Poseidonios besser denken müssen als bei Seneca, auf dessen Darstellung wir für die Kritik an Epigenes ausschließlich angewiesen sind.

Eine Differenz gegen Poseidonios' eigene Lehre zeigt sich bei Epigenes auch darin, daß dieser Selbstentzündung des emporgeführten Materiales annimmt (c. 6, 2. 8, 1), während Poseidonios (s. u. S. 256) Entzündung durch die Reibung mit dem αἰθήρ lehrt; hierüber steht aber bei Seneca nichts.

III. Die Spiegelungstheorie (›N. Qu.‹ 12 Arrian p. 229, 5–9, schol. Ar. p. 545, 20–546, 7. – Doxogr. p. 336, 13. Achilleus p. 69, 18 M.).

1. *Anaxagoras und Demokrit*.

Die Lehre selbst ist bei Arrian, obwohl er nur Demokrit nennt, z. T. in wörtlicher Übereinstimmung mit schol. Ar. dargestellt, namentlich bei dem Vergleich der Erscheinung mit Spiegelphänomenen. Wenn das schol. Ar. angibt, es handele sich um Annäherung zweier Planeten, so hat es das Zeugnis des Aristoteles und – was hier schwerer wiegt – auch das Zeugnis des Seneca für sich. Arrians Darstellung (ἀντίλαμψις πρὸς ἀλλήλους τε καὶ τοὺς ἀπλανεῖς) dürfte also ungenau sein; veranlaßt ist die Ungenauigkeit wohl dadurch, daß bei Poseidonios in Anlehnung an Aristoteles p. 343 b 28 ss. in der Polemik doch auch die Begegnung von Planeten und Fixsternen berührt gewesen sein wird. Bei Aëtios ist der Ausdruck besonders ungenau (σύνοδος ἀστέρων δυοῖν ἢ πλειόνων).

Seneca spricht § 6 so, als gäbe er ein Stück aus der Begründung, die seine *antiqui* für ihre Lehre vorbrachten; bei Aristoteles steht davon nichts; man wird im Hinblick darauf, daß die Lehre ja auch noch später Anhänger fand, gut daran tun, hier kein Anaxagoras- oder Demokritfragment zu wittern (s. übrigens auch o. S. 231, A. 8).

Bei der *Widerlegung* sind wir hier einmal in der Lage, zwei Zeugen aus den beiden Gruppen der Überlieferung miteinander vergleichen zu können, Seneca und schol. Ar.

Die Einwendungen sind:

a) Planetenspiegelungen müßten im Zodiakos erscheinen (schol. Ar. = Sen. § 8) – also Adaptierung eines vielbenützten Argumentes auch für diesen Fall.

b) Fünf Planeten könnten durch Spiegelung nicht drei Kometen (gemeint ist: sondern höchstens zwei) hervorrufen (schol. Ar.); nun aber erscheinen mitunter drei Kometen gleichzeitig.

c) Der Argumentationsweise nach ähnlich ist der Einwand Sen. § 2: es kommt vor, daß alle fünf Planeten am Himmel stehen und dazu noch ein Komet, also kann der Komet mit den Planeten nichts zu tun haben.

d) Auch Fixsterne nehmen mitunter das Aussehen von Kometen an (schol. Ar.).

e) Die Kometen verschwinden, indem sie lichtschwächer werden, allmählich völlig (schol. Ar.).

f) Planeten und Kometen nähern sich mitunter so, daß sie „nebeneinander scheinen" (schol. Ar. – zur Interpretation s. o. S. 241, A. 21); gemeint ist wohl: ohne doch zu einer Einheit zusammenzufließen. Auch hier liegt wieder bei Seneca eine ähnliche, aber etwas anders gewendete Argumentationsweise vor (§ 3): Planeten können sich gegenseitig sehr nahe kommen, ohne daß daraus ein Komet entsteht.

g) Die Dauer der Erscheinung schließt eine Sternbegegnung als Ursache aus (Sen. § 4).

h) Die tatsächlichen Abstände der Planeten unter sich sind zu groß (Sen. § 5).

i) In Erwiderung auf die von Verfechtern der Lehre vorgebrachte Analogie mit Beleuchtungseffekten und Spiegelungserscheinungen der Sonne wird auf die unverhältnismäßige Kraft der Sonne, auf die geringe Höhe, in der diese Phänomene sich abspielen, und (= g) auf ihre geringe Dauer hingewiesen (Sen. § 6).

Die Übereinstimmung in a reicht gerade hin, den Schluß auf eine ferne gemeinsame Vorlage aufrecht zu halten. Von den andern Punkten zeigen zwei (b ∼ c, f) wenigstens noch eine gewisse Verwandtschaft, in zweien (d, e) steht schol. Ar. allein, in dreien (g, h, i) Seneca: sehr ermutigend ist das Ergebnis nicht. Die beiden Bearbeitungen gingen also weit auseinander. Auch den einen gemeinsamen Punkt bringt Seneca nur als Nachtrag: vielleicht ein Fingerzeig dafür, daß er aus einer großen Menge von Argumenten nur eine Auswahl vorlegt.

2. Zenon.

Die Lehre ›N. Qu.‹ 19 (s. o. S. 239). Vielleicht wandte sich die eine und andere der oben unter III 1 zusammengestellten Argumente bei Poseidonios speziell gegen ihn (ich denke vornehmlich an i[34]).

B. Dogmatischer Teil.

Die folgende Zusammenstellung ist in noch höherem Maße als die unter A ein Mosaik aus zerstreuten Stücken: überflüssig, zu bemerken, daß die Anordnung nicht den Anspruch erhebt, die des Poseidonios zu sein. Gleich die Scheidung von Lehre und Beweisen ist sicher nicht des Poseidonios Art gewesen. Ich habe sie nur aus dem Grunde durchgeführt, weil ich mir selbst klar machen wollte, was eigentlich an positiven Beweisen überhaupt vorliegt. Das Ergebnis ist gegenüber der Fülle von Gegenbeweisen, mit der die Gegner überschüttet werden, mager genug. Man kann auch nicht einmal sagen, daß die positiven Beweise eben größtenteils für die Polemik aufgebracht seien; umgekehrt: einige Gesichtspunkte werden bis zum Überdruß sowohl negativ wie positiv verwendet. Höchstens mag man sich wundern, daß die Unregelmäßigkeit und Unberechenbarkeit des Auftretens von Kometen, dann die Mannigfaltigkeit ihrer Formen und die enorme Größe mancher Kometen, nach unserer Überlieferung zu schließen, nicht auch in positivem Sinne als Stützen der Lehre benützt waren.

Die hier gewählte Anordnung gibt auch insofern kein Bild des Ganges der originalen Darstellung, als alles dafür spricht, daß

---

[34] Ich möchte doch auch die Möglichkeit zur Erwägung stellen, daß Seneca an dieser Stelle (c. 12, 6 ff.), obwohl er sagt *stellarum duarum lumen miscetur,* in seiner Vorlage etwas ganz anderes fand, aber Bericht und Polemik umgebogen hat. Der Vergleich mit einer beleuchteten Wolke und der Morgen- und Abendröte oder dem Regenbogen und der Nebensonne paßt ja gar nicht: da handelt sich's ja immer um nur *eine* Lichtquelle. Steht vielleicht im Hintergrund die Lehre des Straton (ἄστρου φῶς περιληφθὲν νέφει πυκνῷ) und des Herakleides Pontikos (νέφος μετάρσιον ὑπὸ μεταρσίου φωτὸς καταυγαζόμενον Doxogr. p. 366)? Die Angabe des Achilleus p. 69.19 M. οἱ δὲ ἐκ νεφῶν περιπεφωτισμένων erhöht die Wahrscheinlichkeit, daß Poseidonios auf die Hypothese einging.

Punkt I a in dem Werke des Poseidonios eine Übergangsbemerkung war, also am Beginn des ganzen Kometenkapitels stand.

I. *Die Lehre.*

a) Die Kometen sind ihrer Substanz nach nicht verschieden von den flüchtigeren Lichterscheinungen der oberen Atmosphäre, den σέλα (*„fulgores"*); sie unterscheiden sich von ihnen nur durch die längere Dauer und die Teilnahme an der Umdrehung des Himmels, wozu bei manchen eine mäßig schnelle Eigenbewegung kommt (Arrian p. 229, 11, s. o. S. 22 f. 231, 5. ›N. Qu.‹ 20, 1 – 3. 21, 1. 29, 1, s. o. S. 15.19. I 15, 1–4. Περὶ κόσμου p. 395 b 9, 14, Plin. II 91 *moventur autem* etc. Lyd. De mens. IV 116 p. 155, 8 ss. Gregor v. Nyssa Hexahem. p. 96 B (Gronau S. 127)).

b) Benannt werden die verschiedenen Gattungen nach ihrer Gestalt (Arr. p. 229, 13. 230, 21 ss., s. o. S. 247)[35].

[35] Auf das unerfreuliche Kapitel der Namen muß mit einem Worte eingegangen werden, zumal Hartmann (a. a. O. S. 30) das Problem ganz ungeschickt verschoben und noch dazu nicht einmal die bei Seneca vorkommenden Namen ordentlich gesammelt hat. Aristoteles kennt φλόξ (*ardores* bei Sen. I 1, 5), δαλοί, αἶγες außer den διάιττοντες oder διαθέοντες ἀστέρες (Meteor. I 4), χάσματα = βόθυνοι c. 5, κομῆται und πωγωνίαι, von denen die ersteren den Lichtschein ringsum haben, die letzteren allein Schweifsterne sind (c. 7 p. 344 a 22). Diese Unterscheidung wird beibehalten bei Arrian p. 230, 22, bestätigt durch Senecas *qui undique circa se velut comam spargunt (flammam)* VII 11, 2 – wiewohl er da drei Gattungen zu unterscheiden scheint –, wie sie auch Epigenes (Sen. VII 1, 6) bewahrt hat; andere Zeugen für Poseidonios wie Περὶ κόσμου p. 395 b 8, schol. Ar. p. 545, 17 und Aëtios p. 366 b 19, der hier natürlich nicht Aristoteles wiedergibt, zeigen sie in der Weise verändert, daß beim Kometen der Schweif aufwärts, beim πωγωνίας abwärts geht; so auch Plin. II 89, während Achilleus p. 69 wieder anders unterscheidet. Möglich, daß Poseidonios wirklich die Begriffsbestimmung verändert hat und die gemeinsame Quelle von Arrian und Seneca zum Alten zurückgekehrt ist. – Neben diesen zwei Namen hat Poseidonios sicher noch eine Anzahl anderer genannt, vor allem eben die Namen der vergänglichen σέλα (vgl. Sen. VII 20, 2 *illa a Posidonio scripta miracula*). Sicher gehören ihm die drei weiteren bei Arrian, aber auch bei Seneca, in Π. κόσμ. p. 395 b 11 und bei Manilius (I 835 ss.) auftretenden: λαμπάδες, δοκοί, πίθοι (λαμπάδες und δοκίδες auch bei Achilleus p. 69);

c) Sie entstehen aus verdickter Luft (ἀέρος πιλήματα, densus aer)[36], die durch die Reibung der sich im Kreis um die Erdatmosphäre drehenden Hohlkugel des Äthers in diesen hinein- und von ihm mitgerissen werden, so daß sie an der Umdrehung des Himmelsgewölbes teilnehmen. Durch die Reibung, muß man sich denken, werden diese Fetzen entzündet (Arr. p. 230, 16. ›N. Qu.‹

mit den δοκοί wird man außer Senecas oft erwähnten *trabes* auch seine *columnae flagrantes* (VII 20, 2 = κίονες Doxogr. p. 366, 32) identifizieren dürfen. Senecas *clipei flagrantes* (VII 20, 2) werden von ihm ausdrücklich dem Poseidonios zugeschrieben (wohl = δισκεύς bei Plin. und Lydus De mens. IV 116). Wenn man doch die *putei* = βόθυνοι (Π. κοσμ. p. 359 b 12) = *chasmata* (beides Sen. I 14, 1), die nur bei Seneca (I 15, 4) vorkommenden *cyparissiae* und seine *tubae* (VII 21, 1 = σάλπιγγες bei Lydos) hinzunimmt, so hat man die neun Arten, die nach Lydos angeblich Aristoteles unterschieden haben soll. Denn die *caprae* = *haedi* (Sen. I 1, 2 = *capellae* Manil. I 813?) brauchen als den Sternschnuppen näher stehend nicht hieher gerechnet zu werden, so wenig wie die *ardores* (Sen. I 1, 5 = φλόγες). Aber — und das ist das Wichtigste — die bei Plinius und Lydus vorkommenden ἱππίας, τυφών, κερατίας, ξιφίας haben wir kein Recht dem Poseidonios der Meteorologie, ja dem Poseidonios überhaupt zuzuschreiben; der ξιφίας wird auch nicht durch den ξιφηφόρος des schol. Ar. ausreichend gestützt. Damit fällt Hartmanns Versuch, die ganze Menge der auch in astrologischer Literatur vorkommenden Kometennamen auf Poseidonios zurückzuführen, dem Gundel S. 1175 zugestimmt hat, in sich zusammen. Plinius, dessen 14 Kometennamen sich auf den ganzen Abschnitt II 89–97 verteilen, hat hier ganz gewiß mehr als *eine* Quelle! — Wieder eine Frage für sich ist die Verteilung dieser Phänomene auf die Hauptgattungen: in dieser Hinsicht kann Sen. I 15, 4 den Anspruch erheben, Poseidonios' Meinung am genauesten wiederzugeben.

[36] Es fehlt eine ausdrückliche Angabe darüber, daß die Kometen aus *trockener* Luft entstehen, aber schwerlich hat Poseidonios sich der Mischtheorie des Epigenes (s. o. S. 235, A. 14) angeschlossen, wiewohl eine Polemik dagegen nicht erhalten ist. Das Wahrscheinlichste ist, daß nach ihm wie nach Aristoteles (Meteor. I 4 p. 341 b 10 ss.) die Kometen und alle σέλα aus trockener ἀναθυμίασις bestehen; das ist in unsern Quellen nicht eigens betont, weil es schon vorweg bei den σέλα entwickelt war, — vgl. Manil. I 817 ss. Sen. I 14, 5; Manilius erinnert sehr an Aristoteles, vermutlich eben, weil Poseidonios an ihn anknüpfte.

I 15, 1 *potest stellarum motus* etc. VII 21, 1. schol. Ar. p. 546, 8 ss. Περὶ κόσμου p. 395 b 3 (?). Diog. Laert. VII 152. Lyd. De mens. IV 116 p. 155, 7 W. Achilleus p. 69, 20. Plin. II 94 a. E.).

d) Solcher Kometen gibt es wohl mehr, als wir sehen. Aber sie werden, wenn sie der Sonne nahe sind, häufig von ihr überstrahlt; sie werden dann bei Sonnenfinsternissen sichtbar oder es zeigt sich wenigstens ihr Schweif nach Sonnenuntergang (Zodiakallicht??) (Arr. p. 230, 11–16. ›N. Qu.‹ 20, 4. Manil. I 869–73).

e) Ihr Kern ist kugelförmig wie die Sterne, der Schweif nur ein Lichtstreifen und durchsichtig (Arr. p. 230, 1–5. ›N. Qu.‹ 26, 2, s. o. S. 17).

f) Kometen kommen auch als mit Sternen verbundene Lichterscheinungen vor (Arr. p. 230, 7–11. ›N. Qu.‹ 26, 2 Plin. II 92).

g) Sie brennen fort, solange sie Nahrung, d. h. Brennstoff, in der Ätherregion finden. Davon hängen sowohl ihre Dauer wie ihre Eigenbewegung und ihre Helligkeitsschwankungen ab (Arr. p. 230, 19 ›N. Qu.‹ 20, 2. 21, 2–4. schol. Ar. p. 546, 11; über den letzten Punkt bei Seneca s. o. S. 237).

II. *Beweise.*

a) Die Kometen sind vergänglich wie die andern Lichterscheinungen, gehören also nicht zu den Sternen; wenn sie viel länger Bestand haben als jene, so kommt es daher, daß sie in größerer Höhe, in der feurigen, d. h. warmen Region des αἰθήρ sich bewegen (Arr. p. 229, 16–18)[37].

b) Die Abhängigkeit von einem Brennstoff und die Bildung aus solchen verhältnismäßig schweren Stoffen geht daraus hervor, daß die Kometen, wenn sie auch in allen Teilen des Himmels auftreten, doch die Gegend des Poles bevorzugen, in dem sie dort auftauchen oder doch dorthin streben (Arr. p. 229, 19 ss. [zum

---

[37] Das ist echtester Poseidonios; nach stoischer Lehre, die auch bei den von Poseidonios abhängigen Autoren wiederkehrt, ist die Luft das kalte Element κατ' ἐξοχήν (Sen. II 10, 1. 4. Cic. Nat. Deor. II 26 S. Zeller, Philos. d. Gr. III 1⁴ S. 186 A. 2. Reinhardt, Poseidonios S. 148. 225 f.). – Die verhältnismäßig lange Dauer des Phänomens ist einer der schwächsten Punkte der Lehre und macht die Gleichsetzung mit Feuerkugeln, Nordlicht u. dgl. unmöglich. Das hat sich Seneca nicht entgehen lassen (c. 23, 2).

Text s. o. S. 243, A. 23]. ›N. Qu.‹ 11, 1. 21, 1. 29, 1. schol. Ar. p. 545, 24. 25. 546, 14 (s. o. S. 231, A. 7). Plin. II 91). Dort nämlich sammeln sich am meisten dichte, also Brennstoff bietende Teile des Äthers (Arr. p. 229, 21–230, 1. ›N. Qu.‹ 21, 2. schol. Ar. p. 546, 14) und dort kann die schwere Masse des Kometen selbst an der Umdrehung des Himmels leichter teilnehmen als am Äquator, wo nach Arat v. 225 κριοῖο θοώταταί εἰσι κέλευθοι – vgl. auch schol. Ar. p. 378, 24 ss. M. (Arr. p. 229, 21. ›N. Qu.‹ 29). Beiden Erwägungen liegt natürlich das nämliche Gesetz zugrunde; auch die noch nicht entzündeten dicken Stoffe im Äther werden durch ihre Schwere und die dadurch bedingte Langsamkeit zu den Polen abgedrängt[38].

c) Die Abhängigkeit von ungleichen Materialmassen folgt aus der Seltenheit hervorragend großer Phänomene wie der πίθοι (Arr. p. 230, 5–7. ›N. Qu.‹ I 15, 4).

d) Die Zugehörigkeit der Kometen zur atmosphärischen Luft – der Substanz nach – erhellt auch aus ihrer Wirkung auf die Witterung. Ihr Entstehen bringt Dürre, sofern es nämlich ein Vorwiegen der trockenen ἀναθυμιάσεις zur Voraussetzung hat, ihr

[38] Auch dieser Gesichtspunkt ist echtester Poseidonios; so spricht nach ihm (s. Strabon I p. 97 a. E.) unter anderem für die Bewohnbarkeit der διακεκαυμένη der Umstand, daß die Sonne im Äquator rascher am Himmel vorrückt als in den Wendekreisen (τὸ ἐκεῖ τὰς μεταστάσεις ὀξυτέρας εἶναι ..... τὰς ἀπ' ἀνατολῆς ἐπὶ δύσιν τοῦ ἡλίου· ὀξύτεραι γὰρ αἱ κατὰ μεγίστου κύκλου τῶν ὁμοταχῶν κινήσεων). Der Unterschied ist freilich minimal; wenn man des Poseidonios „kleinstes Maß" des Erdumfangs zugrunde legt, so beträgt der Umfang des Äquators 180 000, der eines Wendekreises noch nicht ganz 165 000 Stadien. Wenn man ferner mit Poseidonios bei Cleom. I 10 p. 98, 4 Z. annimmt, daß die Sonnenstrahlen auf einen Kreis von 300 Stadien senkrecht auffallen, so ergibt sich, daß die Sonne, wenn sie über dem Äquator steht, jeden Punkt unter dem Äquator 2 Min. 24 Sek., wenn sie über einem Wendekreis steht, jeden Punkt 2 Min. 37 Sek. senkrecht bestrahlt. Ob Poseidonios die Rechnung gemacht und sich von der Geringfügigkeit der Differenz überzeugt hat, – während er augenscheinlich der mehr als eine Stunde längeren Dauer des längsten Tages an den Wendekreisen nicht gedacht hat? Logisch ist die Argumentation übrigens unanfechtbar; Reinhardts Kritik, Poseidonios S. 66 f., beruht auf einem völligen Mißverständnis.

Vergehen heftige Niederschläge, indem, werden wir denken müssen, das Kometenfeuer viel trockenen Stoff verzehrt, so daß die feuchten Erdausscheidungen wieder die Oberhand gewinnen (schol. Ar. p. 546, 16. ›N. Qu.‹ 18 [s. o. S. 242]; Manil. I 819 s. und 877–879 kennt nur die Vorbedeutung trockener Zeiten)[39].

Mit einer Beurteilung des Seneca haben wir begonnen, mit der Kritik an Poseidonios liegt es nahe, zu schließen. Derjenige Autor, welcher zu einem falschen Ergebnis gekommen ist, wird dabei von vornherein im Nachteil sein. Aber auch von der Richtigkeit oder Unrichtigkeit des Resultates abgesehen, glaube ich nicht, daß man die Kometentheorie zu den Ruhmestaten des Poseidonios rechnen kann. Daß er ganz auf aristotelischer Grundlage baut[40], wird man nicht schelten wollen; er hatte eben dessen Anathymiasenlehre übernommen, und wenn man die Kometen nicht prinzipiell unter die Sterne einreihte, ergab sich daraus alles Weitere mit Notwendigkeit. So konnte er denn in der Polemik (oben A) so gut wie alle von Aristoteles verwerteten Argumente sich zu eigen machen. Dieser trägt die Planetenhypothese in der Form der Pythagoreer und des Hippokrates Meteor. I 6 p. 342 b 29–343 a 20, die Spiegelungshypothese p. 342 b 27–29 vor, bekämpft daraus zuerst die Planetenhypothese p. 343 a 20 ss., und bringt dann Einwände, die beide Theorien treffen sollen (p. 343 b 8 ss.), um endlich (wohl von Z. 14 ab, eine weitere Distinktion gibt er nicht) die Einwände speziell gegen die Spiegelungshypothese zu entwickeln (bis p. 344 a 2). Auch er stellt bei der Polemik gegen die Planetenhypothese das obige Argument I 1 a voran; I 1 d folgt als nächstes Z. 25. Ein Punkt aus der Polemik gegen Hippokrates scheint in Senecas Polemik gegen Artemidor verwendet (I 3 a ~ p. 343 a 30)[41]. Am ausgiebigsten sind die Parallelen bei der Spie-

---

[39] Von den hier aufgezählten Punkten entspricht I a, b Arrians N. I (s. o. S. 247), I c, g Arrians II, I d, e, f Arrians III.

[40] Inwiefern Gronau, Poseidonios usw. S. 128 die Grundlehren des Poseidonios und des Aristoteles für untereinander abweichend betrachtet, ist mir nicht klar geworden.

[41] Auch aus dem systematischen Teil ist wohl ein Gesichtspunkt herübergenommen (I 3 c ~ Ar. c. 7 p. 345 a 5).

gelungshypothese und hier wieder in den Punkten, die das schol. Ar. hervorhebt, das ihn ja auch zitiert[42]; doch spricht einmal (III 1 f) die größere Ähnlichkeit des Argumentes bei Seneca mit Ar. p. 343 b 28 ss. dafür, daß Seneca des Aristoteles – und damit des Poseidonios – Beweisgang getreuer bewahrt hat als das bis zur Unverständlichkeit kürzende schol. Ar.; III 1 b ist = p.343 b 25 (und 31?)[43]. III 1 d = p. 343 b 9. III 1 e = p. 343 b 14.

Das Ergebnis ist, daß Poseidonios in A vieles, was ihm verwendbar schien, aus Aristoteles entnahm, den er auch nach dem Zeugnis des schol. Ar. namentlich anführte, daß er aber auch nicht ganz wenige Gesichtspunkte selbst hinzufügte; durchgedacht hat er das Problem offenbar mit großer Sorgfalt. Ganz den nämlichen Eindruck hat man von der Entwicklung und Begründung seiner eigenen Lehre (oben B). Wenn wir z. B. die Entzündung durch Reibung infolge der Berührung mit der Himmelskugel für Poseidonios anzunehmen hatten, so ist auch das aus Aristoteles entwickelt (vgl. I 4 p. 341 b 20 ss. 35. c. 7 p. 344 a 13. 17); des Aristoteles Feuerelement der obersten Schicht der Atmosphäre ist solcher Art, daß es μικρᾶς κινήσεως τυχὸν ἐκκάεται πολλάκις: in diesem Sinne wird man den Ausdruck ἀρχὴ πυρώδης an der letzten der angeführten Stellen zu deuten haben. Eine Unklarheit in des Aristoteles eigener Darstellung besteht hinsichtlich der Schicht, in der sich die entflammten Massen befinden. Die von ihm zuerst behandelten Erscheinungen von ganz kurzer Dauer können sich ja gewiß in der Feuerschicht befinden, die den obersten Teil der Atmosphäre bildet; aber diejenigen Phänomene welche

---

[42] Aber an direkte Benützung ist nicht zu denken (vgl. Diels, Doxogr. S. 231).

[43] Ich kann mich des Eindrucks nicht erwehren, als liege sowohl dem Einwand im schol. Ar., der als III 1 b verzeichnet ist, wie dem bei Seneca, der unter III 1 c steht, die bei Aristoteles gegen Hippokrates geltend gemachte Erwägung zugrunde: οὗτοι (οἱ πέντε ἀστέρες) πολλάκις ἅμα πάντες μετέωροι φαίνονται ὑπὲρ τοῦ ὁρίζοντος. καὶ φανερῶν δὲ ὄντων αὐτῶν ἁπάντων καὶ μὴ φαινομένων πάντων, ἀλλ' ἐνίων ὄντων πρὸς τῶι ἡλίωι, οὐδὲν ἧττον κομῆται φαίνονται γιγνόμενοι πολλάκις. Die Umbildung braucht nicht von Poseidonios herzurühren; hier darf man einmal an die Hände der „Mittelsmänner" denken.

wie die Kometen an der Umdrehung des Himmels teilnehmen, kann er sich doch nicht anders vorgestellt haben als *in* der untersten Schicht des Äthers oder allermindestens *an* ihr haftend. Er spricht sich darüber nicht aus: der Punkt gehört zu den von Zeller, Philos. d. Gr. II 2³ S. 469 A. 1 hervorgehobenen, in denen das Verhältnis der göttlichen, oberen Welt des Äthers zu der unteren, vergänglichen nicht zu voller Klarheit gebracht ist. Für Poseidonios gab es diese Systemschwierigkeit nicht: sein Äther ist nicht von der Vermischung mit der Welt der übrigen Elemente ausgeschlossen (s. Schmekel, Philos. d. mittl. Stoa S. 241 f.). Ich glaube, der Tatbestand, daß bei ihm diejenigen Phänomene, die an der Himmelsumdrehung teilnehmen, sich im Äther abspielen, ist aus der Überlieferung, so wenig in ihr zumeist diese doch recht wesentliche Feststellung betont wird, noch mit hinreichender Sicherheit zu entnehmen. Für die Kometen sagt es uns Lydus De mens. IV 116 p. 155, 10 W. mit klaren Worten: θρομβώσεις τινές, ὧν ἡ γένεσις μὲν ἐξ ἀέρος τοῦ κατὰ συναχὴν ἐγκαταλαμβανομένου τῶι αἰθέρι. Und aus Arrian p. 229, 11. 16 meine ich – allerdings in voller Klarheit erst mit Hilfe der o. S. 243, A. 23. 247, A. 26 vorgeschlagenen Ergänzungen – folgern zu dürfen, daß nach ihm alle σέλα von längerer Dauer dem αἰθήρ angehören. Auch Gregor v. Nyssa an der von Gronau S. 127 ausgeschriebenen Stelle spricht vom αἰθέριος τόπος[44]. Danach hat also Poseidonios die aristotelische Lehre insofern *fortentwickelt*, als er die Verteilung der Lichtphänomene atmosphärischen Ursprungs auf zwei „Stockwerke" schärfer als Aristoteles durchgeführt hat. Originell ist er dabei übrigens nicht einmal. Epigenes' künstliche Zuteilung der Phäno-

---

[44] Die ganz kurz dauernden Erscheinungen dieser Art *müssen* dem ἀήρ angehören, wenn Seneca N. Qu. I 15,1 (vgl. I 114, 5), wie anzunehmen, poseidonianische Lehren vertritt mit der Angabe, daß an manchen von ihnen der Wind Anteil hat. Poseidonios' Lehre von den σέλα liegt uns eben ganz lückenhaft vor. Περὶ κόσμ. p. 395 b 3 lesen wir nur von der ἔξαψις ἐν ἀέρι, aber Z. 14 = Arr. p. 231, 5 ss. zeigt, daß der Autor auch die Teilnahme mancher σέλα am Himmelsumschwung berücksichtigt wissen will. Bis zur Verdrehung gekürzt ist Ach. p. 69, 3: εἰσὶ δὲ οὐκ ἐν οὐρανῶι, ἀλλ' ἐν τῶι ἀέρι.

mene vom Wetterleuchten bis zu den πωγωνίαι an bestimmte Höhenschichten (s. o. S. 235, A. 14) hat den Anspruch, als Vorbild des Poseidonios zu gelten. Im übrigen geht die Übereinstimmung in der Theorie mit Aristoteles bis ins einzelnste und dieser muß in dem Abschnitt oft von ihm zitiert worden sein[45]. In der Unterscheidung einzelner Arten geht Poseidonios ein gut Stück weiter als Aristoteles, vermutlich aus populärer Tradition schöpfend (vielleicht auch aus astrologischer). Das Sichtbarwerden nach Sonnenuntergang (B I d) knüpft vielleicht an an die Aristot. Meteor. 1 6 p. 343 b 20 mitgeteilte Beobachtung (die doch wohl nur dahin verstanden werden kann, daß zuerst nur der Schweif des Kometen sichtbar war). Daß Sterne zu Kometen werden können (oben B I f), ist für Aristoteles ein wichtiger Satz (I 6 p. 343 b 9 ss. 7 p. 344 a 35 ss. 8 p. 346 a 2 ss.). Ähnlich wichtig ist ihm die (ernster zu nehmende) Beobachtung, daß die Kometen meist außerhalb des Zodiakos erscheinen, und er verwendet sie in ganz ähnlichem Sinne wie Poseidonios B II b (I 6 p. 333 a 24. 7 p. 345 a 6. 8 p. 346 a 13). Die Differenz bezüglich der Bedeutung für die Witterung – B II d – (Aristot. Meteor. I 7 p. 344 b 18) ist schon oben S. 243, A. 23 und S. 242 behandelt. Wirkliche *Weiterbildung* der Lehre finde ich erst wieder in denjenigen Punkten, welche die Abhängigkeit der Kometen von ihrer „Nahrung" betreffen, wie die Helligkeitsschwankungen (B I g), ihr Erscheinen vornehmlich in der Polargegend des Himmels und ihre Eigenbewegung (B II b). Darauf war Aristoteles nicht eingegangen. Bei seiner Auffassung von der Milchstraße konnte er es auch wohl nicht tun. Er lehrt ja, daß die Kometen deshalb so selten sind, weil sich die Hauptmasse des Stoffes, aus dem sie sich bilden, in der

---

[45] Unsere Zeugen bringen gelegentlich das nämliche Zitat das eine Mal bei der Lehre, das andere Mal in der Polemik, so das von der κόμη bei Fixsternen (Aristot. I 6 p. 343 b 9 = schol. Ar. p. 546, 3 bei der Lehre wiederkehrend Arr. p. 230, 7 ss., wo aber wiederum der Vergleich mit den ἅλωες aus dem theoretischen Teil bei Aristoteles, I 7 p. 344 b 6, stammt). Poseidonios mag wohl denselben Gesichtspunkt wiederholt geltend gemacht haben.

Milchstraße sammelt (I 7 p. 345 a 8 und das ganze c. 8)[46]; bei Aristoteles verteilen sich also diese Ausscheidungen über den Himmel in der ganzen Ausdehnung von Nord nach Süd. Anders bei Poseidonios. Für ein πίλημα ἀέρος (Achilleus 24 p. 55, 28) kann er die Milchstraße nicht gehalten haben. Was er eigentlich über sie lehrte, ist nur sehr mangelhaft überliefert; sie ist πυρὸς σύστασις ἄστρου μὲν μανωτέρα, αὐγῆς δὲ πυκνοτέρα Doxogr. p. 366, 1 (*caloris siderei infusio* etc. Macrob. In somn. Scip. I 15, 7): dies führt immerhin darauf, daß er sie durchaus in die Sphäre der Sterne stellte, von irdischer Nahrung nur so weit abhängig, als es diese sind, nicht entstanden durch die wechselnden Massen der „Luftverdichtungen". Das entspricht ja auch der Unveränderlichkeit dieses Gebildes. So blieb dem Poseidonios die Freiheit, die Lehre von den Kometenerscheinungen am Nordhimmel besser zu unterbauen.

Ungewollt hat im Laufe unserer Untersuchung jeder der beiden Männer, denen sie gilt, sein Angesicht verändert gegenüber dem Bilde, das sich die unmittelbare Gegenwart gerne von ihnen macht. Seneca, der mit den Problemen nur zu spielen scheint, zeigt sich als Vorkämpfer einer nicht leicht, aber auf echt wissenschaftlichem Weg gewonnenen Überzeugung, Poseidonios, der Feuergeist, der das All mit seinem neuen, mehr aus der Gesamtpersönlichkeit als aus dem Denken kommenden Vitalismus intuitiv erfaßt, erscheint hier als der behutsame Fortbildner der Tradition: Seiten des Wesens dieser Philosophen, die wir nicht übersehen wollen. Mir wenigstens hat sich auch sonst ergeben, daß Seneca doch meist festen Boden unter den Füßen hat, auch wenn er zu schwimmen scheint, und daß Poseidonios gerade, wenn er nicht allzuviel Eigenes zu sagen hat, mit liebevoller Sorgfalt am überkommenen Lehrgut modelt, – etwa wie ein moderner Gelehrter, der den Gesamtumfang einer Wissenschaft darstellt, die er wohl mächtig fördert, aber doch nicht von Grund aus neu schafft.

---

[46] Davon hat Plin. II 91 mit dem üblichen Mißverständnis eine Spur bewahrt, aus der wir wohl schließen dürfen, daß sich Poseidonios mit Aristoteles auseinandergesetzt hat.

DIE ›NATURALES QUAESTIONES‹ SENECAS

Ein Beitrag zum Spiritualisierungsprozeß
der römischen Stoa*

Von GISELA STAHL

Wie jedes philosophische System dank der Individualität seiner sukzessiven Träger Entwicklung erfahren hat, wandelten sich auch die Philosopheme der Stoa – die selbst schon aus der verfügbaren vorsokratischen Elementenlehre und platonischem Gedankengut synkretistisch zur einheitlichen Weltanschauung gefaßt waren –, mit der Tendenz, den von Zenon konzipierten Materialismus über Panaitios, Poseidonios bis zu Seneca, Epiktet und Marc Aurel zugunsten eines Idealismus zu überwinden[1]. Die philosophischen Schriften Senecas – ›Dialoge‹, ›Episteln‹, ›Naturales Quaestiones‹ – stehen in dieser Entwicklung an der Stelle, wo die monistisch-materialistische Weltkonzeption der Stoa deutlich spürbar platonische Akzente der Spiritualisierung erhält. Daß insbesondere die ›Naturales Quaestiones‹ in ihrer spezifischen Problemstellung hierzu einen entscheidenden Beitrag leisten, ist von der Forschung bisher unbeachtet geblieben.

Abgesehen davon, daß die Philologie vor allem des 19. Jahrhunderts – wohl noch in Abhängigkeit von Winckelmannschem

---

* Vorliegender Aufsatz ist ein gekürzter und leicht geänderter Auszug aus meiner (maschinenschriftlich vervielfältigten) Dissertation „Aufbau, Darstellungsform und philosophischer Gehalt der ‚Naturales Quaestiones' des L. A. Seneca", Kiel 1960.

[1] Vgl. z. B. Ernst Benz: „Das Todesproblem in der stoischen Philosophie". Tübinger Beiträge zur Altertumswissenschaft. 7. Heft 1924, S. 1, 3; 46/7; vgl. zu den Philosophemen des Panaitios und Poseidonios S. 438 Anm. I, 441 Anm. 2, 446 Anm. 2.

Geiste – die naturwissenschaftliche Schrift des Römers mit scharfer Kritik belegte, weil ihre Form von der als Norm geschätzten griechischen Quelle abweiche bzw. selbständige naturwissenschaftliche Leistung und eigenes Interesse Senecas an Naturfragen nicht aufzufinden sei, ist auch fernerhin in sich ruhendes Endziel philologischer Arbeit die bloße Quellenermittlung geblieben. Sofern in diesem Rahmen positive Urteile abgegeben worden sind, hatten sie niemals eine mögliche eigenständige Absicht des Werkganzen der ›N. Qu.‹ nach Form und Inhalt im Auge[2]. Der zentrale Vorwurf bleibt bestehen: Das Werkinnere der Schrift klaffe durch die mißglückte Verquickung von Naturerklärung und Ethik auseinander[3], m. a. W., das von Seneca selbst in den ›Praefationes‹ angekündigte philosophische Programm[4] – Erkenntnis der kosmischen Gottheit zur Grundlegung gültiger Sittengesetze – sei nicht sinnvoll durchgeführt und somit wäre – der Schluß fällt offenbar nicht schwer – bei einem solchen denkerischen Versagen des Philosophen mit eigenständig ermittelten oder auch nur kritisch nach eklektischer Manier akzeptierten Philosophemen nicht zu rechnen.

In der Tat sind die ›N. Qu.‹ aber – als Werkganzes und in der Anlage ihrer einzelnen Bücher (1 – 4 a, 4 b – 7) – eine planmäßige und zielgerichtete dispositionelle Einheit.

Seneca behandelt Entstehungsgründe von Naturphänomenen in logischer Abfolge[5]: Eine systematische Definition des *aer* (1,2 – 11) als der physikalischen Voraussetzung für Erscheinungen der *Atmosphäre* verbindet die verwandten (und darum zusammengestellten) Themen der *ignes caelestes* (1) und der *fulmina tonitruaque* (2). Die Diskussion der atmosphärisch-meteorologi-

---

[2] Zur ›N. Qu.‹-Forschung im einzelnen vgl. die Einleitung meiner Dissertation pp. I-VIII.

[3] Vgl. K. Holl, Die ›N. Qu.‹ des Philosophen Seneca. Diss. Berlin 1935, S. 9 und 10.

[4] Dieses – in N. Qu. I pr. 17, 3 pr. 18, 4 pr. 20 angedeutete – Programm ist unten S. 268 zitiert. Vgl. S. 288 zu 6, 32, 1.

[5] Vgl. das Kapitel über die Buchfolge der ›N. Qu.‹ in meiner Diss., S. 1–19.

schen Gegebenheiten wird unterbrochen durch eine Erklärung des Wasserhaushaltes der Natur (3, 4 a) und damit des Phänomens *aqua* überhaupt, da das Wasser – neben dem schon behandelten *aer* – die zweite Voraussetzung für die Diskussion der Niederschlagsbildung ist (4 b). Eine Untersuchung über die Winde (5), verwandt in der Thematik der atmosphärischen Erscheinung, bildet den sachlichen Übergang zur Diskussion der *terrae motus* (6), als deren Ursache der gewaltige *aer* begriffen wird. Die Kometenforschung (7) (d. h. die Untersuchung im Bereich der *caelestia*) bringt dann den erhabenen Abschluß der sich wechselseitig implizierenden Abfolge von *sublimia* (atmosphärische Erscheinungen: 1/2 und 4 b/5) und *terrena* (3, 4 a, 6).

Neben der sachlichen Ordnung des Werkganzen zeigt sich eine planvolle Anlage der einzelnen Bucheinheiten[6]: In ihnen sind 3 Themengruppen zu Ringkompositionen verbunden: exakt-wissenschaftliche Naturuntersuchungen, mirabilia-Geschichten und natur- bzw. moralphilosophische Paränese. Den breitesten Raum nehmen jeweils die fachwissenschaftlichen *naturales quaestiones* (= $^2/_3$ des Werkes[7]) ein, die von philosophischen Rahmenstücken[8] umfaßt

---

[6] Vgl. die Kapitel über die Komposition der ›N. Qu.‹ in meiner Diss., S. 46 f.; 87–112: Die Ringkomposition ist eine selbständige künstlerische Leistung unseres Autors gegenüber seiner Vorlage.

[7] Auch die fachwissenschaftlichen Naturuntersuchungen für sich zeigen eine planvolle Darstellungsmethode: Vgl. S. 49–80 meiner Dissertation: z. B. wendet sich Seneca in *deduktiver* Methode – von allgemeinsten Gesichtspunkten ausgehend – schließlich dem kleinsten Detail zu. Dabei beginnt er bei der Diskussion von nicht akzeptablen Definitionen eines Naturphänomens und stößt endlich zu den für ihn annehmbaren vor. Diese erhalten somit durch die erzielte Kontrastwirkung mit den vorangehenden falschen eine exponierte Position. In der Diskussion bietet der Dialogpartner gezielte Einwände, bei deren Zurückweisung der Gedankengang immer weiter zum richtigen Ergebnis fortentwickelt werden kann.

[8] Praefatio 1: 1, 16–17; 2, 1 (Systematischer Überblick über die Gebiete der Physik): 2, 59; Praef. 3: 3, 27–30; Praef. 4 a; 4 b 13; 5, 1 (Systematische Begriffsbestimmung des Windes): 5, 18; 6, 1–4: 6, 32; 7, 1, 1–4: 7, 30–32.

werden und in der weltanschauliche Aspekte bzw. ethische Paränesen als gedankliche Buchzentren eingesprengt sind[9].

Berichte über *mira* der Natur, die in die fachwissenschaftlichen Untersuchungen eingestreut sind, bieten Hinweise auf wissenschaftlich unerklärliche, für den menschlichen Verstand unbegreifliche Phänomene. Ihrem Charakter nach haben diese Mirabilienerzählungen die Aufgabe, aus der Ebene der rein naturwissenschaftlichen Diskussion herauszuführen, das bloß positivistische Konglomerat von objektiven Wahrheiten aufzulockern mit subjektiven Aspekten, welche die Möglichkeit einer Kommunikation von Götter- und Menschenwelt und Naturgeschehen beleuchten, vorbereitend auf eine spätere philosophisch-theologische Deutung. Aus diesem Grunde übernehmen die *mirabilia*-Geschichten auch häufig die kompositorische Funktion einer Verbindung zwischen naturwissenschaftlicher Diskussion und ethischer Paränese[10].

Daß *mirabilia*-Geschichten, die thematisch zum Bereich des Religiösen oder Weltanschaulichen tendieren, den streng sachlichen Rahmen der naturwissenschaftlichen Quaestionen immer wieder sprengen und daß vor allem rein philosophische Betrachtungen die kompositorisch akzentschweren Partien der Bücher (Anfang, Mitte, Schluß) einnehmen, zeigt schon von der Form her eine gegenüber den fachwissenschaftlichen *naturales quaestiones* größere Bedeutung der ersteren an und ihre Funktion, tragendes Gerüst für den Plan des Werkes zu sein.

Das Ergebnis der formalen Analyse der ›N. Qu.‹ stützt also das in den ›Praefationes‹ angekündigte Programm: daß die Diskussion von Naturfragen, die Einsicht in die Verhältnisse des gottdurchwalteten Kosmos nicht Selbstzweck bleiben, sondern letzten Endes

---

[9] Gedankliche Buchzentren sind: 1, 3–8 (gemeint sind hier die zum Weltanschaulichen tendierenden Definitionen des *arcus* als *imago solis;* vgl. unten S. 269); 2, 32–51; 3, 17–18; 5, 15; 6, 21, 1 (die stoisch-philosophische Definition des *aer* als gewaltigster Weltmacht bildet den philosophischen Höhepunkt des Buches, wie ich S. 105/106 meiner Diss. mit Hilfe formal-stilistischer und gedanklicher Analyse zeigen konnte); 7, 22/3 (vgl. S. 108 meiner Diss.).

[10] Vgl. 2, 31; 52/3; 3, 16; 19–21; 6, 27–31. Vgl. S. 271 die Interpretation der *mira*.

wesentlich darauf ausgerichtet sind, der weltanschaulichen Orientierung und somit der Seelenhaltung des Menschen zu nützen, m. a. W. der Findung einer Ethik – außerhalb des menschlichen Bereiches selbst – zu dienen.

Es heißt nämlich jeweils am Ende der drei Prooemien 1, 3 und 4 a:

1 praef. 17: *„Quid tibi"*, inquis, *„ista* (sc. Erkenntnis des Wesens der Gottheit innerhalb der *regio caelestis*, wie Seneca I pr. 13 zeigt) *proderunt?"* ... *sciam omnia angusta esse mensus deum.*

3 praef. 18: *Ad hoc proderit nobis inspicere rerum naturam*; – mit *hoc* sind die vorher genannten, für die Ethik bedeutenden Erkenntnisse und Forderungen gemeint: *alternae sunt vices rerum* (3 pr. 8), *vitia domuisse* (3 pr. 10), *erigere animum supra minas et promissa fortuna* (3 pr. 11), *liber est autem, qui servitutem suam effugit* (3 pr. 16).

4 praef. 20: *fugiendum et in se recedendum est, immo etiam a se recedendum. hoc tibi* ... *praestare temptabo, ut subinde te iniecta manu ad meliora perducam.* – Die moralische Unterweisung des hier angesprochenen Freundes geschieht eben in den folgenden Büchern, die Einblick in das Walten der Natur geben.

Daß die rein naturwissenschaftlichen Partien aber auch *inhaltlich* nicht isoliert dastehen, sondern immer wieder – neben den häufigen *mira*-Aspekten – auf philosophisch-weltanschauliche Fragestellungen als die wesentlichen bezogen sind, zeigt ein Netz von naturwissenschaftlichen und -philosophischen sowie moralphilosophischen Gedankenkorrelationen, das die naturwissenschaftliche Forschung in ihrer spezifischen Thematik in jedem Buch der ›N. Qu.‹ mit den ethischen Paränesen als den tragenden Pfeilern der philosophischen Partien verwebt:

Die Begriffe, die aus dem Rahmen exakter naturwissenschaftlicher Ursachenforschung abgeleitet werden, über diesen dann aber hinausweisen auf das Feld philosophischer Fragestellung, sind in Buch 1: *speculum, imago, acies.* Die Wolke (als Voraussetzung zur Regenbogenbildung) wird als Spiegel definiert, der das Abbild der Sonne empfängt (3, 13; 4, 1), und am Beispiel gewöhnlicher Spiegel werden die physikalischen Vorgänge in der Wolke wissenschaftlich demonstriert (5, 1–2 u. 5; 13–14; 6, 2 u. 5; 13, 1). Daß Seneca aber die Definition des *arcus* als „Nachahmung der Farben (sc. *solis*) durch den Rückprall" (7, 1) ablehnt und darauf beharrt, daß der Regenbogen eine direkte *imago solis* sei (vgl. 7, 3; 3, 5 u. 11; 7, 1; 11, 1 = *parhelion*), ist ein ebenso subjektiv-gefühlsbetonter Aspekt wie die wiederholte Klage über die unzureichende (sinnliche) Erkenntnismöglichkeit des Menschen[11]. Die ethische Paränese der Schlußkapitel 16 und 17 zeigt dann auch deutlich, daß Seneca die Vorgänge in der Natur letztlich symbolhaft als ein *Gleichnis für Erkenntnis* schlechthin erscheinen. Die Begriffe *speculum, imago, acies*[12] weiten sich zu rein *abstrakter* Sinngebung hinsichtlich *sittlicher* Forderung: Die schwache *acies* des Menschen macht für Erkenntnisprozeß und sittliche Konsequenz ein deutlicher wahrnehmbares Abbild notwendig: *inventa sunt specula, ut homo ipse se nosset, multa ex hoc consequuntur*[13], *primum sui notitiam, deinde ad quaedam consilium:* ... (17, 4). Die gedankliche Einheit des ersten Buches ist somit in der naturwissenschaftlichen und sinnbildlich-weltanschaulichen Ausdeutung und Verwendung gleicher Begriffe gewahrt.

In Buch 2 schafft Seneca mit der Beweisführung, daß der *aer unitares* (2), also nicht-atomares Gebilde (5–9) sei, daß man ihm hinsichtlich seiner Adhäsion (anstatt *continuatio* oder *commissura*) *unitas* zubilligen müsse, das Fundament für die stoisch-naturphilosophische – innerhalb der exakt-wissenschaftlichen Diskus-

---

[11] *imbecilla acies:* 3, 8; *nihil esse acie nostra fallacius:* 3, 9; *acies nostra in umido labitur:* 6, 5; *visus noster solita imbecillitate deceptus:* 2, 3; *visus nostri tarditas:* 14, 4; vgl. 5, 11.

[12] M. Galdi (Di una particolare forma di ripetizione nelle ›N. Qu.‹ di Seneca, Mous. 2, 1923, S. 118–126) bezeichnet die Wiederholung der *acies*-Vorstellung demnach fälschlich als „idee secondarie e di scarso valore" (S. 119) und erklärt sie als bloß rhetorisch bedingt.

[13] Gercke (Edition der ›N. Qu.‹ Leipzig, Teubner, 1907–1923) liest „*consecuturus*". Ich schließe mich F. Muller (Ad Senecae N. Qu. observatiunculae. Mn. 45, 1917, 319) an: *consequuntur* (in allen wichtigen Hss. überliefert) kann stehen bleiben, weil hier eine constructio ad sensum möglich ist, zumal im weiteren Text vier Menschen zum Beleg der Lehre aufgeführt werden *(formosus, deformis, iuvenis, senex)*.

sion erscheinende! – These *nihil... iniuria cogitur, nihil rumpitur, nihil praeter solitum evenit: ordo rerum est* (13, 3). Diesem *ordo* entspricht im moralphilosophischen Mittelstück das *fatum unum* (34, 3–4; 35, 2; 36), als dessen Teil der Blitz (Kap. 12–30 und 54–58 naturwissenschaftlich diskutiert) begriffen wird (34, 4: *fati pars*). Die Angst des Menschen vor diesem Naturelement und die Furcht vor dem Tode kann damit folgerichtig erörtert werden (59). Tragende Begriffe des zweiten Buches sind also: *unitas* (sc. *aeris*), *ordo rerum, fatum (unum)*. Sie bilden die naturphilosophische Grundlage für das ethische Anliegen Senecas: *mors omnes a e q u e vocat* (59, 4) und *contemne mortem: et omnia, quae ad mortem ducunt, contempta sunt* (59, 3).

Die Erforschung des physikalischen Elementes Wasser bildet im dritten Buch die wissenschaftliche Grundlage für die philosophische Konzeption einer *lex naturae* (15, 3), deren Synonyme der *ordo rerum* (16, 3) oder die *iura naturae* (16, 4) sind. Dieses Naturgesetz zeigt sich in der unzerstörbaren *aequitas portionum* (10, 3) und im periodenhaften Geschehen mikrokosmischer (16, 1–3: Ebbe und Flut, Krankheit, Entwicklungsstadien des Menschen) oder makrokosmischer Tragweite (13: Folgen von Weltperioden). Die entfesselten Elemente des Meeres werden einst – im Sinne dieses *ordo rerum* – das Menschengeschlecht verschlingen zur Bestrafung seiner *nequitia* (ethische Paränese: 27–30), die in einem Exkurs des Mittelstücks *(contra luxuriam)* exemplifiziert wird (17–18).

Die Bücher 4 a und 4 b sind zu unvollständig erhalten, als daß man einheitliche natur- und moralphilosophische Folgerungen aus ihnen ziehen könnte.

Daß Seneca in der naturwissenschaftlichen Forschung des fünften Buches den *aer* als Selbstbeweger begreift (*habere aera naturalem vim movendi se nec aliunde concipere sed inesse illi ut aliarum rerum ita huius potentiam*: 5, 1) und mechanische Gründe zur Windbildung (5, 1 f.) – wissenschaftlich nicht überzeugend – ablehnt[14], so daß der so konzipierte *aer* eher einem Lebewesen entspricht als einem physikalischen Element, geht natürlich auf die stoisch-philosophische Vorstellung zurück, daß *aer* bzw. *ventus*

---

[14] Vgl. zum Einzelnen meine Diss., S. 210–212.

providentiae opera (18, 1) seien. Dieses also schon deutlich in der naturwissenschaftlichen Ursachenforschung erscheinende philosophisch-weltanschauliche Kernmotiv der *p r o v i d e n t i a* (sc. *dei*) wird mit der *d e m e n t i a* des Menschen – im ethischen Exkurs von Kap. 15 als *avaritia* exemplifiziert – konfrontiert, die die Geschenke der Götter mißbraucht: *dedit* (sc. *deus*) *ventos ad ulteriora noscenda... dedit ventos, ut commoda cuiusque regionis fierent communia...* (18, 14). *vela ventis damus bellum petituri* (18, 6).

Das innerhalb der reinen Naturuntersuchungen des sechsten Buches erscheinende philosophisch-weltanschauliche Fundament ist die Vorstellung vom *aer* als gewaltigster göttlicher Weltkraft (21, 1), die einerseits nährend und belebend wirkt (14, 1; 16, 2), zum anderen in ihrer dauernden Unruhe und Beweglichkeit den eigenen Organismus, die Erde, zerstört und damit Vernichtung schafft (vgl. Kap. 18; 25, 1; 30, 2). In gedanklicher Konsequenz ergibt sich für die ethische Paränese die Erkenntnis: *nihil ita, ut immobile esset, natura concepit* (1, 12). *mors naturae lex est...* (32, 12). Das ganze Buch steht somit einheitlich unter dem Zeichen: *aer* (*locum e loco mutans:* 18, 1) – *n i h i l   i m m o b i l e* – *m o r s.*

Auch in Buch 7 überschreiten die gültigen Definitionen des Kometen, die die naturphilosophische Leitmotivik ergeben, den Bereich wissenschaftlicher Forschung: Seneca sieht den Kometen als *opus naturae a e t e r n u m* (22, 1; 25, 6; vgl. 23, 2 und 30, 2), *d i v i n a   r e s* (25, 1; 30, 1: *cum de diis agitur*) und *pars mundi* (23, 2), die nicht vom Zeitlichen abhängt. Betrachtungen über die Unzulänglichkeit von Observationsergebnissen (2, 3; 11, 3; 12, 5) führen daneben zur Klage über die Unfähigkeit zu richtiger Erkenntnis schlechthin: *multa sunt, quae esse concedimus, qualia sint ignoramus* (25, 1; vgl. 25, 3/4; 25, 7; 30, 3).

Trotz allen Bemühens um rationale Durchdringung des Weltgebäudes drängt sich dem Philosophen zudem häufig Bewunderung für das ihm außerordentlich Erscheinende auf: Er bestaunt immer wieder, obwohl er in sachlicher Haltung sinnlich und verstandesmäßig registriert hat, die *mira ars naturae* (1, 3, 4; *mira arcus varietas:* 3, 1), die *mira fulminis opera* (2, 31 1 ff. und 52/3), die *mira (quorundam causa non potest reddi:* 3, 25, 11) des Wasserhaushaltes der Natur (3, 4; 25, 1–3) und die *(mira) spectacula* (30, 4; vgl. Kap. 27–31) des Erdbebens. Besonders die Sterne sind in dichterischem Aspekt als „Zierde der Nacht" (7, 24, 3) *formosae,* die man allein ihrer Schönheit wegen schon nicht für zufällig halten könne (7, 27, 6)!

Die physikalische Welterklärung wird versucht, letztlich aber in der subjektiven Anerkennung des Naturphänomens als *miraculum* (7, 1, 1 u. 3; 20, 2; 25, 3) eingestanden, daß man sich, auch auf intuitivem Wege begreifend, dem Forschungsgegenstand Natur nähern müsse.

Die exakte naturwissenschaftliche Einzelforschung lehnt Seneca in 7, 30, 2 geradezu ab: Was Panaitios und andere Männer (und schließlich auch er selbst) hinsichtlich physikalischer Zusammenhänge zu ergründen sich bemüht haben – man kam zu widersprüchlichen Ergebnissen –, schiebt der römische Philosoph kurzerhand beiseite mit den Worten: *quae* (sc. die naturwissenschaftlichen Einzelfragen mit den von seiten der Vorgänger gegebenen Antworten) *u n i v e r s a   t o l l u n t u r ,   c u m   d i c o   i l l o s* (sc. die Kometen) *n o n   f o r t u i t o s   e s s e   i g n e s ,   s e d   i n t e xtos mundo, quos non frequenter educit, sed in occulto movet.* Die sowieso nur mangelhaften Ergebnisse der exakten Wissenschaft werden „alle zusammen aufgehoben", – d. h. beseitigt, indem sie auf einem weltanschaulichen Hintergrund transponiert werden. Als erste Prämisse gilt, daß die Erscheinung der Kometen nicht vom Zufall abhängt. Von dieser grundlegenden philosophischen These her wird rückwirkend über den Wert der naturwissenschaftlichen Ursachenerklärung entschieden.

Die ›N. Qu.‹ erweisen sich somit als ein literarisches Unternehmen, in dem die Phänomene des Kosmos in mehreren Erkenntnistiefen – aber in einem einheitlichen Prozeß des Begreifens – erfaßt werden. Seneca – als „moderner" Forscher – diskutiert zunächst den Stand der Naturwissenschaft bis zu seiner Zeit hin. Damit klärt er die physikalische Grundlage für ursächliche Zusammenhänge von philosphischer Tragweite.

Die Definition des *aer* als „unitares" Gebilde und elementare Naturmacht bildet das naturwissenschaftliche Fundament für die weltanschaulichen Konzeptionen eines *fatum unum* (Bücher 2 und 6) und einer *providentia dei* (5). Im dritten Buch kann aus dem Wasserhaushalt der Natur der *ordo rerum* abgelesen werden. Die Schwierigkeit der Erforschung der *ignes caelestes* (1) – insbesondere des *arcus* – und der Kometen (7) führt zur Erörterung möglicher Gotteserkenntnis.

Wo das logisch-diskursive Denken des Naturwissenschaftlers versagt, nähert sich religiöses Staunen vor Wunder und Schönheit dem Betrachtungsobjekt Natur. Der intuitive Weg des Dichters, der das geschaute Konkretum als Sinnbild geistiger Zusammenhänge erfaßt, wird nicht versäumt.

Somit kann von einer Isolierung der naturwissenschaftlichen und philosophischen Partien in den ›N. Qu.‹ nicht die Rede sein. Denn die exakten Naturforschungen sind grundlegend in ihrer Thematik auf leitende weltanschaulich-philosophische Aspekte ausgerichtet, die ihrerseits eine enge Beziehung zu den der ethischen Paränese dienenden Abschlußkapiteln herstellen. Denn im Denkbereich der stoischen Schule stehen ja Naturphilosophie und Ethik in enger Beziehung.

Die hier ermittelten Züge einer kompositorischen Einheit der ›N. Qu.‹ hinsichtlich formaler *und* gedanklicher Struktur in ihrer Wechselbeziehung von physikalischen, naturphilosophischen und ethischen Problemstellungen lassen es nunmehr sinnvoll erscheinen, die Beschaffenheit auch der Philosopheme Senecas zu ermitteln.

Probleme der Logik spielen in den ›N. Qu.‹ keine Rolle. Seneca lehnt diese auch sonst als unwesentlich ab: *philosophia ... non in verbis sed in rebus est* (ep. 16, 3; vgl. ep. 120, 20; 62, 1/2; 82, 22; 117, 18 f.). Die anderen beiden – der stoischen Schule entnommenen – Disziplinen der Philosophie, Physik und Ethik, bewertet er in seinem Gesamtwerk prinzipiell gleich[15], so auch in den ›N. Qu.‹: Erkenntnisse der Naturforschung bilden die Grundlage für moralische Anforderungen an den Menschen (s. o. 3 pr. 18). Andererseits führt den Menschen hohes sittliches Verhalten erst zu einer Erkenntnis des Kosmos und damit Gottes: *virtus enim ...*

---

[15] Vgl. S. 132–137 meiner Diss.

magnifica est . . . animum laxat et praeparat ad cognitionem caelestium (I pr. 6).

In der tatsächlichen Thematik ergibt sich aber zwischen den Episteln und Dialogen einerseits und den ›N. Qu.‹ andererseits offensichtlich ein grundlegender Unterschied: Die ›N. Qu.‹ befassen sich *ausschließlich* – abgesehen von wenigen ethischen Exkursen – mit der Erkenntnis der Gottheit, deren Wesen sich als vollkommenes *ratio*-Sein erweist (vgl. unten S. 280) und somit – im stoischen Denkbereich – eine Norm für die Heranbildung eines ebenso perfekten „rationalen" Seelenhegemonikons des Menschen sein kann. Die Dialoge dagegen halten sich in ihrer Argumentationsweise trotz sporadischer Hinweise[16] auf Natur und Gottheit dennoch im begrenzten menschlichen Bereich: Belege für die Richtigkeit sittlicher Forderungen werden im großen und ganzen der Sphäre des konkreten Alltags entnommen oder den Vorstellungen vom Zusammenspiel der Teile der menschlichen Seele: Die *Psychologie* liefert die Argumentationsgrundlage für die Bestimmung ethischer Werte[17], und das Fundament der Erkenntnis des Göttlichen, auf dem diese beruhen, schimmert nur gelegentlich hervor. Dasselbe gilt, im ganzen gesehen, auch für die Episteln: Zur sittlichen Besserung des Selbst wird die Erkenntnis der eigenen Person empfohlen (ep. 50), nicht die Gotteserkenntnis[18].

---

[16] Vgl. z. B. de prov. 1, 1–4; ad Helv. 20, 1 ff.; de vit. b. 3, 3/4; 8, 1/2; de brev. v. 19, 1.

[17] Zur Bezähmung des Zornes z. B. wird die Vorstellung von der Sterblichkeit des Menschen empfohlen: Bald müssen wir ja doch sterben, warum sollen wir uns vorher noch erregen! vgl. de ira 3, 42 ff.

[18] Ep. 50, 1–6: *nemo se avarum esse intellegit, nemo cupidum. caeci tamen ducem quaerunt, nos sine duce erramus . . . quid nos decipimus? non est extrinsecus malum nostrum: intra nos est . . . erubescimus discere bonam mentem. at mehercules, si turpe est magistrum huius rei quaerere, illud desperandum est, posse nobis casu tantum bonum influere. laborandum est, et ut verum dicam, ne labor quidem magnus est, si modo . . . ante animum nostrum formare incipimus et corrigere, quam indurescat pravitas eius.*
Vgl. de ira 3, 36, 2: bei der postulierten (täglichen) „*recognitio sui*"

Andere Episteln – insbesondere die späteren, die um die gleiche Zeit wie die ›N. Qu.‹ entstanden sind – zeigen im literarischen Schaffen Senecas den Übergang von der Behandlung konkreter bzw. psychologischer Einzelfälle zu dem Bemühen, in allgemeinen, grundsätzlichen Erörterungen und Definitionen umfassende Geistesbereiche zu klären, miteinander wertend in Beziehung zu setzen, um schließlich die *natura* bzw. den Kosmos, das Allumfassende selbst, als größtes geistiges Prinzip klar zu erkennen.

Dieses soll in dem letzten Werk, den ›N. Qu.‹, mit Hilfe naturwissenschaftlicher Kenntnisse in aller Breite untersucht, bestimmt und als einzig mögliche Norm für die auf der *ratio* basierende Ethik gesetzt werden.

So bedenkt Seneca in ›Ep.‹ 88 den Wert der freien Künste und Wissenschaften mit dem Ergebnis, daß die philosophische Betrachtungsweise allein einen wirklichen Sinn habe: Denn die bloße Kenntnis einer unabänderlichen Sache nützt nichts (§ 15), wenn sie nicht unter dem Gesichtspunkt der *sapientia* erworben wird, die Göttliches und Menschliches zueinander in Beziehung setzt, da sie sich mit Zeit und Ewigkeit befaßt, mit dem Wesen der Seele und ihrem möglichen Aufenthaltsort in der Postexistenz (§ 33 ff.).

Fast alle Episteln befassen sich mit Problemen der Ethik, ohne jedoch wie bereits erwähnt – diesen Bereich der Philosophie nennenswert zu überschreiten.

In den Episteln 41 und 65 dagegen finden wir schon grundsätzliche Auseinandersetzungen über das Wesen der Gottheit: Der *deus* wird als *ratio faciens* begriffen (ep. 65: vgl. S. 278 ff.); ›Ep‹ 41 setzt die göttliche *ratio* zur menschlichen in Beziehung: Seneca weist darauf hin, daß die Naturerscheinungen zum Glauben an ein göttliches Wesen auffordern, daß also in diesem Phänomen das Wesen des *deus* zu erfahren sei. Der Autor verzichtet aber in diesem Briefe noch darauf, die *ratio dei* naturwissenschaft-

---

fungiert der *animus* als „*speculator sui censorque secretus*", der „*de moribus suis*" „*cognovit*". Die Selbstschau – also nicht die Naturerkenntnis wie in den ›N. Qu.‹ – gibt dem Menschen über sich selbst und eine mögliche Besserung auf sittlichem Gebiet Aufschluß. Vgl. de tranqu. an. 6, 1: „*inspicere autem debemus primum nosmet ipsos . . .*".

lich zu belegen und eine so fundierte Norm dem Leser vor Augen zu führen: Er findet lediglich die Metapher der von der Sonne ausgehenden Strahlen, die überall die Erde berühren, um das Dasein des göttlichen *ratio*-Prinzips in der Welt zu veranschaulichen und daher die sittliche Forderung für den Menschen ableiten zu können, daß er eben diesen seinen göttlichen Teil über sich herrschen zu lassen habe. Die Episteln 94 und 95 nun sprechen deutlich die Forderung nach der Findung und Darlegung einer sinnvollen Norm für die Ethik aus. Vorschriften für Einzelfälle haben in der Sittenlehre keinen Sinn (ep. 94, 1: die *propria cuique personae praecepta*); denn auf diese Weise läßt sich der Inhalt einer Ethik niemals insgesamt erfassen. Allein die philosophisch fundierte Bestimmung des höchsten Gutes (*summum bonum:* § 2) kann als umfassendes (aus dem *ratio*-Wesen der Natur abgeleitetes) Sittengesetz eine Richtschnur für ethisch wertvolles Handeln bilden.

Aus ep. 95, 51/2 ist ein deutlicher Hinweis darauf zu entnehmen, daß das allgemeine Gesetz des sittlichen Handelns der Natur zu entnehmen sei: *quando omnia, quae praestanda ac nitenda sunt, dicam, cum possim breviter hanc illi* (sc. dem sittlich zu Beratenden) *formulam humani officii tradere: omne hoc, quod vides, quo divina atque humana conclusa sunt, unum est: membra sumus corporis magni. natura nos cognatos edidit, cum ex isdem et in eadem gigneret ... illa aequum iustumque composuit:* Einzelvorschriften über das, was zu leisten oder zu vermeiden ist, sind unnütz, da der Inhalt der menschlichen Pflicht in einer kurzen Formel zusammengefaßt werden kann. Diese Formel heißt: Alles Seiende ist eine Einheit aus Göttlichem und Menschlichem; der Mensch ist dem Göttlichen (sc. der *natura*) verwandt (nämlich auf Grund der ihm eingegebenen *ratio*, die sein Hauptkriterium ausmacht, wie wir vorgreifend ergänzen müssen); was Recht sei, setze die göttliche Natur fest. Dieses *ius naturae*, das natürlich auch eine Äußerung der göttlichen *ratio* darstellt, hat Geltung für die menschliche Ethik auf Grund der durch die gemeinsame *ratio* bedingten Verwandtschaft von *deus* und *homo* und der Gliedschaft des Menschen im Kosmosganzen. Das *ius naturae* äußert sich im kosmischen Zusammenhang, wie wir sehen werden, in der *ratio*-gesteuerten *aequitas fati* in bezug auf alles Seiende. Die Vernunft

herrschen zu lassen, die harmonisches Gleichmaß – in Analogie
zur Natur – schafft, ist höchste Tugend, die ihrerseits als identisch mit dem höchsten Gut des Menschen gelten kann. Das *summum bonum* der stoischen Ethik ist ein *intellegibile* (ep. 124, 2):
Also muß das *ratio*-Walten der Gottheit dem Menschen logisch
einsichtig vor Augen geführt werden, damit er den Weg zur *virtus*
finde: Eben dies unternimmt Seneca dann in den ›N. Qu.‹.
Man könnte das Bemühen des Stoikers Seneca, ein allgemeines
Sittengesetz zu finden, mit dem *Kants* in seiner „Grundlegung zur
Metaphysik der Sitten" vergleichen: Beiden Philosophen geht es
darum, alle moralischen Einzelvorschriften wegen ihrer Unzulänglichkeit fallenzulassen, da sie ja vom Akzidentiellen ab-
hängen, und in einem rein geistigen bzw. formalen Prinzip die
Sittennorm festzulegen. Das formale Sittengesetz Kants ist so
allgemein, daß es jederzeit mit einem jeweils anderen Inhalt, der
sich dann aus dem Akzidentiellen ergibt, gefüllt werden kann.
Das für den Menschen vorbildliche, umfassende *ratio*-Prinzip der
Gottheit, wie es in den ›N. Qu.‹ gezeichnet wird, soll desgleichen
für alle Situationen moralischer Entscheidung gelten. Denn im
stoischen Denkbereich besteht ja die höchste Tugend darin, die
ratio über alle Dinge und über alles Geschehen entscheiden zu
lassen: Die *ratio* ist die Form, die der Akzidenz sittlicher Entscheidung gleichsam aufzustülpen ist – ebenso wie das allgemeine
Sittengesetz Kants[19]. Natürlich sind die Wege, auf denen beide
Philosophen zu ähnlichen Ergebnissen gelangen, verschieden.

[19] E. Bickel („Kant und Seneca. Der bestirnte Himmel über mir und
das moralische Gesetz in mir". RhM 102, 1959, 289–292) sieht ebenfalls einen Zusammenhang zwischen den Philosophemen Kants und
Senecas: „Der bestirnte Himmel über mir und das moralische Gesetz
in mir" als Objekte der Bewunderung und der Ehrfurcht (Kant:
‚Kritik der praktischen Vernunft, Beschluß') seien Seneca-Reminiszenz
(ep. 64, 6: *virtus* und *mundus* als Objekte des *admirari* und *venerari*).
Zu diesem Vergleich s. a. Ep. 20, 5: Nachdem die moralischen Einzelvorschriften der „Alten" als unzureichend abgelehnt sind, findet Seneca
das „formale" Gesetz des Handelns: *semper idem velle atque idem nolle*
unter der Voraussetzung, daß: *non potest enim cuiquam idem semper
placere nisi rectum.*

Versuchen wir im folgenden, das naturphilosophische Fundament der Ethik in den Griff zu bekommen! Wir finden in den ›N. Qu.‹ des Seneca zunächst einmal die *monistische* Konzeption der pantheistischen Naturgottheit, wie sie aus der stoischen Schule bekannt ist, in allgemeinster Form ausgesprochen: *quid est deus? quod vides totum et quod non vides totum* (1 pr. 13). Alle für den Menschen erkennbaren Phänomene sind Manifestation der Gottheit und zugleich das, was hinter den Erscheinungen steht: die *secretiora naturae* (1 pr. 3), die *causae* allen Seins bzw. Werdens (*causa causarum*: 2, 45, 2). Diese Gesamtvorstellung faltet sich auf zu mehreren Aspekten spezifischer Seinsformen des *deus: vis illum*[20] *n a t u r a m vocare, non peccabis: hic est, ex quo nata sunt omnia, cuius spiritu vivimus; vis illum vocare m u n d u m , non falleris: ipse enim est hoc quod vides totum, partibus suis inditus, et se sustinens et sua* (2, 45, 2–3):

1. Die Gottheit ist Schöpfer *(natura)*, der aus sich selbst geschaffen hat, also Hervorbringer, Former und Beleber der Materie.
2. Sie durchwaltet teilhabend ihr Werk, den *mundus*, in der Mannigfaltigkeit seiner Einzelteile, die sein wohlgeordnetes Ganzes ausmacht.
3. Sie sorgt für die Erhaltung des Geschaffenen und damit ihrer selbst.

Somit ist das göttliche Prinzip selbst *auctor* (1 pr. 3), der *materiam ipse sibi* (1 pr. 16) erzeugt und gestaltet hat. Er benutzte also keine bereits gegebene Materie und existierte daher früher als diese oder zumindest zu gleicher Zeit mit ihr. Die Gottheit ist außerdem dauernder *custos* (1 pr. 3) der Welt, weil sie sich und das Ihre erhält[21]. Die Frage nach der Beschaffenheit des *mundus* beantwortet Seneca so: *necesse est eadem placere ei* (sc. *deo*),

---

[20] Das Pronomen bezieht sich wohl auf den kapitolinischen Iuppiter. Dieser wird aber hier mit dem stoischen *deus* identifiziert.
[21] Weitere Belege für die Identität von *deus-natura-mundus-custos-auctor*: N. Qu. 2, 1, 3; 31, 1; 1, 59, 2; 5, 18, 11; 6, 2, 8; 3, 28, 5; 30, 1; 7, 30, 1; 30, 3; 30, 4; 2, 45, 3; vgl. meine Diss. über Parallelen zwischen den ›N. Qu.‹, Dialogen und Episteln.

cui nisi optima placere non possunt (1 pr. 3): Das Werk des Gottes ist vollkommen: *hoc, quo neque formosius*[22] *est quicquam nec dispositius nec in proposito constantius* (1 pr. 14). Unübertreffliche Wohlgestaltung und Anlage der Schöpfung und ein sich genau nach dem Plan abwickelndes Geschehen zeigen sich als Kriterium des göttlichen Prinzips in der Welt. In dieser Konzeption des Kosmos erweist sich die Potenz des *deus* als *providentia: vis illum providentiam dicere, recte dices; est enim cuius consilio huic mundo providetur, ut inoffensus exeat et actus suos explicet* (2, 45, 2). Die Natur-Gottheit, *providentia ac dispositor ille mundi deus* (5, 18, 5), braucht auf Grund ihrer Kraft der Vorsehung nicht immer wieder in das Weltengetriebe einzugreifen, sondern sie verlieh einmal zu Beginn der Schöpfung das Gesetz planmäßigen, immerwährenden Werdens: *sunt omnia ... facilia naturae, utique quae a primo facere constituit...; iam autem a primo die mundi... decretum est* (3, 30, 1)[23]. *Lex* (3, 15, 3), bzw. *ordo* (3, 16, 3) des Werdens (oder *virium ratio:* 3, 14, 3), die die Vorsehung dem Geschehen einmal verliehen hat, bewirken eine Entelechie der Welt in bezug auf ihr Gesamtgetriebe und – in Analogie – auch mikrokosmisch in ihren Einzelteilen, z. B. in der Anlage des Menschen: *ut in semine omnis futuri hominis ratio comprehensa est et legem barbae canorumque nondum natus infans habet ..., sic origo mundi non minus solem et lunam et vices siderum et animalium ortus quam quibus mutarentur terrena continuit* (3, 29, 3; vgl. 2, 38, 2 u. 4).

Das dem Menschen nützliche Naturphänomen des Windes führt uns der Autor als *opus providentiae* (5, 18, 1) vor Augen (Buch 5, passim), desgleichen den planmäßig funktionierenden Wasserhaushalt der Erde (Buch 3 passim) und das periodische Geschehen der Weltenzerstörung (durch *inundatio:* 3. 27–30) und -neubildung (3, 30, 7: *antiquus ordo revocabitur*). Ebenso wird die furchtbare

---

[22] Siehe o. die Interpretation der *mira naturae*.
[23] Vgl. N. Qu. 3, 29, 2: *sive animal est mundus sive corpus natura gubernabile ..., ab initio eius usque ad exitum quicquid facere quicquid pati debeat, inclusum est.*

Bedrohung des Menschen durch Erdbeben (Buch 6 passim) wie der Tod überhaupt als *in lege naturae* (6, 1, 12) verankert begriffen (6, 32, 12: *mors naturae lex est*).

Aus der Gesetzmäßigkeit kosmischen Geschehens ermittelt Seneca als Stoiker in den ›N. Qu.‹ also nicht nur den Fürsorgecharakter der Natur-Gottheit, sondern zugleich, unabänderlich hiermit verbunden, ihre Äußerung als unentrinnbares, dem Einzelnen gegenüber indifferentes, notwendig sich ereignendes Schicksal: *vis illum f a t u m vocare, non errabis; hic est ex quo suspensa sunt omnia* (2, 45, 2). *quid enim intellegis fatum? existimo necessitatem rerum omnium actionumque, quam nulla vis rumpat* (2, 36). *Non homines tantum, ... urbes oraeque terrarum et litora et ipsum mare in servitutem fati venit* (6, 1, 14; vgl. 6, 1, 11 und 13).

Die Definitionen der Gottheit als *providentia* und *fatum* ergeben sich aus der Konzeption ihres Wesens, selbst das den *mundus* steuernde r a t i o-Prinzip zu sein: *in illo* (sc. *deo*) *nulla pars extra animum est, totus est ratio* (1 pr. 14). Der römische Philosoph definiert – im Anschluß an die Stoa – die Gottheit als Vernunft, und da es im Wesen dieses Gottes liegt, Materie hervorzubringen, zu formen und zu beleben, ist er schaffende Vernunft (*ratio faciens:* ep. 65, 12). Das den Schöpfungsvorgang betreffende Problem *materiae supervenerit ratio an materia rationi* (1 pr. 16) entfällt durch die monistische Konzeption, daß die im *mundus* sich selbst darstellende Gottheit (quasi aus dem Nichts) am Urbeginn von der *ratio* geprägte Materie hervorbrachte. Der Schöpfungsprozeß ist für Seneca (soweit er als Stoiker faßbar ist) nicht eine Formung chaotischer Materie durch *ratio*, sondern simultanes Entstehen einer unlöslichen Einheit von *ratio* und *materia*. Schon Zenon stellte sich die Materie als ewig mit dem sie gestaltenden Logos verbunden vor[24]. Da das göttliche Prinzip nicht erst in etwas Bestehendes eingreift, sondern selbst am Anfang allen materiellen und geistigen Seins steht, unterliegt es in seinem Schaffen keiner Notwendigkeit, sondern ist seinem Wesen nach absolut

---

[24] Aristocles apud Eusebium praep. evang. 15 p. 816 d über Zenon: SVF ed. J. v. Arnim, vol. I p. 27, frg. 98.

frei. *deus quicquid vult efficiat an in multis rebus illum tractanda destituant* (1 pr. 16)? *Liber est et potens*[25], *ipse est enim necessitas sua* (1 pr. 3).

Soweit folgt Seneca in den ›N. Qu.‹ streng der *Stoa*: Denn er sieht

1. die Gottheit als schaffende oder samenhaltige Vernunft (*ratio faciens*, logos spermatikos); sie äußert sich in der Erscheinungswelt in Form der logoi spermatikoi (= *deus partibus mundi inditus*),
2. daß dieses Schaffen der göttlichen Vernunft sich nach Zwecken vollzieht und damit die Gottheit als Vorsehung (*providentia*, pronoia) zur Schöpferin einer vernünftigen Ordnung wird, in der sie wiederum selbst als zwingende Notwendigkeit (*necessitas*: N. Qu. 2, 36, ananke) und als unentrinnbares Schicksal (*fatum*, heimarmene) die letzte Norm (*lex*, nomos) darstellt.

Die Gottheit definiert sich also – nach der stoischen Konzeption, der ›N. Qu.‹ – aus zwei Prinzipien: aus aktivem Geist und passiver Materie; so auch in Epistel 65, 2: *dicunt S t o i c i nostri duo esse in rerum natura, ex quibus omnia fiant, causam et materiam. materia iacet iners, res ad omnia parata, cessatura, si nemo moveat. c a u s a autem, i d e s t r a t i o, materiam format et quocumque vult versat, ex illa varia opera producit.* Läßt dieser Wortlaut bereits vermuten, Seneca wolle – entgegen seinem von uns bisher ermittelten monistischen Weltbild – hier für eine dualistische Anschauung plädieren, so wird diese Vermutung bestätigt durch ein bloßes Referat platonischer Gedankengänge, die aber von Seneca am Schluß der Epistel akzeptiert werden: *haec omnia mundus quoque, ut ait P l a t o, habet: f a c i e n t e m; h i c e s t d e u s. ex quo fit: haec materia est* (ep. 65, 9). *nempe universa ex m a t e r i a e t e x d e o constant. deus ista temperat,*

---

[25] Ich lese: „*liber est et potens*", vgl. F. Muller (a. O.) und K. Busche (Krit. Beitr. zu Senecas N. Qu., RhM 70, 1915, 568–70): Das zweigliedrige Asyndeton ist bei Seneca selten, wenn beide Ausdrücke völlig gleichen Wert haben (Gerckes Text: *est liber † potens*). „*est*" nach „*liber*" zu setzen, befürworten metrische Gründe (vgl. K. Busche).

quae circumfusa rectorem secuntur et ducem. potentius autem est ac pretiosius, quod facit, quod est deus, quam materia patiens dei (ep. 65, 23). Deutlich sondert der „Stoiker" Seneca hier Materie und Gottheit als völlig heterogene Prinzipien: Der *deus* ist nur noch mit *causa, ratio* und dem aktiven Schöpfungs- und Gestaltungsprinzip identisch, dem eine größere Bedeutung beigemessen wird. Der *deus* impliziert nicht mehr *materia*. Dieser unbegründete, wie selbstverständlich erscheinende Übergang von monistischem zu dualistischem Denken, der seinen Ausgang von der — in der stoischen Konzeption ohnehin schon vorhandenen — Hochschätzung des göttlichen *ratio*-Prinzips nimmt, zeigt sich auch an kompositorisch akzentschweren Stellen der ›N. Qu.‹: In den an den Anfang und Schluß des Werkes gestellten Gottesdefinitionen verlagert sich der Akzent derartig auf die Konzeption des *deus* als *r a t i o,* daß dieser mit dem Prinzip der Vernunft allein wiederholt identifiziert wird: *quid est deus? m e n s universi* (1 pr. 13); *in illo* (sc. *deo*) *nulla pars extra animum est; t o t u s est ratio* (1 pr. 14). Daß es sich hierbei nicht um einen Lapsus des Stoikers aus Versehen oder aus Gründen der Rhetorik handelt, sondern um eine reflektierte Definitionsverschiebung, beweisen paränetische Schlußbetrachtungen des siebenten Buches: *ipse qui ista* (sc. den Kosmos) *tractat, qui condidit, qui totum hoc fundavit deditque circa se, maiorque est pars sui operis ac m e l i o r , e f f u g i t o c u l o s ; c o g i t a t i o n e visendus est* (30, 3). ... *m a x i m a pars mundi, deus, lateat* (30, 4)!

In deutlicher Analogie zur 65. Epistel wird auch hier nur der bedeutendste und beste Teil der Schöpfung mit dem Schöpfergott identifiziert, und zwar der Teil, der sinnlich nicht wahrnehmbar, also nicht materiell ist, sondern der allein mit Hilfe des Denkens erfaßt werden kann, eben weil er selbst *m e n s* (sc. *universi*) bzw. *ratio* ist.

Die Annäherung des römischen Stoikers an platonische Denkformen (bzw. seine Rückwendung zu jenen) ist somit in der Tendenz zu sehen, in der Konzeption des Kosmos einen Chorismos zwischen dem göttlichen, vollkommenen, geistigen, gestaltenden Prinzip (bei Platon: die Idee) und dem Bereich der Materie nicht mehr hinwegdiskutieren zu wollen, — letzterer bleibt trotz seiner

Teilhabe am vollkommenen *ratio*-Prinzip das minder zu Bewertende[26]. Diesem werden ja auch — und hier hatte die stoische Konzeption von der Unübertrefflichkeit des bestehenden *mundus* bekanntlich selbst schon einen Bruch — *vitia* (6, 3, 1) und Regenerationsbedürftigkeit angelastet (3, 28, 7: *deo visum ordiri meliora, vetera finiri*. — Keime zur Zerstörung sind im *mundus* schon angelegt: Feuer 3, 13, 1–2; Wasser 3, 30, 3; *soli vitium* 6, 1, 15).

Diese wenigen Begriffsbestimmungen würden freilich kaum ausreichen, Senecas Tendenz zum Platonisieren in den ›N. Qu.‹ zu belegen, wenn sie nicht auf einen Hintergrund bildlicher Vorstellungswelt transponiert wären, die eindeutig aus Dialogen Platons herrührt und die die materialistisch-monistische Konzeption absolut sprengt. Hierbei handelt es sich um die Metaphorik des menschlichen Erkenntnisprozesses, die in dem — sich aus dem Kerker-Körper befreienden — *animus* und in seinem Höhenflug zur rein geistigen, göttlichen Ursprungsstätte gegeben ist, die jenseits in einem absoluten Oben, getrennt von „dieser" Welt des unvollkommenen Dinglichen, zu suchen ist[27].

Hauptsächlich in den Prooemien, in denen Seneca den Leser in die Problematik und Zielsetzung der ›N. Qu.‹ einweiht, entwirft er quasi als Voraussetzung für den zu beschreitenden Erkenntnisweg ein dualistisches Weltbild, so daß also von Anfang an das Forschungsobjekt Natur unter platonischem Aspekt anvisiert und in Angriff genommen wird. Die metaphysische Haltung des Platonikers kann dann in die des Stoikers bei der Durchführung des

---

[26] Bekannt ist, daß über die „Physik" des *Panaitios* nichts Sicheres gesagt werden kann, außer daß wir — wahrscheinlich — in Ciceros de nat. deor. 2 großenteils dessen Schrift περὶ προνοίας referiert finden. Damit läge der Schluß nahe, daß P. im Sinne der *Stoa* das Walten der Vorsehung in der Welt aufgezeigt haben wird. — Für *Poseidonios* ist die Gottheit eindeutig noch eine Einheit aus körperlichem (feurigem) Pneuma *und* Geist: Aetius in Diels, Doxogr. p. 302: θεὸν εἶναι πνεῦμα νοερὸν καὶ πυρῶδες, οὐκ ἔχον μὲν μορφὴν μεταβάλλον δὲ εἰς ἃ βούλεται καὶ συνεξομοιούμενον πᾶσι.

[27] Gemeint ist die Metaphorik des ›Phaidon‹ und ›Phaidros‹. Vgl. insbesondere die S. 287 und in S. 293, Anm. 38 angegebenen Stellen.

Werkes insofern harmonisch übergehen, als für den Stoiker Seneca der Kosmos zum bloßen konkreten Operationsfeld wird, auf dem sein Geist der Wirksamkeit göttlichen Wesens nachspürt, die – vornehmlich oder *nur* – in *geistigen* Prinzipien gesehen wird: in der Äußerung des *deus* als *r a t i o* in Form der *lex fatorum* und der *providentia*. Die materielle Manifestation des *mundus* wird somit zum Mittel der Geistesschau degradiert. Hiermit haben wir den spezifisch Senecäischen Synkretismus der ›N. Qu.‹ erfaßt.

Zum Einzelnen: Nach platonischem Vorbild sieht der römische Philosoph also die Welt in den erhabenen Bereich des Göttlichen (*quid agatur in caelo*: 1 pr. 2; *regio caelestis*: 1 pr. 13) und in die Zone niederen Menschendaseins (*humana*: 1 pr. 5; 3 pr. 11; *in terris*: 1 pr. 2) gespalten. Der Raum der *humana* ist der der *sordida* und des fesselnden Körpers (1 pr. 11/12; 3 pr. 18), der Begrenztheit (*punctum*: 1 pr. 11; *omnia angusta*: 1 pr. 17; *ridiculi mortalium termini*: 1 pr. 9), des metaphorischen Unten, der *tenebrae* der Erkenntnislosigkeit (1 pr. 2; *densa umbra*: 3 pr. 11) und des *malum* (1 pr. 7). Hier ist die Welt des *corpus causarium ac fluidum periturumque*, des Todes und des Schweißes (1 pr. 4 und 17), des Ringens mit den Affekten (1 pr. 5).

Die *regio caelestis* (1 pr. 13) dagegen als Ursprungsstätte des Geistes und Sitz der *divina* (1 pr. 12) ist ein absolutes *altum* (1 pr. 7; *supra humana*: 1 pr. 5; *sursum*: 1 pr. 11; *altera* [sc. *pars philosophiae*, sc. *quae ad deos attinet*] *multum supra hanc in qua volutamur caliginem excedit*: 1 pr. 2). Ihr metaphorischer Ort ist *inter ipsa sidera* und gleichzeitig *interior naturae sinus* (1 pr. 7), wohin sich der nach Erkenntnis strebende *animus* begibt, um die *secretiora naturae* (1 pr. 3) gleichsam in schwerelosem Flug um die Welt zu ergründen (1 pr. 8; 3 pr. 1). Hier ist der Bereich erhellender Erkenntnis (*unde lucet*: 1 pr. 2; *illic incipit deum nosse*: 1 pr. 13; vgl. 3 pr. 11), der gewaltigen Ausmaße an Raum (*ingentia spatia*: 1 pr. 11) und Zeit (vgl. 1 pr. 13) und überhaupt einer *melior sors* (1 pr. 17; vgl. 4, 32, 6), m. a. W.: Seneca entwirft hier in platonischer Bildersprache ein Reich der *Transzendenz*, das den normalen Bedingungen des Kosmos nicht unterworfen ist wie unzulänglicher Körperlichkeit und damit Vergänglichkeit[28]. Zwischen Diesseits und Jenseits kann sich nur der *animus* bewegen, dessen Bindung an den Körper als seine Fessel (und somit für ihn heterogenes Element) negativ bewertet wird: Voraussetzung für seine Rückkehr in die ihm verwandten Geistesräume als seine ursprüngliche Heimat ist die Lösung vom Irdischen (1 pr. 11: *sursum ingentia spatia sunt, in quorum possessionem animus admittitur, et ita si secum minimum ex corpore tulit, si sordidum omne detersit* ... 12: ... *velut vinculis liberatus in originem redit.* 3 pr. 18: *primo discedimus a sordidis. deinde animum ipsum, quo sano magnoque opus est, seducemus a corpore.* 7, 30, 4: *nec ulli dat aditum nisi animo,* sc. *maiestas,* sc. *deus*).

Somit ist der Aufenthalt bei den *divina* als Prozeß geistigen Forschens gleichbedeutend mit dem Zustand der Sicherheit (1 pr. 12: *secure spectat*...; 6, 32, 4: *securus videbit*...; *securus aspiciet*...; *securus aspiciet*... sc. *animus*) und geradezu des physikalischen Todes (1 pr. 17: *haec inspicere, haec discere*..., *nonne transsilire est mortalitatem? – haec:* sc. *quantum deus possit*)[29].

Die platonisch-dualistische Weltkonzeption, die die Haltung des Autors zu seinem Werk bestimmt und ihn – in der Definition der *divina* als bloßen *ratio*-Prinzips – konsequent aus der stoischen Dogmatik ausbrechen läßt, dürfte damit als ein Beitrag Senecas zu dem *Spiritualisierungsprozeß* der römischen Stoa erkannt sein.

Im folgenden wenden wir uns der Frage zu, welche Bedeutung die Erkenntnis des gottdurchwalteten Kosmos für die Ethik Senecas im einzelnen hat.

Wieder müssen wir im stoischen Weltbild Senecas einen Bruch feststellen, wenn wir zu Beginn seine Konzeption vom Menschen prüfen: Diese ist in den ›N. Qu.‹ – gemäß seiner Vorliebe für Aspekte reinen Geistes bei der Gottesdefinition – platonisch-dualistisch. Der römische Philosoph befindet sich in der Situation des „modernen" Menschen, für den viele Definitionsmöglichkeiten

---

[28] Vgl. hierzu die Charakteristik der Gestirnswelt als eines göttlichen *opus aeternum*, etwa: 7, 22, 1; 23, 2; 25, 6; 30, 2.

[29] Vgl. hierzu die Interpretation auf S. 293 f.

hinsichtlich Gott oder Mensch (bzw. Seele) verfügbar sind: Unentschieden kann er sich – dem Anschein nach – in bloßem Referat divergierender Meinungen an folgenden Stellen nicht für eine einzige Auffassung entscheiden: *sive illis* (sc. *cognata numini summo*) *tanta subtilitas est quantam consequi acies humana non possit, sive in sanctiore secessu maiestas tanta delituit ... nec ulli dat aditum nisi animo* (7, 30, 4). *Habere nos animum ... omnes fatebuntur; quid tamen sit animus ... non magis tibi quisquam expediet quam ubi sit. Alius illum dicet spiritum esse, alius concentum quendam, alius vim divinam et dei partem, alius tenuissimum animae, alius incorporalem potentiam; non deerit qui sanguinem dicat, qui calorem* (7, 25, 2).

Der Autor schwankt hier zwischen einer stofflich-visuellen und einer rein geistigen Auffassung der Gottheit. Auch bei einer möglichen Definition des *animus* als des Seelenhegemonikon des Menschen (*animus ille rector dominusque nostri:* 7, 25, 2) entscheidet er sich für die altstoische stoffliche Konzeption des *animus* als *spiritus* oder auch *calor*[30], sondern er sieht hier – wie überhaupt im letzten Buche der ›N. Qu.‹ an der Möglichkeit letzter Erkenntnis zweifelnd (7, 30, 3 f.) – unschlüssig das Nebeneinander vieler versuchter Definitionen. Wo er dann aber Stellung nimmt, läßt er den Menschen aus zwei heterogenen Prinzipien konstituiert sein: aus dem *animus*, der mit *ratio* identisch ist, und dem körperlichen Teil: *quid ergo interest inter naturam dei et nostram? Nostri melior pars animus est; in illo nulla pars extra animum est. totus*

---

[30] SVF I 518: ... σῶμα ἄρα ἡ ψυχή. – SVF II 773: ... οἱ μὲν γὰρ Στωϊκοὶ πνεῦμα λέγουσιν αὐτὴν ὂν θερμὸν καὶ διάπυρον. – SVF II 823: μία ἡ τῆς ψυχῆς δύναμις, ὡς τὴν αὐτήν πως ἔχουσαν ποτὲ μὲν διανοεῖσθαι, ποτὲ δὲ ὀργίζεσθαι, ποτὲ δ' ἐπιθυμεῖν.

In der streng monistischen Psychologie Chrysipps verfügt der körperliche Seelenkomplex über verschiedene Fähigkeiten: denken, zürnen, begehren. Hier gibt es also kein quasi für sich abgespaltenes rein rationales Seelenhegemonikon, das einen Gegensatz zu den niederen Trieben (zürnen, begehren etc.) bilden würde. – Die rein stoische Auffassung des *animus* als *animal* findet sich noch ep. 113, 2–5.

est ratio (1 pr. 14). Der bessere Teil des Menschen ist also das als *ratio* erkannte Seelenhegemonikon[31]. Der aus diesem Komparativ konsequent sich ergebende schlechtere Teil beinhaltet natürlich das, was an Negativem zuvor in der Zeichnung des Menschenbildes hervorgehoben worden ist (1 pr. 4–6): Alles das *corpus causarium* Betreffende, Affekte und *vitia animi* als niedere, aus der Körperlichkeit herrührende Seelentriebe (vgl. 4 pr. 2: die *rixa vitiorum*). Somit ähnelt der senecäische *animus* dem platonischen *nous*, dem Rosselenker, der allein, unabhängig von den ihm nicht artverwandten und ihm untergeordneten Teilen der Seele, das reine Sein erkennen kann (vgl. insbesondere Phaidros 247 c).

Durch diese Doppelbegabung des Menschen, einmal mit göttlicher Vernunftkraft, dann wieder mit animalischen Trieben, nimmt er eine Zwitterstellung ein: Er hat im Sinne der stoischen Alternative – was seine ethische Leistung anbetrifft – die Möglichkeit, *ratio* oder aber Affekte über sich herrschen zu lassen. *ratio*-Herrschaft bedeutet Besitz höchster Tugend und Gottgleichheit bzw. Übertreffen des Gottes: *ferte fortiter. hoc est, quo deum antecedatis: ille extra patientiam malorum est, vos supra patientiam* (de prov. 6, 6). Somit erhält die zunächst mit negativen Zügen gezeichnete Welt[32] der Fährnisse, Vergänglichkeit und

---

[31] Außerdem s. o.: die ursprüngliche Zugehörigkeit des *animus* zum transzendenten „Geistes"bereich.

Panaitios faßt den *animus* – laut Cicero-Referat – noch körperlich auf: *„animus, qui ... ex inflammata anima constat, ut potissimum videri video Panaetio ..."* (Tusc. 1, 42).

Zu *Poseidonios* vgl. Sextus adv. phys. 1 71–74, (diese Ausführungen sind als Poseidonios-Zitat belegt durch Achill, Commentar. in Arat. p. 41 Maass: vgl. K. Reinhardt, Kosm. und Symp. 308 ff.): Soweit dieser einzige Beleg überhaupt ausreicht, stellt sich Poseidonios die Seele – wie sein Lehrer Panaitios – als feuriges Pneuma vor, das, seiner Natur folgend, nach dem Tode des Körpers nach oben steigt. Die materialistisch-monistische Konzeption der Stoa wird also auch hier noch insofern beibehalten, als ein rein geistiges (nicht an Materie gebundenes) Sein als ein besseres und beständigeres Sein nicht in Betracht gezogen wird (vgl. dagegen S. 293 die Interpretation der ›N. Qu.‹).

[32] Vgl. oben S. 284.

der Bedrohung durch die eigenen Affekte einen positiven Sinn: Sie bietet Möglichkeit zur sittlichen Bewährung.

Für Seneca gilt wie die alte Stoa das ethische Motto: ὁμολογουμένως τῇ φύσει ζῆν bzw. *secundum naturam vivere*. Mit dem Begriff „Natur" ist hier natürlich die sinnvolle vernünftige Weltordnung gemeint, die ein Maßstab für richtige Wertschätzungen und Handlungen sein kann. Die Natur lehrt als anschauliches Beispiel den Menschen, sich von seinen führenden Geisteskräften bestimmen zu lassen. So ist der Satz zu verstehen: *non enim aliunde animo venit robur quam a bonis artibus, quam a contemplatione naturae* (6, 32, 1; vgl. I pr. 17; 3 pr. 18; 4 pr. 20: wie oben zitiert). Somit ist es notwendig, sich genaues Wissen über Naturzusammenhänge anzueignen, denn erst aus der Kenntnis dieser ethischen Norm, die sie darstellt, kann sittlich wertvolles Handeln resultieren.

Außer der logos-Begabung des Menschen wäre für seine eventuelle sittliche Entscheidung die Voraussetzung notwendig, daß ihm innere *Freiheit* zugebilligt würde, obwohl der stoische Grundsatz von der Unabänderlichkeit des *fatum* und der *providentia* gilt. Diese Diskrepanz von Freiheit und Notwendigkeit, die die stoische Philosophie enthält, versucht der Römer in der Aufnahme und Verstärkung traditioneller Argumente der Stoa so aufzuheben: Der Mensch solle, um das Schicksal zu meistern, – was auch immer sich ereignet – ertragen, *gleichsam als ob* er gewollt habe, daß dies derartig seinen Gang nimmt: *quid praecipuum est? ... quicquid acciderit, sic ferre, quasi tibi volueris accidere* (3 pr. 12). Indem der Sterbliche sich dem Unabänderlichen fügt, kann er seinen eigenen Willen dem göttlichen anpassen und so mit ihm übereinstimmen, daß der Beschluß des Schicksals in das eigene Bestreben aufgenommen und mit ihm identifiziert werden kann. Die somit erworbene Freiheit setzt eine freiwillige Unfreiheit des Menschen voraus, absoluten Gehorsam der Gottheit gegenüber.

Die geforderte Unterwerfung unter das Schicksalsgesetz wird damit gerechtfertigt, daß der Mensch sich ja dem *deus* fügt, *cui nisi optima placere non possunt* (1 pr. 3).

Der Mensch aber hat eine beschränkte Erkenntnisfähigkeit (1 pr. 2 und 14). Deshalb bedarf er der Anleitung zu seinem

Besten. In der ethischen Paränese 5, 15, 3 ff. führt der Autor anschaulich-paradigmatisch dem Leser vor Augen, daß der der göttlichen Absicht nicht subordinierte Wille um einer möglichen glücklichen Existenz des Menschen selbst willen abgelehnt werden muß: Der Mensch, der, von der *avaritia* getrieben, in Erdhöhlen Gold sucht, setzt sich unwissentlich Gefahren aus (1. möglicher Zusammensturz der Höhle, 2. Besitz von Geld schafft Feinde). Dieser aus der *avaritia* herrührende Wille ist nicht Vernunftwollen, sondern er entspricht den *Trieben*, den niederen Seelenkräften. Da wahre Freiheit für den Stoiker Subordination unter den göttlichen Willen bedeutet, bewirken die Triebe also Unfreiheit des Menschen[33]. Zur eigentlichen Freiheit hin strebt nur der *animus*: Er ist *liber et deis cognatus* (ad Helv. 11, 7). Somit ist ethisches *praecipuum* das *animo omne vidisse* (3 pr. 10), der perzeptive, intellektuelle Akt, der sich aus dem Schauen der Dinge und ihrer Deutung definiert, nicht die – als im pointierten Gegensatz hierzu herausgestellte – (kriegerische) Gewalt*tat* (*non classibus maria complesse nec in Rubri maris litore signa fixisse nec deficiente ad iniurias terra errasse in oceano ignota quaerentem*: 3 pr. 10; vgl. 5, 18, 5: Die Ablehnung des *hostem quaerere*; 3 pr. 10: *se in potestate habere* ist wichtiger als politische Macht).

Das Problem der Freiheit besteht also für Seneca nicht so sehr gegenüber dem von außen an den Menschen herantretenden Schicksal, sondern es bezieht sich vor allem auf das *innere* Verhältnis vom Seelenhegemonikon zu den Affekten. Die aus den Trieben herrührenden Laster wie *amor nostri, taedium, superbia, cupiditas, voluptas, sollicitudo* versklaven (4 pr. 2) den *e iure naturae* (3 pr. 16) – nämlich durch seine logos-Begabung – eigentlich zum Frei-sein angelegten Menschen. *Liber est autem qui servitutem suam effugit* (3 pr. 16).

Der Philosoph deutet die herkömmlichen Begriffe gemäß dem stoischen Wertmaßstab um, indem er sie *verinnerlicht*: *servitus* und *libertas* stellen nicht sozialen Rang dar – wie für den philosophisch Naiven, der aus dem autonomen Selbstverständnis gesellschaftlichen Standesbewußtseins lebt –, sondern *moralische*

---

[33] Vgl. den Laster-Katalog S. 201 meiner Diss.

Kategorien. Über das *ius Quiritium*, das „positive" römische Staatsrecht, wird das *ius naturae* (3 pr. 16) gestellt, das ethische Gesetz der Natur-Gottheit, das in der Forderung nach der Wirksamkeit der logos-Kräfte im Menschen besteht. Auch die äußere Situation der Gefahr, die Bedrohung der Existenz durch das Walten des Schicksals, wird neu konzipiert als – im wesentlichen Sinne – *innere* Situation der Gefahr: Denn erst wer im Augenblick der Ausweglosigkeit den niederen Seelentrieben freien Lauf läßt, z. B. der Furcht, ist eigentlich gefährdet, und allein dessen Dasein erweist sich somit als niedrig und verderbt: (sc. *metus*) *hic est, qui nos humiles facit; hic est, qui vitam ipsam, cui parcit, inquietat ac perdit* (6, 32, 9).

Eine doppelte Erkenntnis – die sich für den Stoiker aus dem Studium der Natur ergibt – trägt zur Überwindung der Affekte selbst in der äußersten Existenzbedrohung bei, die Einsicht, daß 1. *alles* Seiende dem Gesetz der Vergänglichkeit und des Todes unterliegt, 2. Tot-sein bedeutet, sich im sicheren Schoß der Natur zu befinden. *Nullum maius solacium est mortis quam ipsa mortalitas* (6, 2, 6). *nihil dubitaveris; redderis. non de re, sed de tempore est quaestio; ... rerum natura te, quae genuit, expectat et locus melior ac tutior* (6, 32, 6).

Beide Argumente lassen sich so erläutern: Wer erkannt hat, daß er in den Vollzug eines unbestechlichen Schicksals miteinbezogen ist, das gerecht (*constitutione iustissima*: 2, 59, 8) allen ein Lebensende bereitet (2, 59, 4/6; 6, 2, 6/9; 32, 8) – indifferent gegen alle Seinsformen zum Wohle des Kosmosganzen (*habebunt suum, non tuum finem,* sc. *vires rerum:* 3 pr. 8) –, braucht seinen persönlichen Tod und eine bestimmte Todesart nicht zu fürchten: ... *cum ad exitum ventum est, omnes in aequo sumus. nihil itaque interest, utrum me lapis unus elidat, an monte toto premar* (6, 1, 8 ff.). Tod ist notwendig zum Zwecke der Regeneration (vgl. oben S. 282).

Klage über eine zu kurze Lebensdauer des Menschen ist unsinnig, wie wir dem Dialog de brevitate vitae entnehmen können (2, 1), da sich die „zu kurze Dauer" (der „zu frühe" Tod) einer Existenz für Seneca allein aus der Beschäftigung mit unwesentlichen Dingen definiert (7, 3; 10, 1; 13, 2; dazu gehört nach Senecas Meinung auch das positivistische Material-Sammeln der Philologen). Allein die philosophische Fragestellung wird als sinnvoll bewertet (15, 4): Der Philosoph lebt demnach (ungeachtet der faktischen Dauer seines Lebens) „am längsten", und er weist gleichzeitig den Weg zur *aeternitas*.

Als im stoischen Sinne normative ethische Leistung resultiert für Seneca aus der Einsicht in die Unübertrefflichkeit des von der göttlichen *providentia* und vom *fatum* gesteuerten Kosmos die Bereitschaft des *ire in ea* – sc. *pericula* –, *quae minabantur* (4 pr. 16) und sogar ein *posse laeto animo adversa tolerare* (3 pr. 12), ein *animus contra calamitates fortis et contumax* (3 pr. 13; *animus intrepidus*: 6, 32, 4). Aus einer solchen Haltung definiert sich die geistig-seelische Überwindung des gefahrvollen Daseins, das *periculis meis maior* (4 pr. 16) zu sein, und hiermit in Zusammenhang der Begriff der *securitas*: ein *animus securus* ergibt sich aus dem *contemptus animae* (sc. *hominis*: 6, 32, 4), aus der Geringschätzung des individuellen Lebenshauches. *Sicherheit* bedeutet somit für den stoischen Philosophen nicht, von keinerlei Gefahren bedroht zu sein, sondern: über alle *pericula* erhaben zu sein oder – um noch einmal die platonische Metapher aufzugreifen – Höhenflug des Geistes, nachdem dieser sich weitgehend vom vital-animalischen Raum gelöst hat (1 pr. 12; vgl. S. 285).

Die postulierte Bereitschaft zur geistig-seelischen Überwindung von Gefahren impliziert nicht fahrlässiges Heldentum, einen *animus avidus periculi* (3 pr. 13); denn hierbei käme der Anstoß zur Tat vom Trieb bzw. Affekt.

Das gleiche gilt für den von der *ratio* unkontrollierten Selbstmord: *videbam apud Gaium tormenta, videbam ignes, sciebam olim sub illo in eum statum res humanas decidisse, ut inter misericordiae opera haberetur occidi – non tamen ferro incubui... ne viderer pro fide tantum mori posse* (4 pr. 17). Wie zum Beweise, daß das stoische Tugendpostulat nicht bloße Theorie zu bleiben braucht (*ostendi*[34] *in omne pectus cadere virtutem*: 4 pr. 15),

---

[34] Vgl. S. 41 meiner Diss.: Der Autor spricht hier in der Tat in eigenem Namen.

führt unser Autor in der Praefatio des 4. Buches Beispiele persönlich gemeisterten Schicksals auf: In dem Falle eines möglichen Selbstmordes, mit dem der profilierte Staatsmann sich eine Gnade in Situationen der Ausweglosigkeit hätte zuteil werden lassen können, erachtete er den Freitod als ein Geringes. Das *ultimum consilium*, das zu dieser letzten Handlung führen würde, kennzeichnet Seneca zudem durch ein beigefügtes *praecipiti impetu* (4 pr. 17), d. h. es würde sich hierbei um einen Akt handeln, der – obwohl der Begriff *consilium* (= Überlegung) fällt – unbesonnen, letztlich ohne *ratio*-Kontrolle, begangen würde. Mit dem Freitod würde der Mensch sich um die sittliche Leistung bringen, wie nämlich in diesem Falle darum, mit der eigenen Person das Fortbestehen eines moralischen Wertes wie der *fides* zu garantieren[35].

Der in scheinbarem Widerspruch hierzu stehende Satz aus Epistel 70 (vgl. §§ 14/15) – *placet: vive. non placet: licet eo reverti, unde venisti* – läßt sich darum auch nur im Sinne der stoischen *ratio*-Philosophie in einer Zusammenschau mit der vorhergehenden Überlegung interpretieren: *in nulla re magis quam in morte morem animo*[36] *gerere debemus* (§ 12). Soll der Freitod ein sittlicher Akt sein, verbleibt die Entscheidung dem von allen Affekten ungetrübten (das ist die Voraussetzung) geistigen Führungsprinzip des Menschen.

Ein *solacium* in bezug auf den persönlichen Tod, soweit er vom Schicksal verhängt wird und bestanden werden *muß*, bietet unser Autor in der Korrektur der gemeinen Todesvorstellung: Tod bedeutet bei Seneca nicht totale Vernichtung, sondern ist Übergang in ein anderes Sein, das bessere Bedingungen als das – in seiner Körperlichkeit bedrohte – menschliche Leben enthält. Der *locus melior ac tutior* (6, 32, 6) des „Tot"-seins ist nach Senecas Cha-

---

[35] Vgl. E. Benz, a. O. S. 57: „Für den Stoiker ist die Konsequenz die Bereithaltung des Selbstmords für den Fall des Eintritts einer unvorhergesehenen Zwangslage, die ihn an einem sittlichen Leben verhindert, der Selbstmord ist also das letzte Mittel, ein Übel zu vermeiden..."

[36] Vgl. oben S. 286: *animus* = Seelenhegemonikon = *ratio*.

rakteristik ein Ort, wo keine Vernichtung im materiellen Sinne stattfindet, denn es gibt dort (vgl. § 7) weder Naturkatastrophen noch Krieg. Es kann sich hierbei demnach nur um eine unkörperliche, also geistige Postexistenz handeln, um einen Zustand, da allein der *animus* wirksam bleibt. Diesen Schluß stützt die Definition des geistigen Höhenflugs als eines Zustandes der Sicherheit und der Befreiung vom Körper sowie der Überwindung der faktischen Sterblichkeit und des Übergangs in eine *melior sors* (vgl. oben S. 285 zu 1 pr. 17).

Um zusammenzufassen: Man kann den Inhalt der von Seneca in den ›N. Qu.‹ vertretenen Ethik – der Mensch habe als Glied des Kosmos-Ganzen sich selbst und alles Schicksal mit *Vernunft*kraft zu meistern – dem Denkbereich der *Stoa* zuweisen. Dagegen rührt die Definition der unabdingbaren *Voraussetzung* zur sittlichen Leistung, nämlich die des *animus* als des rationalen Seelenhegemonikons, aus der *platonisch-dualistischen* Perspektive her: Der *animus* ist *nicht* mehr – in monistischem Aspekt – *ein* Funktionszustand[37] der körperlichen Seele unter anderen, sondern er begibt sich als Fremdling und dann vom Körper Gefangener in die Welt des Dinglichen aus seiner heimatlichen Transzendenz, in die er später nach dem Tode mit Notwendigkeit zurückkehrt. Ebenso erinnert die Vorstellung des Erkenntnisprozesses als eines physischen Todes an den ›Phaidon‹ Platons[38]. Da das geistige Prinzip des Menschen bei allem Verfall des körperlichen und triebhaften Seins als das einzig Bleibende[39], auf Erkenntnis Ausgerichtete, Göttliche begriffen wird und somit eine absolute Vorrangstellung erhält, ist also auch in der Ethik des römischen Philosophen die Tendenz zur *Spiritualisierung*, wie ich sie nennen

---

[37] Vgl. S. 286, Anm. 30.
[38] Vgl. Phaidon 64 a 4 f.; 64 c 4 ff.: Tod ist Trennung der Seele („Seele" wird hier als das auf Erkenntnis ausgerichtete Organ aufgefaßt: 64 d 7 ff.) vom Körper.
[39] Panaitios hält – im Gegensatz zu Platon (und Seneca) – den *animus* für sterblich: So referiert Cicero Tusc. 1, 79.
Für Poseidonios vgl. S. 441 Anm. 2: Das körperliche Seelen-Pneuma lebt nach seiner Trennung vom übrigen Körper weiter.

möchte, festzustellen. Dieselbe geht mit seiner Manier, die Situation sittlicher Entscheidung zu *verinnerlichen*, Hand in Hand.

Diese Ergebnisse müssen im Auge behalten werden, wenn nunmehr das am Beginn unserer Darlegung festgestellte bruchlose Zusammenspiel von naturwissenschaftlich-exakter Forschung und ethisierenden Passagen an einigen Einzelfällen verdeutlicht wird. Dem modernen Betrachter fällt es natürlich schwer zu sehen, wie das, was *wir* heute in Objekte der Naturwissenschaften einerseits und Geisteswissenschaften (Philosophie) andererseits zu gliedern gewohnt sind, für den Denkbereich der Antike eine Einheit darstellen konnte. Vermochten doch die einzelnen Philosophenschulen sogar — wie wir insbesondere den Büchern 2 (12–30 und 54–56)[40], 6 (6–20) und 7 (4–21) der ›N. Qu.‹ entnehmen können —, „auf Grund" eigener Beobachtungen am Gegenstand der Natur für jeweils andere „Weltanschauungen" zu plädieren. Der Grund für diesen zunächst unverständlichen Tatbestand liegt darin, daß der Kosmos als Objekt naturwissenschaftlicher Forschung, wo das eindeutige exakte Messungsergebnis versagt, von der Subjektivität menschlicher Wunschvorstellungen entscheidend erfaßt und weltanschaulich, philosophisch gedeutet wird.

Insofern ist es keineswegs verwunderlich, wenn wir in den ›N. Qu.‹ folgende — zunächst erstaunliche — Mitteilungen finden:
1. daß das Kriterium der möglichen Wahrheit einer naturwissenschaftlichen These letztlich von der „richtigen" Weltanschauung herzuleiten und an dieser zu messen sei[41],
2. daß in der Aussage über physikalische Verhältnisse bereits philosophisch-ethische Forderungen enthalten seien[42] und
3. daß der subjektive Eindruck (der Schönheit) des Naturphänomens für die Richtigkeit der philosophischen Weltkonzeption bürge[43].

Die Manier, geistig-seelische Schau über physikalische Verhält-

---

[40] Vgl. S. 269 oben.
[41] N. Qu. 7, 30, 2; vgl. S. 271 f.
[42] Vgl. N. Qu. 4 b, 13, 2.
[43] N. Qu. 7, 27, 6; vgl. S. 272 oben.

nisse entscheiden zu lassen, entspricht der Tendenz zur Spiritualisierung des Kosmos bzw. der Gottheit.

Die Vorstellung, daß die Sicherheit eines Ergebnisses naturwissenschaftlicher Forschung von der richtigen Weltanschauung abhängt, ist an anderen Stellen der ›N. Qu.‹ implizit vorhanden:

3, 9, 2/3 findet sich die philosophische Hypothese der Stoiker, daß die Elemente ineinander verwandelbar sind — eine These, die sie natürlich nicht beweisen können[44]. Sie bildet den Beweis dafür, daß aus Luft Regen bzw. Feuchtigkeit überhaupt werden könne: Die vermeintlich naturwissenschaftliche Wahrheit wird also mit Hilfe der philosophischen Konzeption bestätigt.

Eine ähnliche Argumentationsweise konnten wir 5, 5, 1 feststellen[45]; desgleichen lehnt Seneca 7, 23, 2 eine naturwissenschaftliche Ursachenerklärung geradezu ab. Nicht der physikalische Grund wird untersucht, warum der Komet gleichmäßig brennt und nicht einmal größer und dann wieder kleiner wird, sondern ein philosophischer „Beweis" — im Grunde ein Postulat — tritt an dessen Stelle: das von der *ratio faciens* in ewigem Gleichmaß in Gang gesetzte Weltengetriebe bewirkte die stetige Sternenbewegung[46].

In 6, 16 handelt es sich darum, der Luft die Urheberschaft für das Erdbeben zuzusprechen. Die *vis aeris se movendi* muß also zum Beweisgang auf den Plan geführt werden. Das geschieht auch (16, 4), aber erst, nachdem Seneca in dem Sinne der stoischen Naturphilosophie den *aer vegetus et alens omnia* (16, 1) gepriesen hat (16, 1–3). Dies ist für den naturwissenschaftlichen Zusammenhang nicht erforderlich, ja sogar störend und irre-

---

[44] Hiervon ist auch N. Qu. 3, 29, 4 eine Probe: *maximam tamen causam ad se inundandam terra ipsa praestabit, quam diximus esse mutabilem et solvi in umorem;* ebenso 3, 10, 1: *fiunt omnia ex omnibus, ex aqua aer, ex aere aqua, ignis ex aere, ex igne aer;* und 2, 15: *quidam ex nostris existimant aera, cum in ignem et aquam mutabilis sit...*

[45] Vgl. S. 270 oben.

[46] Vgl. hierzu K. Reinhardt: Poseidonios, München 1921, 138: „Wohl pflegt Seneca sich im Allgemeinen zu einer Lösung durchzuwinden, die er anerkennt; *aber diese Lösung resultiert nicht,* sondern wird in der Regel nur angeschlossen..."

führend. Denn es soll doch die Ursache für die Erd*zerstörung* geklärt werden und nicht Wachstumsbedingungen in irgendeiner Hinsicht. Dennoch verzichtet Seneca nicht darauf, in diesem Zusammenhang das ganze Strukturgebäude des von den Stoikern konzipierten Weltalls aufleuchten zu lassen: Der Autor entwirft das Bild des kosmischen Lebenszusammenhangs zwischen den Gestirnen und der Vegetation und Kreatur tragenden Erde, dessen Erhaltungsquelle der nahrungsträchtige *aer* sein soll; m. a. W.: Seneca schiebt die Diskussion wieder auf das Gebiet der Natur*philosophie* ab, die mit der Spekulation operieren muß, da eindeutige exakte Meß- oder Observationsergebnisse nicht vorliegen. Und eben diese Spekulation — also eine höchstens im esoterischen Kreis der Stoiker gültige Überzeugung — erbringt das „Beweismaterial" für den natur*wissenschaftlichen* Sachverhalt der *causae terrae motus*.

Auch in der Kernstelle des sechsten Buches (Kap. 21, 1) entscheidet die philosophische Konzeption: Elemente wie *ignis* und *aqua* bedürfen — zur bloßen Existenz bzw. Erzeugung eines *impetus* — des Anstoßes von seiten des *aer,* er selbst aber — und das ist die entscheidende naturphilosophische Voraussetzung — bedarf keiner mechanischen Ursache, sondern besitzt eigene Vitalkraft[47].

Ein weiteres Beispiel in 3, 16, 1–3: Es gilt, zu erklären, *quare quidam fontes senis horis pleni senisque sicci sunt* (§ 1)? Von vornherein wirkt der Autor einer exakt-objektiven Methode der Untersuchung entgegen: *supervacuum est nominare singula flumina, quae certis mensibus magna, certis angusta sunt, et occasionem singulis quaerere, cum possim eandem causam omnibus reddere:* § 1. *ecquid hic mirum est, cum videas ordinem et naturam per constituta procedere?* (§ 3). Die Tatsache, daß es eine Fülle von gleichen Phänomenen gibt wie das zur Diskussion stehende, genügt dem Autor bereits für die Ursachenerklärung. Die spezifischen Fälle mit ihren besonderen Umständen, die *occasiones,* brauchten nicht erst untersucht zu werden. Hier reicht bereits das Ergebnis

---

[47] Vgl. S. 105 meiner Diss.: Der *aer* ist nicht mechanische, sondern vitale *causa terrae motus*.

der sinnlichen Wahrnehmung aus, das Gesetzmäßigkeit konstatiert hat. Und diese Gesetzmäßigkeit ist das, was der Stoiker gesucht – und gefunden hat. Gelingt das schon auf visuellem bzw. jedem Erfahrungswege, so braucht anscheinend nicht weiter geforscht zu werden. Die Untersuchung der *occasiones* fällt aus, „weil" diese alle eine gemeinsame „*causa*" haben, nämlich – wie aus der rhetorischen Frage des § 3 hervorgeht – den *ordo rerum* bzw. die *natura*, die *per constituta* ihre Entwicklung nimmt. Die stoische *natura*-Konzeption tritt also wieder an die Stelle der exakten Forschung, wie insbesondere dann auch die quasi als Stütze und Erläuterungsexempel herangezogenen Parallelfälle für „Gesetzmäßigkeit" in der Natur zeigen: *podagra, purgatio, partus, dies, hiems, aestas, autumnus, solstitium* und *aequinoctium* (§§ 2/3). Daß es sich phänomenologisch bei den eben genannten Erscheinungen einerseits und bei den periodisch auftretenden Quellen andererseits um ganz verschiedene Dinge handelt und daher auch die naturwissenschaftliche Untersuchung je spezifische Wege hätte einschlagen müssen, das war sicher auch Seneca zu beurteilen imstande. Man bedenke z. B., mit welchem naturwissenschaftlichen Scharfblick er in 7, 22/23 – in eigener Regie – die üblichen Erklärungsversuche der Kometen zurückweist, daß etwa die Kometen wegen ihrer langen Dauer keinesfalls kurze Feuerwirbel – wie einige *ignes caelestes*: ›N. Qu.‹ 1 – sein könnten[48]. Man sieht, daß sogar sich ähnelnde Phänomene auf Grund von naturwissenschaftlicher Erkenntnis wegen ihrer jeweils spezifischen Eigenart voneinander geschieden werden können. ›N. Qu.‹ 3, 16, 1–3 dagegen werden die verschiedenartigsten Phänomene in naturwissenschaftlicher Perspektive quasi miteinander identifiziert, und zwar wegen eines einzigen ihnen gemeinsamen Faktors: des periodischen Auftretens, das die Gesetzmäßigkeit, die *constituta naturae*, garantiert. Diese aber gelten hier – wie gesagt – als „Beweismaterial" naturwissenschaftlicher Kausalzusammenhänge.

Ein weiteres Beispiel – 1, 3, 3–12 – zeigt, wie das in der Vorlage schon in richtigen Ansätzen vorhandene natur*wissenschaft*-

---

[48] Vgl. S. 108 meiner Diss.: Dies ist Senecas selbständig gebildete Meinung.

liche Denken durch die Argumentation Senecas wieder zerstört und in geisteswissenschaftliche bzw. philosophische Gleise zurückgelenkt wird.

Es handelt sich um die Erklärung der Regenbogenfarben. Wie wir heute wissen, kommen diese durch eine Lichtbrechung der Sonnenstrahlen in der linsenartig wirkenden Feuchtigkeit der Wolke zustande, so daß das Licht in seine Komplementärfarben zerlegt wird. Der moderne Physiker ist dem Grund der Farbskala des Regenbogens natürlich mit Hilfe von Messungen *quantitativer* Verhältnisse auf die Spur gekommen. Einen Ansatz hierzu finden wir in 1, 3, 3, wenn er auch im einzelnen auf eine andere Begründung zielt. Seneca referiert aus seiner Vorlage: *quidam aiunt esse aliqua stillicidia quae solem transmittant, quaedam magis coacta, quam ut transluceant: itaque ab illis fulgorem reddi, ab his umbram, et sic utriusque intercursu effici arcum, in quo pars fulgeat, quae solem recipit, pars obscurior sit, quae exclusit et ex se umbram proximis fecit.* Der Autor der Vorlage versucht demnach, die Farben auf die Durchlässigkeit bzw. Undurchlässigkeit der Wassertropfen-Ballungen zurückzuführen. Er operiert also mit quantitativen Verhältnissen. Seneca, der zu Recht bemängelt, daß hiermit wohl Licht- und Schattentöne erklärt seien, aber nicht die Vielfarbigkeit des Bogens (vgl. §§ 4–11), findet in § 12 die Begründung: *varietas autem non ob aliam causam fit, quam quia pars coloris sole est sparsa, pars nube: in illa umor modo caeruleas lineas modo virides modo purpurae similes et luteas aut igneas ducit, duobus coloribus hanc varietatem efficientibus, remisso et intento.* Wir sehen deutlich, daß unser Autor hier Quantitätserwägungen außer acht läßt und auf die *Qualitäten* der rot leuchtenden Sonnenfarben und der bläulich-grünlichen Wassertöne der Wolke zurückgreift. Qualitatives Denken aber ist nicht naturwissenschaftlich, sondern geisteswissenschaftlich, philosophisch. Denn der moderne Physiker erklärt die Farbe Rot durch Strahlungen bestimmter Wellenlänge (Quantität!), die vom Gegenstand ausgehen und das Auge des Menschen treffen, und nicht damit, daß etwas Rotes auf etwas scheint. Denn hiermit wäre die Fragestellung ja naturwissenschaftlich noch nicht gelöst, sondern man müßte im Gegenteil weiterforschen: Woher kommt das Rot des rot scheinenden Phänomens alias der Sonne? Wie leicht hätte Seneca, da er ja eigentlich auch nur zwei Grundtöne von Farben erklären kann, deren Variationen er kaum erläutert (!)[49] – und darauf kam es ihm ja gerade an; das war sein Einwand gegen die Vorlage in § 3 –, wie leicht hätte unser Autor das naturwissenschaftlich-quantitativ fundierte Argument mit seinem eigenen geisteswissenschaftlichen vereinigen können, m. a. W.: sein allein phänomenologisch basiertes Urteil auf das naturwissenschaftliche von § 3 stützen können! Denn die beiden Grundtönungen, die Seneca findet, ähneln der Licht-Schatten-Theorie durchaus: Es sind die *colores*-Gruppen *remissus* und *intentus,* deren Entstehen physikalisch-exakt im Sinne des § 3 hätte erklärt werden können. Denn die Eigenschaft „*remissus*" entspricht den Schattentönen und „*intentus*" den Sonnentönen.

Wenn der Autor diesmal auch nicht offensichtlich zugunsten seiner stoischen Weltanschauung die ihm bereits zur Verfügung stehenden naturwissenschaftlichen Forschungsmeinungen verwarf, so hat er dennoch auch jetzt im Sinne eines rechten Stoikers Argumente beseitigt, die seiner *natura*-Konzeption hinderlich werden könnten. Denn eine Anerkennung quantitativer Verhältnisse könnte dem atomistischen Weltbild der Epikureer das Wort reden.

Auch die Definitionen von verschiedenen Möglichkeiten der Körperzusammensetzungen – *unitas, commissura, continuatio* – sind – ›N. Qu.‹ 2, 2 – philosophisch fundiert und beruhen schließlich keineswegs nur auf konkret gewonnenen wissenschaftlichen Observationsergebnissen, wie Seneca selbst § 3 deutlich werden läßt: *ergo concedas oportet, ex his quoque, quae sensum quidem effugiunt, ceterum ratione prenduntur*... Wo die sinn-

---

[49] 1, 3, 13 ist wohl ein nicht ganz ernst zu nehmender Versuch dazu. Denn sollte Seneca in der Tat geglaubt haben, daß z. B. grün nicht eine selbständige Farbe, sondern nur eine schwächere Tönung von blau ist – oder umgekehrt? Es ist kaum anzunehmen, daß Seneca sich dessen nicht bewußt gewesen sein sollte, daß verschieden starke Rotfärbungen, die er am Beispiel der Purpurschnecken-Färbungen erläutert, phänomenologisch nicht mit völlig verschiedenen Farbtönen zu vergleichen sind.

liche Wahrnehmung nicht mehr ausreicht, setzen die Vernunftschlüsse des Menschen ein. Weil aber die Naturforschung nur recht dürftige Ergebnisse bieten kann, ist es demzufolge auch mit der Qualität der von der *ratio* gezogenen Konsequenzen schlecht bestellt.

Rückblickend können wir feststellen, daß in den ›N. Qu.‹ einerseits die „exakte" Untersuchung eines Naturphänomens – allerdings nur bis zu einem recht beschränkten Grade – das Fundament für die philosophische Gesamtkonzeption bildet[50]. Andererseits aber entscheidet das philosophische Telos über die Richtigkeit eines wissenschaftlichen Observationsergebnisses.

Es ist dem modernen Menschen möglich einzusehen, daß Ergebnisse der *Naturphilosophie* und Forderungen der *Ethik* in antiker Vorstellung in Einklang gebracht werden können; denn da die „Physik" sich wesentlich um eine Vorstellung von der Gottheit bemüht, sie somit als theologischer Versuch gelten kann und – auch heute – religiöse Vorstellungen ohne Bezug zum Moralischen fast undenkbar sind, ist die gleichsam organische Einheit zwischen den zunächst so verschiedenartigen Bereichen klar. Insofern eine Begegnung zwischen exakter Wissenschaft und Naturphilosophie einerseits und Ethik andererseits im senecäischen Denken stattfinden kann, ist demnach auch über die naturphilosophische Konzeption als vermittelnden Geistesbereich eine Beziehung von (fast) wissenschaftlicher Forschung und Moralforderung möglich. Aus diesem Grunde ist der Vorwurf[51], die Verquickung von Naturforschung und Ethik sei in den ›N. Qu.‹ mißglückt, vom Standpunkt der Antike her nicht berechtigt.

Die Interpretation zweier besonders anschaulicher Beispiele – ›N. Qu.‹ 1, 17, 1–4 und 6, 28, 2 – mag die Art der Verbindung von naturwissenschaftlichem (bzw. -philosophischem) und ethischem Wollen Senecas verdeutlichen:

Der Philosoph macht sich Gedanken über den Sinn des (konkreten) Spiegels (1, 17) bzw. Abbildes. Die Einrichtung des *speculum* sei von der Natur zunächst einmal zur besseren exakten

[50] Vgl. oben S. 273.
[51] Vgl. oben S. 265.

Beobachtung der Phänomene (hier der Gestirne: Wahrnehmung z. B. der Sonnenfinsternis auf dem Wasserspiegel) geschaffen (§§ 2/3). Nach dieser Feststellung, die übrigens erst die Antwort auf eine vorhergehende philosophische Fragestellung (§ 1) ist und die also nicht aus naturwissenschaftlichem Interesse selbst erwachsen ist, gelangt der Autor zu der Ansicht, daß der Spiegel speziell dazu diene, daß der Mensch sich selbst kennen könne (§ 4). Der Satz, *ut homo ipse se nosset,* bildet nun den entscheidenden Übergangspunkt vom rein wissenschaftlichen Zweck des diskutierten Dinges zu seiner philosophischen Bestimmung. Mit der Erkenntnis des Menschen scheint zunächst eine bessere Wahrnehmung seines Äußeren durch ihn selbst gemeint; denn es handelte sich ja im bisherigen Gedankengang nur um das Visuelle. Aus der folgenden Darlegung geht aber deutlich hervor, daß die Vorstellung vom *speculum* sich für Seneca zu den philosophischen Begriffen von Abbild und Erkenntnis(möglichkeit) überhaupt weitet. Der Spiegel wird dem Philosophen gleichsam zum Symbol für die *notitia sui* – Erkenntnis der äußeren und inneren Gestaltung des Menschen – und für das ethische *consilium,* das aus dem Erfassen der eigenen Seele resultiert. Der moralische Rat oder die Einsicht, die sich für den Menschen aus dem Begreifen seines Wesens ergibt, wird in den folgenden Ausführungen präzisiert: Vermeidung der *infamia,* Hinwendung zu den *virtutes,* Wagnis von Kraft und Mut, Betrachtungen über den Tod.

Um noch einmal zusammenzufassen: Den Ausgangspunkt des gesamten Bemühens um Erkenntnis bildet die philosophische Fragestellung nach dem Telos: Wozu hat die göttliche Natur das Phänomen des *speculum* geschaffen? Dieses erweist sich dann in sich als dreischichtig: Es ist 1. naturwissenschaftlich orientiert, 2. (insofern es sich um Erkenntnis innerer, unsichtbarer Verhältnisse eines von der Natur geschaffenen Wesens handelt) naturphilosophisch, 3. ethisch.

Der Übergang vom konkreten Ding zum seelisch-geistigen Bereich erfolgt durch die von Seneca im Gegenständlich-Anschaulichen gesehene Symbolkraft. Das ist philosophische Spekulation, dichterische Schau: Begreifen einer Idee, eines immerwährenden geistigen Prinzips hinter den vergänglichen Phänomenen durch sinnliche Wahrnehmung und intuitive, nicht in der Gangart diskursiven Denkens sich bewegende Kräfte.

Das Beispiel des *speculum* mag verdeutlichen, wie überhaupt die Naturphänomene – die zunächst einmal Objekte der sinnlichen Wahrnehmung sind (auf denen, wie wir sahen, die antike Naturwissenschaft beruht) – für den antiken Philosophen Gegenstand philosophisch-dichterischer Spekulation werden können: eben auf Grund der ihnen beigemessenen Symbolkraft. Die gesamte konkrete Natur ist letztlich für unseren Autor Ausdruck für göttliches, vollkommenes ethisches Wesen schlechthin[52].

In diesen Zusammenhang gehört auch das Bild von der erhabenen Sternenbewegung als Ausdruck göttlichen Wesens[53], Licht als Symbol für Erkenntnis, Dunkelheit als Metapher für Erkenntnislosigkeit[54]. Selbst die dem Menschen von der Natur verliehene aufrechte Haltung – *hominem ad sidera erectum esse*: N. Qu. 5, 15, 3 f. – wird als konkreter Ausdruck einer geistigen Bestimmung begriffen: Der Mensch ist zum Anblick des Himmels, d. h. des „Licht"-bereiches geschaffen, also zur Gotteserkenntnis, um nicht zu sagen: zur philosophischen Fragestellung überhaupt[55].

Aus N. Qu. 6, 28, 2 – dem zweiten ausgewählten Beispiel – nun geht deutlich hervor, daß es unserem Autor beinahe unmöglich ist, Konkretes *nicht* mit dem Ideenauge zu sehen: Seneca spricht hier vom *aer*, der durch langen Aufenthalt in der Erdhöhle verpestet ist und der, sobald er an die Oberfläche gelangt, unsere Luft verdirbt. Diese Tatsache eines speziellen Naturvorganges begründet der römische Philosoph darauf unmittelbar ohne weitere Erklärungen mit den Worten: *vincuntur enim meliora peioribus.*

---

[52] Vgl. oben S. 288.
[53] Vgl. die Attribute der Kometen: N. Qu. 7, 23, 1: *ducere orbem*; 23, 3: *emetitur spatium suum*; 24, 1: *quis in angustum divina compellit?*; 25, 3: *... quorum ex ingentibus intervallis recursus*; 25, 6: *irrevocabiles habet motus..*
[54] Vgl. oben S. 284.
[55] Vgl. A. Pittet (Vocabulaire philosophique de Sénèque, Paris 1937): „Le philosophe empruntera au poète des images, des métaphores" (p. 26). „Pour Sénèque, la métaphore est moins une simple figure de mots que l'expression frappante d'une *notion philosophique*" (S. 26).

Diese Prädikate „gut" und „schlecht" können sich nicht mehr auf gute und schlechte Luft beziehen. Denn in diesem Fall hätte Seneca sich durch Verwendung des Singulars präziser ausgedrückt; indem er aber diese den konkreten Einzelfall betreffenden Eigenschaften in einen allgemeinen Plural umwandelt[56], hat er die Ebene der Ethik erreicht. Denn unter „dem Guten" und „dem Schlechten" schlechthin – das ist ja aus der Tradition der griechischen Philosophensprache schon klar, von der her das Lateinische geformt ist – können allein sittliche Prädikate verstanden werden. Diese Verallgemeinerung des konkreten Einzelfalles bedeutet Abstraktion aus dem Gegenständlichen. Die Aussage über ethische Verhältnisse (philosophische Wahrheit) erreicht Seneca hier also durch „Vergeistigung" eines Naturphänomens.

An anderer Stelle – ›N. Qu.‹ 3, 21 – bemerken wir einen gleichen Denkakt, ohne daß wir hier jedoch sagen könnten, eine Wendung zum spezifisch moralischen Bereich sei zu bemerken. Wir finden erwähnt, daß in manchen Höhlen todbringendes bzw. nervenlähmendes Wasser sei. In § 2 wird diese Tatsache daher erklärt, daß die örtlichen Umstände und die Luft sicherlich das Wasser der Höhle verpesten. Zu dem Faktum der Infektion findet Seneca dann zwei Beispiele, in denen er sich bereits von dem zur Diskussion stehenden Gegenstand (sc. Höhle mit verpestetem Wasser) entfernt: Der Geschmack des Futters erscheine in der Milch und die Kraft des Weins im Essig. Indem Seneca nicht aus demselben Naturbereich (Höhle, Wasser, Luft) Beispiele anführt, sondern zum Zwecke des Vergleichs auf andersartige (wenn auch noch durchaus konkrete) Verhältnisse zu sprechen kommt, kündigt sich schon die Bereitschaft an, sich nicht nur innerhalb des begrenzten Bereichs des zur Diskussion stehenden naturwissenschaftlichen Objektes halten zu wollen. Das scheint zunächst zwar nichts Besonderes zu sein. Dieses Verhalten gewinnt aber an Bedeutung, wenn wir den an die Beispiele angeschlossenen Satz betrachten:

---

[56] Vgl. J. Marouzeau (Le latin à la conquête de l'abstrait. AFC 4, 1947–49, 7–13): Eine sprachliche Möglichkeit zur Abstraktion bildet die Substantivierung eines Adjektivs auf dem Wege der Pluralbildung, z. B.: *magna* = de grandes choses = la grandeur (S. 8).

nulla res est, quae non eius, quo nascitur, notas reddat. Die eben erwähnte Bereitschaft, sich vom naturwissenschaftlichen Forschungsobjekt zu entfernen, um von anderer Seite her eine auf besseres Verständnis zielende Ergänzung heranzuholen, erlangt nun noch größere Bedeutungstiefe: Denn der assoziative Gedankensprung von den einen zu anderen konkreten Naturverhältnissen basiert bereits auf der Intention des Autors, das allgemeine Gesetz spezifischer physikalischer Gegebenheiten aufzudecken. Und nicht nur dieses, wie die Formulierung des Naturgesetzes dann zeigt. Denn sie ist derartig allgemein gehalten, daß man sich m. E. nicht täuscht, wenn man – in Analogie zum oben behandelten Beispiel – in dieser Formulierung sowohl eine Erkenntnis hinsichtlich physikalischer Verhältnisse zu sehen meint als auch die philosophische Einsicht, daß überhaupt allem Seienden die besonderen Umstände seines Entstehens anhaften. Durch Abstraktion von den Einzelkonkreta wäre Seneca somit wieder aus der naturwissenschaftlichen Ebene zur philosophischen Deutung vorgestoßen.

So lassen sich schließlich alle Ergebnisse der voraufgegangenen Interpretation als Variationen eines einzigen stets wiederkehrenden Motivs erfassen:

Die Beeinflussung des römischen Eklektikers durch platonische Denkformen, seine Fähigkeit zur Symbolschau, die Grundlegung eines „formalen" Sittengesetzes, Verinnerlichung der Situation sittlicher Entscheidung und schließlich die Tendenz, die philosophische *mundus*-Konzeption über den Wert eines Ergebnisses naturwissenschaftlicher Untersuchung entscheiden zu lassen: Dies alles sind Ausdrucksformen ein und derselben Tendenz, die wir oben mit dem Wort *Spiritualisierung* zu kennzeichnen versuchten. Vollzogen wird die Spiritualisierung auf jenem Erkenntniswege zunehmender Abstraktion, welcher – platonisch gesprochen – von dem „Unten" der Materie (bzw. der physikalischen Forschung) hinaufführen soll zu dem idealen *fundus*, *„in quo veritas posita est"* (7, 32, 4).

ZUR EIGENART UND HERKUNFT VON SENECAS METHODE IN DEN ›NATURALES QUAESTIONES‹

Von GREGOR MAURACH

Weder die Absicht, die Seneca mit seinen „Naturales Quaestiones‹ verfolgte, noch die kunstvolle Methode, die er sowohl beim Beweisen wie auch beim Belehren angewendet hat, ist in der neueren Zeit immer auf Verständnis gestoßen, es überwog die Ablehnung ganz allgemein. Fr. Schultess z. B.[1] warf ihm vor, er sei nicht ‚konstant'[2], A. Gercke[3], er sei ein mit der Wissenschaft nur spielender Stilist gewesen, der sich mit „dem Lustgefühle des Märtyrers" auf das ‚abstrakte Thema' geworfen habe, das „seiner ganzen Denkart so fern lag, um den Zeitgenossen zu zeigen, daß er, noch besser als er es teilweise schon in seiner Jugend gezeigt, des spröden Stoffes Herr werden konnte, sogar in spielender Leichtigkeit". K. Reinhardt dann[4] beschuldigte ihn der Sprunghaftigkeit, es fehle ihm jegliches Verständnis für den größeren Zusammenhang, er binde „nicht müde werdend, die Gleichförmigkeit der

---

[1] Ich führe wenige Stimmen an, die sich leicht vermehren ließen, vgl. G. Stahl, Aufbau, Darstellungsform und philosophischer Gehalt der NQ des L. A. Seneca, Diss. Kiel 1960, S. I–VIII (die Verf. hat mir in freundlicher Kollegialität seinerzeit ein Exemplar überlassen); Fr. Schultess, Annaeana Studia, Grußschrift des Johanneums Hamburg, 1888, 3 ff. – Während des Korrekturlesens erschien G. Stahls ebenso wichtige wie gute Dissertation als „gekürzter und leicht geänderter Auszug" in dieser Zeitschr. 92, 1964, H. 2, 425 ff. [in diesem Band S. 264 ff.], der jedoch keine Revision meiner Arbeit, die sich besonders gegen S. 266, A. 7, richtet, nötig macht.

[2] Ähnlich äußerte sich E. Oder, Philol. Suppl. 7, 1899, 285. 289.

[3] Seneca-Studien, Fleckeisens Jahrbücher für Class. Philolo. Suppl. 22, 1896, 312.

[4] Poseidonios, München 1921, 51 ff. und 140.

Ordnung auch seiner systematischen Kapitel zu zerreißen", die Themen ‚übers Kreuz'. Vielleicht hat dies vernichtende Urteil und womöglich auch jenes Wort vom ‚Antithesenfänger' seinen Grund in der Verzweiflung des Quellenforschers, dem die sehr selbständige und sehr kunstvolle Anordnung in Senecas Naturales Quaestiones und Episteln Ergebnisse verwehrte; ganz sicher aber ist es unrecht, wenn K. Münscher[5] Seneca geradezu mangelnde Ernsthaftigkeit vorwirft, oder wenn M. Pohlenz[6] urteilte, Seneca schreibe einen „sich ständig überstürzenden Stil", der den „gleichmäßigen Fluß wissenschaftlicher Darstellung nicht aufkommen lasse". Gewiß, es gab Gegenstimmen[7], doch blieben sie allgemein und vermochten daher nicht, die Vorwürfe von Grund auf zu entwerten. Erst G. Stahl hat es jüngst unternommen, nicht nur die Eigenart der Einzelargumentation aufzuzeigen, sondern auch die „feinen Linien des künstlerischen Gesamtzusammenhanges" nachzuzeichnen und darüber hinaus die „Absicht seiner Philosophie" begreifen zu lehren, die letztlich ein „Zusammenspiel von Naturwissenschaft und moralischer Forderung ist"[8]. Zweifellos hat

---

[5] Philol. Suppl. 16, 1923, 71 ff.

[6] Die Stoa I, Göttingen, 1948, 304.

[7] Z. B. K. Praechter, Die Philosophie des Altertums. Berlin 1926, 491; L. Castiglioni, Studi intorno a Seneca, Riv. di Filol. NS 2, 1924, 353, 363; P. Faider, Études sur Sénèque, Gand 1921, 237 ff.; bes. P. Grimal, Sénèque, in: Philosophes, Paris, 1957, 47 ff. Warum ich A. Cattins Darstellung in Sénèque et l'astronomie, Hommages à Léon Hermann, Coll. Latom. 44, 1960, 237 ff. für verfehlt halte, geht aus S. 321, A. 62 hervor.

[8] Stahl 132 ff. Auf diese Fragen gehe ich hier nicht ein, füge nur im Schlußabsatz meines Aufsatzes einige Bemerkungen zu Aspekten der senecanischen Schriftstellerei hinzu, die man nicht übersehen darf. In Stahls Arbeit wird Seneca zuweilen angelastet, was er mit den allermeisten Gelehrten der Antike, des Mittelalters und der beginnenden Neuzeit gemein hat (Stahl 209, 211 usw.). Wie unhistorisch ein solcher Vorwurf ist, kann man aus B. Stickers Vortrag (Naturwissensch. im Widerstreit zwischen Tradit. und Erfahrg., in: Dogma und Kritik in den Wissenschaften, Mainzer Universitätsgespräche S. S. 1961, als Manuskr. gedr.) S. 36 ff., bes. 41 ff. zu Kopernikus und Kepler ersehen. Vgl. ferner E. J.

Stahl ein weiteres Stück des Weges zum zweiten und dritten Ziel geebnet, Senecas Methode dagegen scheint mir auch in dieser vorwiegend stilistisch ausgerichteten Arbeit ebensowenig wie seine Kunst der Argumentation deutlich genug herausgearbeitet zu sein. Diesen letztgenannten Aspekten möchte ich nun in der Weise etwas intensiver nachgehen, daß ich ein Stück aus dem ersten Buche, das Stahl ausführlich behandelt hat, meinerseits bespreche. Es wird sich dabei zeigen, wie die bisherigen Resultate sich präzisieren ließen und was Eigenart, Herkunft und Sinn der von Stahl nicht weiter behandelten Methode Senecas ist.

Im ersten Buche unserer Ausgaben der ›Naturales Quaestiones‹ (von hier ab ›NQ‹)[9] spricht Seneca zunächst von den Meteoren und der Halo in der Weise, daß er die Theorie von der Entstehung voranstellt, um dann erst die Beweise zu liefern; ganz anders geht er bei der Darstellung des Regenbogens vor[10] (Kap. 3–8): er erwähnt gleich zu Beginn, richtungweisend gleichsam, Sonne und Wolken, die beiden *causae* (3, 14) des Bogens, um dann Schritt nach Schritt, mit sehr groben Ansichten beginnend, zum allmählich präzisierend herausgearbeiteten Ergebnis voranzuschreiten[11] (3, 1 ist also keineswegs eine These wie etwa 1, 5 oder 2, 2[12]).

Dijksterhuis, Die Mechanisierung des Weltbildes, Springer-Verl. 1956, 86 ff., 128 ff., 550 ff. und Gottfried Benns ausgezeichnete Bemerkungen Zur Geschichte der Naturwissenschaften, Ges. Werke IV, 1961, 423 ff.

[9] Gut gelungen scheint mir Stahls Rettung der überlieferten Buchfolge (S. 1 ff., 113 ff.), an die ich mich beim Zitieren nach P. Oltramares Ausgabe der NQ, Sénèque, Questions Naturelles I² 1961, II¹ 1929 halte, wobei ich Kapitel, Paragraphen und zuweilen auch die Seiten und Zeilen anführe.

[10] Zum Übergang gut Stahl 55; ein ganz ähnlicher Übergang findet sich in ep. 9 vom ersten zum zweiten Satz des § 3, d. h. zwischen Einleitung und Hauptteil.

[11] Daß diese Interpretation Senecas Absicht trifft, zeigt die Tatsache, daß er in den Episteln genau so verfährt, wie ich in der genannten Untersuchung zeige.

[12] Unrichtig Stahl 56, die von ‚Deduktion' spricht (53, 65, 77).

1 A. Zunächst (1) eine anonyme Meinung[13]: verschiedene Dichte der Wolken erzeuge eine Mischung von Helligkeit und Dunkel vermittels Durchlassen, bzw. Abschirmen von Licht; aus dieser Mischung resultiere der Bogen. Danach (2) eine andere Ursache: dünne Sprühstrahlen, wie sie undichte, unter hohem Druck stehende Leitungen zu erzeugen pflegen, und auch die Wasserspritzer der Tuchmacher zeigten Iriserscheinungen, weswegen offenbar benetzte Luft die Ursache des *arcus* sei (§ 2). – Das Gesagte nenne zwar Ursachen, doch *wie* diese den Bogen erzeugen, sei damit noch nicht erklärt (§ 3).

1 B. Die *lux-umbra*-Theorie werde (1) von einigen derart präzisiert, daß die verschiedene *Tropfendichte* dafür verantwortlich sei, daß helle Farben beim Durchlassen, dunkle beim Abschirmen des Sonnenlichtes entstünden. Doch helfe auch die Einführung des Begriffes ‚Tropfen' noch nichts, so antworten einige (2), denn auch die so verfeinerte, aus § 1 und 2 kombinierte Theorie werde durch die Frage widerlegt, wie denn aus Licht und Dunkel allein die Vielfalt der Irisfarben entstehen könne? – Damit scheint alles bisher Gesagte gegenstandslos. Hier liegt ein starker Einschnitt.

II A. Dennoch werden die Tropfen auch weiterhin, nur um einen Schritt präziser, zur Erklärung verwendet: sie bilden Spiegel (1); wenn es bei Sonnenlicht regne, vermittele jeder Tropfen dem, der vor der Regenwand stehe, ein Abbild der Sonne (§ 5). Die zahlreichen Abbilder (2) vermengten sich dann zu einem. Zwei *experimenta* (2 a, 2 b), im antiken und bis ins 18. Jahrhundert hinein gültigen Wortverstande[14], sollen das beweisen, ein Gegenversuch (c) festigt die Theorie, die dann (3), durch *ergo* (S. 22, 8) eingeleitet, abschließend formuliert wird. Die Zusammenfassung hat zugleich gliedernde Funktion.

Eine solche Methode gewährleistet nicht nur durch das Widerspiel von Theorie und Einwand ein sachliches, jeder Meinung

---

[13] *Efficiunt* 3, I, S. 20, 5 ist richtig von Oltramare, unrichtig von Stahl („scil. *nubes*') aufgefaßt, vgl. 2, 13, 1.

[14] Noch im 17. Jahrhundert bedeutete *experimentum* sowohl die Alltagserfahrung als auch den wissenschaftlichen Versuch, s. H. Schimank, in: O. v. Guericke, Neue Magdeburger Versuche, Düsseldorf 1968, 258.

gerecht werdendes, insofern streng wissenschaftliches Abwägen, als die Ansichten aus sich heraus und nicht etwa von einer vorgefaßten Meinung her geprüft werden, sie vermag auch schrittweise dadurch zu immer genaueren Ergebnissen zu führen, daß einerseits die Gegenmeinung nicht einfach widerlegt, sondern auch wesentliche Ergänzungen und weiterweisende Fragen beisteuert, – so ergänzt § 4[15] das Vorhergehende um die Frage nach der Vielzahl der Farben –, daß andererseits die nach der Widerlegung einer Meinung neu vorgetragene Ansicht zumeist dieselben Begriffe verwendet wie die zurückgewiesene, woraus sich dann eine kontinuierliche Klärung und Verfeinerung eben dieser *causae* einerseits, eine immer tiefer eindringende Darstellung des Gesamtproblems andererseits ergibt.

II B. Die vorgetragene Meinung vertritt auch Aristoteles. Doch ist seine Theorie fundierter; und so wird seine subtilere Ansicht nachgetragen, um die schwierigen, aber notwendigen neuen Begriffe nach den einfacheren einführen zu können: zur Spiegeltheorie tritt (1) der Begriff der Glätte, die das Spiegeln erst ermöglicht. Dies wird (2) am Phänomen einer bestimmten Art von Sehschwäche nachgewiesen, um dann (3) den Schluß zu ziehen, daß – wie die Luft den Sehstrahl reflektiere (S. 23, 2) – dies in besonderem Maße vom Wasser bewirkt werde. Wieder also steht am Ende ein zusammenfassendes *ergo*[16]: die Tropfen spiegeln, doch nur die Farbe, nicht die Form (dies weist auf 4, 1 und 5, 13 voraus); die Vielzahl der ununterbrochen fallenden und spiegeln-

---

[15] Es bedeutet eine nicht folgenlose Verkennung der senecanischen Eigenart, wenn z. B. § 4 nur deswegen als ‚Exkurs' (Stahl 57), § 10 als ‚retardierendes Moment' bezeichnet wird, weil der Stil sich ein wenig hebt (dazu auf kürzestem Raume), ein Dichterzitat eingefügt wird oder kurz auf die *mirabilia naturae* hingewiesen ist: der Ton mag sich heben, an dem engen Zusammenhange ändert das nichts, zudem ist der zuweilen poetische Stil in solchen Abhandlungen nicht einmal Poseidonios fremd (Reinhardt, RE XXII, 1, 628, 59 ff. und A. Rehm, das siebente Buch der NQ des Seneca und die Kometentheorie des Poseidonios, SB München 1921. 1 [gedr. 1922], 7 f. und 14[1]).

[16] Vgl. 3, 6, S. 22, 8. Solche Entsprechungen übersieht Stahl und kommt so zu zuweilen korrekturbedürftigen Ergebnissen.

den Tropfen ergibt, ununterscheidbar, ein kontinuierliches und ‚langes' ‚Bild' (§ 8)[17].

II C 1. Seneca hat die Ansicht referiert, daß die *vielen* Abbilder *eines* ergäben wegen der mangelnden Trennschärfe unserer Augen und daß diese Bilder lediglich die Sonnen*farbe* wiedergäben. Wie, so fragt nun der Einwendende (§ 9) folgerichtig[18], ist das möglich? Seneca entkräftet (*refellam* läßt trotz der bereits ciceronischen Übertragung die Gerichtsterminologie anklingen) nun zunächst (a) den Zweifel an der Vereinigung der Bilder in drei sich steigernden Analogiebeweisen und schließt – wieder mit *ergo* (S. 24, 4) – den Beweisgang ab. Danach faßt er das Ergebnis zusammen (b), indem er keinen Zweifel daran gelten lassen will, daß der *arcus solis imago roscida et cava nube concepta* sei (§ 11). *Roscida* weist hierbei voraus auf die Erörterung über die Farbe (§ 12), *cava nubes* weiter auf 4, 3; 5, 13, ebenso wie *contra intuenti* (§ 6) vorausdeutet auf 4,1; dies ist dieselbe Technik der Spannung auf Kommendes und der Vorbereitung von Späterem durch Nennung von vorläufig unverständlichen Begriffen, wie 3, 1 sie bereits zeigte, wo die Grundursachen *sol* und *nubes* vorangedeutet waren[19]. Auch die Varianz der Apsidenhöhe mit der Sonnenhöhe ist ein neuer Begriff, der erst später verwendet werden wird.

2. Nun bringt § 12 die Antwort auf die zweite Frage aus § 9,

[17] Der § 7 f. bringt also nicht den „Beweis", sondern bedeutet eine Unterstützung von § 5 f. Ebenso unrichtig ist, daß Seneca mit § 4 und 6 ‚konform' gehe: Seneca übt lange Epoché und spricht erst in 6, 6 sein Urteil. Auch lenkt § 4 keineswegs vom Gange der Untersuchung ab: er weist vielmehr auf die *diversitas colorum* hin und fordert so einen Neueinsatz geradezu heraus; das ist ja gerade das Wesentliche an dieser Antithetik, daß die These eine Antithese erhält, die dann eine neue, subtilere These erheischt. – Diese kritischen Anmerkungen zu Stahls Arbeit mögen mir nicht als Bekritteln vorgeworfen werden, es geht hier um sehr wesentliche Unterschiede.

[18] Stahl 58 nennt diesen Paragraphen ‚überraschend' in derselben Verkennung der Funktion wie der des § 4 und 10: es folgt die Antithese, die zu weiterer Verfeinerung zwingt (§ 11 f. und der Zusatz *[accedit]* 4, 1 ff. werden sie vorführen).

[19] Vgl. S. 307, Anm. 11 und 12.

die nach dem *color*. Der dort gemachte, hier behandelte und widerlegte Einwand dient wiederum nicht allein der Befestigung, sondern vielmehr der Weiterführung in der Weise, daß hier zum ersten Male genau angegeben wird, wie denn die Farbenpracht der Iris entstehe: durch die ‚Spannung' des direkten Sonnen- und die Schwäche des abgeschirmten Lichtes. So wird die vorher scheinbar fallengelassene *lux-umbra*-Theorie (3, 1) ebenso wie der Begriff des *umor* (S. 24, 15) aus 3, 2 gleichsam auf einer höheren, inzwischen präzisierten Stufe der Diskussion wiederaufgenommen. Die interessante Theorie von verschiedenen Spannungsgraden des Lichtes soll (a) nahelegen, daß die Färbung der Iris sowohl durch die Sonne als auch durch die Wolke bewirkt werde[20]; der Beweis ist dann (b) die Analogie zur Tuchfärbung. Nach These und Beweis wird (c) mit *ergo* (§ 13) das Ergebnis formuliert (vgl. 3, 6; 3, 8; 3, 10): *duas causas esse arcus: solem nubemque* (§ 14).

Wie Seneca gearbeitet hat, wird auch nach diesem notwendig sehr kurzen Referat nicht undeutlich geblieben sein; so darf ich nunmehr wohl dem Raummangel Rechnung tragen und das Folgende kürzer behandeln.

III. Seneca fügt der Spiegeltheorie unter Verzicht auf die allzu subtilen, allzu schwierigen geometrischen Beweise drei stützende Bemerkungen[21] hinzu: 1. die bestimmte Stellung (damit wird nun endlich zum Beweise verwendet, was von langer Hand vorbereitet war, vgl. 3, 6 und 11), 2. die Rapidität der Entstehung in § 2 und 3, daß es bestimmter Spiegelarten bedarf, um den Bogen entstehen zu lassen[22]. Dies alles stützt also offensichtlich das Ergebnis von 3, 14, weist aber zugleich mit *male expressi* (S. 25, 16, vgl. schon 3, 8, richtig hierzu Stahl 60, die aber die Technik des Verweisens nicht berücksichtigt)[23] voraus auf c. 5.

[20] Man beachte die Vorandeutungen in 3, 1 und 11.
[21] Kap. 4 bedeutet keinen ‚neuen Anlauf', sondern eine Ergänzung (*accedit* § 1) des bereits gegebenen Beweises (3, 14: *apparet ... quia ... ergo*).
[22] Der Schlußsatz von § 4, 4 scheint entweder deplaciert oder interpoliert.
[23] Dieses frühe Auftauchen des Begriffes ist von Stahl 60 richtig bemerkt worden, ihre Folgerung, schon hier beginne die Erörterung der

IV A. Nach dem Corollar[24] in c. 4 folgen Einwände. Zunächst baut Seneca dem möglichen Einwurf vor, es gäbe doch zwei Arten von Spiegelungstheorien, bei deren Unterscheidung das Ergebnis sich womöglich ändern werde: diese Unterscheidung sei, so antwortet Seneca in 5, 1, nicht wesentlich, wichtig sei allein die Frage nach der Ähnlichkeit.

B. Diesbezüglich wird eingewendet: 1. seien Wolken keine Spiegel und daher das Abbild unähnlich in a) Figur, b) Farbe, c) Größe[25]. 2. bestünden zwischen Wolke und Spiegel wesentliche Unterschiede, denn sei man (a) in oder über den Wolken, könne man von Spiegelähnlichkeit nichts bemerken; dann (b) enthielte die Wolke nicht Tropfen, sondern lediglich *materiam futurae aquae*; schließlich (c) – und damit wird das in 3, 7 f. beweisende Argument hier als widerlegendes verwendet[26] – vereinigten sich die Bilder doch nicht, denn die Wolke sei *ein* Spiegel, nicht unzählig viele. Wenn man nun 3. einwenden wollte, Sprühwasser, d. h. die dabei entstehenden Tropfen (S. 28, 5), wiesen doch auch Regenbogenfarben auf[27], so müsse man dem entgegnen, daß sich

---

dissimilitudo trifft dagegen nicht zu (es wird vielmehr auf 4, 1, S. 25, 16, vgl. schon 3, 8, verwiesen). *Male expressi* gehört in die Reihe der nun schon mehrfach beobachteten Vorausdeutungen.

[24] Der Ausdruck soll nicht bedeuten, daß c. 4 Unwesentliches bringt, sondern vielmehr, daß ein wichtiger Zusatzschluß ergänzt wird; dies bedeutet *corollarium* bei Boeth. cons. 3, pr. 10 (p. 66, 27–67, 5 bei Büchner).

[25] Dies ist nicht bloß eine ‚polysyndetische Reihung', also eine rhetorische Figur, sondern drei sachlich streng zu scheidende Punkte.

[26] Ein Argument aus fremdem Kontext an anderer Stelle anders anzuwenden, ist auch sonst eine Eigenart Senecas (vgl. S. 313, Anm. 30). Abgesehen etwa von ep. 74, 30 vgl. man Rehm l. c. 8 Mitte. Wenn dies ein sonst nicht ganz vereinzeltes Verfahren Senecas ist, fällt Rehms Schluß dahin.

[27] Daß in Kap. 5, 6 das ‚*quid ergo*' (übers.: wieso?, so könnte einer hiergegen sagen) ein Einwand ist, den der Sprecher von 5, 1 ff. sich selbst macht, der also einem Gegner der im 5. Kap. explizierten „*color, non imago*"-Theorie in den Mund gelegt wird, verkennt Stahl 62; richtig Oltramare, Übers. und Anm. 1 auf S. 28.

hierbei nur (a) die Farbe, nicht die Form spiegele und daß sich diese Farbreflexe (b) auch an Taube, Pfau, Chamäleon usw. beobachten ließen, wo von Spiegelung im eigentlichen Sinne keine Rede sein könne. Die Gegner der Spiegelungstheorie fügen nun 4. drei weitere *dissimilitudines* zwischen Wolke und Spiegel hinzu: der Kreis zu 5, 2 schließt sich durch den Rekurs auf die Wolken; endlich wird 5. das Ergebnis formuliert: (a) es röte sich abends der Himmel, was nicht auf Spiegelung zurückzuführen sei; (b) das gleiche gelte für die Wolkenrötung, (c) die bestimmte Stellung sei[28] für *beide* Theorien Grundbedingung und somit kein Gegenargument.

V. Diesem Ergebnis widersprach nun Poseidonios (A), doch springt Seneca als fairer Richter[29] der angegriffenen Theorie bei (A¹). In ganz der gleichen Weise wird danach ein weiterer Einwand des Poseidonios wiedergegeben (B), dem Seneca wiederum gleichsam als *advocatus diaboli* entgegentritt (B¹)[30].

VI. Nachdem Seneca eben schon von seiner eigenen *sententia*

[28] 5, 9 ist durchaus keine ‚Bekräftigung‘, sondern kommt dem Einwand zuvor, die Stellung, der Einfallwinkel, spreche doch entschieden für eine Spiegelung, wie 3, 11 und 4, 3 gezeigt hätten.

[29] Der § 11 läßt die juristische Fachsprache anklingen: *contradictio* ist seit Sen. rh. gebräuchlich für das Verfahren des Orators, wie es Quint. 4, 2, 29; 5, 13, 29 (im Unterschied zu 3, 8, 27, s. Spalding zur erstgen. St.) beschreibt. Daß auch Seneca den *terminus* als juristischen Ausdruck verstand, zeigt de prov. 1, 1: *quoniam ... placet ... unam contradictionem manente lite integra solvere ... Sententiam probare* läßt sich schon bei Cicero als juristischer Fachausdruck belegen: dom. 9; prov. cons. 36.

[30] Der zweite Einwand reicht, anders als es bei Oltramare angezeigt ist bis *recipienti* (S. 30, 10); was folgt, ist Senecas Gegeneinwand als advocatus diaboli. Poseidonios hatte nach 5, 10 gesagt: wäre die Farbe (fest) im Bogen, dann mußte sie a) bleiben, b) beim Nähertreten besonders deutlich werden. § 10 Ende wendet sich gegen b), § 12 gegen a), etwa so: „wenn du sagst, die Wolke sei von der Sonne gefärbt, dann wirst du nicht behaupten wollen, daß ... usw., denn das träfe nicht zu". Dagegen spricht dann wieder Seneca als Advokat der von ihm nicht geteilten Meinung. – Man beachte, daß Seneca in 5, 11 wieder (vgl. S. 312, Anm. 26) ein Argument aus fremdem Kontext (5, 3) für etwas anderes verwendet, als wofür es an der früheren Stelle verwendet war.

vordeutend gesprochen hatte (5, 11), kommt er nunmehr zum Urteilsspruch: *ut arcum iudicem fieri nube formata in modum concavi speculi et rotundi* (§ 13), obgleich die Einwände aus c. 5, 1–10 noch nicht widerlegt sind, was dann erst in c. 6 geschehen wird. Doch weiß Seneca, daß die Geometer – sie waren bereits erwähnt in 4, 1, wo die Spiegeltheorie zum ersten Male, in eine Formel gerafft, als möglicherweise auch für Seneca gültig (*pono,* richtig Stahl 60 zu 4, 2) angedeutet worden war – zwingende Beweise beigebracht haben.

Ich will hier abbrechen und nur noch erwähnen, daß Seneca in 6, 5 f. die Spiegeltheorie annimmt und zugleich um die Ansicht, es befände sich in der Wolke *aliquid vitro simile* (S. 33, 4 vgl. 2, 26, 1), d. h. um die modifizierte Position der Gegner aus 5, 4 Ende, bereichert. In 8, 4 erklärt er sich dann ein weiteres Mal für die Theorie seiner ‚Schule' (*nostri* S. 35, 9), jedoch nicht ohne einem Fehlschlusse zu widersprechen. Der Höhepunkt liegt offensichtlich bei 5, 13: die Buchmitte ist, wie Stahl S. 109 u. a. ganz richtig ausführt, stärker belastet als Anfang und Ende[31].

An der Methode Senecas, die ich an einem Beispiel gezeigt habe, ist zunächst die Strenge des Argumentierens bemerkenswert, die u. a. durch die wiederholte Anordnung nach Satz-Beweis-Conclusio (*ergo*[32]), durch die wiederholten Dreiergruppen von Beweisen[33] und überhaupt dadurch sehr deutlich wird, daß – bis auf allenfalls 5, 1 – kein Paragraph irgendwie aus dem kontinuierlichen Flusse der Argumentation abzweigt und das in sich zusammenhängende Widerspiel von Meinung und Gegenmeinung unterbricht. Dieses Widerspiel geschieht nun so, daß der Gegner

---

[31] Stahl wirft 69 Seneca ‚Flüchtigkeit' vor, weil er in 8, 5 zwei Fragen stellt, ohne sie zu beantworten, ohne anzudeuten, er könne sie nicht beantworten. Nun kann man zwar darauf hinweisen, daß Seneca auch in 7, 23, 1 und 25, 1 ehrlich sein Unwissen eingesteht, doch scheint insofern in Stahls Vorwurf etwas Richtiges zu liegen, als auch 8, 6 nur Zettelnotizen sind. Ich halte es für möglich, daß hier Spuren unfertiger Redaktion vorliegen; an Nachlässigkeit wird man angesichts des wohldurchgearbeiteten Stückes c. 3–7 nicht denken

[32] 3, 5 ähnelt 3, 7 f. und 3, 9–11.

[33] 3, 7 f., 3, 9 f., 3, 12 f. 3, 12 f., 5, 2–6 und 5, 6f. usw.

nicht nur deswegen gehört wird, damit die Argumentation streng objektiv bleibe, wiewohl auch dies ein wertvolles Ziel wäre (vgl. 6, 19, 1), sondern um wesentliche Beobachtungen der anderen Seite vorführen und für die Präzision der eignen Ansicht verwenden zu können, so daß sich trotz der Polemik zwischen zwei Parteien ein kontinuierlicher Fortschritt der Gesamterörterung ergibt. Hierbei ist ein besonders auffälliges Hilfsmittel die Vorwegnahme von Begriffen, die erst später aufgenommen und geklärt werden. Dies Mittel soll den Leser aufmerken und fragen lassen und so sowohl die Überraschung bei der Einführung neuer Begriffe vermeiden als auch das Verständnis des Lesers bei ihrer späteren Verwendung erwecken helfen[34]. Eine sehr klare und einleuchtende Weise der ἐπαγωγὴ ἐκ τῶν κατὰ μέρος[35] verbindet sich in dieser Weise mit der streng objektiven Prüfung der Meinungen derart, daß Seneca zwar, die Meinungen ordnend, die gröbste an den Anfang, die feinere an eine spätere Stelle rückt, aber trotz dieser Anordnung jede einzelne Ansicht aus sich heraus und nicht etwa von einer vorgefaßten *sentencia* aus beurteilt. Der Grund dieser Anordnung ist aber auch der, daß so die gröbere die nächste ergänzt und auf sie vorbereitet und weiterhin, daß der

[34] So wird z. B. die *lux-umbra*-Theorie aus 3, 1 u. 3 in 3, 12 gleichsam auf einer höheren Stufe der Diskussion wiederaufgenommen; schon früh wird die Stellung des Betrachters als Bedingung genannt (3, 6 und 11), doch erst später genauer behandelt (4, 1); *cava nubes* wird 3, 11 genannt, 4, 3 und 5, 13 genauer behandelt. Nun hat aber Stahl gesagt (56, 60 usw.), die Gegenmeinung diene lediglich dazu, die richtige Meinung kontrastierend von der falschen abheben zu können, damit sie so um so eindrucksvoller hervortrete. Träfe dies zu, müßte stets und schon früh die richtige Meinung als solche kenntlich gemacht werden, was Seneca aber, der sich erst 5, 10 und 13 entscheidet, vorher peinlich vermeidet; dann dürfte Seneca dem Gegner niemals beispringen, was er aber 5, 10 dennoch wagt (vgl. 6, 19 1); dann dürfte vor allem nicht die Technik so deutlich erkennbar sein, die die Gegenmeinung wohl als Antithese hinstellt, ihr aber häufig sehr wesentliche Anregungen entnimmt und sogar wichtige Erkenntnisse für die Entwicklung des Gesamtproblems entlehnt. Die Gegenmeinung ist nicht toter Kontrast, sondern ein wichtiges Mittel für die Entfaltung.

[35] Arist. an. post. I, 18; 81 b 1.

Leser vom Einfachen zum Schwierigeren behutsam geführt werden kann. Seneca selbst übt dabei, wie gesagt, Epoché; wenn dann die Grundzüge der Wahrheit feststehen, tritt er aus der Reserve hervor und spricht sein Urteil, das dann im folgenden weiter befestigt wird[36].

Wenn ich von einem Urteil spreche, so gebe ich damit nicht nur Senecas eigne Terminologie wieder (5, 13), sondern weise darauf hin, daß Seneca sich im allgemeinen an den Gerichtsbrauch, im besonderen vielleicht an den der *quaestiones*[37] gehalten hat, und nicht, wie die Arbeit von Stahl nahelegen möchte, an künstlerische Überlegungen, an die Technik von ‚Exkursen‘, ‚retardierenden Momenten‘, ‚Kontrasten‘ u. dgl. Seneca will der faire Richter sein, der, bestrebt die Wahrheit zu finden, sogar einer von ihm nicht geteilten Meinung beispringt. Seine Objektivität habe ich bereits hervorgehoben; es wären die zahlreichen Termini der juristischen Fachsprache hinzuzufügen[38], besonders aber ist auf 4, 3, 6 hinzuweisen, wo er deutlich seinen Willen zur Billigkeit ausdrückt: *inter nullos magis quam inter philosophos debet esse aequa libertas,* wobei er mit *aequus* die Billigkeit des Spruches, mit *libertas* die Unvoreingenommenheit bezeichnet. Am deutlichsten aber wird Senecas Streben, ein fairer Richter zu sein, durch die Antwort auf eine Frage A. Rehms[39]: es „überrasche, daß Senecas Polemik durchaus nicht vom eigenen Standpunkt aus geführt ist", denn „von seinem eigenen Standpunkt aus hätte Seneca dem Epi-

---

[36] Dies Aufbauprinzip beherrscht, wie gezeigt, das erste Buch; es läßt sich auch an Buch 6 und 7 zeigen; Stahl 101 ff. gibt wertvolle Hinweise.

[37] Es ist vielleicht nicht abwegig zu meinen, daß der Römer aus dem griechischen ζήτημα etwas anderes heraushörte als der Grieche, nämlich das juristische Verfahren der quaestio; das legte ihm vielleicht auch die juristische Terminologie (vgl. etwa Cic. de or. 3, 111 ff.) und Verfahrensweise nahe.

[38] Vgl. S. 363 Anm. 3, und 1, 5, 19 Anf., 1, 8, 4; 6, 21, 1; 7, 22, 1 usw. Daß Seneca sich in De benef. 5, 19, 8 als Richter versteht, hatte bereits O. Regenbogen, Die Antike 12, 1936, 116 hervorgehoben.

[39] a. O. 11 ff. Eine so gut wie vollständige Zusammenstellung der Kometentheorien und -erscheinungen von der Antike bis ca. 1650 bietet Stanislav Lubieniez, Theatrum cometium, Amsterdam 1668.

genes unvergleichlich viel schärfer zu Leibe gehen können". Die Antwort habe ich schon dadurch gegeben, daß ich zeigte, wie Seneca im Anschluß an das gerichtliche Verfahren solange Epoché übt und die Meinungen lediglich Revue passieren läßt, als die Wahrheit nicht wenigstens im Umriß feststeht: er will nicht von seiner Meinung aus die *sententiae* beurteilen, sondern sie aus ihnen selbst prüfen, um über Richtigkeit und Irrtum souverän entscheidend allmählich der Wahrheit näherzukommen. Rehms Beobachtung ist hierfür ein schlagender Beweis.

Man muß nun, will man Senecas Leistung richtig verstehen, nach der Herkunft dieser Methode fragen, und dies bedeutet: nach dem Grade seiner Eigenständigkeit. Läßt man zunächst außer acht, daß die referierten Meinungen und Gegenmeinungen sich stufenartig bis zum *verum* hin ergänzen und überhöhen, so ließe sich dies Widerspiel vielleicht aus dem aristotelisch[40]-ciceronischen *in utramque partem dicere* ableiten. Man kann ja in Ciceros philosophischen Schriften drei Methoden unterscheiden, die der Republica, die einer Lösung ohne kritische Referate gleichsam selbständig in der Weise näherzukommen sucht, daß sie sich die Methode von der verhandelten Sache anweisen läßt; dann die des πρὸς θέσιν λέγειν[41], die zum Ziel das ἐλέγχειν hat, und zuletzt die Verfahrensweisen des Lucull oder der Schrift ›De natura deorum‹ oder ›De finibus‹, die zwar versprechen *tamquam exprimere aliquid quod aut verum sit aut ad id quam proxime accedat* (nach Luc. 7 fin.), in der Praxis jedoch eine Entscheidung vermeiden als *ratio contra omnia disserendi nullamque rem aperte iudicandi* (n. d. 1, 11). Seneca dagegen sucht das Ergebnis und scheut sich nicht, bei plausiblen Ergebnissen sich auch offen zu engagieren, *quia visum quendam habent insignem et inlustrem, his sapientis vita regatur* (nach n. d. 12 fin.), so sehr er sich auch der Unsicher-

---

[40] O. Gigon hat in seinem Aufsatz ›Cicero und Aristoteles‹ (Hermes 87, 1995, 146 ff.) gezeigt, wie das ciceronische *in utramque partem dicere* (Luc. 7 ff.) auf die Akademie Philons und weiter auf das sokratische ἐξετάζειν zurückgeht, aber auch für Aristoteles bezeugt ist, wenn auch aus seinen erhaltenen Schriften nur schwer belegbar.

[41] Gigon l. c.; Arist. Phys. 1, 2, 185 a 5.

heit bewußt ist[42]. Senecas Methode will darüber hinaus den Leser auch von etwas überzeugen und zu etwas hinführen, das er anwenden soll, sie ist darum reicher als die ciceronische, sie versteht das *iudicare* als Engagement, nicht als die Reserve, die lediglich die Probabilität konstatiert.

Die kritische Doxographie, die in ein Urteil mündet, das sich – gestützt sowohl durch die immanente Widerlegung der anders lautenden Ansichten als auch durch besondere Beweise gefestigt – für eine der Meinungen, womöglich unter kritischen Abstrichen und eigenen Ergänzungen, entscheidet, ist weniger ciceronisch als vielmehr seit Aristoteles ein im griechischen Bereich geläufiges wissenschaftliches Verfahren. Zwar unterscheidet sich das Vorgehen des Aristoteles in der Metaphysik, wo er nach der Doxographie des ersten Buches aus den Elementen und vor allem aus eigenem Gedankengut ein ganz neues Lehrgebäude errichtet, von der eben skizzierten senecanischen Methode in einsichtiger Weise, wohl aber ähnelt das Verfahren der Nikomachischen und bes. der Großen Ethik, dann auch das von ›De anima‹ im ersten, von ›De coelo‹ im dritten Buche dem des Seneca. Die kritische Doxographie, deren sich auch Platon schon bedient hatte[43], kann man nun auch in späterer Zeit beobachten. Nicht gerade bei den Doxographen Aetius, Diogenes, Stobaios u. a., sondern bei Poseidonios, dem Seneca ja trotz mancher Kritik am stärksten in den ›NQ‹ verpflichtet ist[44]. Das Scholion zu Arat 1091 bei Maaß 545 f., das offensichtlich eine Bearbeitung eines Passus aus Poseidonios darstellt, zeigt andeutungsweise die Methode, die man bei Seneca trifft; ähnlich steht es mit der poseidonischen Kometenlehre (Rehm s. o. S. 250 ff.); es scheint nicht abwegig, festzustellen, daß die eine Wurzel der senecanischen Methode in den Verfahrensweisen griechischer wissenschaftlicher Untersuchungen

---

[42] Vgl. 7, 23, 1; 25, 1, bes. 29, 3: *haec sunt quae alios [ad cometas pertinentia] movere aut me. quae an vera sint, dii sciunt, quibus est scientia veri. nobis rimari illa et coniectura ire in occulta tantum licet.*

[43] Vgl. Soph. 237 a 3 ff. und besonders die γιγαντομαχία 246 a 3 ff., in der Platon über die Streitenden ebenso zu Gericht sitzt wie Kant über Locke und Leibniz.

[44] Außer Rehm pass. vgl. H. Diels, Seneca und Lucan, SB Berlin, 1886.

liegt[45]; die andre dagegen liegt im Römischen, nämlich in der immer wieder hervortretenden kritischen Distanz allem Griechischen gegenüber. Schon Terenz, um nur einen der Frühen zu nennen, hat trotz der Fülle des ihm zu Gebote stehenden griechischen Materials durch kritische Abstriche und eigenwillige Veränderungen sogar im Grundsätzlichen[46] einen eigenen Stil entwickelt; ähnliches mag von Lukrez gelten, insbesondere aber hat Cicero, obwohl er zumeist bekanntlich fast ganz von Griechischem abhängig war, obwohl er zuweilen sogar nichts weiter wollte als Griechisches nur bekannt machen, kritisch Subtilitäten fortgelassen, Schwerpunkte verlagert und häufig Stellungnahmen erkennen lassen, Wesentliches souverän von Unwesentlichem geschieden: *quamquam ex me quaesieras, nonne putarem post illos veteres tot saeculis inveniri verum potuisse tot ingeniis tantisque studiis quaerentibus: quid inventum sit paulo post videro te ipso quidem iudice*[47]. Diese wählende Distanz zum Griechischen, die Cicero schon seinem Scipio der Bücher über den Staat aussprechen und Laelius ebendort besonders nachdrücklich vertreten läßt[48], formuliert er selber, allerdings nach akademischem Vorgange, zu Beginn der Academici libri[49] und in den Tusculanen[50], besonders ein-

---

[45] So berechtigt angesichts der griechischen Provenienz die Frage auch ist, ob denn überhaupt etwas an der skizzierten Methode Senecas eigene Leistung sei, so muß man sie dennoch im wesentlichen offen lassen, fehlt doch das Vergleichsmaterial. Doch darf man vielleicht vermuten, daß – abgesehen von der Umgruppierung (vgl. Rehm 250 ff.), der Belastung der Buchmitte und der sachlichen Entscheidung – auf Senecas Konto die „Didaktik" zu buchen ist, die nicht nur allgemein eine mit dem Einfachen beginnende ἐπαγωγή anstrebt, sondern im einzelnen eine Technik verwendet, die erst später anklingende Begriffe, wie gezeigt, schon früh vorbereitet. Da ich diese Eigenart auch im Briefkorpus nachweisen kann, glaube ich, daß sie etwas Seneca Eigentümliches darstellt.

[46] H. Haffter, Mus. Helv. 10, 1953, 14 ff., 73 ff.

[47] Hier taucht wieder der Begriff des *iudicare* auf, zu dem U. Knoche im Hermes Bd. 87, 1959, 71 wichtiges sagt.

[48] I, 26 ff. und 36.

[49] 2, 8.

[50] 2, 7.

dringlich in de finibus[51]: *nostrum iudicium et nostrum scribendi ordinem adiungimus.* Daß Cicero mit dieser Einstellung nicht allein stand und daß darüber hinaus sich hier etwas den Römern Eigentümliches zeigt, beweist auch Varro, der, ähnlich wie Sulpicius Rufus[52] im Juristischen, in das noch unvollkommen gegliederte System der artes liberales Ordnung brachte[53]. In der gleichen Weise gingen auch Spätere vor, z. B. Vitruv[54] und auch Plinius[55]; ja, sogar am Ende der antiken lateinischen Literatur ist diese Haltung gegenüber den Vorgängern, insbesondere den griechischen, noch lebendig: Boethius sah sich bei seiner Arbeit an der Aristoteleskommentierung einer Fülle von griechischen Kommentaren gegenüber. Wie er sein Verhältnis zu diesem Angebot versteht, sagt er selber[56]: *Nec male de civibus meis merear, si, cum prisca hominum virtus urbium ceterarum ad hanc unam rem publicam dominationem imperiumque transtulit, ego id saltem, quod reliquum est, Graecae sapientiae artibus mores nostros civitatis instruxero. quare ne hoc quidem ipsum consulis vacat officio, cum Romani semper fuerit moris, quod ubicumque gentium pulcrum esset atque laudabile, id magis ac magis imitatione honestare.* Die geistige Geschichte Roms ist für Boethius die Geschichte der Aneignung griechischen Geistesgutes; jedoch war das nicht einfach kritikloses Übernehmen, sondern der Römer wählte das ‚Schöne'[57] und Lobenswerte, d. h. das Wertvolle, das dem Staat und seinen Bürgern nützen konnte – ein Kriterium, das ja auch bei Vitruv an der genannten Stelle auftritt und auch für Seneca Geltung hat, will er doch ein Ergebnis erreichen, das er den Lesern als verbindlich nahelegen kann, letztlich um *rectum iter*

---

[51] I, 6, wo ich mich an Marthas ‚opinion personnelle' und nicht an Reids Anmerkung halte. Vgl. Knoche l. c.

[52] Cic. Brut. 152, RE II, 4, 858, 32.

[53] H. Dahlmann, RE Suppl. VI, 1257, 18 ff.

[54] De arch. 9 praef.

[55] Vgl. W. Kroll, RE XXI, 418, 27 ff.; 419, 62 ff.

[56] Komm. zu Arist. Kateg. 2 praef. ML 64, 201 B.

[57] *Pulcer* ist für Boethius nicht allein das ästhetisch Schöne, sondern auch die Schönheit, die sich an Werthaftem findet. Vgl. cons. 3, pr. 4, p. 53, 15 und 3, pr. 10, p. 67, 5 nach Büchner.

lassus errando aliis monstrare (ep. 8, 3). Wer weiß, welche überlegene Kraft des Urteils Boethius nicht nur bei der Verwertung der zahlreichen, zuweilen langweiligen und nur zu oft unbedeutenden Kommentare, sondern auch bei der Neuschöpfung aus der Fülle des in rund 12 Jahrhunderten gesammelten Stoffes bei seiner ›Consolatio‹ bewiesen hat, der erkennt leicht, wie jene eigentümlich römische Fähigkeit sich 600 Jahre lang lebendig erhalten hat.

Die römische überlegene Haltung gegenüber der Fülle griechischer Lehrmeinungen und die griechische Methode kritischer Doxographie nutzte Seneca nicht nur, um Unwesentliches und allzu Subtiles ausgrenzen[58], sondern auch, um aufgrund relativ sicherer[59] Ergebnisse selbst die Natur erkennen und auch anderen diese Kenntnis vermitteln zu können[60]. Diese Methode ermöglichte es Seneca nicht nur, seiner im Gegensatz zu Cicero das Ergebnis suchenden Denkweise die adäquate Ausdrucksform zu geben, sondern auch den Leser aufgrund der Durchdringung jenes Verfahrens mit den ihm eigentümlichen didaktischen Mitteln[61] über die Ebene der Erscheinungsphysik hinaus auf diejenige zu führen, die Naturkunde und Ethik vereinigt zur Erkenntnis Gottes[62].

---

[58] Vgl. NQ 1, 4, 1; 5, 13. Daß diese beiden aufeinander bezogenen Stellen einen kompositorisch wichtigen Bogen spannen, darf bei der Strukturanalyse nicht übersehen werden.
[59] Vgl. S. 310, Anm. 17.
[60] 3, praef. 1.
[61] Vgl. S. 307, Anm. 11; S. 310, Anm. 17; S. 311, Anm. 23.
[62] NQ 1, praef. 13; ep. 65, 19. Wenn Stahl 132 ff. von Seneca sagt, daß „die letzte Absicht seiner naturwissenschaftlichen Bemühungen darin zu sehen sei, den Weg zu philosophischen Erkenntnissen vorzubereiten", so ist das sicher ebenso richtig wie ihre Auffassung, Senecas Physik diene der Gotteserkenntnis. Doch muß hinzugefügt werden, daß damit nicht die Physik der NQ gemeint sein kann. Diese ist für Seneca nur eine Mittelstufe zwischen den artes liberales, etwa der Hilfswissenschaft der Geometrie (ep. 88, 28 und Stahl 136, 210), und der höchsten Physik, die zur Schau des Göttlichen führt. Diese Physik des *sapiens* beschreiben ep. 65 und 90, 28 ff. sehr genau: sie ist der der NQ übergeordnet, identisch aber mit der von NQ 1 praef.

Sie verlieh aber auch Senecas Werk die Schönheit[63] eines des Philosophen würdigen[64] literarischen Kunstwerkes, deren Seneca sich genau so rühmt wie seiner dritten Leistung: die Philosophie in unwesentlicher Zeit hochgehalten zu haben[65]. Diese Leistung aber ist nur möglich aufgrund einer sicheren Methode[66]; diese ein wenig genauer zu beschreiben und in ihrer doppelten Herkunft zu zeigen, hatte ich mir vorgenommen *nec cum fiducia inveniendi nec sine spe*.

---

[63] NQ 6, 4, 2 *pulchrius*.

[64] NQ 7, 32, 1 und bes. 4. ein solcher Exkurs mag konventionell scheinen (Beaujeu zu Plin. NH 2, 117 ff. auf S. 195, Anm. 3), für Seneca bedeutete es offenbar eine wichtige Lebensaufgabe, für die Geltung der Philosophie, die allein den Menschen helfen könne, zu wirken (vgl. ep. 6, 4; 8, 3). Zu ähnlichen Exkursen vgl. die Stellen bei Beaujeu; ich füge Vitr. 7, 5 und 10, pr. 2 hinzu.

[65] NQ 6, 3, 4; 4, 1 f.

[66] NQ 7, 29, 3: zum *rimari* und zu den *coniecturae* gehört die Methode.

REZENSION VON: ALFRED STÜCKELBERGER, SENECAS 88. BRIEF. ÜBER WERT UND UNWERT DER FREIEN KÜNSTE

Von KARLHANS ABEL

Die Aufgabe kritischer Besprechung erfordert im vorliegenden Fall, eine knappe werkanalytische Betrachtung vorauszuschicken; um der Problemförderung willen sei es gestattet, den Hauptakzent auf den aufbauenden Abschnitt zu legen.

Das große Thema des 88. Briefes ist der Mensch auf der Suche nach dem Heil; es ist das Thema der antiken Philosophie in ihrer ganzen ethischen Entwicklungsphase seit den Tagen des Sokrates bis weit ins 2. nachchristliche Jahrhundert hinein. Seneca entfaltet es mit der reifen Kunst polyphoner Stimmenführung, wie er sie während seiner langjährigen Schriftstellerlaufbahn sich erworben hatte. An Lucilius' Frage sich orientierend, gibt er ihm eine besondere Wendung: Welchen Nutzen vermag der auf die von Sokrates und Platon geforderte ψυχῆς θεραπεία* bedachte Mensch aus den *studia liberalia* zu ziehen für die Bildung seiner moralischen Persönlichkeit?; denn ganz im Sinn der Sokratik, deren ethische Grunderkenntnis die Stoa durch Vermittlung des Kynismus übernimmt, ist Seneca davon überzeugt, daß nur ein Weg zur Eudaimonia hinaufführt, der Weg der Arete. Wie in der bekannten Prodikosallegorie Tugend und Laster in der Gestalt zweier Frauen von betörendem Sinnenreiz um die Gunst des Herakles sich bewerben, so zeigt der 88. Brief den um Selbstvervollkommnung bemühten Geist hineingestellt in die Entscheidung zwischen dem hohen Adel der Philosophie und dem trügerischen Blendwerk der *artes liberales*. Anders als beim Herakles

---

* Pl. Grg. 464 A ff. 500 E f. W. Jaeger, Scripta minora 2, 492, Vgl. Rep. 9, 585 D).

des Prodikos ist die Wahl nicht auf ein schroffes Entweder-Oder zugespitzt, daneben öffnet sich der Mittelweg des Sowohl-Als auch. Freilich zerstört Seneca schon bald jedweden Zweifel und macht klar, daß die Philosophie eine unerbittliche Gebieterin ist, die keine Rivalinnen neben sich duldet, sondern die ganze, ungeteilte Liebe ihres Jüngers beansprucht, ihm freilich für solche selbstverleugnende Hingabe als göttlichen Preis die *libertas* verheißt, die sittliche Autonomie des Ich, die die Fesseln der Leiblichkeit und der Begierden sprengt und damit zum unveräußerlichen Unterpfand der Schicksalsmächtigkeit wird. Es ist einer der genialsten Künstlergedanken Senecas in diesem Werk, daß er das eigentliche Thema im Raum des Unausgesprochenen beläßt[1] und statt dessen seine Macht im Abglanz von Spiel und Widerspiel der drei Leitgedanken, die die Entfaltung der Sinnbewegung unmittelbar bestimmen, sichtbar macht: Auf der logisch-didaktischen Ebene führt Seneca aus, daß die Freien Künste nichts zum Erwerb der *virtus* beitragen, im Übermaß betrieben, sogar einen hemmenden Einfluß ausüben; in der emotional-paränetischen Schicht drängen zwei Tendenzen hervor: a) Verfemung der *artes liberales* b) Verherrlichung der Philosophie. Die doppelsträngige pathetische Bewegung ist dem Schriftsteller wichtiger als die einsträngige intellektuelle, da es ihm vornehmlich auf Seelenformung ankommt. Während das didaktische Anliegen im matt beleuchteten Hintergrund gehalten wird, beherrscht der Wechsel der Gefühlszustände den Vordergrund; die Emotionen wogen auf und ab in scheinbar freiem, fessellosen Spiel. Denn das gliedernde Prinzip ist mit der rein lehrhaft-informierenden Darlegung verknüpft und bleibt mit dieser im Halbdunkel der minder beachteten Randzone.

Der Ordnungsgedanke hat wenig Originelles; an den Entwurf des Grundrisses ist keine besondere Erfindungskraft gewandt. Das

---

[1] Der Glücksbegriff begegnet nur einmal (10), und zwar in untergeordnetem Zusammenhang, der *salus*-Begriff überhaupt nicht. Man sieht, die von Charles Baudelaire begründete Interpretationsmethode der motsclefs hat ihre Grenzen. Vgl. H. Friedrich, Die Struktur der modernen Lyrik 1956, 33.

herkömmliche dreigliedrige Schema ist benutzt: A. Einleitung (1–2 a): Aufstellung der These: Die *artes liberales* haben nur vorbereitenden Wert. B. Zweistufiger Beweis: a) Sie vermögen das Ideal des *vir bonus* nicht zu verwirklichen (2 b–30). b) Im Übermaß gepflegt, hemmen sie sogar die Verwirklichung (31–41). C. Schluß: Verderblichkeit der *nimia subtilitas* in der Philosophie (42–46). Während der Hauptteil scharf gegen die Einleitung abgegrenzt ist, gehen Hauptteil und Schluß ohne deutliche Grenzmarkierung ineinander über, eine bei Seneca beliebte Bauform, die er sowohl in dem frühesten der erhaltenen Werke, dial. 6 (vermutlich J. 37), wie dem spätesten, dial. 1 (J. 64–65), mit großem Erfolg angewandt hat. Das Absehen geht allenthalben auf eine gewaltige Pathosaufgipfelung. So entlädt sich hier mit eruptiver Gewalt ein leidenschaftlicher Zorn gegen die Entartung des Strebens nach Erkenntnis und Wahrheit, der heiligsten Grundkraft des geistigen Lebens.

Die drei unterschiedenen tektonischen Einheiten seien einer kurzen funktionalen Analyse unterzogen, damit deutlich werde, wie aus dem Ineinandergreifen der Teile der Klangreichtum und die Wundergewalt des Ganzen erwächst.

In der Einleitung (1–2a) setzt der Schriftsteller kontrapunktisch die drei Leitmotive, das didaktische (= *studia liberalia* haben nur propädeutischen Wert), das apotreptische (= Entwertung der *studia liberalia*) und das proteptische (= Glorifizierung der Philosophie), gegeneinander. Eine pointierte Formel, die das Polyptoton geschickt mit der syntaktischen Antithese zu verschränken weiß, faßt mit eleganter Prägnanz seine Meinung über den bildenden Wert der Freien Künste zusammen: *non discere ... sed didicisse*. Verachtung gegen sie erregt er, indem er ihren engen Bund mit dem – schmutzigen – Geld scharf beleuchtet: *meritoria artificia*. Die Philosophie hingegen taucht er in das gleißende Licht der Freiheitsidee und entzündet so sehnsüchtiges Verlangen nach ihr: *unum studium vere liberale est quod liberum facit*. Damit ist stark und machtvoll der Grundakkord des Ganzen angeschlagen; der Hauptteil wird die drei Leitmotive meisterlich durchvariieren.

Die erste Stufe des beweisenden Teils (2b–30) zeigt eine vierfache Fächerung: Zwei durch die Antithese Teil – Ganzes aufeinander bezogene Beweisgänge (2b–19. 21–28a) werden jeweils durch eine Zusammenfassung beschlossen in strenger Parallelität (20. 28b–30). Drehpunkt der Gedankenbewegung ist, wie aus den Resümees ohne weiteres entnommen werden kann, der Satz: Die *artes liberales* tragen nichts zur *virtus* bei, eine Anschauung, die Seneca mit der wohl zeitgenössischen *Cebetis tabula* teilt (Ceb. 33, 4 f.). Indem der Kontrast als Mittel der Variierung dient, zeigt die erste Rekapitulation (20) den thematischen Gedanken aus dem Gesichtswinkel der Freien Künste im nüchternen Ton klarer, wirklichkeitszugewandter Erkenntnis, die zweite (28b–30) hingegen von dem Blickpunkt der zum Gipfel der Vollendung emporgestiegenen Philosophie in der pathetischen Ergriffenheit stolzen Siegerjubels. Von den Beweisgängen, die den Resümees vorgelagert sind, zerstört der erste (2b–19) den Wahnglauben, die *artes liberales* könnten als solche den *vir bonus* verwirklichen, der zweite (21–28a) die irrige Vorstellung, sie könnten als Teilkraft Nutzen stiften. Hoch über allem Argumentieren, Deduzieren, Räsonieren steht dem Schriftsteller sein erzieherisches Ziel. Die Verfemung der Freien Künste wird fortgeführt durch den Aufweis der Kleinlichkeit, bisweilen Schmutzigkeit ihrer Fragestellung (3. 6; u. ö.), durch die Hervorkehrung ihrer würdelosen Abhängigkeit und Unfreiheit (27 f.), durch die Enthüllung ihrer Ohnmacht, die Sehnsucht des menschlichen Herzens zu stillen. Dem Hunger der Seele nach dem Brot der Wahrheit haben sie nichts anzubieten als ungenießbare Speise (2b–19). Groß ist die Könnerschaft, mit der Seneca sein apotreptisches Ziel verfolgt, größer noch die, mit der er ein protreptisches Anliegen betreibt. In der Partie 2b–19 drängt sich der Aufmerksamkeit eine eigentümliche Verwendung der Ichform auf, die Seneca seit dem frühesten der erhaltenen Werke, der Trostschrift an Marcia, kennt (Todeshymnus: dial 6, 20, 1–3), z. B. *hoc me doce* (7). Wer ist dieses Ich? Nicht der Schriftsteller als Mensch (wie 1) oder als Schriftsteller (wie 9), sondern das Ich der allgemeingültigen Erfahrung in einer eigenartig verinnerlichten Form. Es ist der Mensch als solcher in seiner persönlichen Betroffenheit, ja, die menschliche Seele selbst, der Seneca in machtvoller Pathetik hier Stimme leiht, um ihr – welch verwegenes Paradox! – ihren dunklen Drang zu klarem Bewußtsein zu bringen. Ihr innerstes Verlangen ist gerichtet auf die Selbstvollendung, die mit der Freiheit unter dem Sittengesetz eines ist. In dem herrisch fordernden *doce me* wird die drängende Gewalt des Triebes nach dem idealen Selbst unmittelbar spürbar. Parallel mit der Wanderung durch die verschiedenen Bereiche der *studia liberalia*, Grammatik, Musik usw., entfaltet Seneca die verschiedenen Aspekte des stoischen Lebensideals unter nachdrücklichem Hervorkehren der *libertas*-begründenden Elemente: Apathie (3. 4) -ὁμολογία (9) – Apathie als Freiheit von den zukunftsbezogenen Affekten Furcht (9) und Begierde bzw. deren wichtigster Form *avaritia* (11) – und als krönenden Abschluß die Ergebung in das Schicksal, das willige Sich-Beugen unter den göttlichen Weltwillen (15–17). Die Widerlegung der These von den *studia liberalia* als mitwirkenden Kräften (21–28a) fügt ein neues wesentliches Moment hinzu: Während die sog. Freien Künste in Unfreiheit ihr Geschäft verrichten, auf Pachtland ihr Gebäude errichten, baut die Philosophie in stolzer Freiheit auf eigenem Grund und Boden (28); sie senkt ihre Wurzeln zu den letzten Ursprüngen hinab, den fundamentalen Prinzipien allen Seins und Erkennens. Die zweite Zusammenfassung (28b–30) führt die Protreptik zum Höhepunkt. In den glänzenden Gestalten der hervorragendsten Einzeltugenden breitet Seneca die Herrlichkeit des erfüllten *virtus*-Ideals aus (*expolitio*: Rhet. Her. 4, 54). Den Reigen eröffnet die *fortitudo* als Sinnbild der Freiheit von dem, was den Menschen knechtet; *humanitas* und *clementia* beschließen ihn als Symbol der Freiheit zu dem, wozu der seiner Fesseln ledige Mensch berufen ist, zum Dienst an der Kosmopolis. Damit sich der Sinn dieses Baugliedes erhelle, fällt gleich eingangs das Schlüsselwort *libertas* (29).[2]

Die zweite Stufe des Beweisganges (31–41) weist eine stark abweichende bauliche Anlage auf. An die Stelle von Symmetrie und Parallelismus tritt die doppelstrebige Antithese als bestimmendes Bauprinzip. Die Hoheit der Philosophie (31–35) kontrastiert mit der Niedrigkeit und Unsauberkeit der *artes liberales* (36–41). Bezogen ist dieser jähe Umschlag vom Edlen zum Gemeinen – der sich in der Verschiedenartigkeit der Fragestellungen spiegelt, hier Fragen schwer von Gewicht nach dem Wesen von Zeit und Seele, dort Nichtigkeiten (*libidinosior Anacreon an ebriosior vixerit; an Sappho publica fuerit*: 37) – auf den Zeit- und Maßgedanken. Da Seneca durch die Ausweitung des Zeit- und Seelenproblems zur *expolitio* nicht nur die königliche Haltung der Philosophie vergegenwärtigt, sondern auch ihren Totalitätsanspruch auf Zeit und Geisteskraft ihres Adepten, erscheint die an die *artes liberales* gewandte Zeit nicht nur als eine Fehlinvestition, sondern als ein sakrilegischer Raub am Eigentum der *scientia vivendi moriendique*. Wie am Eingang des Hauptteils stellt sich hier am Ausgang die pathetisch-verinnerlichte Ichform ein (39) in merklich verschobener Bedeutung. Vordem drückte sie das leidenschaftliche Verlangen der Seele nach rettender Wahrheit aus, nun ihre Empörung über die Zumutung der *artes liberales*, um den Preis der Heilswahrheit wertlose Erkenntnis einzuhandeln.

Der Schluß (42–46) ist durch die Vorstellung der *nimia subtilitas* mit

---

[2] *liber* und *libertas* spärlich verwandt; erscheinen indes zumeist an sinnschweren Stellen: 2. 23. 35; 29. 34.

dem Ausgang des Kernstückes (36–41) zu einer festen Einheit verfugt. Der Gedanke schwingt pendelartig zur Philosophie zurück. Offenbarte der Höhepunkt der inneren Bewegung (28b–30) die Philosophie als die Bringerin des Heils, so der Schluß als die Bereiterin von Unheil und Verderben. Als Skepsis weckt die Vernunftwissenschaft Zweifel und Verzweiflung an der Erreichbarkeit und sogar an dem Vorhandensein der Wahrheit und ertötet in der Seele jeglichen Willen, erkennend zum Sein vorzudringen, wo das Heil beschlossen liegt. Diese gewaltige pathetische Steigerung dient der Entlarvung der *nimia subtilitas,* dem entarteten Erkenntnistrieb, der die eigentliche Wurzel des perversen Vergnügens an den Nichtigkeiten der Freien Künste ist. Er vermag sogar die Philosophie ihrem Wesen zu entfremden und die Führerin zum Leben in eine Dienerin des Todes zu verwandeln.

An diesem vielstimmigen Meisterwerk versucht sich die anzuzeigende Dissertation. Die Aufgabe ist nicht eben leicht. Es gelingt dem Verf. nur unvollkommen, das Netz der wesentlichen Bezüge, von denen das Werk überspannt ist, freizulegen[3]. Daher ist der untersuchende Teil auf weite Strecken entwertet. Bei der Erfassung des äußeren Aufbaus (S. 19–28) wird der Schluß nicht abgesondert, obwohl Seneca seine Sonderstellung durch eine abgewandelte Form der *transitio* (Rhet. Her. 4, 38) gekennzeichnet hat. Weiter wird für den Kernteil eine Gliederung nach *vir bonus* und *sapientia* angenommen, der der Philosoph keine tragende Funktion zugeteilt hat. Dafür symptomatisch ist, daß im *vir bonus-sapiens*-Teil der *sapientia-virtus*-Begriff begegnet und umgekehrt. Ebenso wenig überzeugend ist der angebliche innere Aufbau (S. 28–30). Einem anerkennenden Teil soll ein ablehnender gegenüberstehen, die Haltung des Denkers zu den *artes liberales* in sich zwiespältig sein[4]. In Wirklichkeit geht die von Seneca

---

[3] E. Albertini (La composition dans les ouvrages philosophiques de Sénèque, Paris 1923, 124 f. 286 f.) war bei der Ergründung des Plans nicht glücklicher; ihm schließen sich weitgehend an Préchac-Noblot (ed. epist. Bd. 3, 158 ff.). K. Reinhardt (Poseidonios 49 ff.) bietet manch tiefdringende Einsicht, indes die Architektonik des Ganzen entgeht ihm.

[4] E. Norden (Beiträge zur Geschichte der griechischen Philosophie, Jahrb. f. klass. Philol. Suppl. 19, 1893, 418 Anm. 1) und R. Hirzel (Un-

eingangs bekundete Einstellung durch ohne den geringsten Bruch (*artes liberales* haben nur propädeutischen Wert). Im ersten Teil (2 b–30) erkennt Seneca die *studia liberalia* zwar an, betont jedoch weit stärker ihre Nutzlosigkeit für die sittliche Bildung (vgl. die beiden Resümees 20 und 28 b–30). Im zweiten Teil (31–41) bekämpft er nicht die Freien Künste als solche, sondern die zu weitgehende Beschäftigung mit ihnen. Die beiden Thesen stehen zwar in Gegensatz zueinander, heben sich jedoch nicht auf, sondern ergänzen sich. W. Richter[5], der von einem Wandel des Tons spricht, beurteilt den Tatbestand zutreffender als der Verf. Bezüglich der Traditionsabhängigkeit wird man dem Verf. zugeben müssen, daß Senecas wenig bildungsfreundliche Haltung nicht aus dem Kynismus oder Epikureismus stammt, sondern im Einklang mit der Lehrtradition der eigenen Schule steht (S. 31–39). Der Grund, vom Verf. weitläufig und unscharf entwickelt, ist, daß Kynismus und Epikureismus radikaler in der Verwerfung der *studia liberalia* sind und ihnen nicht einmal den Wert einer gewissen Vorschulung des Geistes zugestehen wollen, während Chrysipp und vielleicht schon Zenon in einem späteren Stadium seines Philosophierens genau wie Seneca über diesen Punkt denken. Bei der Ermittlung des Poseidonioseinflusses wirkt sich die Lösung der Aufbaufrage störend aus (S. 39–68). Poseidonios soll der Hauptvertreter der von Seneca bekämpften Anschauung vom propädeutischen Wert der *artes liberales* sein, eine Ansicht, die schon darum unhaltbar ist, weil Seneca, wie bemerkt, selbst auf diesem Standpunkt steht. Anderseits geht Poseidonios weit über die chrysippeisch-senecanische Anerkennung der Freien Künste hinaus und sieht in ihnen unentbehrliche Helferinnen namentlich der Naturphilosophie. Ob er so weit gegangen ist wie der *fictus interlocutor* bei Seneca, die *artes liberales* geradezu als Teil der Philosophie anzusprechen (24), läßt sich nicht sicher erkennen. Der

---

tersuchungen zu Ciceros philosophischen Schriften 2, Leipzig 1882, 525 Anm. 1) behaupten gleichfalls das Vorhandensein zweier widersprüchlicher Grundthesen.

[5] Lucius Annaeus Seneca. Das Problem der Bildung in seiner Philosophie, Diss. München 1939, 49.

Rez. hält es keineswegs für ausgeschlossen. Es sieht also ganz so aus, als ob Seneca in dem Abschnitt 21–28 a Poseidonios mit Poseidonios bekämpfte. Darüber hinaus dürfte auch für den Leib-Seele-Dualismus (34) poseidonische Einwirkung anzunehmen sein. Er wird erstmalig in dem frühesten der erhaltenen Werke, dial. 6, greifbar, wo entgegen der gegenwärtig herrschenden Meinung mit der vor-Reinhardtschen Forschung die Ausstrahlung des Poseidonios anzuerkennen ist.[6] In seinem Beitrag zur Persönlichkeitsforschung (S. 71–79) glaubt der Verf. die widersprüchliche Haltung im 88. Brief auf das Gesamtwerk ausdehnen zu dürfen. Daß die Unstimmigkeit nur imaginär ist, wurde mehrfach betont. Im übrigen scheint zuzutreffen, daß die grundsätzliche Haltung des Philosophen gegenüber der Bildungsfrage sich mit großer Reinheit im 88. Brief spiegelt. Ca. 15 Jahre vorher hatte er sich in dial. 10 in sehr ähnlichem Sinne geäußert; im 13. Kapitel verwirft er gewisse Auswüchse im Bereich der philologisch-antiquarischen Studien als *occupatio,* d. h. im Ideenkosmos des Werkes als Abirrungen von der eigentlichen Lebensbestimmung. Die abweichende Haltung im 12. dial. (J. 42) und 11. dial. (J. 43) beruht mehr auf Schein als auf Sein.

Die Textgestaltung wird manchem Leser ein Lächeln entlocken. Die Athetese gilt dem Verf. als Panazee. Immerhin hat sie das Verdienst, den Blick auf Schwierigkeiten zu lenken.

Ein Positivum ist der Kommentar, in dem Gelehrsamkeit und Sammeleifer des Verf. schön zur Geltung kommen. Obwohl der Erläuterungsteil mit kritischer Umsicht zu benutzen ist, so erschließt er doch viel wertvolles Material für ein vertieftes Verständnis. Zu rühmen ist schließlich die klare folgerichtige Anlage des Buches.

Die Arbeit als Ganzes wirkt wie ein Paradox. Der Verf. kennt, wie man so sagt, seinen Seneca, gut sogar; Seneca jedoch kennt er nicht. An den Schluß seines untersuchenden Teils rückt er das Klischee des von inneren Widersprüchen zerrissenen Philosophen, der in Millionen schwimmt und Armut predigt etc. (S. 79). Daß es so etwas gibt wie geistige Distanz gegenüber den *res humanae,*

---

[6] RhM 107, 1964, 221–260.

scheint er nicht zu ahnen. Seneca eignete solch geistige Überlegenheit in hohem Maße. Sie steht in unmittelbarem Zusammenhang mit dem, was man seine erschütternde Todvertrautheit genannt hat (O. Regenbogen). Tacitus wußte darum. Er beschließt seinen Bericht von Senecas Sterben mit der nüchternen Feststellung, daß die Bestattung von äußerster Schlichtheit war. Überzeugt, daß manchmal die Dinge ihre eigene Sprache haben, die tiefer zu bewegen vermag als Menschenwort, setzt er kommentarlos hinzu: so hatte der Denker es gewollt, so verfügt, im Glanz seines Reichtums, auf dem Gipfel der Macht (Tac. ann. 15, 64, 4).

Retractatio Juli 1973

Seit dem Erscheinen der Besprechung sind acht Jahre ins Land gegangen. Während dieses Zeitraums hat die literaturwissenschaftliche Erschließung der Epistulae morales bemerkenswerte Fortschritte erzielen können. 1967 legte H. Cancik ihre Untersuchungen zum Gefüge des Briefcorpus vor.[7] 1970 trat G. Maurach mit seinen strukturanalytischen Studien zu Senecas Briefwechsel an die Öffentlichkeit.[8] Wenn es heute möglich ist, mit größerer Sicherheit über die Kompositionsfragen der Briefe an Lucilius Iunior, Senecas (wenige Jahre) jüngeren Freund, zu urteilen, verdankt die Senecaphilologie dies der Erkenntnisarbeit der beiden Forscher, die ein tragfähiges Fundament gelegt haben, auf dem künftige Werkbetrachtung vertrauensvoll wird weiterbauen können. Darum dürfte es sich verlohnen, unsere Darlegungen von ehedem in einer Richtung zu ergänzen, in die vorzustoßen der vormalige Anlaß unseres struktur- und funktionsanalytischen Versuchs keinerlei Anreiz bot. Die Frage sei gestellt nach dem Stellenwert des 88. Briefs in seiner unmittelbaren Umgebung, sowie in der Gesamtkomposition der Korrespondenz, soweit sie sich überschauen läßt. Denn daß die Briefsammlung verstümmelt auf die

---

[7] Untersuchungen zu Senecas epistulae morales, Hildesheim 1967.
[8] Der Bau von Senecas Epistulae morales, Heidelberg 1970.

Nachwelt gelangt ist, unterliegt keinem vernünftigen Zweifel.[9] Andererseits kann es nicht als ausgemacht gelten, daß es dem Schriftsteller vergönnt gewesen ist, sie zu dem vorbedachten und geplanten Ende zu führen.[10] Es liegt nicht außerhalb des Bereichs des Möglichen, daß der ihm aufgezwungene Freitod (nach den Cerealia im April 65 n. Chr.)[11] den Meinungsaustausch mit dem um die Vollendung seines moralischen Selbst mit tiefem Ernst bemühten Freund jäh unterbrach.

Man betont mit Recht die strenge thematische Einheit der Briefsammlung. Von geringfügigen Ausnahmen abgesehen steht jedes Schreiben bald in näherem, bald in fernerem Zusammenhang mit dem Grundanliegen. Dadurch tritt Senecas Briefaustausch mit seinem Partner in einen auffälligen Gegensatz zu anderen Briefcorpora der Antike (z. B. Cicero Ad Atticum, Plinius der Jüngere usw.) und der Moderne (Goethe an Frau v. Stein, Wilhelm v. Humboldt an Schiller, Friedrich Nietzsche an Erwin Rohde usw.). Der Leitgedanke, der die bändigende Kraft des unaufhaltsamen Stroms der Gedanken, Gefühlswallungen und Willensregungen ist, – in einer Spanne von mehr als zwei Jahren zieht er an den Blicken des Betrachters vorüber[12] – ist die erzieherische Gestaltung des moralischen Ich. Zweierlei steht damit für den Stoiker Seneca von vornherein fest. Es gilt erstens die Hinwendung zu dem auf Vernunfterkenntnis gegründeten *virtus*-Ideal, wie es in der Gedankenwelt der Schulgründer lebt, in stetiger, zielbewußter Arbeit herbeizuführen. Zweitens ist der Hauptanteil des Erziehungswerks der sittlichen Vervollkommnung von Lucilius selbst zu vollbringen. Die Möglichkeiten fremder erzieherischer Einwirkung und Hilfeleistung sind begrenzt. Wie

[9] Vgl. Verf. Bauformen in Senecas Dialogen, Heidelberg 1967, 167. Cancik a. a. O. 8 ff.
[10] Vgl. Ausg. Haase 3 S. III f.
[11] Tac. ann. 15, 48, 1 ff., besonders 53, 1. 61, 1 ff. – Im wesentlichen angemessene Würdigung von Zeugnis und Faktum bei Cancik a. a. O. 107 ff.
[12] Vgl. Verf. a. a. O. 167 ff. – Es hätte stärker in Rechnung gestellt werden sollen, daß im Bereich der Briefe 84–88 größere Verluste eingetreten sind. Vgl. weiter unten.

Sokrates und Platon wohl wußte, ist μάθησις – und die sittliche Vernunfterkenntnis bildet von dieser Regel keinerlei Ausnahme, ganz im Gegenteil – ein Vorgang, dessen entscheidende Phase, die Ergreifung und Aneignung der Wahrheit, jeder einzelne, ganz auf sich selbst gestellt, in voller Selbsttätigkeit vollziehen muß. Bei Seneca nimmt die Entfaltung der sittlichen Persönlichkeit die Gestalt der Selbstbefreiung an: vgl. den Eröffnungssatz *Ita fac mi Lucili: vindica te tibi* etc.![13] Wenn die Vernunft in ihre angestammten Herrscherrechte eingesetzt ist und der ständige Einklang mit der Wahrheit des Seins die strenge Konsequenz der Lebensführung (ὁμολογία) möglich macht, wenn die Affekte gebändigt sind und alle Macht verloren haben, das wollende Ich zum Ungehorsam gegenüber dem Logos zu verleiten (ἀπάθεια), wenn die Scheinhaftigkeit der Lebensgüter und Daseinsübel entlarvt ist (ἀδιαφορία) und die Sittlichkeit als der einzige beständige Wert inmitten einer Welt der Vergänglichkeit und des Zerfalls leuchtend erstrahlt, dann ist die hohe Aufgabe der Selbstformung des moralischen Ich vollendet.

Diesem Grundgedanken ordnet sich der 88. Brief harmonisch ein. Er stellt die Frage nach dem Heil der Seele und zeigt die philosophische Wahrheitserkenntnis als den einzigen Weg auf, der dem suchenden Herzen zur Erfüllung seiner geheimen Sehnsucht verhelfen kann. Den platonisch-aristotelisch-poseidonischen Gedanken von der Einheit der Wissenschaften preisgebend, warnt er vor den Gefahren eines hypertrophisch wuchernden Erkenntnistriebes, der sogar innerhalb der Philosophie unheilbaren Schaden anrichten kann. Denn philosophisches Wahrheitsstreben, wenn es seine praktische Aufgabe, den Auf- und Ausbau der ars vitae, aus den Augen verliert, schwebt in der Gefahr, in der Vielfalt und Vielgestalt der Probleme und Problemlösungen zu ertrinken und in Erkenntnispessimismus umzuschlagen. Denkende Wirklichkeitserfassung ohne Beziehung auf die Grundfragen menschlicher Existenz, d. h. in unphilosophischer Haltung, ist, das propaideutische Stadium reiner Verstandesschulung beiseitegesetzt, verantwortungslose Verschwendung kostbarer Zeit, die ein höherer

---

[13] epist. 1, 1. – Vgl. Maurach a. a. O. 26.

Lebenszweck für sich beansprucht, die Befreiung der optima pars nostri aus der Weltumklammerung. Wurde ehedem das Kongruieren des Themas des 88. Briefs mit dem der ethischen Entwicklungsphase der antiken Philosophie hervorgehoben, so zeigt sich nunmehr eine tiefe thematische Gemeinsamkeit zwischen Werkteil, Werkganzem und der tragenden philosophischen Bewegung, die die literarische Schöpfung aus sich erzeugte.

Der Brief findet sich am Ende des 13. Buches. Daß der Wille des Autors ihm diesen Platz vor dem Einschnitt zugewiesen hat, dafür sprechen äußere[14] und in höherem Grade innere Gründe.[15] Seine Eignung für diesen Ort liegt auf der Hand. Die nachdrückliche Hervorkehrung des Ausschließlichkeitsanspruches der Philosophie, die sich nicht mit dem halben Menschen zufriedengibt, sondern mit gebieterischer Hoheit den ganzen Menschen und seine ungeteilte Kraft für sich in Anspruch nimmt, ist Mahnung und Ansporn, in der Bemühung um das hohe Ziel nicht nachzulassen, sondern, wenn möglich, mit verdoppeltem Eifer ungeachtet aller Schwierigkeiten und Hindernisse weiterzuarbeiten. Innerlich gerechtfertigt wird die strenge Zucht, in die die Vernunftwissenschaft ihre Jünger nimmt, durch die glänzende Verheißung, die sie vor dem geistigen Auge emportauchen läßt. Die Idee der Freiheit, der unumschränkten Schicksalsmächtigkeit, wirbt mit ihrem machtvollen Zauber. So begreift es sich leicht, wenn Seneca hier den Topos von der Alleinherrschaft der Philosophie gestaltet, um eine bedeutsame Station auf dem langen, dornenvollen Weg der sittlichen Selbsterziehung zu markieren: vgl. epist. 62 = Ende Buch 6.

Mit dem Gedanken der Philosophie gewinnt Seneca zugleich einen Übergang, eine Brücke zum Beginn des folgenden (14.) Buches. Denn dieses Buch wird mit einem Schreiben eröffnet, das

---

[14] Verf. Gymnasium 79 (1972) 85. – L. D. Reynolds (The Medieval Tradition of Seneca's Letters, Oxford 1965, 17) setzt es als selbstverständlich voraus, daß die Bucheinteilung, die Gellius kannte, mit der uns vorliegenden identisch ist. Mit berechtigter Vorsicht Cancik a. a. O. 4 Anm. 10.

[15] Verf. Gymnasium 79 (1972) 85.

einen Überblick über den Aufbau der Philosophie mit ihren Hauptgebieten *(philosophia naturalis, moralis, rationalis)* und deren Untergliederung enthält. In den einleitenden Sätzen dieser Epistel bemüht sich Seneca das Gefühl für die Schönheit der *scientia divinorum humanorumque* zu wecken, die an Herrlichkeit hinter der Pracht des Weltgebäudes nicht zurücksteht. Freilich bedarf es des allumspannenden, universalen Geistes des Weisen, um das Ganze der Philosophie mit einem einzigen Blick zu überschauen, während es dem Fortschreitenden mit seiner geringeren Fassungskraft nur vergönnt ist, sich von Teil zu Teil voranzutasten, bis er sich in stufenweisem Vorwärtsschreiten des Ganzen bemächtigt hat. Eine gewaltige Antithese bildet die Klammer zwischen den beiden Briefen diesseits und jenseits des Bucheinschnitts. Hier wie dort soll Begeisterung für philosophische Studien geweckt werden; in 88 entzündet sie sich an der Schönheit des Lohns, der dem Philosophiebeflissenen winkt; in 89 wirkt die Majestät der Philosophie als solcher als mächtiges Stimulans auf den Lern- und Bildungswillen. Wesen und Wirkung der Weltweisheit vereinen sich, den Wahrheit suchenden Geist mit unentrinnbarer Gewalt in ihren Bann zu ziehen.

Die Leistung des 88. Briefes für das Buchganze, dem er angehört, ist nicht bestimmbar, da der Zweckgedanke des 13. Buches verborgen ist. In der Überlieferungsgeschichte sind die Grenzen zwischen dem 11. und 12. Buch einer- und dem 12. und 13. Buch andererseits verlorengegangen. Zudem besteht der dringende Verdacht, daß in der Buchfolge 11–13 (= epist. 84–88) Verluste eingetreten sind.[16] In diese Richtung weist der geringe Umfang, der, Unversehrtheit vorausgesetzt, zu der Annahme nötigen würde, daß eines der drei Bücher ein einziges Schreiben umfaßt hätte, was wenig glaublich ist.[17] Der Verdacht des Untergangs einer oder mehrerer Epistln verstärkt sich, wenn man wahr-

---

[16] Vgl. Cancik a. a. O. 8 ff. mit Nachweisen früherer Literatur (Albertini, Foerster, Richter). Reynolds (a. a. O.) geht auf das Problem nicht ein, auch nicht in seiner Ausgabe der Briefe.
[17] Vgl. die äußerste Exaktheit anstrebenden Umfangsberechnungen Albertinis (a. a. O. 167 Anm. 2).

nimmt, daß Brief 85 (§ 1) einen ‚leeren' Rückverweis enthält. Der Schriftsteller behauptet, bei früherer Gelegenheit seinem Korrespondenten eine Kostprobe der stoischen Beweise für die These der Autarkie der *Arete* zur *Eudaimonia* gegeben zu haben. Die Suche nach einem geeigneten Bezugspunkt in der oder den vorangehenden Episteln bleibt erfolglos. Die Beziehung der Bemerkung auf epist. 84 empfiehlt sich nicht wegen allzu großer Undeutlichkeit, mag sie auch, rein sachlich betrachtet, nicht geradezu undenkbar sein.[18]

Es liegt nahe anzunehmen, daß die Lücke den größten Teil des 11. Buches, das ganze 12. Buch und einen Teil des 13. Buches verschlungen hat.[19] Für gewöhnlich beziehen sich Rückverweise im Briefcorpus auf die vorangegangene Epistel.[20] Andererseits werden die Briefe 85 und 87 durch denselben thematischen Gedanken zusammengehalten: Abwehr von Angriffen fremder Schulen, namentlich der Peripatetiker, auf Syllogismen, die im Dienst des Fundamentaldogmas der stoischen Güterethik stehen ‚Tugend allein reicht zur Glückseligkeit hin'. In ihrer Vereinigung schreiten die beiden Briefe den gesamten Umkreis des von ihnen entfalteten Themas aus.[21] Auf dem Gebiet der Affektenlehre sichern

[18] In epist. 82 unterläßt Seneca es, darauf hinzuweisen, daß die Ausführungen über die wertneutralen Dinge die notwendige Ergänzung zu dem Satze sind, daß einzig das Sittlichgute ein Gut ist und dementsprechend die sittliche Vollkommenheit als hinreichende Bedingung der Glückseligkeit zu gelten hat. (Nach epist. 85, 17 stehen die beiden Aussagen ‚Einzig das *Kalon* ist ein *Agathon*' und ‚Die *Arete* reicht zur *Eudaimonia* hin' nicht in einem konvertierbaren Bedingungsverhältnis. Mit der Setzung des Urteils A ist zwar das Urteil B mit gesetzt. Das Umgekehrte gilt indes nicht unbedingt.) — Cancik a. a. O. 37 f. nimmt wenig überzeugend eine Anspielung von epist. 85, 1 auf 82, 24 an. Die Gleichheit des Bildes *(subula)* reicht dazu nicht aus. Denn im ersten Fall ist die Ahle (inadäquates) Jagdgerät auf der Löwenjagd, im zweiten (unangemessene) Kampfwaffe in der Schlacht.

[19] Anders Albertini a. a. O.

[20] Vgl. H. Peter, Der Brief in der römischen Literatur, Leipzig 1901 — Hildesheim 1965, 236 Anm. 1.

[21] Cancik (a. a. O. 37 ff. 150 f.) erkennt die Weise, in der die beiden Briefe einander zugeordnet sind, nur unvollkommen.

sie die stoische *Apatheia,* auf dem der Güterlehre den stoischen *reducta-,* bzw. *producta-*Begriff gegen die Einwürfe Andersdenkender ab. Bezieht man die eingeschlossene Epistel (86) in die Betrachtung ein, so scheint sich folgender Grundriß abzuzeichnen: Um einen Kernteil (86: Angriff auf den Bade- und Wohnluxus einer dekadenten Gegenwart, verschärft durch einen in rügender Absicht unternommenen Vergleich mit der schlichten, anspruchslosen Lebensform Roms im Zeitalter der Welteroberung) legt sich ein Rahmen (85 und 87), der mit stark scholastisch-dialektischer Färbung die Richtigkeit von affekt- und güterethischen Korollarien des stoischen Grunddogmas ‚Autarkie der *Arete* zur *Eudaimonia*' gegen gegnerische Kritik verteidigt. Den Abschluß bildet ein Aufruf (88), das Bildungsinteresse auf die Philosophie zu konzentrieren; denn sie allein kennt den Weg zu der rettenden Wahrheit. Über den Auftakt ist eine Aussage nicht möglich. So ansprechend, wie dieser hypothetische Entwurf des 13. Buches anmuten mag, so ist es doch kaum nötig zu betonen, daß er vorderhand nicht mehr als eine Denkmöglichkeit ist.

Als letzte Erkenntnisaufgabe bleibt der Versuch, die Vollbringung des 88. Briefs in der großräumigen Gestaltungseinheit zu ergründen, der er mit dem zugehörigen, hypothetisch rekonstruierten Buch angehört. Mag der in der Buchfolge 11–13 angerichtete Schaden auch erheblich sein, so umschließt doch das Erhaltene mannigfache Sinndeterminanten. Die Aussicht, die gestaltenden Intentionen zu erfassen, sind beeinträchtigt; zerstört sind sie jedoch nicht. Das sechste Buch bringt mit Brief 58 eine bedeutsame Wende.[22] Die ethische Unterweisung beginnt in einer längeren Folge didaktischer Episteln mit vorherrschend argumentativer Darstellungsform. Nach einer metaphysischen Grundlegung, die den ethischen Idealismus der Stoa gleichsam unter das Patronat Platons, des Begründers aller idealistischen Philosophie, stellt (58 und 65: Problem der Seinsvarietäten und der Kausalität mit besonderer Berücksichtigung des Gott-Welt-Verhältnisses), wird die fundamentale Wahrheit der stoischen Lebensanschauung unter den verschiedensten Gesichtswinkeln betrachtet: Das Sittlichgute ist

---

[22] Vgl. Cancik a. a. O. 7.

das einzige Gut, die einzige Bedingung der Glückseligkeit (66, 67, 71, 74, 76, 82, 85, 87, 92; vgl. die Verteilung auf die Bücher: Buch 6 = epist. 53–62: (58). Buch 7 = epist. 63–69: (65) 66, 67. Buch 8 = epist. 70–74: 71, 75. Buch 9 = epist. 75–80: 76. Buch 10 = epist. 81–83: 82. Buch 11–13: epist. 84–88: 85; 87. Buch 14 = epist. 89–92: (92). Vom 15. Buch an verdrängen andere Themata den Fundamentalsatz der stoischen Güterlehre als Unterrichtsgegenstand, nachdem schon im 10. Buch die Diskussion neben der Kernwahrheit anderen Problemen von unterschiedlicher Relevanz Raum gewährt hatte. In dieser Reihe bezeichnet 88 einen deutlichen Einschnitt. Es bewirkt in paränetischer Form die Ein- und Umstellung auf das neue Hauptthema, dem eine weitere Folge didaktischer Episteln gelten wird, das Thema ‚Philosophie‘ (epist. 89, 90, 94, 95).[23] Je tiefer man eindringt, desto klarer gewahrt man die Fügekunst eines unvergleichlichen Meisters, der scheinbar regellosen Impulsen gehorcht, in Wahrheit alle Schritte auf ein vorbestimmtes Ziel lenkt.

---

[23] Vgl. Cancik a. a. O. 42. – Die kompositorische Verklammerung von epist. 88 und 89 wird von Cancik (a. a. O. 9) nicht anerkannt.

Originalbeitrag 1972.

ÜBER EIN KAPITEL
AUS SENECAS EPISTELCORPUS[*]

Von Gregor Maurach

Montaigne sagte von seinen Büchern, sie seien leider nicht mit einem wohlausgearbeiteten Bilde vergleichbar[1], bemühe er sich doch um Abwechslung, ohne Unterschied und Ordnung[2], wenn seine Arbeiten auch, aufs Ganze gesehen, Einheiten darstellten[3]. Eine Einheit nennt auch *Seneca* sein Werk, wenn man das, was er an hervorragenden Schriftstellern rühmt, auf ihn selbst übertragen darf: *depone istam spem posse te summatim degustare ingenia maximorum virorum: tota tibi inspicienda sunt, tota tractanda: (continuando)[4] res geritur et per lineamenta sua ingenii opus nectitur, ex quo nihil subduci sine ruina potest* (ep. 33, 5). Und daß für Seneca galt, was er an diesen Männern rühmt, zeigt ep. 84, 3: habe man einiges gelesen, dann solle man darüber ein Urteil zu gewinnen suchen und darüber hinaus selbst Weiteres finden, am Ende aber müsse man das Gesammelte nach Art der

---

[*] Dieser Beitrag ist ein bisher unveröffentlichter Teil meiner Habilitationsschrift „Untersuchungen zum Aufbau des senecanischen Briefcorpus" (Hamburg 1966); weitere Teile erschienen unter dem Titel „Der Bau von Senecas Epistulae Morales" (Heidelberg 1970). Zusätze zur Fassung von 1966 wurden durch Kleindruck bzw. durch eckige Klammern gekennzeichnet. Die Seiten- und Zeilenzahlen bei Zitationen beziehen sich auf die OCT-Ausgabe von L. D. Reynolds.

[1] Essais, Paris, Garnier, 1958, Bd. 1, Nr. 28, De l'amitié, S. 198.
[2] Ebda. Bd. 3, Nr. 9, De la vanité, S. 234 f.
[3] Ebenda. S. 198.
[4] B. Axelson, Neue Senecastudien, Lund/Leipzig 1939, S. 180 f. Anm. 1 hat sicherlich das beste Heilmittel für die zerstörte Textstelle gefunden; ihm schließen sich Préchac und Reynolds an.

Bienen[5] zusammenfügen, die vieles Verwertbare auflesen und auf die Waben verteilen, um es dann, man weiß nicht recht wie, zu einem Einheitlichen, zu Honig, zu machen: *stilus redigat in corpus*. Denn wie jene Bienen es tun, solle auch der Schriftsteller zunächst das Gesammelte „scheiden", das erleichtere die „Bewahrung", was wohl bedeutet, daß er so das Material besser in den Griff bekommt; danach müßten die verschiedenen Essenzen (*libamenta*, § 5) mit Sorgfalt *(cura)* und „Fähigkeit" *(facultas)* d. h. also mit der gehörigen schriftstellerischen Fertigkeit der *ars*, und gestützt auf das Talent, das *ingenium*, zu *einem sapor*, zu einem Ganzen mit homogenem Geschmack „zusammengegossen" werden. So entsteht ein Werk wie „aus einem Guß", von einem Geiste durchherrscht; eine Einheit, deren Teile alle dem Schriftsteller gehören, keines mehr seine Herkunft verrät; denn: *quod verum est, meum est; quae optima sunt, esse communia*[6]. „Was da ist, ist mein."[7] Aus den angezogenen Stellen gewinnt man den Eindruck, als habe Seneca bei der Abfassung seines Briefwerkes eine innere Einheit angestrebt; doch könnte sie eine solche sein, wie Montaigne

---

[5] § 3. Das Bild von der Biene ist bekanntlich sehr alt (seit Hom. Il. 1, 249 gebraucht, vgl. W. Wimmel, Hermes Einzelschr. 16, 1960, 271; E. R. Schwinge, Philol. 107, 1963, 84, A. 2). Es wurde verwendet, um die Honigsüße des Wortes oder den bescheidenen Fleiß im Gegensatz zum Höhenflug zu kennzeichnen. Wenn Seneca es für die Arbeit des Ordnens verwendet, mag das eine neue Deutung sein. Die Metapher lebte lange fort, vgl. z. B. R. Bacon, Red. phil. (Werke 3, 583). Vgl. ferner J. von Stackelberg, Das Bienengleichnis, Roman. Forsch. 68, 1965, 27 ff. und M. Opitz, Von der deutschen Poeterey (hrsg. von Witkowski), 140, A 7.

[6] Sen. ep. 12, 11; vgl. 16, 7; 21, 9; 64, 7. Mit dem Erkennen ist es allerdings nicht getan. Das Sich-Aneignen (ep. 33, 8; Rabbow, Seelenführung, München 1954, 112 ff.) gehört dazu, vgl. ep. 33, 7 f.; 84, 7.

[7] Senecas Begriff von Originalität entspricht dem, den Goethe auf dem Gebiet des Literarischen sich gebildet hatte, vgl. was Eckermann unter „Donnerstag den 12. Mai 1825" notiert (Bd. 1 der Castleschen Ausgabe, Bong, 1916, 124, 23 ff.) und unter „Dienstag den 18. Januar 1825" (1, 109, 16 ff.) berichtet.

sie gesucht hatte, eine assoziative[8] von lose verbundenen Einfällen, die den unaufmerksamen Leser leicht den Faden verlieren läßt (ebd.). So ist denn zu fragen, ob Seneca wirklich ein Gebäude errichtet habe, aus dem kein Stein herausgelöst werden dürfe *sine ruina*.[9]

Um ein Beispiel für Senecas Bauweise in seinem Briefwerk zu geben, das er in Kapitel (das sind die Briefzyklen) und weiter in Abschnitte (das sind die einzelnen Episteln) gegliedert hat (Maurach, Nr. 63, 177 ff.), wird im Folgenden ein kleiner Briefkreis behandelt, ep. (33), 34–41. Daß es sich hier um einen Teil einer „Gruppe" handelt, hatte auch H. Cancik, Nr. 62, 146 gesehen, die epp. 34–41 hat sie nicht gesondert besprochen. Um diese Gruppe einzuordnen, sei eine kurze Übersicht vorangestellt: die epp. 1–10 sind eine geschlossene Einheit (ep. 11 ist ein Trennbrief, s. Maurach, Nr. 63, 57 ff.), die im Vorwege das Problem entfaltet: Zeitmangel, Unruhe, Zerstreuung, Todesangst sind die Ziele der philosophischen Besinnung und Überwindung, Erkenntnis und gegenseitige Hilfe unter Gleichgesinnten die Mittel hierzu; von ferne wurde auch schon vom Aufstieg über die Welt durch Kosmosbetrachtung gesprochen, nun folgt der eigentliche Anfang der Unterweisung: ep. 12–15 verlangen zunächst Distanzierung vom Körper, vom Lustprinzip, doch *remissiore voce* vorerst, ep. 15 gibt Einzelanweisung. Mit ep. 16 beginnt eine neue Stufe der Belehrung: es geht um die Vertiefung (§ 1) des bisher Gesagten und um die Ausweitung der Forderungen zugleich: man gebe alle Gedanken an Karriere, Geschäfte usw. auf, im zweiten Teil dieses Briefkreises wird dann sogar gefordert, den Tod in sein Leben aufzunehmen, die Furcht vor ihm abzulegen. Ep. 31 gibt all dem dann die theoretische Grundlage, indem sie zum ersten Male explizit die Grundbegriffe *ratio* und *animus* einführt. Ep. 32 ist ein abschließender Abrundungsbrief, ep. 33 ein Trennbrief:

---

[8] A. a. O. Bd. 3, 9, 5; S. 234. Und in der Tat hat z. B. Castiglioni, Studi intorno a Seneca, Riv. fol. istr. cl. NS 2, 52, 1924, 362 f. in der Assoziation das einheitgebende Prinzip zu entdecken geglaubt.

[9] Eine genaue Erklärung dieser Phrase und des Satzes aus ep. 33, 5 findet sich bei Maurach, Nr. 63, 24, A. 54.

Der 33. Brief.

Seneca fingiert, daß *Lucilius* nach weiteren Spruchepilogen[10] verlangt habe. Offenbar faßt Seneca, nicht gänzlich exakt[11], die ersten 32 Briefe zu einer Gruppe zusammen, die sich durch angehängte Epiloge auszeichnet. Abgesehen von diesem recht deutlichen Hinweis auf die Komposition findet sich ein weiterer, wenn auch versteckter Fingerzeig. In § 7 sagt Seneca nämlich, warum er keine *flosculi*[12] mehr sende: *certi profectus viro captare flosculos turpe est.* Lucilius ist jetzt also einen Schritt weitergekommen, da schickt es sich nicht mehr, nach *flosculi* zu verlangen, es gilt, die systematischen Zusammenhänge begreifen zu lernen.

Der Sinn des Briefes aber liegt weniger im Abschluß der *priores epistulae* als vielmehr in diesem: da die Stoiker ja nicht, wie die Historiker es tun, ethikfremde Stoffe behandeln, sondern die Ethik bei ihnen natürlich das Grundthema ist, sind ihre Werke voll von Sentenzen, ist alles Sentenz[13]. Das bedeutet, daß man nicht exzerpieren dürfe, sondern das gesamte System[14] erarbeiten müsse, denn *per lineamenta sua ingenii opus nectitur, ex quo nihil subduci sine ruina potest*[15] – ein wichtiger Hinweis auf Senecas eigene Kompositionsweise, denn schwerlich rühmt er die Systematik an den Vorgängern, wenn er sie nicht selbst befolgt hätte. Oberflächliches Herausgreifen ist sowohl aus diesem Grunde inadäquat als auch deswegen, weil, wer nichts kann als Sprüche lernen, nie *suae tutelae*[16] wird, und doch kommt alles gerade

[10] *Desideras his quoque epistulis sicut prioribus adscribi aliquas voces*, § 1. Am Ende fast aller Briefe 1–29 war ein Zitat aus einem griechischen Philosophen in Übersetzung angebracht worden, als Zugabe gleichsam, über deren Sinn man Cancik 138, Maurach 62 f., 72 vergleiche.

[11] Die Epiloge hörten bereits ep. 29 auf. Immerhin findet sich ein Zitat auch in ep. 33, 11.

[12] Vgl. A. Guillemin, Sénèque, directeur d'âmes (III), REL 32, 1954, 262. Die folgende Erfolgsbestätigung erinnert an ep. 10, 15 und 31 f.

[13] § 4 Ende.

[14] Das Wort „System" wird durch § 5 nahegelegt.

[15] § 5: Axelsons (N. S. 180) Text kommt dem Gemeinten am nächsten.

[16] § 10 Anfang, vgl. § 4 Anf. und auch § 7. Der Gedanke der Eigenständigkeit ist einer der Grundgedanken des Briefes. Was Eigenständigkeit ist, wird aus § 8 klar.

darauf an: alles müsse man sich aneignen und es zum eigenen
Besitze machen, wenn man zu eigenen Erkenntnissen über das
bisher Erarbeitete hinaus gelangen will.

Der Brief hat demnach dreierlei zum Ziele: gliedernden Abschluß der *priores epistulae:* Abwehr der Meinung, man könnte, das System übergehend, Einzelnes herausheben: Auflösung des Irrtums, Merken sei Beherrschen, Nachfolge sei Originalität. Die letzten beiden Ziele – das erste ist aus sich klar – bedeuten: das Zustreben auf das Ziel, das die Schule gesetzt hat, kann nur durch Eigenständigkeit erreicht werden, die nicht bloßes Kennen sondern Wissen ist im Sinne der selbstgeschaffenen Existenz[17], aus der dann eigene Erkenntnisse und Lehren stammen. Der Gedanke der Philosophie als Existenz ist allerdings nur angedeutet, wenn er auch der alles tragende Grund ist; im Vordergrund steht das *dicere*, das Literarische[18]. Ep. 33 ist, das zeigt besonders deutlich das Ende, als Brief über das Aussprechen stilisiert, als Literaturbrief, die Originalität betreffend, und kann daher mit ep. 84 verglichen werden, der als Literaturbrief ebenfalls eine gliedernde Aufgabe erfüllt.

Der 34. Brief.

Am Anfang steht die freudige Bestätigung, die Bemühungen des Freundes hätten schöne Erfolge gezeigt. Der Fortschritt des Lucilius „schwellt Senecas Brust" (*cresco*, vgl. Ov.Her. 15, 117 f.), erfreut und erfrischt ihn (§ 1), ist Lucilius doch Senecas Werk *(opus;* § 2 Anf.); er hat nunmehr die Stufe erreicht, auf der

---

[17] Daß der *profectus* nicht nur ein Aussprechen von schönen Sentenzen ist, sondern vielmehr wagendes Handeln (vgl. *sapere audere* etc.), wird klar aus *numquam ausos aliquando facere, quod diu didicerant* (§ 8), wo *facere* deutlich macht, daß es auch in diesem Brief, der vornehmlich vom „Aussprechen" handelt, im Wesentlichen um das praktische Verwirklichen geht.

[18] „Aussprechen" und Erkennen schließt sich keineswegs aus, wie Sen. ep. 6, 2 Anf. (vgl. das *itaque*) zeigt. Will man eine moderne Parallele, lese man bei K. Jaspers, Von der Wahrheit, 1947, 370 f. nach. Über den senecanischen Begriff von „Originalität" lese man bei Cancik 80–88 nach, über römische *imitatio* allgemein vgl. A. Reiff, Interpretatio, Imitatio, Aemulatio, Diss. Köln 1959, ferner Maurach, Nr. 63, 131.

bereits der Schüler zuweilen den Lehrenden ermahnt (§ 2 Ende). „Was soll das?", läßt Seneca den Freund fragen, „ich will ja immer noch"[19], um an das *volo* die Mahnung anknüpfen zu können, daß gerade im Willen die wesentliche Aufgabe liege: *pars magna bonitatis est velle fieri bonum* (§ 3). Das *bonum esse* ist das Ziel und dies meint das *perfectum* und *absolutum esse*, welchen Zustand Lucilius erreichen werde, wenn er weiter sich anstrenge und stets darauf achte, daß Wort und Tat übereinstimmen[20] (§ 4).

Der 35. Brief.

Das Thema des Anfangs von ep. 35 ist dasselbe[21] wie das in ep. 34, 1 behandelte: Lucilius' Fortschritt ist Senecas Gewinn, hier der Gewinn eines Freundes; nur wird das in ep. 34, 1 f. Gesagte hier durch den Gegensatz von *amicitia* zum *amor* ausgedrückt: die Liebe des Lucilius solle die der wahren Freundschaft werden, gebe es doch auch andere Arten zu lieben, die Schaden stiften. Darum sei der Fortschritt des Lucilius ein „lieben lernen".

Abgesehen vom Gewinn für Seneca ist der Gewinn für Lucilius selbst in dem Selbstwerden zu suchen: *propera ad me, sed ad te prius* (§ 4 Anf.). Dabei solle Lucilius besonders darauf achten, *ut constes tibi*[22]. Dies nämlich sei das Kennzeichen des *sapiens perfectus*[23]: ungerührt standhaft zu sein; doch auch der Fortschreitende hat seine Festigkeit: *hic commovetur quidem, non tamen transit*[24].

---

[19] Das *adhuc* in § 3 meint im Besonderen die Konstanz des Willens aus ep. 20, bedeutet darüber hinaus, daß der Wille nicht erlahme, vgl. 19, 1, trotz mancher Widerstände (ep. 21, 1; 28).

[20] *Discordant* § 4 entspricht *concordent* aus ep. 20, 2; (S. 74, 16).

[21] *Tam valde* (§ 1) stellt sofort den Bezug auf ep. 34 her.

[22] Dies entspricht genau ep. 34, 4 Ende.

[23] *Perfectus* (§ 4 Ende; S. 131, 22) verweist auf dasselbe Wort aus ep. 34, 3 Ende. (S. 130, 10). Beide Briefe haben auch die Mahnung zur Eile gemeinsam.

[24] *Transire* bedeutet bei Seneca hier und auch sonst zuweilen (ep. 99, 9; de tranq. an. 2, 4) den Wechsel von einem Zustand zum anderen, eine radikale Veränderung.

Wichtig ist für das Verhältnis von ep. 34 und 35 auch die Modifikation

Man wird demnach mit Sicherheit behaupten dürfen, daß ep. 34 und 35 aufs engste zueinander gehören. Allein das Nebenthema der Freude an dem Fortschreiten des Lucilius[25] verbindet die Episteln, besonders aber die Hauptforderung nach Konstanz des Willens schließt sie zu einem Paar zusammen, das gemeinsam den sicheren *animus*[26] von beiden Partnern fordert und dessen zweiter Brief den ersten nicht unwesentlich erweitert und modifiziert.

Der 36. Brief.

Diese Epistel setzt anschließend neu ein, spricht sie doch von einem Freunde des Lucilius. Doch macht die Wiederaufnahme des Wortes *transire* gleich zu Beginn (§ 1 Mitte) nicht den Eindruck einer völligen Verschiedenheit zu ep. 34/35. Der Freund zögert, die äußerlichen Güter, die falsche *felicitas* (§ 1) zurückzulassen, sich ins *otium* zurückzuziehen, die Karriere aufzugeben, obwohl der Nutzen doch auf der Hand liegt: er wird so dem Geschick gegenüber fest und sicher[27]. Der Weg dorthin ist wiederum die Willensausbildung als Vorbedingung[28] für die ruhige Überlegenheit (§ 6). Der Gedanke der Schicksalsüberlegenheit ist der aus ep. 34, 4 und 35, 4: der des *idem habitus* (§ 6. S. 133, 22) der aus ep. 34, 4 und 35, 4. Diese Überlegenheit ist die Vollendung[29], die hier aus der Abwendung von den Affekten gewonnen wird, ein Gedanke, der ep. 34 und 35 ergänzt, in denen von den Affekten, insbesondere dem der Todesfurcht, nicht die

---

der Forderung aus ep. 34 auf den Fortschreitenden hin (ep. 35, 4 Ende). Eine solche Modifikation eines früheren Briefes durch einen nahestehenden späteren war die Korrektur von ep. 5 durch ep. 7 und die von ep. 7 durch ep. 8.

[25] Vgl. ep. 34, 1 mit 35, 2.

[26] Vgl. ep. 34, 4; 35, 2 und 4.

[27] Dies liegt in dem Wort *transire,* das hier wie in ep. 35, 4 steht und die Briefe in dieser Weise aufeinander verweisen läßt.

[28] Daß der feste Wille Vorbedingung ist, zeigt das Bild der Seefahrt (§ 5), wo *navigatio* als das, was Geld bringt, ebenso Vorbedingung ist wie *ubertas* für den Ertrag an Frucht.

[29] *Perfectum* (§ 6, S. 133, 21) zitiert ep. 34, 3 (S. 130, 10), dazu auf ep. 35, 4 (S. 131, 22).

Rede gewesen war. Diese Todesfurcht nun kann man überwinden, wenn man sein Eigenstes (§ 7) ausbildet, was dies aber genau ist, wird hier noch nicht gesagt und erst in ep. 41 gezeigt: vorläufig wird nur gefordert, die Todesfurcht dadurch zu überwinden, daß man sich klar macht, daß das Totsein kein Übel ist[30]. Hat man so die Furcht abgelegt, gewinnt man Sicherheit *(securitas),* die uns – dies weist auf ep. 37 voraus – durch die *ratio* gegeben wird, indem wir uns diesen Sachverhalt, verstandesmäßig überzeugend, klarmachen: dem entsprechen die logischen Schlüsse in § 9 f. und das *cogita* § 10, S. 134, 20.

Aus dieser Paraphrase wird deutlich, daß das Grundthema dasselbe ist wie das der ep. 34 f.: das Gewinnen von Sicherheit durch Überlegenheit über das Äußere (vgl. ep. 36, 6 mit 34, 4 Ende), die uns ein fester, konstanter Wille verleiht. Lucilius' Freund, d. h. Lucilius selbst und darüber hinaus „wir"[31], d. h. der Mensch, kann sich auf diese Art der Jurisdiktion des Schicksals entziehen. Durch diesen Gedanken, durch den der Willensformung (vgl. ep. 34, 3; 35, 4; 36, 5), den der Sicherheit gegenüber dem Schicksal (vgl. ep. 34, 3; 35, 4; 36, 1 und 6), auch durch die Bereicherung des Ideals mit *perfectum* (ep. 34, 3; 35, 4; 36, 6) ist ep. 36 mit den vorangehenden verbunden, die sie erweitert durch den Gedanken der Affektfreiheit und der Freiheit von Todesfurcht. Eines aber fehlt noch: wenn der Freund lernen und studieren (§ 3 f.), wenn er nachdenken *(meditari* § 8) und überlegen soll, so erfordert das die Ausbildung der *ratio* und des Wissens.

---

[30] *Incommodum* (§ 9 Ende, S. 134, 18) verweist auf ep. 30, 5 (S. 116, 15). Den Gedanken des Eigensten (οἰκεῖον) betonen die Beispiele und das Pronomen *suae* (scil. *gentis*). § 7, S. 134, 4. Der Gedanke des Kreislaufes stand bereits in ep. 4, 9; 24, 26; 30, 11. Die Geschichte dieses Begriffes zeigt Capánaga, La Ciudad de dios, 167, 1954, S. 95 ff. Das *postea,* § 11 Anf., zeigt sehr deutlich durch seinen Verweis auf ep. 17, 12 ff. (anders bezieht den Verweis Préchac ad loc.), wie Seneca seine Briefe als Systementfaltung, nicht etwa als Sammlung echter Briefe konzipiert hatte.

[31] Ep. 36 spricht zunächst nur vom Freund: in § 10 aber heißt es bereits *te,* dann § 10 Ende *nos. Debet,* § 11 Anf., verweist wieder auf den Freund, § 12 *nobis* stellt dann endgültig den Allgemeinbezug her.

Dies war längst gesagt[32] und wird wiederholt im letzten Satz der Epistel, wenn auch nur in kurzer Andeutung. Weiter ausgeführt wird das gleich im 37. Brief; man erkennt den Bezug der beiden Briefe ep. 36 und 37 aufeinander allein aus dieser Bemerkung. Doch bevor das verdeutlicht wird, gilt es zusammenzufassen.

Epistel 36 hat, von Nebenthemen sei hier abgesehen, dasselbe hohe Ziel wie ep. 34 und 35: Sicherheit gegenüber dem Schicksal; doch zeigt sie den Weg dorthin genauer als die beiden voraufgehenden Briefe, die nur von der Konstanz des Willens gesprochen hatten, indem sie zwar ebenfalls von dieser Konstanz spricht (§ 6), doch darüber hinaus die Hindernisse, die auf dem Wege dorthin liegen, hinwegzuräumen sucht: die Affekte, die aus der falschen *felicitas*[33] resultieren und da insbesondere die Todesfurcht. Das Vehikel ist der *animus* (§ 6), doch am Ende (§ 12) auch die *ratio:* das Verhältnis beider Vermögen zueinander bleibt offen.

Der 37. Brief.

Das Ziel (wie ep. 16, 1; 17, 1; vgl. ep. 19, 2) mit *bona mens*[34] bezeichnend, beginnt dieser Brief mit einem Bilde aus dem Gladiatorenleben, also gegenüber ep. 34–36 anscheinend ganz neu. Das Eidversprechen[35] erhält aber sogleich eine Zielrichtung, die mit der aus ep. 34 ff. übereinstimmt: Freiheit (§ 3) von aller

---

[32] Ep. 4, 4–9; 13, 9; 14, 2; 24, 24, bes. ep. 31. Die letzte Fundierung erhält diese Forderung jedoch erst in der 41. Epistel.

[33] Vgl. Ganss, Das Bild des Weisen bei Seneca, Diss. Fribourg (Schweiz), 1951, 28 ff., 48 ff., Cic. off. 1, 90. Schon Pinacium im plautinischen Stichus singt: *secundas fortunas decent superbiae* (v. 300 mit euripideischer Mitteldihaerese).

[34] Die Bedeutung von *bona mens* erhellt aus Cic. fam. 8, 27, 1: *sentio bonam mentem iracundia et amore ablatam: bona mens* ist die *sana mens,* vgl. Th.L.L. 8, 718, 5 ff.

[35] *Promisisti* (ep. 37, 1; S. 135, 14) entspricht ep. 31, 1 (S. 120, 9 f) und auch 48, 11 (*fidem praesta,* S. 169, 16): die Wiederholung des Motivs zeigt die Kontinuität, die des Wortes verweist. *Sacramento rogatus* (§ 1; S. 135, 14) weist gleichfalls auf ep. 36 (§ 5; S. 133, 14 *spopondit*) und stammt aus der Soldatensphäre (Caes. b. g. 6, 1), während *spondeo* aus der Juristensprache herkommt (Plaut. Cap. 898; Cic. Caec. 7).

Abhängigkeit im Äußerlichen. Der Neueinsatz könnte demnach in der Tat nur Schein sein. Doch bevor das Verhältnis der 37. Epistel zu ihrer Umgebung untersucht wird, sei ihr Gehalt referiert, um die Querbezüge deutlich machen zu können.

Das Ziel der Ermahnung wird nicht mehr wie in ep. 34 ff. negativ bestimmt mit *se-curitas* (ep. 36, 12), *contemnere* (ep. 36, 8) und *minor non fieri* (ep. 36, 6), sondern positiv mit *liber* und *libertas* (§ 3 f.). Den Weg dorthin weist die Philosophie; hiervon war *expressis verbis* seit ep. 31 nicht mehr die Rede gewesen. Die Philosophie ist das Gegenteil der Dummheit (§ 4 Anf.), die bereits im Schlußsatz von ep. 36 als Gegenspielerin der *ratio* aufgetreten war (§ 12 Ende); dort war sie der Zustand des unphilosophischen, kindlichen Geistes oder des Wahnsinns, hier bezeichnet sie die Affektbeladenheit der Unkenntnis, letztlich *ceteris peribus* in beiden Briefen dasselbe. Von diesem Zustande befreit die Philosophie, sie läßt den Gang sicher und zielstrebig werden[36] durch das Mittel der Überlegung (*ratio*, § 4), die hier ähnlich wie in ep. 31, bestimmt wird als die Fähigkeit, das Andringende zu durchschauen, um sinnvoll handeln zu können[37]; dadurch nämlich entgeht man unkontrollierten Aufwallungen, die den Menschen nicht bewußt leben lassen, sondern den Affekten überantworten, die ihn mit sich hinwegreißen[38]. Dies aber geschieht, wenn man sich nicht Rechenschaft ablegt von dem Geschehen, es nicht durchschaut, die Dinge nicht kommen sieht, sondern zufällig auf sie stößt (§ 4 f.). Dann mag es vorkommen, daß man verdutzt sich fragt: *huc quemadmodum veni?*[39]

Aus dieser Inhaltsangabe wird hinreichend deutlich, daß ep. 36 der ep. 37 ebenso wie den ep. 34 und 35 nicht gänzlich fern steht. Das Motiv des Versprechens (36, 5 Anf.; 37, 1), der Gedanke an

---

[36] Vgl. hierzu auch ep. 34, 4; 35, 4; 36,6 (Konstanz des Willens).
[37] Vgl. *consilium* § 5, ferner de benef. 4, 34, 3, auch ep. 39, 4.
[38] *Ferri* § 5 deutet das Bild des reißenden Flusses an, vgl. ep. 23, 8.
[39] Zum *huc ego quemadmodum veni?* vgl. ep. 76, 33; am Marc. 9, 5; ad Helv. 5, 3; ferner de ira 2, 31, 4. Es handelt sich um die Forderung nach dem bewußten Leben, die schon ep. 1 erhoben hatte. Vgl. zu diesem Topos des *non putavi* das *dictum* des Scipio bei Val. Max. 7, 2, 2; Sen. de ira 2, 31, 4.

die Strenge ständiger⁴⁰ (vgl. ep. 34, 3; 35, 4;) philosophischer Bemühung (36, 3; 37, 1 *bona mens*), der an die Unbesiegbarkeit (34, 3; 35, 4; 36, 6; 37, 2), an die Gleichgültigkeit gegenüber der Lebenserwartung (36, 10; 37, 2 Ende), das Wort *securus* bzw. *securitas* (36, 12; 37, 3) *stultitia* (36, 12; 37, 4 Anf.), der Gedanke an die Affekte (36, 1; 37, 4), der ähnliche Ausdruck des Gedankens an die Unabhängigkeit von der Fortuna (36, 5 Ende; 37, 5), die Forderung der Konstanz (ep. 34, 4; 36, 6; 37, 1 f.) – diese Übereinstimmungen verbinden die Briefe in der Weise, daß ep. 36 die unbesiegbare, konstante Ruhe der Überlegenheit über Besitz und Begehr aus eigener Leistung⁴¹ fordert und zur Verachtung des Todes aufgrund der Überlegung, d. h. hier des in Haltung umgesetzten Wissens um den Kreislauf der Dinge, aufruft, und daß ep. 37 dasselbe verlangt, doch so, daß sie diese Vervollkommnung auf Philosophie, d. h. hier: auf die *ratio* gründet, die allein *libertas* verleiht⁴².

Der 38. Brief.

Lucilius tue recht daran⁴³, darum zu bitten, daß der Briefwechsel intensiviert werde; so beginnt ep. 38 und begründet diese Zustimmung durch den Gedanken, daß häufige Unterredung (im Gegensatz zur Vorlesung) in kleinen Dosen besser in die Seele eindringe und leichter haften bleibe als lange Reden. Dem Lernen-

---

⁴⁰ Der Ausdruck *perseveret* (ep. 36, 3; S. 133, 3) zitiert dasselbe Wort aus ep. 34, 4 (S. 130, 12). Stetigkeit forderte auch ep. 35, 4.

⁴¹ Dies liegt versteckt in ep. 36, 5 *caeli favore:* für den Handelsherren und den Bauern ist die Gunst der Witterung nötig, für den Philosophierenden ist lediglich der eigene Wille vonnöten, d. h. etwas in ihm selbst. Man fühlt sich hierbei versucht, vor *caeli favore* sich ein *utrique* hinzuzudenken.

⁴² Es ist wichtig zu bemerken, daß der Begriff *ratio* hier zum ersten Male seine grundlegende Funktion zugewiesen bekommt; in ep. 13, 9 und 24, 24 hatte er diese Bedeutung noch nicht.

⁴³ *Merito*, § 1; S. 137, 2. – Es ist auf den thematischen Anklang des Satzes, daß Philosophie *consilia* gibt (§ 1 Mitte) an ep. 37, 5; S. 136, 19 aufmerksam zu machen.

den nützen häufige, leise Unterhaltungen eher als marktschreierische Darbietungen.

Der zweite Gedanke dieses Briefes sagt nun, wieso es möglich sei, das solche, zahlenmäßig geringfügige, Worte mehr nützen als jene Reden: die *praecepta* sind wie Samen[44], wie die wenigen Worte es tun. Sie bringen aus kleinen Anfängen schöne Wirkungen hervor, wie ja auch die *ratio*[45] durch Betätigung und Anwendung wächst, mag sie auch auf den ersten Blick nicht so bedeutsam scheinen. Der Geist muß also mehr hervorbringen als er empfangen und er muß – auch dies liegt in dem Schlußsatz – nicht nur aufnehmen, er muß auch hervorbringen[46]. Der Grund aber für die Wirksamkeit liegt letztlich in der *familiaritas*, von der § 1 (S. 137, 6) gesprochen hatte. Sie ermöglicht jenes rückhaltlose Vertrauen (ep. 3), das dem Helfer sich ganz erschließt (ep. 50, 4 f.; 52, 8). *Audire* und *discere* genügt ja nicht, man muß dem *meliori credere* (Hor. ep. I, 1, 48), wobei im *credere* das Vertrauen enthalten ist, das man natürlich nur dem entgegenbringt, der einem familiaris (innerlich) verwandt ist.

Nach dem systematischen Höhepunkt in ep. 37 liest man also einen Brief, der, wenn man so will, von der „Technik der Belehrung" handelt. Er ist gewissermaßen die Rechtfertigung der senecanischen Form der Belehrung in Briefen, ist doch offenbar der *sermo* mit den Briefen verwandt (vgl. ep. 55, 11; 67, 2), die gleich der erste Abschnitt zeigt. Man wird nicht ganz fehlgehen, wenn man diese Epistel mit dem Literaturbrief ep. 33 vergleicht und ihr gliedernden Charakter zuschreibt, steht sie doch zwischen dem Paar ep. 36/37 und den, wie sich zeigen wird, verwandten Briefen ep. 39/40.

---

[44] Der Vergleich findet sich bereits bei Antipho Soph. fr. 60 (Vorsokr., 86, B. 60).

[45] *Ratio* § 2 entspricht demselben Wort aus ep. 36 Ende und 37, 4 und stellt den äußerlichen Bezug her.

[46] Dies entspricht ep. 33, 7 und 10 f. Zu diesem Briefe vgl. Guillemin in: REL 35, 265 ff., bes. 275. Zum „neuen Stil" – gehört doch auch die sprachliche Formulierung zu den Mitteln der Unterweisung – vgl. Guillemin, REL, 30, 1952, 251 ff., 258 f. Zur Kompositionsweise Bourgery, Nr. 30, 102.

Der 39. und 40. Brief.

Ep. 39 weist gleich mit dem ersten Wort *(commentarius)* auf ep. 33; Seneca hält nichts von Brevieren, wirkungsvoll ist allein die *ratio ordinaria*, d. h. das Nachvollziehen der miteinander eng verknüpften Gedanken systematischer Lehrschriften, nicht die Belehrung durch Exzerpte[47]. Immerhin, Seneca will den Freund gern mit beidem versorgen, inzwischen mag er andere Autoren lesen, deren Werke aber schwerlich so durchgeformt sind[48], wie jene *commentarii diligenter ordinati* (§ 1 Anf.), die Lucilius lesen möchte, es sein sollten.

Auch § 2 erinnert an ep. 33, fordert er doch, auch Lucilius solle etwas leisten, er solle seine Gedanken auf Großes lenken, dann werde er der Botmäßigkeit der Fortuna entrinnen[49]. Im Folgenden wird die Forderung nach Mäßigkeit ausführlich erhoben unter dem Aspekt der Freiheit von den Begierden.

So weist der erste Teil des Briefes auf ep. 33 und 38, der zweite auf ep. 40, denn ep. 40[50] scheint ebenfalls von der Mäßigkeit zu sprechen, wiewohl dieser Gedanke fast zu verschwinden droht hinter dem Hauptgegenstande, der Redeweise des Sapiens. Und doch ist der Gedanke des Maßes der tragende, wird doch die *oratio pressa* des Weisen auf die Wohlordnung[51] zurückgeführt, auch fällt in § 14 der Ausdruck *modestior*. Dies verbindet ep. 40 mit ep. 39, mit ep. 38 dagegen verknüpft sie der Gedanke an den Briefwechsel *(frequenter* in § 1 zitiert ep. 38, 1), an den *facilius*

---

[47] Zu diesen vgl. Guillemin, REL 32, 1954, 262; zu dem *index philosophorum* vgl. Quint. 10, 1, 81 ff., 123 ff.

[48] Lipsius hatte sicher recht, die Worte des § 2 *nescio an satis ordinent* (das Wort scheint korrupt) als Kritik Senecas an der mangelnden Systematik gewisser Vorgänger, d. h. als Bekenntnis zu systematischer Ordnung aufzufassen. Zum Begriff des *commentarius* vgl. Wege der Forschung XLIII, Caesar, Darmstadt 1967, 230 und 501 ff.

[49] Hiermit ist an ep. 36, 5 und ep. 37, 3 und 5 erinnert.

[50] Zu diesem Brief vgl. Bourgery, Nr. 30, 73 ff.; Guillemin, REL 30, 255; Leeman, Orationis Ratio, Amsterdam 1963, 1, 269 f.

[51] § 2 *composita*, vgl. zum Wort ep. 2, 1. *Ordinatum* (ebd. S. 140, 17) weist auf ep. 38, 1 und 2 zurück.

insidere kleiner Dosen (§ 3), der auch in ep. 38, 1 auftrat und auch das Wort *praeceptum* (ep. 38, 2; 40, 3).

Man könnte nun vielleicht, bei aller gebotenen Vorsicht, mit einigem Recht behaupten, daß ep. 39 und 40 nicht ganz beziehungslos nebeneinander stehen, daß wir es auch hier wie im Falle von ep. 34/35 und 36/37 mit einem Paare zu tun haben. Doch bevor die Kompositionsfragen weiter verfolgt werden, muß ep. 41 ausführlich besprochen werden.

Der 41. Brief.

Lucilius „geht", so schreibt er, „auf die gesunde Vernunft zu"[52] (§ 1). Seneca zitiert die überraschende Formulierung *ire ad bonam mentem*. *Ire* ist doch recht ungewöhnlich; gemeinhin bittet man um sie[53]. Das aber ist nicht der rechte Weg, man muß sie von sich selbst erhalten, in sich selbst suchen, denn der Gott ist nicht im Himmel, er ist „nahe, bei uns, in uns": ein göttlich-reiner *spiritus*[54] ist in uns[55], der auf unsere Taten[56] achtet, der so zu uns ist, wie wir ihn behandeln[57]. Der tüchtige Mann, der *bonus vir*, ist dem-

---

[52] *Bona mens* (§ 1) verweist auf ep. 37, 1 *(bona mens)*; auch *perseveras* weist zurück, auf ep. 34, 4 und 36, 3. *Ire* bedeutet im Gegensatz zu *ferri* das zielstrebige, selbstgewollte Gehen (ep. 45, 1; S. 155, 10). Dies weist zurück auf ep. 37, 5.

[53] Vgl. Th.L.L. 8, 717, 73 ff. Daß man *bona mens* aus sich gewinnen kann, wie es gleich heißt, weist zurück auf ep. 31, 5: *fac te ipse felicem* (vgl. 4, 2; 21, 2). Dieser Gedanke findet sich in ep. 38 Ende angedeutet.

[54] In § 5 wird Seneca den Ursprung des *animus* im Himmel lokalisieren; auf diese metaphysische Ableitung bereitet *spiritus* vor, der im Unterschiede zu *animus* schon vom Wort her auf die Region des Göttlichen weist (Cic. n. d. 2, 19 und 117; har. resp. 57; Sen. Helv. 6, 7).

[55] Das stand andeutungsweise schon in ep. 31, 11. Vgl. zu dieser Lehre ep. 87, 21 und H. Windisch, Unters. z. NT 24, 46.

[56] So interpretiert richtig P. Thomas in den Morceaux Choisis 205.

[57] Unser Handeln affiziert den *animus*, der „verdunkelt" oder erhoben werden kann (ep. 65, 16 z. B.); die beiden Sätze in ep. 41, 2 Anf. sind mit Hilfe dieser bekannten Voraussetzung zu verbinden. – Hier scheint die römische Vorstellung vom *genius* mitzuspielen (Otto in RE 7, 1159, 40 ff).

nach nie ohne Gott[58] und seine Hilfe, die hier als das Eingeben der großgearteten und überlegenen Ratschlüsse gedacht ist[59]. Dieser Satz, daß im Menschen der *spiritus* ist, der hilft, wird nun in § 2–5 bewiesen. Hain, Höhle, Wasser[60] fordern uns Ehrfurcht vor der göttlichen Präsenz ab, daher flößt auch die tapferunerschrockene Überlegenheit großer Persönlichkeiten (§ 4) die Überzeugung ein, als walte in ihnen eine göttliche Kraft (§ 5). Mit dem Satz jedoch *Non potest res tanta sine adminiculo numinis stare; itaque maiore sui parte,*[61] *illic est unde descendit* (§ 5), der mit seiner ersten Hälfte den Beweis, daß in großen Menschen Göttliches walte, bringt, daß also im Menschen Gott ist (§ 2), abschließt, klingt am Ende Neues an: der Geist ist aus dem Bereich des Göttlichen zu uns herabgekommen. Dies expliziert Seneca nun weiterhin so, daß der Geist herabgesandt sei, *ut propius divina nossemus*[62] und daß er *haeret origini suae.* Der Mensch ist also durch den Geist mit dem Göttlichen verbunden, *illinc pendet,*

---

[58] An dieser Stelle wird der *spiritus* zum Beobachter menschlichen Tuns; in ep. 11, 8 war es ein *vir bonus,* der gleichsam als personifiziertes Gewissen, dem, der aufstrebt, vor Augen stehen soll; in ep. 25, 5 war es der sich selbst achtende Fortschreitende selbst, der Wächter sein sollte, nun ist es das Göttliche: man erkennt auch an dieser Kleinigkeit das Fortschreiten von Briefgruppe zu Briefgruppe.

[59] Seit langem tritt immer wieder der Leitgedanke von der rechten Auswahl auf (ep. 14, 16; 16, 3; 23, 7; 31, 5; 37, 5); nun ist das Kriterium in den *spiritus sacer* verlegt; doch welches es ist, wird erst die Briefgruppe ep. 42–59 erarbeiten.

[60] Hier wie in § 6 f. finden sich vor dem Zielpunkt „Mensch" je drei hinführende Beispiele; dies entspricht der rhetorischen Regel, die Plin. ep. 2, 20, 9 erwähnt. – E. Bernert hat im Gymn. 68, 1961, 116 f. von einem Naturgefühl gesprochen, das sich hier äußere und das in der hellenistischen Großstadt entstanden sei, und interpretiert es von der stoischen Philosophie her; richtiger urteilt er S. 117, Anm. 8, wo er den römischen Volksglauben nennt, vgl. G. Wissowa, Rel. und Kultus der Römer, 2. Aufl. 1912, 467 ff.

[61] Vgl. hierzu Hor. ep. I, 12, 12, ferner E.-R. Schwinge, Hermes 93, 1965, 442, Anm. 2.

[62] Préchac und Reynolds geben zu Recht Beltramis recht sinnlose Korrektur *quaedam* aus *quidam* auf, das zu tilgen ist.

illuc spectat: dies also ist es, was uns ermöglicht, hinaufzugelangen, wie Seneca ständig gefordert hatte, dies ist es, was dem geforderten Streben das Fundament gibt und die Erklärung.

Pendet – damit ist außer der alles Bisherige fundierenden Angabe des Grundes, aus welchem die Selbstverbesserung möglich ist, auch dies gesagt, daß der Geist vom Göttlichen lebe, daß ihm seine Kraft von dorther kommt und von nichts anderem: im Irdischen ist er *als Höheres,* sein Wesen ist nicht irdisch. Dies aber bereitet den im Folgenden dann beherrschenden Gedanken vor, daß der Geist *nullo bono nisi suo nitet*[63], daß er also autark ist; darum soll nur wegen dieses seines „eigentlichen" Besitzes „gelobt" werden, der, weil autark, auch unverlierbar ist.

Ist der Geist göttlich und sein Wesen allein die Göttlichkeit, dann ist der Mensch, sein Träger, dann wertvoll, wenn er diese göttliche Gabe pflegt, nämlich den *animus* und in ihm die *ratio*[64]. Durch wiederum drei *exempla* wird das gezeigt (§ 6–7)[65]; so soll also dieses sein autarkes und darum allein wertvolles Gut, der Geist, vollendet werden *(consummatur),* damit dieser ihn, gleichsam „zum Dank" (s. § 2 Anf.) ebenfalls autark und werthaft mache. Dazu ist man geboren, so daß dies Streben nur naturgemäß ist, wie ep. 41 nach ep. 31, 9 erneut betont. Eigentlich müßte das Streben deshalb leicht sein, doch die *insania,* die den Menschen allenthalben umgibt (vgl. de ira 2, 8 ff.), hemmt; damit sind wir

---

[63] *Nitere* bedeutet gewiß „glänzen", wie Noblot übersetzt, es heißt aber auch „*reich sein*" (Cic. l. agr. 1, 21; Hor. sat. II, 5, 12). Die Kraft des Geistes ist also allein in ihm selbst begründet; gut ist also immer das, was aus uns selbst stammt. Dieser Gedanke ist ausgespart, doch hatte ihn Seneca im Sinn, als er das *enim* des nächsten Satzes schrieb.

[64] Vgl. hierzu A. Yon, Ratio et les mots de la famille de reor, Paris 1933, 229–233.

[65] Die § 6 f. sprechen von dem, was *laudandum* sei; da scheint das *gloriari* aus § 6 Ende fehl am Platze; auch scheint es wenig sinnvoll, schon hier den allgemeinen Schluß zu ziehen; der Satz zwischen §§ 6 und 7 scheint mir eine jener inhaltsangebenden Beischriften zu sein, die man im Senecatext häufig trifft (ep.ep. 1, 5; 88, 28) und, wie ich meine, 45 *(satius-nihil),* ferner ist für die Genese solcher Glosseme interessant de ira 3, 38, 2 Anf.

wieder bei dem Begriff angekommen, der den Brief einleitete, der *bona mens,* die den Menschen gemeinhin abgeht, die der aber, der sich um die Pflege seines *animus* bemüht, aus sich zu erreichen vermag.

Die geistige Gesundheit kommt nicht von außen, dies lehrt ep. 41, sondern, wenn wir den „göttlichen Geist" in uns pflegen, aus uns, da er von Natur zu seinem Ursprung heimstrebt und so, wenn wir uns seiner Pflege nur befleißigen, den Menschen hinaufleitet und überlegen zu machen vermag. Da hiervon vieles bereits gesagt war, erhebt sich die Frage, wie sich ep. 41[66] zu seiner Umgebung verhält, welches seine Stellung im ganzen *Corpus* ist. — Aus den Anmerkungen, die wörtliche Verweise sammelten, war deutlich geworden, daß Beziehungen besonders zu ep. 31 und 37 bestehen. Ep. 31 hatte die *virtus* als die konstante Selbstsicherheit bestimmt und zugleich gefordert, und sie als eigene, naturentsprechende (§ 9) Leistung verstanden, als Leistung des *animus,* der, wie vorsichtig in der Frageform (§ 11) angedeutet wurde, *deus in corpore humano hospitans* sei und darum *ex angulo in caelum* aufsteigen könne. Dies greift op. 41 auf mit *sacer intra nos spiritus,* mit *a te impetrare,* mit dem Hinweis auf den *animus,* der, des Menschen *proprium,* zum Göttlichen aufsteigt, und mit der Abwehr des Gebets. Über das Aufgreifen hinaus ist deutlich eine Vertiefung festzustellen; sprach ep. 41 allgemein vom *animus,* so präzisiert ep. 41 dies nach Maßgabe von ep. 37 zu *animus et ratio in animo perfecta;* ep. 31 hatte den Hinweis auf die Göttlichkeit des *animus* unverbunden neben den auf die Möglichkeit des *subsilire ex angulo* gestellt (§ 11); ep. 41 präzisiert auch dies, indem sie zeigt, wie denn dieses Aufspringen möglich ist: durch den *animus* in uns, der, göttlicher Natur, schon von seinem Wesen her das Streben hinauf in die Heimat in sich trägt. In dieser Weise erhält nicht nur ep. 31, sondern über sie hinaus alles bisher über den Aufstieg Gesagte seine Grundlage. Ep. 41 stellt sowohl gegenüber ep. 31 als auch aufs Ganze gesehen eine weitere Stufe im fortschreitenden Aufstieg der Belehrung dar, wobei wesentlich

---

[66] Sie wurde so ausführlich paraphrasiert, weil sie ein gutes Beispiel ist für Senecas Eigenart der versteckten Folgerichtigkeit.

auch dies ist, daß ep. 41 verwertet, was ep. 37 erarbeitet hatte: den Begriff der *ratio*. Denn ep. 37 hatte ja die unbesiegbar aufrechte Haltung auf die Philosophie, diese aber auf die *ratio* gegründet, was ep. 41, 8 aufnimmt, und, an ep. 31, 9 erinnernd, ergänzt durch den Hinweis, daß dieses Sich-Verlassen auf die *ratio* für den Menschen als *animal rationale* naturgemäß und darum eigentlich leicht sei[67].

Wenn diese Bezüge wirklich vorhanden sind — und es scheint, als seien sie unbestreitbar —, dann entsteht der Eindruck, als sei ep. 41 fest in die Umgebung eingelassen; daraus folgt die weitere Frage, wie sich denn die vielen anderen Briefe der näheren Umgebung zu ep. 41 verhalten. Diese Frage führt in die Struktur der ep. 34–41 hinein.

Ep. 34 setzte nach dem themafremden Trennschreiben ep. 33 neu ein mit einer Mahnung, die den Willen zum raschen Voranschreiten der unbeugsamen Konstanz entgegen befeuern sollte; auf eben dies weist ep. 41 zurück durch die Wiederaufnahme des *perseverare* und hier insbesondere durch die Bestätigung, daß Lucilius nun leiste (*perseveras* steht gegen *si perseveraveris*), wozu ihn ep. 34, 4 aufgefordert hatte. Auch war dort recht formelhaft-allgemein von *perfectus* die Rede; dies verdeutlicht ep. 41, 4 dadurch, daß nun gesagt wird, worin die Vollendung bestehe, der man zustreben solle: in dem von § 4 beschriebenen *animus* und dem Fördern seines göttlichen Aufstrebens. Ep. 35 erhebt, unbezweifelbar auf ep. 34 durch wörtliche und thematische Anklänge zurückweisend, dieselben Forderungen wie ep. 34, fügt ihnen jedoch den Gedanken an die Freundschaft und den weiteren hinzu, daß jenes Voranschreiten ein Hingehen zu sich selber sei. Auch dies scheint recht undeutlich gesagt zu sein, wiewohl man es nach ep. 1; 7; 9; 19, 12 usw. verstehen kann; verständlich war ja auch, was jenes *perfectus* meinte, wenn man sich an ep. 9, 13; 18, 12 f.

---

[67] Die festgestellten thematischen Bezüge werden, dies sei noch einmal betont, durch unanzweifelbare wörtliche Zitate unterbaut. Es ist nicht so, daß die Analyse allein auf sachliche Interpretation angewiesen ist; die wörtlichen Wiederaufnahmen sind ein sicheres Zeichen dafür, daß die Suche nach thematischen Bezügen in Senecas Sinne geschieht.

usw. erinnert; sehr bald aber wird sich zeigen, daß beiden Begriffen ein neuer Gehalt gegeben wird, daß dies „du" und jenes *perfectum* zusammengenommen wird in die Formel des *animus et ratio in animo perfecta* (ep. 37, 4; 1, 8). Schon ep. 36 beginnt, wieder unter wörtlichen Verweisen, zu zeigen, was jenes *perfectum* bedeutet (§ 6): die schicksalentzogene Überlegenheit über die Affekte[68], insbesondere die über die Todesfurcht. Dieser Überlegenheit gibt nun, ep. 34–36 zusammenfassend[68], ep. 37 das Fundament: die Philosophie nämlich, welche befreit durch den Verlaß auf die Kraft der *ratio*. Auf diese fest verklammerte Vierergruppe folgt ein Zwischenbrief (ep. 38) über die rechte Lehrweise; danach, mit Rückgriff auf ep. 38, wird, wiederum mit wörtlichen Verweisungen, erneut die Überlegenheit des Geistes behandelt, diesmal jedoch unter anderem Aspekte, nämlich dem des Maßes (§ 3–5), was ep. 40, aufs neue durch Rückdeutungen mit dem Voraufgegangenen verklammert, am Beispiel der Redeweise dem philosophischen Vortrag exemplifiziert. Das Maßhalten war in ep. 39 auf die Kraft gegründet worden, das „Niedrige und Schmutzige" zu verachten, das scheinbar Große geringzuschätzen nach Maßgabe der Natur; in ep. 40 dagegen war es auf den Gedanken gestützt, alles am Weisen müsse maßvoll sein um des *pudor* und der *verecundia* willen, also auch seine Redeweise, zumal allein sie, wie nun auf ep. 38 zurückgegriffen wird, Erfolg beim Hörer zeitige. – So erkennt man, daß der Maßgedanke organisch mit dem an die Überlegenheit, die Mahnung zu maßvollem Vortrag deutlich mit dem Briefe über die rechte Lehrweise verbunden ist. Denn Maßhalten setzt die Verachtung voraus, diese aber ist nur möglich, wenn man aufgrund sicherer Kriterien die Werte zu unterscheiden weiß und sich zu erheben vermag über das irdisch Kleine.

Ep. 34–40 stellen eine geschlossene Einheit dar, die den Grundgedanken der Überlegenheit auf die Konstanz, ferner auf den

---

[68] In § 2 f. nennt sie die Unbesiegbarkeit aus ep. 34, 4; 35, 4. Auf die Überlegenheit über die Lebenserwartung (ep. 36, 10) und die *necessitates* aus ep. 34, 4 wird ebenfalls angespielt, ebenso auf die Affekte aus ep. 36, 1 ff. und 9 ff. in § 4.

Sieg über das widrige Schicksal, auf die Befreiung von der Todesfurcht einerseits, auf die maßvolle Lebenshaltung und das Mißtrauen den guten Tagen gegenüber, zudem auf die maßvolle Rede auf der anderen Seite anwendet. In der Mitte steht ep. 37, die das Vehikel nennt: *ratio*. Dieser Gedankengruppe gibt nun ep. 41 insofern die letzte Grundlage, als sie zeigt, wie denn überhaupt der *animus* die Forderung nach Verachtung des Äußeren und nach Überlegenheit zu erfüllen vermag, indem sie auf den metaphysischen Ursprung des *animus* verweist. Die *divina vis*, seine Natur, macht ihn (§ 5) *excellens* und *moderatus*. Damit ist nicht nur auf ep. 39, 2 verwiesen *(excelsi ingenii)*, sondern mit *moderatus* auch auf die Briefe vom Maß (ep. 39, 3 ff. und 40). Wie ep. 37 die ep. 34–36 zusammenfaßte, so faßt ep. 41 die ep. 34–40 in dieser asyndetischen Nennung der Hauptthemen der vorangegangenen Episteln zusammen. Überragen und Maß, Unerschütterlichkeit und Verachtung – das ist systematisch Eins, eine einzige Auswirkung der Göttlichkeit des *animus*. Diese systematische Einheit ist zugleich auch die Einheit der Briefgruppe ep. 34–41; es folgt die Buchgrenze, sinnvoll vor den Beginn einer neuen Thematik, der von der Güterwahl, gelegt. Ep. 41 ist einer jener „abschließenden Höhepunkte"[69], ep. 34–41 eine in sich geschlossene Einheit.

Dennoch darf man nicht die Andeutung aus ep. 41, 5 über-

---

[69] Diese Technik des abschließenden Höhepunktes liebt Seneca auch sonst anzuwenden, wie z. B. die drei Bücher ›De ira‹ zeigen; hier schließen alle Bücher mit derlei Kulminationspunkten: das erste setzt am Ende die falsche *magnitudo* von der wahren *virtus* ab (21, 4): ein Dikolon ist von einem Trikolon gefolgt *(angusta, misera, depressa)*, danach der Gegensatz, die *virtus*, die drei Epitheta erhält, deren drittes durch einen fast paradox klingenden Satz ausgedrückt ist: *nec quicquam magnum est, nisi quod simul placidum.* Ähnlich hoch stilisiert ist der Schluß von Buch zwei, das Bild der alle Affekte beherrschenden *ira;* das dritte endet mit jenem großartigen Aufruf zur *humanitas*. Dieselbe Eigenart kann man auch im Innern der Bücher feststellen, doch das sei einer späteren Gelegenheit vorbehalten [vgl. Maurach, Nr. 63, 19; L. Theron hat das in einer bei mir angefertigten M.-A.-Arbeit für de prov. verfolgt: Acta Class. 13, 1970, 61 ff.].

lesen: *nosse divina;* dieser Begriff steht scheinbar unverbunden in seiner Umgebung, denn von der Kosmosbetrachtung ist nirgends sonst in der näheren Umgebung die Rede; gewiß, man kennt diese Formel aus ep. 8 und 31, doch weder dort noch hier ist ganz klar gesagt, welche Rolle die Betrachtung des Alls spielt für die Förderung der Moral. Die Wörter erheischen ebenso wie die früheren Andeutungen eine genauere Darlegung. Ep. 41 ist daher zwar der abschließende Höhepunkt ihres Kreises, doch diese Vordeutung läßt Weiteres erwarten und öffnet den Ausblick auf Briefe wie ep. 58, 65, 90 und 92.

Ep. 16–30 verfolgten den Gedanken, daß die Lösung von Besitz und Amt und dem Streben hiernach den Geist „entlastet", d. h. überlegen und furchtfrei macht, was dann zur Gottähnlichkeit führt (vgl. ep. 18, 11 f.). Hierzu fügte ep. 31 den alles dies fundierenden Gedanken, daß es das umfassende *Wissen* ist, das den Geist in dieser Weise bildet. Nun sagen ep. 34 ff. dies alles noch einmal, denn Konstanz und Unerschütterlichkeit sind den Forderungen aus ep. 16 ff. weitgehend gleich und von der „Entlastung" nicht zu unterscheiden. Neu mag der Gedanke des *Maßes* sein, doch auch er findet sich in ep. 16. Wiederholen die Briefe ep. 34 ff. also weitgehend die Forderungen aus ep. 16 ff., so sind sie dennoch keine bloßen Dubletten. Die Moralforderungen sind zwar gleich, was sicherlich nicht unbeabsichtigt ist, denn man kennt Senecas Prinzip des saepe dicere saepe dicta, es „geht immer um dasselbe"[70], oder, mit Zenobius zu reden[71], δὶσ καὶ τρὶσ τὸ καλόν. Andererseits streben die Briefe ep. 34 ff. auf ep. 37 und die *ratio* zu: die Gründung der überlegenen Ruhe auf die *ratio* mag bereits früher angeklungen sein (ep. 14, 15 f.; ep. 31), doch der Anklang wird erst hier ausgeführt; vollends stellt die metaphysische Begründung der Gottgleichheit des Weisen in ep. 41 ein neues und fundamentales Lehrstück dar und gibt ep. 18 und 31 allererst den Grund: Gottähnlichkeit und göttliches Wissen war dort nur gefordert, bzw. verheißen worden; ep. 41 zeigt, wie das denn möglich sei: der Menschengeist *illinc pendet, illuc spectat*

---

[70] Vgl. Plat. Gorg. 482a; 490e.
[71] Paroimiogr. 3, 33; Plat. Phil. 59e; Schol. Plat. Gorg. 498e.

ac nititur, es liegt also in der Natur des Menschen, zur Weisheit zu streben. Die Moralforderungen bleiben also dieselben trotz aller Variation, am Ausbau des Systems dagegen wird stetig weitergearbeitet, indem zwei wichtige Stützpfeiler errichtet werden: die Rolle der *ratio* wird geklärt und der *animus* des Menschen als göttlich erwiesen. Folgt er dieser Erkenntnis, so wird er zu seiner eigenen Natur geführt. „Seine Würde sei die der eigenen Größe, die Würde des Mannes, der durch den Geist er selbst geworden ist" (Knoche, Der Philosoph Seneca, Frankfurt 1933, 15). Mit diesem abschließenden Höhepunkt endet ein Briefkreis.

SENECA IM MITTELALTER[1]

Von Claude W. Barlow

Gewiß verlieh die weite Verbreitung der fiktiven Korrespondenz zwischen Seneca und Paulus durch das ganze Mittelalter hindurch[2] der Legende Nachdruck, Seneca habe eine gewisse Verbindung mit dem Christentum gehabt, und gewiß steigerte dies seine Beliebtheit, aber dennoch war es eine kleine Abhandlung über die vier Kardinaltugenden, die den Ruhm des römischen Philosophen am nachhaltigsten verbreitete. Der Text der Abhandlung ›De quatuor virtutibus cardinalibus‹ hat eine seltsame Geschichte. Die älteste der heute noch vorliegenden Abfassungsformen ist die der ›Formula Vitae Honestae‹, die der Hl. Martin von Bracara abfaßte (zwischen 570 und 580 nach Chr.). Martin hatte schon vorher Senecas ›De ira‹ epitomiert und für sein eigenes Werk desselben Titels verwendet; darum ist es sehr wahrscheinlich, daß auch sein Material über die Kardinaltugenden aus einem Werke Senecas geschöpft war, das uns nicht mehr erhalten ist. E. Bickel (Rh. Mus. 60, 1905, 505–51) hat ansprechend den Titel ›De officiis‹ vorgeschlagen, in ähnlich freier Weise hat ja Ambrosius Ciceros ›De officiis‹ verwendet.

---

[1] Dieser kleine Aufsatz des verdienstvollen Herausgebers der Werke Martins (Martini Episcopi Bracarensis Opera Omnia, Yale Univ. Press 1950) wurde in diesen Band aufgenommen, weil er in vorbildlicher Weise kurz und klar informiert und weil er die schwierigen Untersuchungen widerspiegelt, die auf diesem Gebiete angestellt werden müssen. Nicht zuletzt aber wurde diese Arbeit hier eingereiht, weil sie rasch über das im Falle Senecas so wichtige Nachleben antiker Texte informiert. Zu dem hier behandelten Fragenkomplex siehe K. A. Blüher, Seneca in Spanien, München 1969, 24 ff. [Anm. des Herausgebers]

[2] Zu diesem fiktiven Briefwechsel vgl. J. N. Sevenster, Paul and Seneca, Leyden 1961. [Anm. des Herausgebers]

Die vier Tugenden zählt Seneca in ep. 113 auf, und zwar als *iustitia, fortitudo, prudentia* und *temperantia*. Mit zwei Namensänderungen erscheinen sie bei Martin als *iustitia, magnanimitas, prudentia* und *continentia*. Isidor hatte das Buch gelesen und bezog sich darauf in ›De viris illustribus‹ 35 als auf das ›Buch über die Unterschiede zwischen den vier Tugenden‹. Die zahlreichen Schriftsteller jedoch, welche das ganze Mittelalter hindurch auf dies Buch verwiesen, kannten es immer nur als ein Werk von der Hand Senecas.

Die älteste Handschrift (Monac. Lat. 14492 [und nicht 144 wie es bei Teuffel, Schanz und Manitius[3] steht] aus dem neunten Jahrhundert) bietet nicht das Vorwort mit der Widmung an König Miro, doch findet sich das Vorwort immerhin in mehr als einem Dutzend anderer Handschriften, die vor dem zwölften Jahrhundert liegen. Höchstwahrscheinlich entstand die Zuweisung an Seneca in einer Abschrift ohne Vorwort, die in einer Handschrift mit Werken Senecas auf diese folgte. Es ist nicht unglaubhaft, daß verschiedene Leser zu verschiedenen Zeiten diese Zuweisung vorgenommen haben[4].

Wie dem auch sei, die ›Formula vitae honestae‹ bzw. ›De quattuor virtutibus cardinalibus‹ wurde eines der weitestverbreiteten und meistgelesenen Bücher über Jahrhunderte hin, was man leicht daraus schließen kann, daß auch heute noch über sechshundert Abschriften davon erhalten sind. Zu den Autoren, die es zitieren, gehören u. a. Alanus von Lille, Dante, Albertanus von Brescia und Chaucer[5]. Übersetzungen ins Französische, Proven-

---

[3] Gemeint sind die Werke: W. C. Teuffel, Gesch. der röm. Literatur, jetzt 6. Aufl., Leipzig; 7. Aufl. ebd., 1920; M. Schanz u. C. Hosius, Gesch. der röm. Literatur, München 1907 ff.; M. Manitius, Gesch. d. lat. Literatur des Mittelalters, München 1911 ff. (3 Bände). [Anm. des Herausgebers.]

[4] Diese Theorie ist sehr weit von der Hauréaus (Notices et extraits de quelques manuscrits latins, II, S. 202 ff.) entfernt, dessen Ideen, insbesondere die über ‚De copia verborum', nach meinen eigenen Untersuchungen des Texts sich als aus der Luft gegriffen erwiesen haben.

[5] Chaucers beide Zitate (Tale of Melibeus 2260 und 2365) können indirekt aus Martins Buch stammen, nämlich über Albertanus, dessen

çalische und Italienische wurden im dreizehnten Jahrhundert angefertigt, und im vierzehnten gab es ausführliche Kommentare in deutscher Sprache. Veröffentlicht wurde es mindestens 38 mal vor dem Jahre 1500, stets als ein Werk Senecas.

Petrarca, der mehrere Handschriften gesehen hatte, die den Namen und das Vorwort des Hl. Martin trugen, war anscheinend der erste, der den Irrtum einer Zuweisung an Seneca festgestellt hat (Ep. an Sen. 2, 4). Diese Feststellung Petrarcas wiederholte Sicco Polenton (XVII, Ausg. von Ullman, S. 495 f.), und Erasmus, obschon er Martin nicht kannte, nahm ›De quatuor virtutibus‹ in seine Gesamtausgabe Senecas auf, unter der Rubrik „falso Senecae tributa", weil, wie er anmerkte, „haec nimirum christianismum olent" (Zweite Ausg., Basel 1529, S. 613).

Soweit ich feststellen konnte, erschien der erste gedruckte Text der ›Formula‹ in ihrer vollständigen Form, d. h. mit Vorwort und Namen des Verfassers, in Christian Duthmars ›Expositio in Matheum evangelistam‹ (Strasburg 1514; eine zweite Ausgabe aus dem Jahre 1530 enthält die ›Formula‹ nicht). Das Vorwort wurde später erneut entdeckt und veröffentlicht als handele es sich um eine Erstausgabe, 1544 von Elias Vinetus, zu Lyon 1632 von Boxhorn in seiner Ausgabe des Ammianus Marcellinus und zu Paris 1723 von Luc d'Achéry in seinem Spicilegium. Dabei berichtet Vinetus, daß in seiner Kindheit (er wurde 1509 geboren) die vier Kardinaltugenden jedem Schüler eingetrichtert wurden vermittels dieses Textes und unter dem Namen Senecas.

Über diese verschlungenen Pfade ist Senecas beliebtestes Werk auf uns gekommen. Zunächst wurde der ursprüngliche Text vom Hl. Martin umgeschrieben; ihm verdanken wir letztlich seine Erhaltung. Dann wurde ihm Senecas Name wiedergegeben, weil sein Inhalt so auffällig Senecas Werken ähnelte. Und zuletzt wurde dann in der Renaissance und später Martins Anspruch wiederhergestellt, doch nie voll und ganz, denn die Überlieferung, das Werk stamme von Seneca, war doch zu stark geworden.

›Formula Vitae Honestae‹ nur einmal veröffentlicht worden ist (Cuneo 1507).

LITERATURAUSWAHL

A. Bibliographien

1. Motto, A.: Recent Scholarship on Seneca's Prose Works, in: Classical World 54, 1960, 13 ff., 37 ff., 70 f., 111 f.; 64, 1971, 141 ff., 177 ff., 191.
2. Grimal, P.: Seneca, Darmstadt 1978, 391 ff.
3. Abel, K.: Seneca. Leben und Leistung, in: Aufstieg und Niedergang der römischen Welt 32, 2, Berlin 1985, 654–775.
   Abel, K.: [s. Nr. 15] 180 ff.

B. Gesamtdarstellung

4. Lana, I.: Lucio Anneo Seneca, Turin 1955.
5. Motto, A. L.: Guide to the Thought of Lucius Annaeus Seneca, Amsterdam 1970.
6. Griffin, M. T.: Seneca. A Philosopher in Politics, Oxford 1976 (vorwiegend historisch).
7. Rozelaar, M.: Seneca. Eine Gesamtdarstellung, Amsterdam 1976 (nicht voll zu empfehlen).
   Grimal, P.: [s. Nr. 2].
   Abel, K.: [s. Nr. 3].
   (Nicht zu empfehlen ist das zu oft an der Oberfläche bleibende Buch von V. SØRENSEN, Seneca: Ein Humanist an Neros Hof, München 1984.)

C. Senecas Philosophie

8. Knoche, U.: Der Philosoph Seneca, Frankfurt 1933.
9. Regenbogen, O.: Seneca als Denker römischer Willenshaltung, in: Kl. Schr., München 1961, 387 ff.

* Die durchzählenden Ziffern erscheinen in der Einleitung als hinter dem Verfassernamen stehende Angabe „Nr. ...".

10. Tillich, R.: Der Mut zum Sein, in: Gesammelte Werke 11 (1969), 20 ff.
11. Hadot, I.: Seneca und die griechisch-römische Tradition der Seelenleitung, Berlin 1969.
12. Bellincioni, M.: Potere ed etica in Seneca, Brescia 1984.

D. *Stil und Komposition*

13. Grimal, P.: La composition dans les dialogues de Sénèque, REA 51, 1949, 246 ff. (const. sap.); 52, 1950, 238 ff. (prov.).
14. Mac L. Currie, M.: The Younger Seneca's Style [in diesem Band S. 203 ff.].
15. Abel, K.: Bauformen in Senecas Dialogen, Heidelberg 1967.
16. Maurach, G.: Der Bau von Senecas Epistulae Morales, Heidelberg 1970.
17. Traina, A.: Lo stile drammatico del filosofo Seneca, Turin ²1978.
18. Coleman, R.: Seneca's Epistolary Style, Cl. Quart. 24, 1974, 276–289.
19. Setaiolo, A.: Seneca e lo stile, Aufstieg und Niedergang der römischen Welt 32, 2, Berlin 1985, 776 ff.

E. *Einzelthemen*

20. Richter, W.: Seneca und die Sklaven, Gymnas. 65, 1958, 196 ff.
21. Kassel, R.: Untersuchungen zur griechischen u. römischen Konsolationsliteratur, Zetemata 18, 1958.
22. Trillitzsch, W.: Senecas Beweisführung, Berlin 1962.
23. Brinkmann, W.: Der Begriff der Freundschaft in Senecas Briefen, Diss. Köln 1963.
24. Pohlenz, M.: Philos. u. Erlebnis in Senecas Dialogen (1941), in: Kl. Schr., Hildesheim 1, 1965, 384 ff.
25. André, J. M.: «Otium» et la vie contemplative dans les lettres à Lucilius, REL 40, 1962, 125–128.
26. Scarpat, G.: Il pensiero religioso di Seneca, Brescia 1978.
27. Eckert, H. H.: Weltanschauung und Selbstmord bei Seneca, Diss. Tübingen 1951.
28. Ganss, W.: Das Bild des Weisen bei Seneca, Diss. Fribourg 1952.

F. *Chronologie*

29. Grimal, P.: Est-il possible de ‹dater› un traité de Sénèque?, REL 27, 1949, 178 ff.

30. Giancotti, F.: Cronologia dei dialoghi di Seneca, Turin 1957.
    Grimal, Nr. 2, 185 ff.
    Griffin, Nr. 6, 395 ff.
    Abel, Nr. 3, 703 ff.

G. Überlieferung, Nachwirkung

31. Trillitzsch, W.: Seneca im literarischen Urteil der Antike, 2 Bde., Amsterdam 1971.
32. Nothdurft, K.-D.: Studien zum Einfluß Senecas auf die Philosophie und Theologie des 12. Jahrhunderts, Leiden 1963.
33. Gummere, R.: Seneca the Philosopher in the Middle Ages and the Renaissance, TAPhA 41, 1910.
34. Reynolds, L. D.: Text and Transmission, Oxford 1983, 357 ff.
35. Ross, G. M.: Seneca's Philosophical Influence, in: C. D. N. Costa, Seneca, London 1974, 116/65.

H. Bildnis

36. Blümel, C.: Römische Bildnisse, Katalog der Sammlung antiker Skulpturen, Berlin 1933, 44.
37. Schefold, K.: Die Bildnisse der antiken Dichter, Redner und Denker, Basel 1943.
38. Andreae, B.: Römische Kunst, Freiburg i. Br. ⁴1982, Abb. 139 (als authentisch angesehen).

I. Die Prosa-Schriften

Die Reihenfolge impliziert kein Urteil über die genaue Chronologie.
›Ad Marciam‹:
39. Favez, Ch.: L. Annaei Senecae ad Marciam, Paris 1928.
40. Manning, C. E.: On Seneca's "Ad Marciam", Mnemos. Suppl. 69, 1981 (Kommentar).
›Ad Polybium‹:
41. Atkinson, J. E.: Seneca's „Consolatio Ad Polybium", Aufst. u. Nied. der röm. Welt 32, 2, Berlin 1985.
›Ad Helviam‹:
42. Favez, Ch.: Consolatio ad Helviam, Lausanne 1918.

43. Meinel, P.: Seneca über seine Verbannung, Trostschr. an die Mutter Helvia, Bonn 1972.

›De Ira‹:

44. Abel, K.: Das Propatheia-Problem, Hermes 111, 1983, 78 ff.
45. Bäumer, Ä.: Die Bestie Mensch; Senecas Aggressionstheorie, Frankfurt 1982.

›De brev. vit.‹:

46. Dahlmann, H.: L. Annaeus S., De brev. vitae, München 1949.
47. Abel, K.: De brev. vitae, Gymnas. 72, 1965, 308 ff.
48. Grimal, P.: Sénèque: De brevitate vitae, Paris ²1966.
49. Griffin, M.: De brev. vitae, JRS 52, 1962, 104–113.

›De const. sap.‹

50. Grimal, P.: De Const. Sap. (Komm.), Paris 1953.
51. Viansino, G.: L. Annaeus Seneca, De providentia, De const. sap., Rom 1968.

›De tranq. an.‹:

52. Barbero, G.: Seneca. De Tranq. an., Turin 1960. Hadot, Nr. 11, 135 ff.

›De vita beata‹:

53. Grimal, P.: L. Annaei Seneca, De Vita Beata, Paris 1969.
54. Dahlmann, H.: Bem. zu Sen., De Vita Beata; Abb. Ak. Mainz 1972, 6, 309 ff.

›De otio‹:

55. Dionigi, I.: De otio, Brescia 1983.

›Apocol.‹:

56. Russo, C. F.: Divi Claudi ᾿Αποκολοκύντωσις, Florenz ⁶1985.
57. Häuptli, B. W.: Seneca, Apocolocyntosis, Frauenfeld 1983.
57a. P. T. Eden: Seneca, Apocolocyntosis, Cambridge 1984.

›De clem.‹:

58. Büchner, K.: Aufbau u. Sinn von Senecas Schrift De clem., Hermes 98, 1970, 209–223.
59. Adam, T.: Clementia Principis, Kieler Hist. Stud. 11, 1970.

›De benef.‹:

60. Chaumartin, F.-H.: Le De benef. de Sénèque, Paris 1985.

›De prov.‹:

61. Viansino, G.: L. Annaeus Sen., De providentia ..., Rom 1968.

›Nat. quaest.‹:

62. Stahl, G.: Aufbau, Darstellungsform u. philos. Gehalt der N. Q. des L. A. Seneca, Diss. Kiel 1960.
62a. Stahl, G.: Die N. Q. Senecas, Hermes 92, 1964, 425 ff.
63. Strohm, H.: Beiträge z. Verständnis der N. Q. Senecas, Latinität u. Alte Kirche, Wien 1977, 309–325.

64. Maurach, G.: Zur Eigenart u. Herkunft von Senecas Methode in den N. Q., Hermes 93, 1965, 357 ff.
65. Waiblinger, F. P.: Senecas N. Q., Zetem. 70, 1977.

›Epist. mor.‹:
66. Bickel, E.: Senecas Briefe 58 und 65, Rhein. Mus. 103, 1960, 1–20.
67. Grimal, Nr. 2, 315 ff.
68. Cancik, H.: Unters. zu Senecas ep. mor., Spudasm. 18, 1967.
Maurach, Nr. 16, pass.
69. Scarpat, G.: La lettera 65 di Seneca, Brescia ²1970.
70. Scarpat, G.: Lettere a Lucilio I, Brescia 1975.
71. Stückelberger, A.: Senecas 88. Brief, Heidelberg 1965.

Fragmente:
72. Lausberg, M.: Untersuchungen zu Senecas Fragmenten, Berlin 1970.

REGISTER

1. Namen

Adler, Alfred 185
Apollodoreer – Theodoreer 221
Apollonius von Myndos 238
Aristoteles
  seine Darstellungsweise 318
Arrian 230 ff.
Asklepiodot 229
Attalus 8. 102. 167
Benn, G. 307. A. 8
Cato Uticensis 44. 144
Epigenes 231. 235 mit A. 14 f.
Goethe
  über Originalität 340. A. 7
Knoche, U. 18 ff.
Lucilius 154 ff.
  und Epikur 171
  konturenlos bei Seneca 152
Montaigne 339
Napoleon 104
Posidonius 228 ff. 287. A. 31
  Wertung 263
Reinhardt, K. 229
  Wertung 258. A. 38
Ranke 111
Sextier 8. 102. 199. 223. A. 44
Sotion 102

* * *

Seneca
und Agrippina 103. 107. 114
über Anlage und Vervollkommnung 186
und der Auctor ›Über das Erhabene‹ 225 ff.
über Bekehrung 157. A. 16
und Caligula 31 ff. 103
und das Christentum 135 ff. 139
und Cicero 45
und Claudius 107
dialogus bei Seneca 49. 151. A. 8
Eklektiker? 175
Entwicklung Senecas? 22. 44. A. 15. 80. 151
und Epikur 48 ff. 168 ff.
  Brieform aus Epikur 183
  Epikurzitate, ihr Sinn 175
  Epikurworte überspitzt 176
Erforschung Senecas 13 ff.
Eschatologie 143. 148
exemplum 20. 83. 156. 165. 184
Freundschaft 49
  ist notwendig 161 ff.
  ist selektiv 160
Gesundheit 30. 101
Gewissen 50
seine Griechischkenntnisse 224
Heimat 27 f.
Humor 171
Ich-Form 326 f.
Innerlichkeit 51. 74. 78. A. 74
Jugend 8. 101
Kompositionsweise 215 ff. 339
  Höhepunkte schließen ab 358
  ›Polyphonie‹ der Themen 325

Kompositionsweise (Forts.)
 Vorankündigungstechnik 315.
 327. 359
Kometentheorie 234 ff.
Leben und Lehre 9. 12. 116. 132
Licht-Dunkel-Symbolik 302
Nachwirkung 361 ff.
Natur
 Darstellung naturwissensch.
 Probleme 296 ff. 314. 318
 Naturwissenschaft und Ethik
 294 ff. 300 f.
 Vergeistigung der Natur 285. 293.
 303
 und Nero 41. 110 ff.
Originalität 42. 151. 163. 244. 340.
 343. A. 18
Pädagogik 187 ff. 195
 Lehrer-Schüler-Spannung
 196 ff.
und Panaetius 45 f.
Paradox bei Seneca 43. 82. A. 87
und Plato 233. 282. 293. 337
Pointe bei Seneca 128
und Posidonius 45. 228 ff.
als Redner 31 ff.
Schicksalstheorie 69. 83 ff.
Selbsttötung 181. 291 ff.
als Staatsmann 12

Theodizee 25. 81
Tod 26. 146 f. 118 ff. 282
 sein Tod 165. 174
Stil 125. 200. 215
 Stilvariationen 226
 und Suillius 116
Verbannung 9. 103 ff.
Verinnerlichung 289
virtus bei Seneca 187 *et pass.*
Vollendung des Augenblicks 182
Vorfahren und Eltern 7. 98
Werke
 Apocolocyntosis 108 ff.
 Briefe
  Form 158
  fiktiv-literarisch 34. A. 25. 152
  lückenhaft überliefert 325 f.
  Chronologie 216 f.
 clem. 111
 Naturales Quaestiones
  ihr Programm 278
  Titel der Vorlage 230
 Polyb. 10. 106
 Tragödien 40. 126
Weisenideal realisierbar 43
Weisheit und Wissen 86
Weltbürgertum 137
Wille 51. 346
Willensfreiheit 87 ff.

2. Sachen

animus bes. 358
 und *fatum* 90 f.
Bienenvergleich 340
experimentum im 17. Jahrh. 308.
 A. 14
Gott
 in uns 352
 Schöpfer 280

in utramque partem disputare 317
Jugendbildung 188
Kometentheorien
 von der Antike bis ins 17. Jahrh.
 316. A. 39
Kreislauf der Welt 346. A. 30
Leben, totes 82
Mnemotechnik 101

Naturrecht 290
Regenbogen 298. 308 ff.
Schicksal
   vorsenecanische Gedanken 55 ff.
   altrömisch 60 ff.
Spanien, vor und unter Augustus
   95 ff.
spondeo 347. A. 35

Stil
   Kompositionslockerung im
      1. Jahrh. nach Chr. 219 ff.
Stoa
   freudearm 169
   und Plato 264
   und Rhetorik 223
Zufall 61

3. Eingehend behandelte Stellen

Sen. ep. 2 176
   ep. 9 172
   ep. 12 183
   ep. 33–41 342 ff.
   ep. 41. 6 354. A. 65
   ep. 84. 3 339 ff.
   ep. 88 325 ff.
   ep. 123 177
   de vit. beat. 4. 5 170. A. 5
   Phoeniss. 81 f. 69. A. 46
Suet. Cal. 53. 1 200 ff.

ZUR PERSON VON HERAUSGEBER UND AUTOREN

ABEL, Dr. Karlhans, Universitätsprofessor, geb. 31. 12. 1919. Studium der Klassischen Philologie und Anglistik in Berlin, Köln und Frankfurt. Wirkungsstätten: Universität Marburg (1955–1956), Frankfurt (1955–56), Freiburg (1956–57), seit 1957 Marburg. Mitarbeiter bei RE, Kleiner Pauly, Lexikon der Alten Welt.

BARLOW, Claude Willias, Professor of Classics, Emeritus, geb. 28. 2. 1907 in Stafford/Connecticut, USA. Studium: B. A. Amherst College 1928, M. A. Indiana University 1930, Ph. D. Yale University 1935. Fellow of the American Academy in Rom 1935–1938. Wirkungsstätten: Professor of Classics Indiana University 1928–30, Yale University 1934–35, Mount Holyoke College 1938–42, University of Tennessee 1947, Clark University 1947–72. Member of Phi Beta Kappa.

BOYANCÉ, Pierre, Directeur honoraire de l'École française de Rome, geb. 13. 9. 1900. Studium der Fächer Latein und Griechisch in Paris (1921–24) und an der École française in Rom (1925–27). Wirkungsstätten: Professor Universität Bordeaux 1928–44, Universität Paris 1945–70. Directeur de l'École française de Rome 1960–70.

BRAUN, Dr. Egon, Universitätsdozent, wirkl. Hofrat, geb. 10. 9. 1906 in Triest. Studium der Fächer Klassische Philologie, Indogermanische Sprachwissenschaft, Philosophie und Archäologie in Wien. Wirkungsstätten: Wissenschaftlicher Funktionär am Österreichischen Archäologischen Institut der Universität Wien seit 1930, zuletzt als wirkl. Hofrat. Dozent für Klassische Philologie an der Universität Wien seit 1965. Zahlreiche Veröffentlichungen auf dem Gebiet der Klassischen Philologie, besonders der Geschichte der antiken Philosophie.

BUSCH, Dr. Gerda, Privatlehrerin, geb. 20. 8. 1913. Studium der Fächer Griechisch, Latein und Deutsch in Heidelberg, promoviert zum Dr. phil. mit einer Dissertation über „Untersuchungen zum Wesen der τύχη in den Tragödien des Euripides". Wirkungsstätten:

Referendarin und Assessorin am Humanistischen Gymnasium Heidelberg 1949–52, Wissenschaftliche Mitarbeiterin am Thesaurus Linguae Latinae in München 1952–54, am Thesaurus Linguae Graecae in Hamburg 1954–56. Danach Privatlehrerin in Heidelberg bis zu ihrem Tod am 27. 2. 1959.

CLARKE, Graeme Wilber, University Professor, geb. 31. 10. 1934. Studium in Oxon (B. A.), New Zealand und Melbourne (M. A.). Wirkungsstätten: Lecturer Australian National University 1961–63, Senior Lecturer University of Western Australia 1964–66, Associate Professor Monash University Melbourne 1967–68, Professor University of Melbourne seit 1969, Professor Australian National University Canberra.

FRIEDLÄNDER, Dr. Ludwig, Universitätsprofessor, geb. 16. 7. 1824 in Königsberg, Professor der Klassischen Philologie in Königsberg 1858–92. Gestorben in Straßburg am 16. 12. 1909.

KNOCHE, Dr. Ulrich, Universitätsprofessor, geb. 5. 9. 1902 in Berlin. Studium der Fächer Latein, Griechisch und Archäologie in Jena, Berlin, Göttingen und Kiel. Wirkungsstätten: Wissenschaftlicher Mitarbeiter am Thesaurus Linguae Latinae in München 1927, an der Bibliotheca Vaticana in Rom 1928, wissenschaftlicher Assistent in Köln 1929–35, 1932 dort Habilitation, Extraordinarius in Göttingen 1937, Ordinarius für Klassische Philologie in Hamburg seit 1939, Soldat 1941–47, Vertretung des Graezisten in Köln 1948–50, Ordinarius in Hamburg bis zu seinem Tod am 24. 7. 1968.

MC LEOD CURRIE, Harry, University Teacher, geb. 30. 9. 1930. Studium der Klassischen Philologie in Glasgow und Cambridge. Wirkungsstätten: Assistant Lecturer in Greek Bedford College, University of London 1955–57, Assistant Lecturer in Classics King's College, University of London 1957–58, Lecturer and Senior Lecturer in Classics Queen Mary College, University of London seit 1959, Visiting Professor of Classics University of Victoria, Victoria, British Columbia/Canada 1974. Honorary Secretary of the Virgil Society 1964–70, Professor Teesside Polytechnic, Middlesborough, England.

MAURACH, Dr. Gregor, Universitätsprofessor, geb. 3. 3. 1932. Studium der Fächer Latein, Griechisch, Philosophie und Anglistik in Hamburg. Wirkungsstätten: Universität Hamburg 1960–67, bis

1977 Professor an der University of South Africa, bis 1980 Lehrer am Gymnasium Ernestinum in Celle; seither Professor an der Carola-Wilhelmina in Braunschweig.

OPPENHEIM, Dr. David Ernst, Mittelschulprofessor, geb. 20. 4. 1881. Studium der Fächer Latein und Griechisch in Wien. Wirkungsstätten: Gymnasium Nikolsburg (Mähren) 1907–08, Akademisches Gymnasium Wien 1908–38. Gründungsmitglied der Ortsgruppe Wien der Psychoanalytischen Gesellschaft 1909–11, dann Mitgründer der Individualpsychologischen Gesellschaft und Mitarbeiter in dieser bis 1938. Hauptmann im 1. Weltkrieg, verschiedene Auszeichnungen, darunter das Signum Laudis mit Krone und Schwertern. Gestorben im Konzentrationslager Theresienstadt am 18. 2. 1943.

REHM, Dr. Albert, Geheimer Regierungsrat, Universitätsprofessor, geb. 15. 8. 1871 in Augsburg. Studium der Klassischen Philologie. Wirkungsstätten: Bayerischer Gymnasiallehrer seit 1898, Universitätsprofessor München seit 1906. Gestorben am 31. 7. 1949 in München.

SCHOTTLAENDER, Dr. Rudolf, Universitätsprofessor, geb. 5. 8. 1900 in Berlin als deutscher Staatsbürger jüdischer Abstammung. Studium der Fächer Philosophie und Klassische Philologie in Berlin, Heidelberg, Marburg und Freiburg i. Br. Wirkungsstätten: Lehrstuhl für Philosophie Technische Hochschule Dresden 1947–49, Professor für römische Literatur mit besonderer Berücksichtigung der Beziehungen zum Griechentum Humboldt-Universität Berlin 1960–65, emeritiert 1965. Von 1933–45 wegen rassischer Verfolgung keine Publikationen.

STAHL, Dr. Gisela Anna Bertha, Oberstudienrätin, geb. 29. 11. 1933. Studium der Fächer Lateinische Philologie und Germanistik in Kiel und Münster/Westfalen. Promoviert zum Dr. phil. in Kiel 1960. Wirkungsstätten: Studienrätin am Gymnasium Münster/Westfalen von 1965–70. Lebt in West Haven, Connecticut/USA.